MÉDITERRANÉE

Ouvrage traduit avec le concours
de la Generalitat de Catalunya

Titre original :
Mediterrània. Onatges Tumultuosos
Editeur original :
Edicions Proa, Barcelone

Mediterráneo. Tumultos del Oleaje
Editorial Planeta, SA, Barcelone

ISBN 2-7427-1747-1

Photographie de couverture :
Maison du bracelet d'or, jardin peint avec masque de théâtre (Pompéi)

BALTASAR PORCEL

MÉDITERRANÉE
TUMULTES DE LA HOULE

récit traduit de l'espagnol
par Nelly Lhermillier

ACTES SUD
HUBERT NYSSEN EDITEUR

REPÈRES

AVANT-PROPOS

Notre mer était un océan qui est devenu nain. Cet océan, nommé rétrospectivement Thétis, et qui couvrait la Caspienne, l'Aral et d'autres lieux nordiques, s'étendait bien au sud. C'est la poussée de l'Afrique qui l'a comprimé et rabougri, puis coincé entre Nord-Afrique, Sud-Europe et Est-Asie, et, ainsi, l'a transformé en mer quasi close, avec un tout petit goulot à Gibraltar.

Ce fut sa chance. Elle devint Mère des rencontres tricontinentales, Mère de la communication et des échanges, elle devint le centre nourricier de ses littoraux humanisés où fleurirent les civilisations, tandis que les masses continentales demeuraient barbares.

Si la Méditerranée est née d'une poussée géologique profonde du sud, elle subit toujours une pression d'est de la plaque asiatique qui, sous la mer Egée, provoque tremblements de terre en Grèce et éruptions en Italie du Sud. Et depuis l'Antiquité, elle fut le théâtre de séismes historiques qui la ravagèrent et recommencent à la ravager.

Mais durant l'Empire romain elle fut littéralement le centre d'un monde provisoirement pacifié. Alors qu'on la concevait auparavant non comme une mer unique, mais comme un chapelet de mers dont les noms sont restés (Egée, Adriatique, Tyrrhénienne, etc.), elle devint la Mer romaine, *Mare nostrum.* C'étaient les terres qui entouraient la mer. C'était la mer qui portait en elle la plénitude civilisatrice. Ce n'était encore nullement la mer-au-milieu-des terres – Méditerranée : ce nom ne commença à lui venir qu'au XVIe siècle chez les Européens, et plus tard chez les Arabes. Ce nom fut une conséquence du développement des civilisations continentales qui dès lors perçurent la Méditerranée comme un vide entre les terres. Je le compris fortement à Valencia, où, devant faire un cours sur la Méditerranée, j'en demandai une carte. La carte, cherchée partout, fut introuvable : il y avait des cartes d'Europe, d'Asie, d'Afrique, mais pas de carte de la Méditerranée. Le plein était devenu vide, la mer était devenue frontière.

Et pourtant la Méditerranée ne s'est pas laissé dévorer par les trois continents étrangers les uns aux autres. Il demeure, non seulement un climat méditerranéen, des paysages méditerranéens, des traditions méditerranéennes, mais aussi une vie méditerranéenne, une culture méditerranéenne à l'intérieur des cultures méditerranéennes si diverses, une gastrosophie méditerranéenne*, des tempéraments méditerranéens.

Et voilà le paradoxe que ne peut comprendre, ni la pensée qui ne voit que l'unité et occulte la diversité, ni la pensée qui ne voit qu'un catalogue de diversité sans percevoir l'unité. Pour concevoir la Méditerranée il faut concevoir à la fois l'unité, la diversité et les conflictualités ; il faut une pensée qui ne soit pas linéaire, une pensée dialogique qui saisisse à la fois complémentarités et antagonismes. Oui la Méditerranée est la mer de la communication et du conflit, la mer des polythéismes et des monothéismes, la mer du fanatisme et de la tolérance, et, ô merveille, la mer où le conflit, enfin policé dans la petite Athènes du ve siècle, est devenu débat démocratique et débat philosophique.

Et à travers ces communications, échanges, conflits, que de créativités dans un si petit espace… C'est bien ce qui ressort du livre-pèlerinage de Baltasar Porcel. Ce livre est une navigation en zigzag du passé au présent, du présent au passé, jamais linéaire, avec d'innombrables moments de fascination, comme celui pour Néfertiti, en qui il voit la Hillary d'un Akhnaclinton, pour Cléopâtre et Marc Antoine, qu'il semble voir à travers Elizabeth Taylor et Richard Burton, ou pour la cité fabuleuse d'Istanbul… Comme un Ulysse dont l'Ithaque serait Majorque, tout ce qui s'éloigne de son île finalement l'y ramène dans un pieux final où il retrouve dans la mémoire des siens un concentré de la substance méditerranéenne et des interactions moros/christianos.

* qui à partir de ses éléments de base, blé, huile d'olive, vin a su acclimater en elle les fruitiers venus d'Extrême-Orient, la divine aubergine, et les tomates, maïs venus d'Extrême-Occident…

Que de créativités ! Que d'épopées ! Je reprocherais seulement à Baltasar Porcel d'avoir sous-estimé l'oncle néanderthalien, qui déjà dans une Asie Mineure (qui bien plus tard nous donnera le blé, l'agriculture, la ville) projette sa vie au-delà de la mort, et manifeste l'originalité bouleversante de l'humain : la puissance de l'imaginaire.

Il y eut dans la Méditerranée, depuis sept mille ans, un déploiement fabuleux des potentialités humaines, qui révèlent qu'*homo* n'est pas seulement *faber* et *sapiens* mais aussi *ludens* et *demens*. Le comble de la raison est apparu en Méditerranée, des philosophes grecs à Averroès, d'Averroès aux humanistes de la Renaissance, et aussi le comble de la folie avec la destruction par le fer, le feu et le fanatisme de tant de vies, villes, livres, œuvres d'art, civilisations.

Par une singulière dialectique, la mise en esclavage des vaincus, les déferlements sexuels des vainqueurs, les rapts des corsaires, les conversions religieuses forcées, l'institution des janissaires, tout cela a conduit à un formidable métissage génétique. Les gènes du monde méditerranéen sont aujourd'hui mille fois plus pluralistes que ses religions et ses nationalismes…

Aujourd'hui… la Méditerranée, qui s'est rétrécie avec l'essor de l'Atlantique puis du Pacifique, est devenue un lac. Et ce lac après avoir subi la domination arrogante des Anglais puis des Français, s'est mondialisé au XXe siècle en devenant zone sismique de l'ère planétaire où s'affrontent les religions entre elles, laïcité et religion, pauvres et riches, Orient et Occident, Nord et Sud…

Aujourd'hui… la Méditerranée nous fait mal, la Méditerranée se déchire, la Méditerranée se perd. Les grandes oasis historiques cosmopolites, pluriethniques ou plurireligieuses que furent Alexandrie, Grenade, la Sicile de Frédéric II, Istanbul, la Bosnie, sont englouties…

Et pourtant ce sont elles qui doivent nous inspirer, nous autres Méditerranéens. Nous devons régénérer la communication tricontinentale en œuvrant pour faire cesser le terrible déni de justice où l'Occident juge toujours ce qui est islamique ou arabe selon le principe des deux poids deux mesures. Nous devons retrouver l'essence profane de la Méditerranée qui est dans l'ouverture, la communication, la tolérance et la rationalité. Nous devons nous reméditerranéiser comme citoyens de la communication et citoyens de la complexité. Mais nous devons sacraliser justement cette essence profane, sacraliser la communication et la rationalité. Et aussi, pour resacraliser la Méditerranée, nous devons en retrouver la substance maternelle, nous devons l'adorer en fils. Sans maternité, il n'y a pas de fraternité. C'est notre lien affectif, mystique, religieux à notre Mer mère qui, à travers tant de douleurs et de misères, de dénis et d'injustices, nous donne quand même la joie d'être méditerranéen. Retrouvons la mer nôtre, *Mare nostrum.* Elle est source de poésie vitale.

La pensée du Nord-Anglo-Saxon est faite pour aménager, traiter la prose de la vie, les problèmes d'organisation techniques, pratiques, quantifiables. Or la prose fait survivre alors que la poésie est vivre : une pensée méridionale, comme l'a dit justement Cassano, intègre en elle l'art de vivre, la poésie de la vie.

Ce livre-pèlerinage est une invite aux non-Méditerranéens à inscrire la Méditerranée dans leur patrimoine de mémoire et de culture, et une invite aux Méditerranéens à prendre ou à reprendre possession de l'héritage multiple, épique, tragique, magnifique qui est le leur, une invite à assumer la diversité méditerranéenne, non pour retrouver la division, mais pour rechercher la compréhension et enfin l'union.

EDGAR MORIN

AVIS AUX NAVIGATEURS

Ce pourrait être un livre d'histoire, ou bien de voyages ; c'est en réalité un florilège de silhouettes se profilant sur le paysage, tumulte de la houle humaine symbolique qui a tant de fois traversé l'espace méditerranéen. Je suis tout entier de cette antique mer solaire, je suis de Majorque, et je me sens dans une vivifiante communion avec la vaste patrie qui va de l'Afrique berbère hérissée de montagnes à l'éblouissante scène culturelle de la Grèce, en passant par la plénitude d'un de ces matins où une voile latine dessine sur l'horizon d'azur un signe d'essentialité.

J'aime la jeunesse rayonnante qui émane de nos eaux, de leurs côtes, du ciel – j'exècre la vue de l'Atlantique si souvent sombre et si "adulte" !, et le souvenir de toutes les épopées, de toutes les créations dont la Méditerranée a été le théâtre me saisit d'une admiration revigorante : comment pourrait-on oublier Hannibal, sa ténacité, sa noblesse, sa tragédie ? Ou la peinture du *Cinquecento* : jamais art n'a créé tant de vie.

Méditerranée. Tumultes de la houle est donc une sorte de récit épique, mais aussi lyrique, en trompe l'œil et capricieux, sincère, expressionniste – et non naturaliste –, de l'histoire des civilisations méditerranéennes, de leurs peuples et de leurs individus singuliers, de leurs paysages. Il n'évoque évidemment pas toutes les civilisations et tous les peuples de la Méditerranée, ni n'explore dans leur totalité, de toute façon aléatoire, tous les sujets et tous les personnages. Les affinités électives et le conjoncturel me commandent autant, sinon davantage, que le raisonnable et le conventionnel. La richesse de la Méditerranée comme vecteur de civilisations est si grande qu'il se peut bien qu'elle soit la plus extraordinaire de la planète. Un livre ne peut proposer qu'une ébauche de l'univers qui a donné lieu à des centaines de milliers de livres. Les ai-je tous lus ? Non, certes… Ai-je parcouru toutes les routes méditerranéennes ? Non, certes…

Partant de la préhistoire, ce volume s'étend longuement sur les périodes qui vont jusqu'aux XVIe et XVIIe siècles, passe rapidement sur les siècles suivants pour aborder plus amplement l'époque actuelle, qui voit le renouveau du dynamisme méditerranéen. Ainsi, le *Mare nostrum* qui construit le monde tel que nous l'entendons (de façon positive) – celui de l'homme centre de toutes choses, de la démocratie, du droit régissant l'existence collective et des religions monothéistes – occupe-t-il la plupart de ces pages, qui bien que nombreuses sont encore trop brèves ! Ayant ouvert le livre au hasard, je tombe sur Soliman le Magnifique et suis pris de l'envie d'en avoir écrit infiniment plus à son sujet.

Au cours du XVIe siècle, l'impulsion méditerranéenne faiblit peu à peu : Colomb découvre le Nouveau Monde ; au centre de l'Europe, la Réforme protestante engendre un homme à l'esprit plus déductif et mercantile que le catholique ; l'hémorragie létale provoquée par les luttes entre chrétiens et musulmans ferme les chemins de l'Orient ; l'islam se confine dans l'immobilisme… Viennent des siècles obscurs. Mais le XXe siècle est celui du renouveau méditerranéen : sa prodigieuse quantité d'art de tous les horizons – Picasso, Miró, le Van Gogh de la dernière période sont tous méditerranéens – inspire le monde, la société du bien-être choisit son littoral ensoleillé comme cadre de repos ; après l'apogée des sociétés industrielles grises, avec leurs guerres épouvantables, son mode de vie ouvert attire ; l'islam tente de se relever…

Et je refuse évidemment de regarder la Méditerranée uniquement comme une région accablée de problèmes insolubles, ce qu'on ne cesse d'entendre répéter. Bien sûr, il y a des problèmes, à commencer par l'intégrisme et la surpopulation de la rive méridionale. Mais la Renaissance, dernière époque de l'humanité que nous puissions considérer comme pleinement réussie, fut aussi un univers de conflits, de guerres et de divisions idéologiques sans fin. L'homme est tout à la fois un combat pour l'homme et son idéal, et il n'existe pour lui d'autre but qu'"une transition continue d'un état à l'autre", comme le pensait l'historien maghrébin Ibn Khaldūn.

Je souhaite par conséquent préciser que la multiplicité qui apparaît dans ce livre ne signifie pas que je l'envisage comme un tableau de divisions, bien au contraire : j'essaie de concevoir la Méditerranée comme une unité, bien que, pour sa gloire, sa nature soit plurielle. Je pense que l'historiographie moderne a ici péché par négligence ou sectarisme, car si, par exemple, elle a élaboré l'Europe ou l'Amérique latine en archétypes conceptuels, et ce malgré les innombrables différences internes qui cloisonnent leurs langues et leurs sociétés, elle a en revanche abandonné la Méditerranée à un état incompréhensible d'indéfinition et de fragmentation, en dehors du strict domaine de la géographie.

Voilà pourquoi *Méditerranée. Tumultes de la houle* se situe dans une hypothèse historiographique que je considère comme particulièrement féconde. "Mais quelle thèse tirez-vous de votre livre ?" m'objectera-t-on, et je répondrai par cette citation de Fernand Braudel, le plus grand historien moderne qu'ait eu la Méditerranée : "Ne pas définir, c'est donc ouvrir un très vaste horizon, c'est contempler cet horizon dans son épaisseur totale et dans sa plus longue durée : cet horizon est une somme d'horizons... Je suis ainsi face à d'immenses observations. Et il m'est possible de dégager les lignes maîtresses de ces paysages, ne sont-elles pas visibles à l'œil nu* ?"

Il me faut ajouter que ce livre constitue "seulement" l'une de mes approches de la Méditerranée. Car il y a aussi, intensément, la plupart de mes romans, leur langue, leur atmosphère, le sang et l'ironie, la poésie, de *Galop vers les ténèbres* à *Printemps et Automnes.* Ou encore tout ce que j'ai écrit sur mes îles, qui figure dans le quatrième volume de mes œuvres complètes en catalan, *Totes les Baleares* – le viscéral, le lyrique, l'historique –, à quoi s'ajoutent d'autres titres, comme *Le Conflit arabo-israélien* ou *Voyages en attente,* et de nombreux articles. De plus, j'ai fondé à Barcelone et préside un institut d'étude et de vulgarisation d'une dimension prestigieuse et pluridisciplinaire, plate-forme de dialogues connue de Bruxelles à Jérusalem et Alger : l'Institut Catalá de la Mediterrània.

Je me sens donc en droit d'exprimer une certaine fierté en ce qui touche à ma contribution méditerranéenne, dans laquelle mon éventuel mérite sera par ailleurs faible quant à l'intention, car j'ai toujours obéi à l'impulsion d'un impératif intérieur. Mon intention n'a pas été d'écrire ou de travailler sur la Méditerranée dans un but bien défini, je l'ai simplement fait comme conséquence naturelle de mon être, de mon existence. N'est-ce pas ainsi que mûrissent les fruits ?

* Les citations suivies d'un astérisque sont extraites d'ouvrages publiés en français dont le lecteur trouvera les références en fin d'ouvrage, avec le nom du traducteur. Les autres citations ont été directement traduites de l'espagnol. *(N.d.T.)*

Mais tout cela ne constitue que l'avant-propos de *Méditerranée. Tumultes de la houle.* Je préfère comme véritable introduction une citation d'un marin et romancier combatif, Joseph Conrad, qui s'il ne fut pas méditerranéen sillonna et rêva cette mer : "Heureux qui comme Ulysse, a fait un voyage aventureux ; et il n'est pas, pour les voyages aventureux, de mer comparable à la Méditerranée, cette mer intérieure que les Anciens trouvaient si vaste et si pleine de merveilles. Et, en vérité, elle était terrible et merveilleuse ; car gouvernés comme nous le sommes par l'audace de nos esprits et les frémissements de nos cœurs, c'est nous qui sommes les artisans uniques de tout le merveilleux et de tout le romanesque du monde*."

J'ajouterai un seul mot à ceux de Conrad, la passion : ce livre en contient et c'est la passion de la Méditerranée.

BALTASAR PORCEL,
Barcelone-Majorque, janvier 1996.

Il faut bien commencer... Je le ferai en évoquant quelques vers écrits face à la Méditerranée. Leur auteur était de Sète. La poésie et sa substance, la musicalité et l'harmonie des sens font également et intrinsèquement partie de cette mer, de l'image gracile du voilier naviguant devant les côtes qui se dressent, éclatantes :

Ce toit tranquille, où marchent des colombes,
Entre les pins palpite, entre les tombes ;
Midi le juste y compose de feux
La mer, la mer, toujours recommencée !*

Cette mer et son histoire ne sont-elles pas un éternel et glorieux recommencement sous le grand soleil de midi ? Et les oiseaux, majestueuses particules d'un ciel aussi vaste qu'intensément bleu. Oui, le poème de Paul Valéry compose une éloquente synthèse de la Méditerranée, *medi-terraneum*, "mer au milieu des terres", disaient les Latins : en effet, trois continents – l'Asie, l'Europe, l'Afrique – entourent la dépression géologique qui contient les eaux méditerranéennes, dont la superficie totale s'élève à 2,966 millions de kilomètres carrés.

Chiffre insignifiant à l'échelle planétaire qui est celle de notre époque. L'océan Atlantique couvre 106 millions de kilomètres carrés et le Pacifique 180 millions ! Mais la Méditerranée fut pendant des siècles le centre du monde occidental et, de surcroît, un lieu de contacts fréquents entre de nombreux peuples. Il fallait soixante jours pour parcourir ses 3 800 kilomètres de long sur un voilier d'une douzaine de mètres. En ce temps-là, c'était tout simplement la Mer, *Thalassa !*, "La mer, la mer !", comme criaient joyeusement les Grecs de l'Antiquité, si nous en croyons Xénophon.

Ce ciel merveilleux et cette atmosphère lumineuse obéissent principalement à un facteur : le Sahara. Ce désert et l'Atlantique composent et unifient le climat méditerranéen, doux en dépit de brusques sautes de température. Nous sommes la moitié de l'année sous l'influence estivale des masses d'air chaud et sec, parfois chargées du sable du désert brûlant du sud. Le reste du temps, hivernal, automnal, est marqué par l'humidité et par la lourde pression océanique qui fait occasionnellement se lever le vent et la houle.

Ce climat a bien des conséquences : une eau de mer relativement tiède et une chaleur souvent tempérée qui ont concentré en Méditerranée les activités de loisirs et le tourisme du monde entier ; des cultures empreintes d'une noblesse ancestrale : la sévère élégance de l'olivier, les crus brillants et parfumés de la vigne, la bénédiction des champs de blé dorés.

Les eaux méritent qu'on s'y attarde. Elles sont exceptionnellement salées, car l'évaporation enregistrée est aussi importante que sont modestes, à l'exception du Nil, les fleuves qui s'y jettent, évaporation difficilement compensée par la mer Noire, au nord-ouest, véritable récipient alluvial, et, à l'ouest, par le faible renflement de l'Atlantique, simple goulot qui n'a que quinze kilomètres de large au détroit de Gibraltar. Nos eaux sont en outre pauvres en flore sous-marine et en plancton – organismes et végétaux microscopiques –, si bien que les poissons ont peu d'aliments pour se nourrir et sont, de ce fait, peu nombreux et de petite taille. Mais toutes ces privations leur font la chair délicate et savoureuse, comme incrustée de soleil et d'herbes aromatiques. Il faut devenir un adepte de la langouste à la braise, de la rascasse bouillie, de la daurade au four…

Anses paisibles et magnifiques rochers escarpés jalonnent les côtes. Le littoral du Nord, où viennent s'achever les formidables chaînes montagneuses des Pyrénées et des Alpes, est généralement sauvage, alors que la rive méridionale est plutôt basse, monotone. Un chapelet d'îles s'étire sur toute la longueur de la Méditerranée, de Chypre aux Baléares en passant par la Crète, la Sicile, la Sardaigne, la Corse, Malte…

Malte, située exactement au milieu de notre vieille mer. Avec la Sicile et la péninsule italienne au nord, le grand saillant tunisien au sud, elle délimite cette espèce de barrière qui, flanquée d'une vaste plate-forme sous-marine, divise la Méditerranée en deux grands bassins, l'occidental et l'oriental. Le premier atteint des profondeurs de 3 700 mètres dans la mer Tyrrhénienne, le second, de 5 131 mètres au sud-ouest du Péloponnèse.

Dans le site géographique ainsi délimité s'inscrit le paysage intime sécrété par l'histoire des hommes, cette expérience lyrique lumineuse. Allons à Majorque, mon île, en février, à l'époque où fleurissent les amandiers.

Ils couvrent toute l'île, tels d'élégants fantômes silencieux se dressant sur le sol sec de l'hiver. La fleur blanche, fragile, exhale un doux parfum de miel. J'aime ces fastes légers, mélancoliques, de l'amandier fleuri, car j'aime aussi la seule chose qui me reste, ma vie, ce que je suis. Je sais que c'est peu, tout juste quelques franges accueillantes du souvenir, les pas fermes et aveugles du présent, un vague mais intense espoir. "Etre d'un jour ! Qu'est l'homme ? Que n'est-il pas ? Il est le rêve d'une ombre", écrivait Pindare en sa vieillesse, toujours pétri de noblesse, qu'il chante la gloire ou la tragédie.

Mais je ne veux pas céder à la mélancolie. En réalité, dans la petite fleur blanche si tôt flétrie, éternellement renouvelée, se cache aussi l'esprit joyeux d'un humble jouet. Il nous faut avancer, car toujours nous attend quelque chose de nouveau, ou de renaissant ; c'est le secret du paysage : il paraît paisible sur terre, lointain dans les nuages et les astres, mais tout dans la nature constitue une lutte puissante, cachée. Appel de l'avent, le paysage alors stimule.

Chaque année, l'événement se renouvelle, rituel créateur. C'est le début de la journée, j'ouvre la porte, je gratte la nuque du chat bêta, j'allume la radio pour surveiller le monde et... stupeur : devant moi, au milieu du petit potager, le premier amandier en fleur étale sa candeur, insolite invasion d'un délire immaculé qui avance et grandit dans un silence magique.

J'observe les jeunes agneaux nés à l'automne, gauches encore : tantôt ils agrippent avidement les mamelles de leur mère avec un bêlement rauque et méfiant, tantôt ils mordillent les premiers brins d'herbe tendre. Quelle fraternité chez les animaux ! L'homme reste éloigné de la nature ; je la regarde quant à moi avec un plaisir intime, reconnaissant en elle une obscure paternité, une plénitude qui pourtant m'échappe.

Le cerveau de l'homme est façonné par toutes sortes d'ambitions qui volent en éclats, la vanité s'abrite uniquement dans la petitesse, nous ne sommes qu'une fugace tentative de singularité dans le vaste sein de l'espèce. Voilà pourquoi je m'absorbe dans l'aimable contemplation des moutons qui trottinent, de leurs yeux candides, innocence de la grande leçon de continuité que nous offre la planète. Et qui dans cet espace méditerranéen acquiert un équilibre dont je sens l'épicentre dans toutes mes fibres : nos schémas mentaux ne sont pas explicites, l'expression de nos existences reste cachée en profondeur. Nous vivons plus que nous ne réfléchissons.

La nuit tombe, les bruits de la campagne cessent tandis que s'amplifie celui des vagues proches, posé, lancinant, grave. Dans la cheminée crépite l'olivier. Jamais je ne les aurais coupés, mais les flammes voraces d'un incendie estival les ont brûlés. Bois ferme, dur, presque minéral, qui n'émet que péniblement les vagues de chaleur immédiate que dégagent l'amandier sec, le pin résineux.

Tandis que brûle l'olivier monte en moi un sentiment de culpabilité : des centaines d'années ont été nécessaires à la formation de cet arbre rugueux, tordu, insolite ébauche de caverne ou de pachyderme, de préhistoire... Un poète majorquin, Pons y Gallarza, a chanté :

Jo moriré, i encara
espolsarà el mestral ta negra oliva :
res serà del que és ara,
tu sobre el blau penyal romandràs viva.

Je mourrai et le mistral continuera de battre ton olive noire : il ne sera rien de ce qu'il est, mais toi tu demeureras dressé sur la fière rocaille méditerranéenne... Pourtant, je détruis l'olivier... Cette nuit fleuriront de nouveaux amandiers, demain je les découvrirai devant moi, pomponnés.

Voix d'hier, images ancestrales... Dans un pré de fèves tendres, je rencontre un vieux parent. Méfiant, il contemple un amandier vêtu de violet et marmonne : “Je préfère les blancs, ils semblent plus de chez nous. Celui-là a l'air d'un évêque, on lui ferait presque la révérence...” Et il m'explique qu'il promène tous les jours ses chiens pour qu'ils ne s'ennuient pas, trois cabots qui traînent par là : un hargneux qui me montre les dents ; un autre affectueux, sans queue, au poil brillant ; et une grande chienne triste.

Voyant que je l'écoute, le vieux jacasse comme une pie, sans se douter que rien de ce qu'il raconte ne m'intéresse. Mais le ton de sa voix, son débit saccadé, son visage en forme de polyèdre irrégulier me fascinent. Ils me rappellent son père, sa grand-mère que j'ai connue bien vieille quand j'étais tout petit : tous avaient des traits identiques et la même cadence verbale.

Je vois cet homme comme je me vois moi-même, maillon d'une longue chaîne, la race antique, les pères des pères, les morts et les vivants, les amandiers en fleur et la mer incessante qui nous forge, muraille défensive et oppressive. Je marche au milieu des champs blancs, éternels. Une brise fait voler les pétales. Ma fille passe, peinturlurée pour le carnaval, sautillant et fredonnant. Il y a dans l'amandier en fleur, il y a en nous, une longue réserve d'illusion. Et j'envoie un coup de pied au chien malingre et féroce qui veut me mordre. Mon parent rit et lui donne une saucisse.

Le premier peuplement européen fut méditerranéen. Arrivé d'Afrique orientale au Moyen-Orient par la vallée du Nil il y a environ 2,5 millions d'années, l'*Homo habilis* a emprunté deux directions, le long des côtes nord et sud de la Méditerranée. Sur le rivage africain, il a suivi l'évolution que nous connaissons, devenant l'*Homo erectus*, alors que sur les terres qui sont aujourd'hui l'Espagne, la France et l'Italie, il est resté isolé, homme de Néanderthal enfermé en lui-même, reconnaissable à son front et sa mâchoire très protubérants.

Au bord de la Méditerranée précisément, à Orce, près de Grenade, on a trouvé les plus anciens restes européens de cet hominidé – des fragments crâniens et des outils de silex. Il y a 1,8 million d'années, Orce était un lac fertile : cet être a dû connaître une image du paradis…

Plus tard, il y a environ cent mille ans en Israël et trente-cinq mille ans en Méditerranée occidentale, arriva aussi d'Afrique l'*Homo sapiens*, notre homme de Cro-Magnon, grand, au front "dégagé", pourvu d'un volumineux cerveau (1 590 cm^3). A sa grande surprise, du moins peut-on le présumer, il tomba sur le Néanderthalien, avec lequel – affirment les savants – il ne se mélangea pas, car l'un était "de belle prestance" et l'autre "sauvage" !

Il y a trois cent millions d'années, cet espace méditerranéen faisait partie d'un immense océan ; sur ses rives se traînaient des reptiles si fabuleux qu'on a peine à les imaginer et se succédaient des transmutations extraordinaires. L'île de Malte, pour suivre cet exemple, est formée d'alluvions magmatiques et rocheuses de l'ère tertiaire, vieilles de soixante-dix millions d'années. Ces dépôts se consolidèrent peu à peu, au gré des évolutions climatiques exacerbées et des brutales contractions de l'écorce terrestre. La Méditerranée était presque entièrement couverte de gigantesques forêts, de prairies herbeuses, de marais fertiles, le tout peuplé d'énormes tortues, d'immenses oiseaux, de mammifères démesurés : éléphants, mammouths, hippopotames…

L'Europe, la Sicile, l'Afrique, Malte constituaient alors un seul bloc. Puis, il y a un million d'années, survint la dernière et terrible glaciation : les pluies torrentielles érodèrent les sols, laissant celui de Malte presque aussi nu qu'il l'est aujourd'hui, tandis que le sol se lézardait, s'effondrait, se recomposait. Dans une poussée irrésistible, la glace venue du nord chassait les gigantesques quadrupèdes vers le sud encore chaud. La dernière période glaciaire s'étend de -70 000 à -10 000.

Il y a deux cent cinquante mille ans, Malte, encore rattachée à la Sicile et à l'Europe, était déjà séparée de l'Afrique. Les animaux qui descendaient du nord s'y retrouvèrent donc entassés, pratiquement prisonniers. Dans la profonde grotte insulaire de Ghar Dalam, on a trouvé des ossements d'antilopes, d'ours, de loups, des oiseaux incroyables, tel un cygne géant. Les plus extraordinaires sont pourtant les squelettes d'éléphants et d'hippopotames : ils appartiennent à des animaux nains. Sur ce territoire réduit et dénudé où manquait la nourriture, ils furent consumés par la dégénérescence...

Mais les animaux qui passèrent à temps en Afrique, échappant à ce que nous pouvons appeler la tragédie maltaise, purent y paître heureux. Un témoignage admirable et isolé en rend compte, le plus important par la quantité : les fresques préhistoriques du Tassili-n-Ajjer, dans le Sahara algérien.

Sahara, en arabe, signifie "sol aride, stérile", ce qu'il est à l'extrême. Long de cinq mille kilomètres de l'Atlantique à la mer Rouge, large de plus de mille cinq cents kilomètres, le Sahara pénètre en Afrique noire. Ces étendues de sable brûlant aux pétrifications fantastiques couvrent neuf millions de kilomètres carrés, plus de trois fois la Méditerranée, près de vingt fois l'Espagne.

Il y a sept ou huit mille ans s'étendaient là des vallées et des plaines où coulaient des fleuves habités par l'hippopotame, où se serraient des arbres dont la ramure nourrissait des troupeaux d'éléphants, où l'homme domptait l'animal et corrigeait la nature. Nous le voyons représenté de façon expressive dans l'incroyable quantité de peintures et de gravures des vastes hauts plateaux, ou tassilis, du Hoggar et des Ajjers, dans les environs de la ville de Djanet, à l'est de l'Algérie, ou sur ceux de l'ouest, du côté de Tin-Rerhoh. Des fresques de surcroît réalisées à l'air libre et non, comme en Europe, dans des grottes.

L'arc méditerranéen que forment le Levant espagnol et le Sud de la France possède de nombreux échantillons remarquables d'art rupestre, parmi lesquels on retiendra les étonnantes Vénus de Trasimène ou de Lestrugue, obèses, maternelles, séduisantes. Le bien-être qui émane de leurs chairs bienveillantes vient de l'époque qui les vit naître : elles furent façonnées il y a environ vingt mille ans, dans une période interglaciaire chaude. On trouve en Ariège d'autres "sculptures" : les bisons extraordinairement vivants modelés dans l'argile rouge de la grotte profonde du Tuc d'Audoubert qui appartiennent au néolithique supérieur.

Les cousins des grands singes que furent nos ancêtres peuplaient déjà la Terre, avec les animaux, il y a quinze et vingt millions d'années. Mais ce ne seront vraiment des hommes que lorsqu'ils deviendront des bipèdes et que leur volume crânien aura augmenté. Bien qu'il ne puisse rivaliser en agilité et rapidité avec l'animal, qui lui s'appuie sur ses quatre membres, l'être humain bipède a la liberté d'utiliser ses mains à mille et une choses, ce qui lui permet de refaçonner le monde à son usage. Il y a quarante mille ans, le squelette humain était déjà semblable au nôtre, le cerveau atteignait sa dimension optimale et la complexité de ses fonctions définitives.

L'individu que nous esquissons est préhistorique, il appartient de plus à une société beaucoup plus unitaire que ne le laisserait supposer l'apparence grossière de ses traces : peintures, habitats, ustensiles. La linguistique nous apporte un argument intéressant : celui de la racine *car*, *cal* ou *gar*. Elle figure dans de nombreux toponymes et mots, de Carpates à Calahorra et de carapace, cale ou calanque à chalet, garrigue ou galet. Signifiant d'abord "pierre" et, par extension, "abri naturel, lieu abrité", elle apparaît dans presque toutes les langues européennes et même au-delà de nos frontières, étant antérieure aux Indo-Européens, c'est-à-dire aux peuples qui à la fin du néolithique, il y a environ trois mille ans, commencèrent à peupler l'Europe et l'Asie occidentale, à y implanter leurs langues.

Dans les tassilis que nous avons évoqués, nous pouvons nous rendre dans des endroits spectaculaires, comme Tamrit ou les gorges de Sefar qui concentrent l'anthologie la plus complète de la région. Le Français Henri Lhote y a travaillé il y a plus d'un demi-siècle avec une ténacité exemplaire, faisant sortir les fresques de leur sommeil, proposant diverses interprétations, nous offrant ainsi un panorama de l'évolution de l'homme et de son milieu.

Les peintures de Sefar font clairement apparaître quatre périodes. La première remonte aux débuts du néolithique : les personnages sont surtout des chasseurs négroïdes de parenté nilotique, à la tête très ronde, auprès desquels pullulent toutes sortes d'animaux. La deuxième période, qui s'étend de 4000 à 2000 avant notre ère, est celle des bovidés, avec ses généreux troupeaux de bœufs et ses fauves à l'affût, ses scènes familiales, ses travaux agricoles. Elle montre des hommes noirs et des hommes blancs.

Mais les sécheresses avaient commencé à s'étendre sur le Sahara, accélérées par les chaînes montagneuses prélittorales qui barraient le passage aux vents humides de la Méditerranée. L'hippopotame et autres bêtes semblables cessent de figurer sur les peintures. C'est la troisième période, qui va de -1500 à notre ère, où apparaît le cheval, introduit par des bergers de race blanche vêtus à la manière des Grecs… La quatrième période est celle qui évoque le Sahara tel que nous le connaissons, un désert dont un nouvel animal devient le maître : le chameau, avec son sabot mou et sa résistance à la soif, bien adapté aux étendues de sable infinies.

Nous nous rendrons aussi dans une autre enclave, plus cachée, celle des grands tassilis solitaires du Sud-Ouest, à Tin-Rerhoh et Quan Amarakan, où les Touareg nous guident parmi les dunes de sable – le Château, la grotte du Serpent… jusqu'aux hallucinants monolithes noirs et aux cavernes englouties sous des éboulements grandioses. Sur leurs murs subsistent les lointaines gravures qui décrivent les rhinocéros, les buffles, les crocodiles de la première période, un univers de forêts humides, de fleuves et de vergers. Les silhouettes humaines qui les peuplent, avec leurs cornes et leurs grosses têtes, trahissent un symbolisme peut-être magique.

Dans cette région, les images, au trait d'une réelle beauté, appartiennent à la période moins humide, avec des savanes semblables à celles de l'Afrique équatoriale : girafes, autruches, éléphants, bovins, bergers, chasseurs. Picasso, dans ses dessins, ne les a pas dépassés en dextérité. Ensuite, pendant au moins un millénaire en ce qui concerne Sefar ou Tamrit, d'après les spécialistes, galopent ici les chevaux dont nous suivons la trace dans les sombres cavernes, petits joyaux ocre et blanc. A leur côté apparaissent des guerriers à la forme géométrique menaçante. Lorsque nous nous rapprochons de notre ère surgissent les chameaux, la pauvreté du désert pur et dur : cet art est maladroit, les hommes réduits à des esquisses, avec un long sexe.

Plus tard, les caravaniers ont continué à graver des figures, plus misérables encore, et des salutations en tifinar, langue que les Touareg d'aujourd'hui savent toujours déchiffrer. Mais peut-être ces gravures seront-elles bientôt invisibles à nos yeux : la terrible érosion qui frappe les roches, effet du manganèse, des gelées et du vent de sable, abîme les parois.

Scène réunissant des chasseurs et des bergers sur une fresque préhistorique du Tassili-n-Ajjer, au Sahara algérien.

Dans le tassili des Ajjers, Henri Lhote a dénombré un millier de gravures. A Tin-Rerhoh, elles sont beaucoup moins nombreuses, plus pauvres, et aucune mission scientifique ou artistique ne les a vraiment étudiées. Les premières, pas plus que les secondes, ne bénéficient de la moindre protection publique ou privée.

Au premier quartier de lune, signe glacé, diabolique, le Touareg jette une bûche d'acacia sur la braise, il la saupoudre de sucre pour la faire prendre. Et la flamme jaillit, vive : les voyageurs intrus que nous sommes ont aussi besoin de protection. Contre les *kel essuf*, les petits génies dont on ne sait s'ils sont bons ou mauvais, qui nous épient sans doute dans la nuit silencieuse qui domine le monde.

La Vénus de Çatal Höyük est, elle, peut-être plus étonnante que les Vénus européennes. Il s'agit en réalité d'une déesse de la fertilité, majestueusement adipeuse, assise sur une sorte de trône formé par deux félins et sur le point d'accoucher. Elle fut taillée vers 5750 avant Jésus-Christ. Ces datations précises sont obtenues grâce à l'analyse au carbone 14 des restes de matière vivante, bois ou os.

Çatal Höyük se trouve sur le plateau d'Anatolie, en Turquie, près de Konya. Le site comprend quelque quinze hectares archéologiques de maisons en briques crues, sur douze couches superposées. C'étaient d'excellentes habitations de deux ou trois étages, avec des petites fenêtres, où l'on entrait par le toit, et qui servaient aussi de sépultures : les squelettes préalablement décharnés étaient ensevelis sous le lit.

C'est donc l'une des deux premières villes connues en tant que telles dans notre monde antique, l'autre étant Jéricho, en Palestine – auparavant n'existaient que des villages. Çatal Höyük fut fondé vers 6500 avant Jésus-Christ ; Jéricho lui est antérieure et abrita jusqu'à vingt mille âmes, chiffre fabuleux pour l'époque. Mais l'intérêt de Çatal Höyük est supérieur à plus d'un titre, et d'abord d'un point de vue artistique : ses peintures, ses céramiques, ses figurines constituent les plus anciennes œuvres d'art et d'artisanat existantes, car leur contenu décoratif et créatif dépasse le simple fonctionnalisme. Une peinture murale représente par exemple une éruption volcanique – celle du Hasan Daği, non loin de là : il s'agit également de la première peinture paysagère connue.

Son grand symbole mythique était le taureau, incarnation de la divinité masculine, de la fécondité, de la force, en raison de son importante fonction : utile et robuste, cet animal permettait un meilleur rendement agricole.

Il semble prouvé que la civilisation – disons l'effort surstructurel – commença dans la Mésopotamie voisine, dans ce qu'on appelle le "croissant fertile", probablement le "paradis terrestre" de la Bible, région de l'Irak actuel comprise entre le Tigre, l'Euphrate et le golfe Persique, à un millier de kilomètres de la Méditerranée.

La Bible décrit ainsi le territoire génésiaque (Genèse, II, 8-14) :

> Yahvé Dieu planta un jardin en Eden, à l'orient, et il y mit l'homme qu'il avait modelé. Yahvé Dieu fit pousser du sol toute espèce d'arbres séduisants à voir et bons à manger, et l'arbre de vie au milieu du jardin, et l'arbre de la connaissance du bien et du mal. Un fleuve sortait d'Eden pour arroser le jardin et de là il se divisait pour former quatre bras. Le premier s'appelle le Pishôn : il contourne tout le pays de Havila où il y a l'or ; l'or de ce pays est pur et là se trouvent le bdellium et la pierre de cornaline. Le deuxième fleuve s'appelle le Gihôn : il contourne tout le pays de Kush. Le troisième fleuve s'appelle le Tigre : il coule à l'orient d'Assur. Le quatrième fleuve est l'Euphrate*.

Ce furent en effet les cours d'eau, plutôt que la mer, qui conditionnèrent la naissance de l'agriculture, entendue comme culture ordonnée par l'homme, cette grande révolution du néolithique – avec l'élevage et l'usage de la céramique. L'agriculture a en outre constitué l'axe de la société jusqu'à l'ère industrielle, au XIXe siècle. Dominant la Mésopotamie se dressent les monts Zagros, dont les dégels contribuaient de façon déterminante à l'irrigation.

La naissance de l'agriculture survient aux alentours de 5000 avant Jésus-Christ ; mais dans les Zagros et en Anatolie on cultivait le blé, l'orge et les lentilles sauvages quatre mille ans auparavant, tout en commençant à domestiquer le chien, la chèvre et le mouton. Telle était, avec le commerce de certains matériaux comme l'obsidienne, l'assise de Çatal Höyük. Mais pour s'intégrer totalement à la révolution agricole lui ont manqué les grands cours d'eau qui éveillent la conscience collective et qui, en Mésopotamie puis en Egypte, furent à l'origine des premiers Etats vraiment unis, d'abord en tant que cités, plus tard en tant qu'unités territoriales centralisées et puissantes. Çatal Höyük s'éteint donc avant d'atteindre ce niveau de développement, vers 5500.

Entre le Ve et le Ier millénaire, plusieurs empires et plusieurs peuples qui ne sont pas à proprement parler méditerranéens entourent la Méditerranée et s'emparent de sa rive orientale : Sumer, l'extraordinaire précurseur de tant de révélations, entre autres l'écriture pictographique ; l'éphémère Babylone, avec Hammurabi et son code juridique modèle ; les violents Hittites, qui introduisirent le fer ; l'ambitieuse Assyrie, avec le belliqueux Assurbanipal qui, sur le magnifique et orgueilleux bas-relief de Ninive, proclame : "Je suis Assurbanipal, le Grand Roi, le Puissant Roi, Roi de l'Univers, Roi d'Assyrie, Roi des Quatre Régions du Monde, Roi de Rois..."

Au début du IIe millénaire commencent d'ailleurs à se produire les invasions des incoercibles peuples indo-européens, habitants des plaines qui vont de l'Allemagne à la Sibérie et qui, maîtres du bronze, du cheval et du char, finiront par conquérir la Grèce, l'Italie...

Mais nous sommes en Méditerranée, avec la nécessité et l'obsession d'y naviguer. En Egypte, en 4000 avant Jésus-Christ, on sillonnait déjà le Nil dans des bateaux de papyrus solidement liés ; très vite s'est développée une ligne commerciale à rame et à voile entre le delta nilotique et la côte syrio-libanaise, sur laquelle poussaient en outre les cèdres hauts et droits, parfaits pour la construction navale. Les Egyptiens ne furent pourtant de bons marins que sur leur fleuve. Les Syrio-Libanais ou Cananéens, qui seront plus tard les Phéniciens, se révélèrent en revanche d'habiles navigateurs, mais ils ne pratiquaient au début qu'un modeste cabotage, s'adonnant à une activité qui deviendrait leur vocation : le commerce.

Le premier empire maritime connu naîtra néanmoins dans une île : la Crète. Sur la mer Egée, deux mille ans avant notre ère prolifèrent les embarcations à une ou deux voiles et une quille, outre deux et jusqu'à quatre rangées de rameurs, pourvues d'une proue faisant office de taille-mer et, en temps de guerre, d'éperon pour détruire le navire ennemi. Au Ve siècle, les Athéniens eurent une flotte efficace, qui devint même légendaire, avec ses trières de vingt mètres de long avec un couloir central pour les soldats. Ce n'étaient cependant pas des bateaux de trois étages ressemblant aux caravelles, comme on l'a répété, mais d'un étage et demi au plus : deux rameurs s'asseyaient sur le même banc et un troisième un peu plus bas, en arrière.

L'Empire crétois fleurit – c'est le cas de le dire, étant donné son élégance – entre 2000 et 1500 avant Jésus-Christ. Un souverain quasi mythique fut son représentant le plus illustre : Minos. Ses palais de Phaistos, Mallia, La Canée et, surtout, Cnossos reflètent un luxe, une assurance, un degré de culture admirables.

Un éminent archéologue anglais, Arthur Evans, découvrit Cnossos, mais il le restaura ensuite selon les pesants canons victoriens. Il s'agit d'un immense palais, dont ont été exhumées plus de huit cents salles sur les mille trois cents qu'il contenait probablement, disposées en pavillons comptant jusqu'à cinq étages, réunis par des corridors inextricables. Les peintures nous renvoient l'image de dames gracieuses et magnifiquement parées, comme celle qui a été surnommée "la Parisienne". La richesse et la vivacité des couleurs rivalisent souvent avec le talent des coloristes les plus exaltés du XXe siècle.

Sur ces fresques s'affichait une virtuosité aussi risquée que stylisée. La céramique, les bijoux sont sophistiqués, fastueux. Leur écriture n'a été déchiffrée qu'en partie. Comme à Çatal Höyük, et comme pratiquement dans tout le Proche-Orient, on trouve les déesses-mères, le taureau divinisé, la double hache… Les cornes d'or constituent le symbole minoen par excellence. Le roi était un dieu, ou le dieu, et il prélevait ses impôts en nature, si bien qu'il possédait d'importants troupeaux de moutons.

Cette période est connue comme celle de la paix minoenne. La Crète et le roi Minos étendaient leur puissance sur la Méditerranée orientale au rythme des vagues. Les peintures murales d'Akrotiri, sur l'ancienne île de Théra, aujourd'hui Santorin, nous montrent la flotte crétoise, ses expéditions.

Jeunes gens en train de boxe, détail des peintures murales d'Akrotiri, sur l'île de Santorin, vers 1500 av. J.-C.

Santorin fut un autre centre minoen capital : ses fresques révèlent sa qualité de vie, la désinvolture coloriste des dames, les lutteurs acharnés, les pêcheurs...

Mais il se produisit une chose terrible : les éruptions successives dues à l'activité volcanique de l'île ; elles culminèrent avec l'explosion jupitérienne de 1500 avant notre ère, qui ouvrit un cratère marin de quatre-vingt-trois kilomètres carrés ; celui-ci engloutit de grandes parties de l'île et la divisa en trois : Santorin proprement dite, Thérasia et Aspronisi. La couche volcanique, de la pierre ponce, atteint jusqu'à quarante mètres au-dessus du niveau de la mer en de nombreux sites ; les hautes falaises noir de jais dominent les eaux transparentes, offrant un spectacle d'une splendeur sinistre.

Ce volcan a connu d'autres explosions, donnant également naissance à de nouveaux îlots, comme ceux de Palaia, Kaïméni et Afroessa. La dernière éruption, dont on peut voir les ruines dans le village de Phira, sur l'île de Santorin, eut lieu en 1956 : deux mille maisons s'effondrèrent en quarante-cinq secondes lors de ce séisme qui fit quarante-huit morts et deux cents blessés.

Le raz de marée provoqué par l'explosion minoenne, il y a trois mille cinq cents ans, atteignit quinze mètres de hauteur et fut ressenti dans toute la Méditerranée puisqu'on le détecta même sur la côte hispanique. Pour la Crète, il fut fatal, car il dévasta son littoral et détruisit une partie de la civilisation minoenne. A peu près à la même époque, celle-ci subit en outre l'assaut des Achéens de la Grèce péninsulaire, et en plus, au XIIe siècle avant Jésus-Christ, celle des "Peuples de la Mer" faméliques, avec leurs calottes de plumes, qui ravagèrent le Levant méditerranéen, venant peut-être d'Anatolie et cherchant désespérément un territoire où s'établir.

La mythologie nous offre une curieuse piste quant à la domination de l'Empire minoen sur les îles et les terres de la région. L'épouse de Minos, Pasiphaé, tomba amoureuse du taureau sacré et coucha avec lui. Elle donna le jour à un monstre mi-homme mi-bête, le Minotaure. Le roi, indigné à la vue d'un si grand sacrilège et de l'infidélité qu'il supposait, construisit un labyrinthe dans lequel il enferma le Minotaure. Celui-ci exigeait chaque année sept jeunes gens et sept jeunes filles que Minos se procurait chez les peuples conquis ; une fois introduits dans le labyrinthe, ils ne trouvaient pas la sortie et finissaient dévorés par le monstre.

Athènes était sous la domination de Minos. Thésée, le fils du roi, voulut faire partie des victimes pour en finir avec l'aberrante créature. A cette fin, il séduisit Ariane, la fille de Minos, qui lui donna une pelote, laquelle en se déroulant permit à Thésée de circuler en toute liberté dans le dédale, puis de tuer le Minotaure, de trouver la sortie et de s'enfuir.

La réalité semble surgir, évidente, derrière le mythe : le labyrinthe, c'était Cnossos, ses centaines de salles et de couloirs, extraordinaires pour l'époque ; les jeunes victimes, les impôts exigés par Minos ; la geste de Thésée, une rébellion provoquée par ces impôts, et peut-être même une riposte à l'attaque dévastatrice des Achéens… Homère évoque en outre, à Cnossos, une danse joyeuse "de jeunes gens et jeunes filles qui valaient un taureau" : les vainqueurs célébraient leur victoire sur Minos…

Mais si l'Empire minoen ne s'était pas étendu au-delà du bassin oriental de la vieille mer, un autre peuple, ou un ensemble de peuples, singulier et inconnu, sombrement audacieux, navigua vers l'Occident : celui des *nuraghi*, comme on l'appelle en Sardaigne, le même ou un autre qui aux Baléares est connu sous le nom de peuple des *talayots*… Entre les invasions indo-européennes et la destruction de Théra – c'est-à-dire approximativement entre 1800 et 1500 avant Jésus-Christ –, ces gens dont on ne sait rien naviguèrent d'île en île, apportant avec eux les emblèmes totémiques du taureau – comme le prouvent les têtes de bronze trouvées à Costitx, dans l'île de Majorque – et de la déesse-mère, que représente par exemple une statuette géométrique cycladique de Sardaigne.

Cette île fut entièrement plantée de grosses tours de pierre maçonnées, les nuraghi. Il en reste plus de sept mille, surtout dans la région de Sassari. Dans la localité de Barumini, on peut voir les "puits" donnant accès à un obscur lacis souterrain d'escaliers et de niches. La forteresse de Sant'Antine de Torralba est admirable... Cependant, ce qui existe en Sardaigne et dont on ne trouve pratiquement pas de traces aux Baléares, ce sont les extraordinaires statuettes de bronze mises au jour par les fouilles et que l'on peut admirer au musée de Cagliari.

Leur facture est bien sûr grossière, hiératiquement primitive, mais elles dégagent une grande expressivité, à la fois contenue et chargée d'émotion, qui semble caractériser le paysannat méditerranéen profond, au silence austère et pathétique. Les menhirs, qui oscillent entre un anthropomorphisme fantomatique et une représentation phallique, sont également très intéressants... Mais, bien sûr, la cruauté est aussi présente ici : la religion de ce peuple, probablement d'origine africaine, exigeait l'assassinat rituel des voyageurs.

A Majorque comme à Minorque se dressaient de nombreux *talayots*, mot catalan dérivé de l'espagnol *atalaya*, tour de guet, vu la forme de ces larges tours défensives dont les blocs de pierre cyclopéens ont été assemblés sans ciment. A Minorque, on trouve en outre les *taules* et les *navetes*. Comme on peut le voir a Ciudadela, la *navete* ressemble à un gros bateau renversé, monument d'une grande perfection formelle dans lequel on enterrait les morts.

Mais les *taules* – "tables" de géant, dans l'ancienne acception populaire – formées d'un énorme bloc de pierre horizontal posé au sommet d'un autre, vertical, en imposent encore davantage par leur gigantisme : électrisantes, elles ont l'air d'apostropher le ciel, de menacer l'homme. Les archéologues s'interrogent sur leur fonction : emblème du taureau représentant la déité ou pilastre central d'un édifice ? Impossible de le savoir.

Dans sa *Géographie*, Strabon décrit ainsi les gens qui construisirent ces monuments :

> Exposés aux convoitises [...], tout pacifiques qu'ils sont, on dit que les Baléares sont passés maîtres dans le maniement de la fronde. [...] Ils allaient auparavant au combat sans ceinture, le bras enveloppé d'une peau de chèvre ou armé d'un javelot dont la pointe avait été soit durcie au feu, soit, plus rarement, équipée d'une petite pièce de fer. Quant aux frondes ils en ont trois,

> placées autour de la tête, faites soit de jonc noir, soit de crin, soit de tendons, la première à longues lanières pour le jet à grande distance, la seconde à courtes lanières pour le jet rapproché et la troisième à lanières moyennes pour les distances moyennes. On s'exerçait chez eux à la fronde dès l'enfance et l'usage voulait que les parents ne donnent du pain à leurs enfants qu'à chaque fois qu'ils avaient touché le but. Aussi, quand Metellus [le conquérant romain] aborda à ces îles, fit-il tendre des peaux au-dessus des ponts des navires pour les abriter contre les projectiles*.

Un autre historien, Diodore de Sicile, précise que cette richesse convoitée venait d'un grand troupeau et d'une abondante production maraîchère ; il ajoute que les hommes mégalithiques des Baléares détestaient l'or, car ils craignaient qu'on ne vînt les attaquer pour le leur voler.

Et Strabon ajoute un autre renseignement terrifiant ou drôle, c'est selon :

> Les lapins de garenne [...] n'y sont pas indigènes, mais résultent de l'union d'un mâle et d'une femelle apportés du continent vis-à-vis par quelqu'un. Leur espèce s'y est à ce point multipliée dès le début qu'on pouvait voir les maisons s'écrouler et les arbres se renverser par l'effet des terriers minant le sol et que la population dut [...] recourir à l'aide des Romains*.

La Sardaigne, les Baléares – à cause des lapins ? – furent finalement conquises par Rome. Hannibal mettait en tête de ses impétueuses troupes puniques la formidable infanterie des frondeurs des Baléares, lesquels échangeaient avec enthousiasme leur solde contre du vin et des esclaves...

Un paysage en apparence paisible, avec ses forêts de cèdres immobiles, déployés, et sa côte agitée, le Liban. Pays ravagé par la politique, la division et la guerre au cours de ces dernières années pendant lesquelles les Libanais ont subi dans leur chair l'agressivité israélienne, la révolte palestinienne, la convoitise syrienne...

La tragédie qui a écartelé ce minuscule pays de l'Est méditerranéen semble être venue s'ajouter à la tradition qui l'a presque toujours divisé ou soumis à l'envahisseur, sans pour autant le faire disparaître : paradoxalement, sa situation conflictuelle a souvent été une chance, lui octroyant une grande malléabilité, des attaches lâches, d'habiles réflexes d'adaptation au progrès.

C'est exactement le sort qu'ont subi les Phéniciens, ce peuple d'origine sémitique qui, installé dans les cités d'Arvad, Tyr, Sidon, Byblos, acquit un grand dynamisme vers l'an mille avant notre ère, après l'effondrement des Hittites et des Mycéniens et avant le déclin de l'Egypte. Mais, trois siècles plus tard, la Phénicie sera ébranlée par la formation de nouveaux empires comme ceux de Babylone et d'Assyrie, occupée militairement avant de disparaître totalement. Le vaniteux Assurbanipal fit écrire : "Yakimlu, roi d'Arvad, sise au milieu de la mer, qui ne se soumit pas aux rois mes ancêtres, je l'ai fait tomber sous mon joug. Lui-même m'a amené à Ninive sa fille richement dotée, pour qu'elle devienne ma concubine, et il a baisé mes pieds."

C'est Tyr qui prit finalement la tête des cités-Etats phéniciennes, toujours édifiées sur des îlots proches de la terre ou sur d'étroites péninsules, ce qui facilitait leur défense. Ces cités maintenaient les contacts indispensables avec les terres proches, presque tout leur ravitaillement se faisant par la mer. A Tyr jaillissait même une source d'eau douce au milieu du port. Peu créatifs, les Phéniciens pratiquaient avec une extrême habileté la transformation et le troc de matériaux et de marchandises, c'est-à-dire l'artisanat et le commerce.

Fait qui resta exceptionnel pendant des siècles, les Phéniciens naviguaient même de nuit, en se guidant sur la Petite Ourse ; leurs bateaux calfatés avec l'asphalte de la mer Morte les transportèrent jusqu'à Cadix et aux îles britanniques, ils leur permirent de contourner l'Afrique et d'établir dans toute la Méditerranée un réseau prospère de comptoirs, en particulier en Sicile, dans le sud de l'Hispanie et en Afrique du Nord. Réseau qui, avec Carthage à sa tête, fonda plus tard cet Empire punique qui faillit supplanter Rome.

Tout en condamnant Tyr avec violence, l'amer prophète Ezéchiel (XXVII, 3-5, 12-14) décrivit aussi sa grandeur :

> Tyr, c'est toi qui disais : "Je suis un navire
> d'une parfaite beauté."
> En pleine mer s'étendaient tes frontières,
> tes constructeurs ont parfait ta beauté.
> En cyprès de Senir ils ont construit
> tous tes bordages.
> Ils ont pris un cèdre du Liban
> pour t'ériger un mât.
> ....
> Tarsus était ton client, grâce à l'abondance de toutes sortes de biens. Contre de l'argent, du fer, de l'étain et du plomb, ils

> échangeaient tes marchandises. Yavân, Tubal et Méshek faisaient du commerce avec toi. Contre des hommes et des objets de bronze ils échangeaient tes denrées. De Bet-Togarma, on te livrait des chevaux, des coursiers et des mulets*.

La somptueuse pourpre phénicienne, extraite d'un petit mollusque, le murex, fut promue par les Romains au rang de symbole de la gloire et du pouvoir.

C'est Hiram, roi de Tyr, qui a le plus fait parler de lui. Il faisait du commerce avec la quasi légendaire Tartessos hispanique, ou Tarsus, et naviguait sur la mer Rouge et l'océan Indien ; il construisit un temple magnifique dédié au dieu Mélék ou Moloch, dont l'entrée s'ornait de deux colonnes : l'une d'or, dédiée au feu, l'autre d'émeraudes, dédiée au vent. Elles ont aujourd'hui disparu, mais ont fait rêver pendant longtemps pêcheurs et chasseurs de trésors qui n'ont cessé de scruter les eaux et les bancs de sable à leur recherche… Ce temple servit précisément de modèle au fameux temple de Salomon érigé à Jérusalem, pour lequel Hiram prêta au roi juif ses architectes et ses orfèvres.

On offrait aussi des sacrifices humains au dieu Moloch, des enfants que l'on jetait vivants dans de grands brasiers. Même les rois les "célébraient", achetant des enfants aux pauvres s'ils n'en avaient pas eux-mêmes… Le commerce.

Le commerce qui fit prospérer Ougarit, ville phénicienne située sur une colline sablonneuse de la côte syrienne, aujourd'hui semée de ruines. Dans son grand palais, dans les bibliothèques particulières bien dotées de la cité, on a trouvé des milliers de tablettes d'argile cuite dont les gravures constituent une documentation fabuleuse sur l'économie, la diplomatie, la guerre, la médecine, les sciences naturelles, la religion et contenant même des œuvres littéraires.

Car c'est à Ougarit qu'eut lieu l'une des révolutions les plus fascinantes et les plus déterminantes qu'ait connue l'humanité : on y inventa ou, si l'on veut, on y adapta et divulgua l'écriture telle que nous la concevons aujourd'hui. Le musée de Damas conserve une minuscule tablette d'Ougarit datant du XIVe siècle avant Jésus-Christ, sur laquelle sont gravés les trente caractères de l'alphabet connu le plus ancien, ancêtre de ceux que nous utilisons encore dans une bonne partie du monde.

Avant Ougarit, les langages furent écrits au moyen de pictographies, de hiéroglyphes, de caractères cunéiformes, et ils comptaient de nombreux signes, parfois jusqu'à sept cents ; à Sumer, en Egypte, à Babylone, en Assyrie, cela en faisait des instruments presque ésotériques, exclusivement utilisés par des spécialistes, les scribes. En voulant transcrire des idées, ou des sons et des idées, ils n'étaient parvenus qu'à séparer les syllabes. En revanche, l'alphabet ougaritique a distingué les voyelles des consonnes, représentant les sons. Dès lors, tous, humbles et puissants, purent disposer de l'écriture, créer à travers elle des mondes imaginaires, inventorier les mondes réels.

Tablette d'Ougarit datant du XVIe siècle av. J.-C, Musée archéologique de Damas.

Réalité et fiction, en somme, et qui me viennent toujours en mémoire quand, à bord d'un voilier, voiles au silence habité par le vent, je dirige la proue vers un autre port méditerranéen qui fut de surcroît une magnifique colonie phénicienne ou carthaginoise, le port d'Ibiza sur sa blanche colline lumineuse. Je me souviens alors du poème de Constantin Cavafy, Grec de l'Alexandrie du XXe siècle, qui résume ce qu'a été, est et désire être l'homme de notre vieille mer rayonnante.

Le poème s'intitule "Ithaque", nom de l'île qu'habitait Ulysse, où l'attendait son épouse Pénélope, et que le rusé navigateur, perdu en mer à son retour de la guerre de Troie, mit dix ans à retrouver. Cavafy s'adresse à Ulysse et lui dit, méditatif :

> Quand tu partiras pour Ithaque, souhaite que le chemin soit long, riche en péripéties et en expériences. Ne crains ni les Lestrygons, ni les Cyclopes, ni la colère de Neptune. Tu ne verras rien de pareil sur ta route si tes pensées restent hautes [...]*.

Et, péremptoire, il ajoute :

> Souhaite que le chemin soit long, que nombreux soient les matins d'été où (avec quelles délices !) tu pénétreras dans des ports vus pour la première fois. Fais escale à des comptoirs phéniciens, et acquiers de belles marchandises : nacre et corail, ambre et ébène, et mille sortes d'entêtants parfums*.

C'est ce que je fais lorsque je débarque à Ibiza ou en tout autre petit port méditerranéen : j'achète des fruits sur le marché, je parcours les ruelles pleines de boutiques, vais manger un poisson grillé dans un petit restaurant bruyant, le vin blanc est frais... Mais le poème continue, avec son message d'espoir vivifiant, comme le recommencement de Paul Valéry :

> [mieux vaut que] tu abordes enfin dans ton île aux jours de ta vieillesse, riche de tout ce que tu as gagné en chemin, sans attendre qu'Ithaque t'enrichisse. Ithaque t'a donné le beau voyage : sans elle, tu ne te serais pas mis en route*.

Un jour, sur un autre chemin d'Ibiza. La campagne est aride sur l'île, pierreuse, avec les herbages desséchés de l'étiage. Parfois flotte le doux parfum du thym. Les insectes bourdonnent, rapides ou lents, et, dans un figuier luxuriant, des chardonnerets et des verdiers gazouillent à qui mieux mieux.

Nous marchons. Le paysan a une brebis qui est tombée dans une sorte de petite caverne dont elle ne peut sortir. Ce sont des bêtes stupides. Je l'accompagne. Nous tirons l'ovin, il bêle, résiste et entraîne l'homme, qui heurte l'entrée de la grotte ; un bloc grumeleux de terre argileuse se détache, dans lequel apparaît un morceau de terre cuite. Le paysan le jette, je le ramasse et le nettoie tandis qu'il examine la brebis qui boite. Et voici qu'apparaît Bès, gros nain dansant, avec sa grimace sardonique.

Une vieille connaissance des musées et des autres îles. Je souris. Il est abîmé, a un trou sur le côté, une oreille en moins, un pied cassé. Mais c'est Bès, haut d'environ un empan. Le paysan l'observe du coin de l'œil : "Sacré polichinelle. – Non, c'est un dieu." L'homme regarde de nouveau la poterie brunâtre, puis me jette un coup d'œil : "Un dieu ?"

Je lui parle de l'ancienne Egypte, où Bès veillait sur le sommeil des hommes, que ceux-ci considéraient comme l'antichambre de la mort. Et de la Phénicie, où Bès fut adopté et transformé en joyeux ivrogne – une allégorie de la vie je suppose. C'est celui-ci que je connais ; que parfois, il y a bien longtemps, je me suis imaginé adorer sur des plages désertes, lunaires, avec des feux et des chansons. Le paysan écoute et se tait, répète tout bas : "Un dieu ?" J'acquiesce. Le soleil est au zénith, il miroite dans la pinède que les abondantes pluies hivernales ont tonifiée.

L'homme me scrute : "Et qu'est-ce que c'est, un dieu ?" demande-t-il. Déconcerté, je ne sais comment le lui définir. Et, soudain, je sais ce qu'est un dieu : "C'est ce qu'il y a de meilleur en nous." Il réfléchit, ajoute, prudent : "Je jurerais qu'on vend les mêmes statuettes aux touristes, à l'échoppe de la plage…" En effet, quelqu'un a fabriqué de nouveaux petits dieux avec un moule punique du musée ; ils sont là parmi les verroteries, les lunettes de soleil, les cartes postales.

"Eh bien tu vois, ces pacotilles pour touristes sont une copie de ce dieu minuscule, qui fut vénéré par quelqu'un, dans un coin sacré de la maison, ou peut-être que cette grotte a fait partie d'un sanctuaire où les gens venaient prier avec crainte et dévotion. Ce Bès abîmé a peut-être consolé dans le malheur, ranimé des illusions ; peut-être dans l'esprit des hommes a-t-il traduit le flux plus puissant, plus généreux, de cet espace misérable de l'île."

L'homme tire la brebis, se met à avancer, grogne : "Bon, mais pour les touristes, c'est un truc qui sert à décorer. Et pour toi, c'est un dieu ?" Je hoche la tête, je sens le thym fragile, j'entends le gazouillis joueur : "Non, mais j'aimerais bien que ce le soit."

⁂

Le Caire, sa cité des Morts. Toute l'agitation de la plus grande ville d'Afrique s'achève ici. Sur combien de kilomètres s'étend la cité des Morts ? Près du Caire, tout au long de la ville, le cimetière, les cimetières, s'étendent interminablement, maisons et rues couleur de boue, poudreuses, abandonnées, sales. Car ce ne sont pas seulement des tombes : elles se trouvent souvent dans de véritables édifices qui peuvent avoir une cour, une salle à manger, des chambres, une étable…

Comme pour perpétuer l'antique tradition pharaonique, chaque année, pour la fête des Morts, les familles s'installent un jour ou une semaine dans la maison qu'elles ont au cimetière. Elles la nettoient, la préparent et y vivent tout en rendant hommage aux défunts. Il y a des tombes humbles et des tombes de califes, des tombes de rois et des tombes de commerçants. Le reste de l'année y errent les oiseaux, la vermine et les chiens qui grappillent quelque nourriture au milieu de cette désolation.

Ou grappillaient, car les animaux ont été supplantés : après la destruction de la ville de Suez et l'exode de sa population vers Le Caire, suite à la guerre des Six Jours avec Israël en 1967, et avec l'extraordinaire flux migratoire venu de l'Egypte entière qui, avant et après, a emprunté la même route en direction de la gigantesque métropole, une population nombreuse s'est installée dans la cité des Morts, partageant les maisons avec les esprits et les cadavres. A la tombée du jour, les vivants ressemblent à des fantômes égarés dans un hallucinant décor du passé.

Et, mêlés aux morts modernes, ceux de l'Antiquité : près de la rive ouest du Nil majestueux, sur Le Caire encore, se projette l'ombre hermétique et angulaire des pyramides, les tombes suprêmes. Aujourd'hui comme autrefois, la mort omniprésente gouverne l'Egypte, conséquence logique de l'exceptionnelle vitalité qui émane de ce fleuve paternel mythique, le Nil.

L'homme et l'organisation sociale constituent un défi lancé contre la domination de la nature, aussi magnifique que sauvage et dévorante. En Egypte au contraire, c'est cette nature qui ordonne l'humain et le divin, maîtresse absolue depuis cinq mille ans de civilisation peu ou très connue. Cette nature, c'est le Nil, son flot ample et tranquille d'eau et de boue, et aussi, au-delà des jardins, le désert : cette mort jaunâtre, poudreuse, qui s'étend de tous côtés, rattachant à la religion des pharaons, cette obsessionnelle fiction, surnaturelle.

Un coup d'œil sur la carte de l'Egypte ne nous donnera qu'une idée illusoire de l'étendue de son territoire, qui représente deux fois la péninsule Ibérique, mais dont seulement 5 % de la surface sont peuplés. L'habitat se situe à peu près exclusivement sur les berges du fleuve et sur son delta, serpent de vie long de 6 671 kilomètres, absorption et expulsion continuelle d'énergie, entouré par le vide détonnant des déserts arabique et libyque. Le Nil commande l'Egypte et, aujourd'hui comme hier, se substitue à tous les ordres établis.

Que reste-t-il de ses empires antiques, monumentaux et arrogants ? Des pierres écroulées, une aride solitude… Le Nil ordonne et tue. Près de ses rives foulées par tant de personnages fantastiques, le fleuve n'a autorisé que la présence inaltérable du plus humble des humains : le fellah, paysan pauvre et misérable, goutte insignifiante face à la puissance de l'eau, de l'arbre feuillu, de son ciel et de son soleil resplendissants, de l'univers de boue.

En effet, le Nil a commencé à dessiner son lit cinq mille ans avant notre ère. Les crues se produisaient de mai à octobre. En septembre, elles atteignaient en général leur niveau maximum, dix mètres au-dessus de sa décrue minimale. Les trombes d'eau venaient déposer sur les rives le *kemi*, une vase noire et fertile que le fleuve charriait depuis l'Abyssinie. Des champs de roseaux et de papyrus poussaient. Et tous les animaux, mammifères et oiseaux, accouraient pour boire et s'alimenter.

L'homme préhistorique, celui du couteau et de la hache de silex, contemplait le miracle depuis les collines et les rochers. Peu à peu, il est descendu, a semé dans la boue, chassé les oiseaux. Il s'est installé près des rives du fleuve, a inventé la céramique et le tissage, construit des cabanes en briques crues. Pour les premiers habitants de ses berges, le Nil était un génie appelé Hapy, né de Noun, l'océan primordial, qui vomissait l'eau d'une grotte située derrière l'île Eléphantine, au sud. C'était il y a six mille ans. Le fellah qui vit dans les villages partage à peu près les mêmes pratiques et les mêmes croyances.

La présence du fleuve donna naissance à une vie riche, raffinée, dont témoignent les fresques des tombes aristocratiques. Dans la vallée des Nobles étaient enterrés les dignitaires de la cour. Si la sévérité et le souci métaphysique dominaient les tombes royales, c'est essentiellement le bien-être qui ressort des peintures des tombes de la noblesse, joyeuse supposition d'un au-delà délectable.

Il y a en Egypte quatre fois plus d'habitants au kilomètre carré qu'en Hollande, la nation européenne la plus densément peuplée. Mais, en Egypte, le revenu mensuel est de cinquante dollars par habitant. Rien qu'au Caire, il naît cinq enfants par minute. Bien que le gouvernement tente de limiter la natalité, le fellah a couramment une demi-douzaine d'enfants, notamment pour la cueillette du coton, l'une des richesses agricoles du Nil, où les enfants se révèlent plus habiles, car ils se déplacent plus aisément entre les plants. Mais la croissance économique est beaucoup plus lente que celle de la natalité…

Parmi les bourgades denses acculées au Nil, Dendérah : la poussière noirâtre et les palmiers graciles, le petit âne qui trottine, les cris d'enfants, les gens enveloppés dans leur djellaba, la saleté, les mouches… Le musulman vit souvent le dos tourné à l'eau, considérée comme espace de mobilité. Même ses vêtements semblent déjà une défense contre les corps nus et les espaces ouverts. En même temps, depuis des siècles, les jardins, l'irrigation et le bruyant règne animal ont procuré aux Nilotiques assez de nourriture pour subsister. Pourquoi auraient-ils dû se déplacer, évoluer ?

Mais les choses ont singulièrement changé après les guerres contre Israël, cause des déplacements de population auxquels nous avons fait allusion. L'alphabétisation, la radio et la télévision stimulaient l'imagination pendant que l'industrialisation hésitante du delta attirait les travailleurs. L'Egypte essaie de bouger. De nombreux villages ont connu en quelques années une transformation qui ne s'était pas produite pendant des siècles. Ils sont passés du recueillement au tumulte.

Si New York est la capitale économique de notre temps, si la Shanghai de Mao fut celle du prolétariat, si Tôkyô est celle de la technologie et de l'impénétrabilité et si Mexico constitue le plus grand bric-à-brac humain ou infrahumain existant, en Méditerranée une autre métropole gigantesque, comptant quinze ou vingt millions d'habitants – comment savoir ?, pourrait être la capitale des gens de la rue, de la masse à l'état le plus pur, le plus excité, le plus libre, le plus chaotique : Le Caire. Le Caire populaire, les nuages de poussière qui s'élèvent entre ses trois cents minarets, la folle circulation des vieilles automobiles qui klaxonnent sans arrêt. Où que nous allions dans cette grande ville, nous trouverons toujours un formidable défi humain.

Prenons par exemple Jan el-Jalili. Depuis le XIIIe siècle cet effervescent marché ouvre son labyrinthe où se mêlent, indissociables, la puanteur et le parfum, la nonchalance et la plus exquise délicatesse. Des milliers d'échoppes et de boutiques de bijoux, de vêtements, de nourriture, d'instruments de musique, de meubles… Bien sûr, tout achat requiert un marchandage. Encore qu'il ne soit pas nécessaire de venir à Jan el-Jalili pour acheter, le bazar étant avant tout un spectacle, une boîte à surprises, une fascination d'hommes et de femmes, d'objets, de lumière et d'ombre, le charme d'un labyrinthe sans fin, image typique de l'Orient le plus humain, avec sa promiscuité et sa chaleur.

Mais les authentiques descendants des Egyptiens de l'Antiquité sont les coptes. Pas forcément arabes, les Egyptiens sont en majorité de religion coranique. Dans l'islam, langue et religion trouvent leur identité dans l'unité. Mais l'importante minorité copte est apparemment rattaché à l'Egyptien pharaonique, qui fut sensible à la prédication de saint Marc ; elle compte tous ceux qui sont restés fidèles à la foi chrétienne et n'ont pas embrassé l'islam. Les coptes affirment être environ huit millions, le gouvernement en recense cinq millions. Bien que tous les Egyptiens soient en théorie des citoyens égaux, la marginalisation des coptes par les musulmans provoque une tension constante qui s'accompagne d'éclats de violence.

Dans les ruelles du Caire à moitié en ruine, marginales et mystérieuses, il y a une vieille synagogue et plusieurs églises coptes. La principale, celle de Saint-Serge, poussiéreuse, obscure, détériorée, date du Ve siècle. Selon la tradition, la crypte du temple fut la demeure de la Sainte Famille – Jésus, Marie, Joseph – pendant son séjour en Egypte.

En sortant du Caire et en suivant toujours la ligne du fleuve, telle la flèche du destin, nous quittons le tumulte humain pour le tumulte de l'eau : le tumulte liquide d'Assouan. Le barrage d'Assouan, toute l'ambition de l'Egypte… Assouan, porte de la Nubie, le pays des hommes et des femmes à la taille élancée, à la distinction posée, à la beauté seigneuriale. Leur peau est d'un noir bleuté, comme minéralement éclairé, évoquant le ciel des nuits d'été…

Assouan fut aussi un marché aux esclaves. Dans l'Antiquité, les très belles esclaves nubiennes figuraient parmi les plus recherchées. Dans le passé déjà, Assouan occupait une position clé entre l'Egypte, et même le monde méditerranéen dans son ensemble, et l'Afrique insondable.

Le barrage d'Assouan, planifié et financé par les Russes, fut construit entre 1960 et 1972 : long de trois mille six cents mètres, haut de cent onze mètres, il compte six tunnels doubles et douze turbines qui totalisent une force de dix milliards de kilowattheures. Projet d'une immense envergure, qui a permis d'électrifier une grande partie des quatre mille villages d'Egypte, de doubler le revenu national, de quadrupler la production de fer, d'augmenter celles de ciment, d'engrais, d'aluminium. Grâce à lui, on a également pu régulariser les crues du fleuve, éviter les sécheresses et les inondations, assurer deux ou trois récoltes par an.

Mais la croissance démographique sauvage de l'Egypte et l'incapacité gouvernementale à rénover ses structures anéantissent tout progrès : le pays compte soixante millions d'habitants et croît au rythme annuel d'un million deux cent mille. L'Egypte souffre d'innombrables pénuries.

De plus, le barrage a fait disparaître le limon que charriait autrefois le courant et qui fertilisait les champs. La terre s'est appauvrie, ce qui a fait baisser les rendements. Au lieu de déposer de la vase, l'eau racle les berges, emportant vers la mer d'énormes quantités de terre de jachère. La vie et la mort, l'eau…

Et l'eau tout aussi rectiligne du canal de Suez. Tous les Egyptiens en ont rêvé depuis l'Antiquité. En 1950 avant Jésus-Christ, Sésostris Ier projette de creuser un canal qui relie Thèbes à la mer

Rouge. C'est Ramsès II qui le réalisera. Au temps d'Hérode le Grand, la dureté des travaux avait déjà tué cent vingt mille hommes.

Un chef arabe, al-Mansūr, le ferma afin de couper la route des Indes aux Européens, ce qui sera finalement déterminant dans les initiatives de Vasco de Gama et de Christophe Colomb pour la recherche de nouvelles routes maritimes. Il faudra attendre Lesseps et sa ténacité pour que le canal existe à nouveau : l'actuel fut inauguré en 1869.

J'ai connu Suez dans des circonstances exceptionnelles et tragiques : immédiatement après la guerre des Six Jours de juin 1967, dont Suez constitua un épicentre, une frontière.

Du Caire au canal, cent cinquante kilomètres de désert, de dunes de sable brunâtre, grumeleux. Sous la lumière dorée, brûlante, des reflets miroitant au ras du sol. Des montagnes arides, jaunâtres. Un camion militaire transportait un réservoir d'eau, un autre des soldats aux yeux noirs et tristes. A la sortie du Caire, la route longeait des casernes et des postes militaires, constructions basses entre des arbres chétifs autour desquelles, sur le gravillon du désert, évoluaient des compagnies de soldats à la martialité incertaine, alignant approximativement leurs baïonnettes. Puis apparaissaient des fortifications, un char de combat, des canons dressés, une gigantesque barrière d'armement lourd. Un aérodrome camouflé, avec des avions dont la queue et le nez dépassaient de hangars trop courts qui ressemblaient à des maisons de paysans.

La ligne du canal – cent soixante et onze kilomètres entre Port-Saïd, sur la Méditerranée, et Suez, sur la mer Rouge, soixante-dix à cent quarante mètres de large – sépare le désert arabique de la péninsule du Sinaï. Au-dessus de ses eaux calmes et grises au fond desquelles s'accumulait lentement le sable – en raison de la guerre, tout dragage et toute navigation avaient été interrompus –, les armées arabe et israélienne se tenaient en joue.

Pour l'Egypte, la situation était doublement grave : elle signifiait la perte annuelle des cent millions de livres sterling que lui rapportaient les droits de passage par le canal, et la preuve la plus humiliante de sa défaite. "La lutte contre Israël sera une lutte sans merci", avait annoncé Nasser en fermant le détroit d'Aqaba aux Israéliens, rendant inutilisable Elath, leur unique port dans le Sud. Et la lutte fut destructrice, mais uniquement pour Nasser, qui s'était érigé en calife révolutionnaire et nationaliste du panarabisme, ne soulevant qu'enthousiasmes et problèmes.

La guerre fut assez simple. Un bombardement ciblé de l'aviation israélienne cloua les appareils arabes au ciment de leurs aérodromes, tandis que des colonnes de tanks et de parachutistes s'emparaient en quatre jours de la péninsule du Sinaï. Le gouverneur de Gaza – la bande fatidique peuplée de réfugiés palestiniens –, le général Husni, regarda mélancoliquement défiler devant ses fenêtres les drapeaux israéliens bleus étoilés. Il signa la reddition, demanda son Coran, trois paquets de cigarettes Kent, et se constitua prisonnier. Sans une goutte d'eau, dans un délire de chaleur, les soldats égyptiens continuèrent à errer, blessés et affamés, sur le sable torride du Sinaï. Dix mille hommes moururent. Les chacals apparaissaient à l'improviste sur la ligne d'une colline, hurlant à la charogne...

Environs de Suez. Quatre soldats maigres, basanés, moroses, creusaient un trou. A côté d'eux, une mitrailleuse antiaérienne et une minuscule tente de campagne, basse. Plus loin, d'autres trous dans lesquels l'arme était déjà installée, un camion arrêté et un petit groupe de soldats somnolents aux uniformes froissés, assis ou en marche.

Mais le long du canal, sur un front d'une centaine de kilomètres, Nasser avait posté cent mille hommes et plus de huit cents canons, la plus grosse concentration de matériel de guerre au Moyen-Orient depuis la bataille d'El-Alamein, qui avait opposé Montgomery et Rommel. L'Union soviétique apporta des tonnes d'armement pour remplacer ce que l'Egypte avait perdu pendant la guerre, plus trois mille techniciens soviétiques qui instruisirent et dynamisèrent inlassablement les Egyptiens. Car l'unique ligne téléphonique qui fonctionnait au Caire pendant la guerre fermait aux premières heures de l'après-midi : les téléphonistes faisaient la sieste.

Le spectacle de Suez était absolument effrayant. Avant le conflit, la ville comptait deux cent soixante mille habitants ; il n'en restait plus que soixante mille. Les autres avaient été évacués, la liberté de manœuvre de l'armée égyptienne et la peur des attaques israéliennes ayant motivé cet exode pathétique. Des chats gras et malins furetaient, juchés sur des tas d'ordures noirâtres et puants. Un rat traversait la rue, faisait des cabrioles entre les trous. Certaines maisons étaient verrouillées et d'autres grandes ouvertes, vides, persiennes pendantes et porte disloquée. Passait un vieux sur un âne, suivi d'une meute de chiens. Des voitures de l'armée allaient et venaient.

Au fur et à mesure que nous nous approchions du centre, nous trouvions quelques cafés ouverts, des maisons habitées. Des groupes de vieillards boiteux ou borgnes, affalés sur des chaises sales, restaient au café ou sous un porche. On apercevait rarement des enfants. Les quelques jeunes qui n'avaient pas été évacués travaillaient à la raffinerie de pétrole, dans la police, ou étaient militaires. Et se succédaient, absurdes dans leur désastre, les immeubles écroulés. Un hôpital catholique bombardé : sur un mur pendait un Christ affreusement mutilé.

Au cours de cette période, un samedi, jour de repos hebdomadaire juif, quelques jours avant mon arrivée, la fabuleuse artillerie égyptienne avait lancé une énorme tempête de feu sur l'autre rive du canal. L'armée de David jouait au football et perdit plus d'une douzaine d'hommes. L'action fut préparée par les Russes – il y en avait un dans chaque bataillon, faisant office de conseiller : bombardement intense et méthodique, comme si on tirait sur les cases d'un papier quadrillé, après avoir évacué le personnel et vidangé les réservoirs de la raffinerie de Suez, dans l'attente de représailles... L'opération fut un succès. Et la riposte sioniste désorientée, insignifiante.

Mais cinq jours plus tard, à la nuit tombée, la centrale électrique de Naj 'Hammādī, à cinq cents kilomètres du Caire et à deux cents d'Assouan, la plus grande de la région de Louxor, récemment construite grâce, justement, au barrage d'Assouan explosa, ainsi que le pont de Keneh, la ville voisine, sur le Nil. Avec un hélicoptère et une jeep, un commando israélien avait monté cette opération dans un but bien précis : signifier aux Egyptiens qu'à tout moment Assouan tout entier pouvait sauter. Le général Moshé Dayan, son œil unique jetant des éclairs, l'autre caché par le bandeau noir, le soulignait avec l'arrogance dont il était coutumier dans ses déclarations.

La raffinerie, en face de deux réservoirs en briques partiellement détruits par une incursion israélienne, paraissait arrêtée, on ne percevait pas le moindre mouvement. Les gisements de pétrole récemment découverts dans la mer Rouge – El Morgah, Rassa Ghareb – l'approvisionnaient... les rares gisements du Sinaï étant aux mains des Israéliens. Au bout de l'esplanade, de hautes montagnes nues, d'un ocre doux. Derrière l'usine, le port de Suez : eau morte, une plaque polie, vert pâle, avec trois grands bateaux à l'abri du brise-lames. Et à quelques kilomètres, l'embouchure du canal et quinze navires bloqués dans les environs des lacs Amers. "Nous n'ouvrirons le canal que lorsque les Israélites se seront retirés du territoire occupé", me dit rudement le gouverneur de Suez...

Pour fêter l'inauguration du canal de Lesseps on donna la première représentation d'*Aïda*, commandée pour la circonstance à Giuseppe Verdi. Les personnages, Aïda et Radamès, sont enterrés vivants dans de superbes tombes égyptiennes : c'est précisément d'Assouan que fut extrait presque tout le granit utilisé dans la funèbre imagerie pharaonique. Le procédé employé pour le découpage des blocs était aussi simple qu'ingénieux : ayant fait un trou dans la roche, on y introduisait un morceau de bois et on le mouillait ; quand il gonflait, la pierre éclatait. Le tumulte rugissant de l'eau d'Assouan s'unit au tumulte silencieux des pierres destinées à la mort. Aux pyramides.

A quelques kilomètres du Caire, sur la rive au ponant du Nil, celle des tombes et de la mort – car le soleil se couche à l'ouest –, se trouve Gizeh, qu'on aperçoit avant d'y arriver : les pyramides. Les trois grandes, Khéops, Khéphren et Mykérinos, car il y en a d'autres plus modestes. Nous les voyons aujourd'hui avec leurs blocs de pierre monumentaux, étagés, mais à l'époque de leur splendeur elles étaient couvertes de dalles brillantes, argentées, dont il reste des vestiges au sommet, les coiffant tel un chapeau. On a commencé à les désassembler au Moyen Age pour construire des édifices au Caire. Baignées par le soleil de l'aube au couchant, elles devaient apparaître comme la matérialisation d'une fantastique architecture astrale.

Napoléon affirmait qu'avec les pierres des trois pyramides on aurait pu entourer la France d'un mur de trente centimètres de large et trois mètres de haut. Hérodote raconte que pour la construction de la grande pyramide le pharaon Khéops décréta une loi qui mettait pratiquement le peuple en esclavage : cent mille ouvriers, remplacés tous les trois mois, devaient extraire la pierre, transporter les blocs, lever l'ouvrage. Il fallut trente ans pour l'achever.

La base de Khéops couvre cinq hectares : elle a deux cent trente mètres de côté pour une hauteur de cent trente-sept mètres, dix de moins qu'avant d'être dépossédée de son revêtement étincelant. Sa pente est de cinquante et un degrés et elle compte deux millions trois cent mille blocs, qui pèsent environ six millions de tonnes au total. Jamais au cours de l'Histoire la ritualisation de la mort n'a exigé autant de sacrifices à la vie. Et la mort n'a pas davantage fourni à l'art une telle singularité, âpre et magnétique.

La pyramide à degrés de Saqqarah, pyramide "autre". Au milieu du désert, toujours à l'ouest du Nil, se dresse cet étrange monument érodé par les vents, patiné par le sable. Comme toutes les pyramides, ce fut un tombeau, celui du roi Djoser, qui vécut il y a quarante-sept siècles. Jusqu'alors, les sépultures, les tombeaux consistaient en un souterrain couronné d'un mastaba ou plate-forme en briques. Un architecte innovateur, Imhotep, eut l'idée de placer un mastaba au-dessus de l'autre : il monta une sorte de galhauban et de large escalier, Saqqarah, antécédent immédiat des pyramides proprement dites.

Tout cet énorme attirail de la mort commença à Memphis, première capitale de l'Egypte unifiée, entourée d'une muraille aveuglément blanche : il n'en reste que quelques statues en morceaux. Et le Sphinx, énigmatique, qui veille.

Ménès, premier souverain de la première dynastie, fut le fondateur de Memphis vers 3300 avant Jésus-Christ, ce IVe millénaire de l'Antiquité qui, dans cette région, fut celui de l'organisation de l'Etat et des systèmes de pensée. Et l'image gigantesque conservée à Memphis, prodige de pierre qui paraît chair, celle de Ramsès II : l'une des trois mille trois cents sculptures du monarque trouvées à ce jour...

La vallée des Rois, de nouveau la rive au ponant du fleuve. Un terrain montagneux, aplani, ocre, âpre. Il flotte une chaleur sèche et une lumière étincelante. C'est le monde des momies enterrées dans les caveaux profonds. Quelque quatre cent cinquante tombes ont été localisées à ce jour. L'une d'elles, vieille de trente-quatre siècles, est aujourd'hui la plus modeste et la plus célèbre, celle du pharaon Toutânkhamon, qui mourut phtisique à l'âge de dix-neuf ans.

Tous les hypogées avaient été saccagés, mais celui-ci resta fermé jusqu'à sa découverte en 1922. Son fabuleux trésor est conservé au musée du Caire : mille sept cent trois objets trouvés près de la momie du pharaon. Comment les ouvriers pouvaient-ils réaliser des peintures et des reliefs d'une telle perfection dans l'obscurité des tombeaux ? Un jeu de miroirs tournés vers le soleil et reflétant sa lumière sur les parois intérieures, voilà le secret.

Le ponant était non seulement le domaine de la mort, mais aussi celui des serviteurs des morts : les fellahs pauvres et rachitiques qui vivent aujourd'hui en ces lieux sont les descendants des travailleurs des tombeaux de l'Antiquité. Alors que les nobles et les prêtres résidaient sur la rive du levant, celle de la naissance du soleil, de pères en fils les pauvres habitaient sur le versant du coucher du soleil et il leur était interdit d'en partir. Ils creusaient les sépultures, peignaient, sculptaient... obéissant à la longue main de la mort.

Quand le roi était porté en terre, les cercueils et la momie royale étaient portés en procession depuis le temple funéraire des collines de Thèbes, au levant, jusqu'au tombeau de la vallée des Rois, au couchant : l'invariable chemin quotidien du soleil, l'horizon des ombres, tandis que s'élevaient les cantiques :

Le roi est monté au ciel,
il s'est uni au disque solaire.
Son corps s'est éveillé le matin suivant,
le disque du soleil a resplendi,
le ciel est devenu brillant
et le roi a été installé sur le trône de son père.

Les tombes royales de l'Egypte antique n'étaient pas des sépultures de mégalomanes. Par le symbolisme des peintures et la liturgie des prêtres, elles voulaient prendre place dans l'au-delà lui-même. Le roi défunt n'était pas considéré comme un simple cadavre attendant que sonnent les trompettes du Jugement, mais comme un corps qui, lorsqu'on accomplissait certains rites, accédait à une constante reviviscence, dont émanait une force profonde qui se répandait sur l'Egypte entière.

Et ce monde s'avérait si particulier, si étrange, que même dans l'Antiquité il étonnait et horrifiait les autres peuples, comme on peut le lire chez le prophète Ezéchiel (VIII, 8-10) lorsqu'il décrit l'une des tombes qui nous émerveillent aujourd'hui :

> Il me dit : "Fils d'homme, fais un trou dans le mur." Je fis un trou dans le mur et il y eut une ouverture. Il me dit : "Entre et regarde les misérables abominations qu'ils pratiquent ici." J'entrai et je regardai : c'étaient toutes sortes d'images de reptiles et de bêtes répugnantes, et toutes les ordures de la maison d'Israël gravées sur le mur, tout autour*.

Sur cette rive occidentale toujours, à l'époque moderne, ont eu lieu de fastueux enterrements, comme celui de l'Aga Khān, grand-père du tenant actuel du titre, maître et seigneur des ismaïliens, branche de l'islam, qui mourut en 1959. Chaque jour, sur ordre de la Begum, son épouse, une rose rouge fraîchement coupée est déposée sur la tombe du vénéré. Ses fidèles, misérables et fervents, lui offraient son poids en or. Lui, gros et myope, vivait en Europe, jetant l'argent par les fenêtres en compagnie de dames élégantes et s'occupant de son écurie de chevaux de course.

Le Musée égyptien, au Caire, un édifice lourd, dévasté, est l'une des merveilles du monde, la première du monde funéraire : il réunit des milliers de pièces d'art pharaonique, qui vont de bijoux minuscules à des statues colossales. D'un désordre extrême, surchargé, *mare magnum* hallucinant, il expose des pièces uniques, magnifiques. La statue d'un prêtre et lecteur en chef de la Ve dynastie, en bois de sycomore et datant de 2300 avant Jésus-Christ. Celle du scribe au visage si expressif. Des hiéroglyphes nettement découpés. Les Oies de Midum, de la IVe dynastie, peinture sur gypse, le premier grand exemple que l'on connaisse de cette technique : quarante-sept siècles de couleur. Et le couple que forment Rahotep, frère du pharaon Khéops, commandant en chef des archers royaux, noir, et son épouse, la blanche et belle Néfret : le bras droit sur le thorax signifie qu'ils étaient aussi des prêtres. Le nain Seneb et sa famille : elle, de taille normale ; les pharaons confiaient aux nains une série de tâches domestiques, comme celle de prendre soin de leurs vêtements : vu leur stature, ils n'avaient en effet aucune raison de les voler...

Je dois confesser une profonde aversion pour cet univers monumental et étouffant. J'admire sa splendeur artistique et architectonique, mais il n'éveille en moi aucune émotion. En réalité, il n'est pas méditerranéen. L'art méditerranéen authentique est celui qui, parti d'un primitivisme maladroit et symbolique, aboutit en Grèce à l'anthropomorphisme, faisant de l'homme centre et unité. En ce sens, et à l'instar de la société, l'art égyptien n'évolue pas : il sera toujours symbolique, représentatif, décharné. Art de régimes tyranniques, où seul commande le pyramidal, dont le citoyen anonyme, qui ne peut qu'adorer, constitue la base. La splendide déshumanisation égyptienne.

Louxor, la grande ville de la Haute-Egypte, qui est sans doute le musée archéologique en plein air le plus prodigieux au monde. On y trouve le temple d'Amon, l'extraordinaire temple de Karnak et, sur l'autre partie du fleuve, celle de l'éternel ponant funéraire, la vallée des Rois, la vallée des Nobles, le temple de Hatchepsout, les colosses de Memnon... Mais Louxor est aussi une cité bigarrée, joyeuse, bruyante. Une ville provinciale encore rurale, où le temps se dilate, où le contact humain est empreint de cordialité.

Louxor vient de l'arabe *al-Uqsur*, qui signifie "les palais". Dans l'Egypte pharaonique, au temps où Louxor était Thèbes, elle porta aussi les noms de *Ouaset*, "centre du pouvoir", et de *Het Hamon*, "les châteaux de Dieu".

Le temple de Louxor, long de deux cent soixante mètres, s'appelait *Ipet-ressut-Imen*, le "harem du Sud". Amon-Rê, la grande divinité du soleil et de l'air, représentait et dispensait la royauté, dieu suprême à l'époque de la splendeur de Thèbes. On lui assimila un autre dieu : Min, au sexe en érection, symbole de la fécondité.

C'est Aménophis III, pharaon de la XVIIIe dynastie, qui entreprit la construction de ce temple vers 1400 avant notre ère.

Chaque année, le 18 juillet, les portes du harem méridional d'Amon s'ouvraient pour la célébration du Nouvel An et du début du cycle agraire, marqué par la crue du Nil. Amon et son épouse Mout, la déesse faucon, protectrice et vengeresse, étaient amenés en barque du vieux temple de Karnak. On les déposait dans le saint des saints, la pièce la plus obscure de Louxor, où les deux divinités s'aimaient pendant des jours, fécondant le pays. Et les Egyptiens venaient en foule les adorer, apportant quantité de présents que les prêtres entreposaient. Car le fellah, le misérable fellah, a toujours travaillé et payé.

Le sphynx à tête de bélier garde l'entrée du temple de Karnak, cent hectares d'admiration pétrifiée. Ruines majestueuses d'une labyrinthique et morbide religion de la mort, d'une inhumaine et hiératique divinisation du pouvoir.

Pendant dix-sept siècles, de 2000 avant notre ère jusqu'aux Romains, s'est poursuivie la construction de cet ensemble prodigieux où règnent aussi bien les scarabées, symboles du futur et de l'au-delà, que la croix ansée, clé de la vie, et le cobra sacré qui est l'œil de Rê, dieu du soleil. Tous placés sous la protection de l'obélisque de la reine Hatchepsout, bloc de granit de trente mètres de haut, d'une seule pièce, gravé de hiéroglyphes ésotériques narrateurs de grandeurs, qui fut transporté d'Assouan au cours de sept mois d'une navigation pleine d'obstacles.

La Haute-Egypte, l'Egypte entière furent soumises aux prêtres de Thèbes aux époques les plus glorieuses de Karnak. Ceux-ci exerçaient sur les hommes, y compris le pharaon, une domination théologale qui a produit l'accablante mystique du *Livre des morts*, du *Livre des cavernes*, avec ses chapitres lugubres : "Pour sortir vers la lumière du jour et pour vivre après la mort", "Pour ne pas travailler dans l'au-delà", "Une incantation contre les ennemis"... Au temps de Ramsès III, 81 000 hommes divisés en 122 catégories servaient Amon-Rê dans ce temple qui possédait plus de 400 000 têtes de bétail, 83 bateaux, 65 villages... "Pour mettre un terme aux sentiments de honte dans le cœur des dieux", "Pour repousser les esprits à la tête de crocodile", "Pour repousser les démons-serpents".

Mais c'est la salle hypostyle à l'élégance chargée et spectaculaire, avec ses cent trente-quatre énormes colonnes de vingt-trois mètres de haut, qui attire le plus l'attention. Et il faut imaginer de plus que le tout était recouvert de peintures, d'or et d'argent. Une statue de Ramsès II, le divin Ramsès, porte sur la poitrine les symboles de la royauté ; à ses pieds, la reine, petite et jolie... "Une incantation pour le défunt", "Pour rendre au défunt les pouvoirs de sa bouche", "Pour restituer au défunt son cœur"... Les intérieurs de Karnak étaient un déchaînement obscur, fou et resplendissant d'une imagination opprimante.

Avec un paradoxe criant : l'au-delà présent dans le *Livre des morts* constitue une avalanche d'exaltations d'un étrange pouvoir, sans doute métaphorique mais aussi physique, sensuel. La mort enivrait les Egyptiens... Lisons dans *Le Livre des morts des Anciens Egyptiens* (chapitre CXXXIII) :

Voici que Râ paraît à l'horizon
Et que, sorti des régions mystérieuses,
Suivi des dieux, il assouvit la faim du Ciel Oriental.
Le Verbe de Puissance de la déesse Nut
Prépare la voie à ce Prince des dieux...
Et voici que Râ se dresse dans son sanctuaire.
Tu renifles l'air frais,
Tu aspires les vents du nord,
Tu fournis l'aliment à tes poumons
Le jour où tu respires selon la divine Ordonnance.
Voici que tu fends la foule qui entoure Râ
Et que tu vogues dans la Barque de Nut.
Les Princes des dieux obéissent à tes ordres,
Pendant que tu recueilles tes os
Et que tu comptes tes membres éparpillés.
Tu te diriges vers la belle Amenti,
Tu y parais en elle, et ta Forme, de jour en jour, devient plus jeune...
Baignée dans le rayonnement du Disque solaire
Elle resplendit, à présent, comme une statue d'or...
En vérité, avec chaque jour qui passe
Ton Image devient plus jeune et plus belle.
A l'horizon montent des cris d'allégresse ;
On les entend vibrer dans les cordages de ta Barque.
Les dieux du Ciel me contemplent avec admiration,
*Comme si j'étais Râ lui-même**.

Mais revenons à des considérations plus frivoles : le *Cataract Hotel* de Louxor, souvenir du film *Mort sur le Nil*, l'envoûtante satire policière avec Mia Farrow, Peter Ustinov, Bette Davis. Le roman d'Agatha Christie, parfait dans sa simplicité. La mort, toujours, planant sur le Nil et ses dieux... La romancière anglaise avait de plus été mariée à un archéologue réputé, et elle nous a laissé un autre roman, situant cette fois le crime chez les pharaons : *La mort n'est pas une fin.*

Un autre temple, ptolémaïque celui-ci, grec, dans la riche horticulture du village de Dendérah déjà évoqué. Il porte les traces de la présence des Romains et fut mutilé par les coptes chrétiens, qui refusaient évidemment le paganisme. Temple de la décadence déjà, de l'Egypte dominée par des étrangers ; mais aussi d'une grande noblesse. Et, toujours, refuge sacré des vieux dieux du Nil. Il fut dédié à Hathor, la déesse de l'amour, du vin, de la musique, représentée par une vache, paisible et grosse. Dans un autre sanctuaire régnait Horus, le dieu faucon, son époux. Au cours d'une procession maritime, annuelle également, Hathor et Horus se rencontraient, s'aimaient.

Les murs et colonnes du temple de Dendérah racontent aussi l'histoire d'Osiris tué par Seth le malin, incarné dans un crocodile. Mais l'épouse de la victime, la douce Isis, transformée en vautour, déploie ses ailes sur Osiris, qui bien que mort la féconde. Naît alors Horus, rapide comme le soleil, qui vengera son père en tuant Seth. Pour épouser Hathor.

Une fois l'an, toutes les statues des dieux de Dendérah étaient exhibées dans une chapelle de la terrasse du temple exposée au soleil : elles recevaient les rayons ardents, l'énergie de l'astre suprême. Dans un coin reposait ce Bès dont la statuette fit un jour son apparition à Ibiza, lointaine divinité des accouchements et sans conteste le plus amical des dieux antiques, ivre et dansant.

La magnificence répétée des temples, le cauchemar répété. Aménophis III en avait édifié un remarquable : tout s'écroula et il fut enterré par un tremblement de terre. Mais entre les jardins et le désert subsistent deux statues gigantesques, les colosses de Memnon, solitaires, brisés, rébarbatifs, symboles du non-être, gardiens de la non-existence.

Si quelqu'un tenta de fuir ce vide métaphysique, ce fut peut-être, il y a trois mille cinq cents ans, la grande reine Hatchepsout, belle et vouée à l'amour. Les sculptures la représentent déguisée en homme, car une femme ne pouvait accéder au trône pharaonique. Elle préféra le commerce à la guerre. Son temple funéraire grandiose, entouré d'un terrible amphithéâtre aux épais murs verticaux d'un jaune-rouge éclatant, fut édifié par Senenmout, son architecte et amant.

Mais la grande injure faite à la mort naît de la formidable explosion d'Akhenaton contre l'absolutisme des prêtres du dieu Amon.

Aménophis IV, figure politique singulière et d'une singulière dimension mystique, se proclame le défenseur d'un dieu unique, universel, se manifestant aux hommes dans le disque solaire : Aton. Et il change son nom pour celui d'Akhenaton, le serviteur d'Aton. Il change aussi de capitale, fonde Akhet-Aton, l'"horizon du disque solaire", aujourd'hui Tell el-Amarna, où il s'installe avec sa femme, la belle Néfertiti, qui l'accompagne sur ses voies spirituelles – ou peut-être les inspire –, où le suivent vingt mille fidèles, penseurs, artistes, qui seront libres de créer un art nouveau, plein de réalisme, de liberté, de spiritualité. Le pharaon compose le *Grand Hymne au Soleil* :

> *Tu as créé toute la terre, tous les pays étrangers*
> *aussi lointains soient-ils, tu les fais vivre aussi.*
> *Ta bonté embrasse l'univers.*
> *Tu réunis dans ton amour les êtres et les choses.*
> *Par toi vivent tous les hommes.*

C'est assurément la première révolution culturelle connue, aussi intense qu'éphémère : à la mort d'Akhenaton, pas une pierre de la cité du Soleil ne restera debout. Les prêtres d'Amon, à Thèbes, ordonnèrent de couvrir le sol de ciment afin de rendre à jamais stérile le lieu maudit où un homme, un souverain, prophète d'un dieu nouveau, avait osé les défier. Son descendant, Ramsès II, respecte le pouvoir établi des prêtres, mais fuit à Abou Simbel, loin de leurs regards…

Dans ce qu'on appelle aujourd'hui le lac Nasser, près de la frontière soudanaise, l'illustre temple d'Abou Simbel s'expose aux espaces torrides, à la lumière virulente, à la vacuité absolue. Treize siècles avant notre ère, Ramsès II édifia dans ce désert une série de temples dans de profondes cavernes, tournés vers le soleil. En eux tout est titanesque, lourd, mais leur harmonieuse composition semble les faire flotter dans l'air enchanté. Le premier d'entre eux est Abou Simbel, consacré précisément à Ramsès, qui s'identifia au faucon Horus et se divinisa de son vivant. Ambitieux mais prudent, car qui pouvait savoir ce qu'il tramait si loin de Thèbes et des prêtres jaloux ?

Le deuxième temple est celui de Néfertari, l'épouse de Ramsès. Les statues nous la montrent sensuelle, selon l'art réaliste d'Akhenaton, aux formes agréablement féminines, accompagnée de ses enfants. Nous sommes devant un art qui se rapproche aussi de l'homme : la tyrannie politique s'est humanisée. Ce naturalisme sensoriel et la mystique de l'Horus solaire nous suggèrent que Ramsès II, au-delà de son monde, adorait probablement en secret le dieu unique et universel, le dieu hérétique d'Akhenaton. Le soleil, la solitude, un seul dieu source de vie…

Souvenons-nous de l'"Hymne à la gloire de Râ", le Soleil, chanté dans le *Livre des morts* (chapitre XV) :

Salut, ô Râ !
Pareil à Tum, tu te lèves au-dessus de l'horizon [...]
Quand tu navigues dans ta barque céleste,
La paix se répand dans les vastes Cieux.
Voici que le vent gonfle les voiles et réjouit ton cœur ;
*A une allure rapide tu traverses le Ciel**.

Mais tout l'univers pharaonique fut soit éliminé soit partiellement absorbé par les Grecs, qui entrèrent naturellement par la Méditerranée et s'établirent à Alexandrie. Les Egyptiens n'étaient pas des marins. Les Grecs avaient des bateaux. La tragédie pharaonique fut celle d'un monde fermé qui ne sut pas suffisamment s'ouvrir, se projeter. Le Nil fut sa gloire et, littéralement, sa tombe.

Mais tout cela est-il si sépulcral, si hermétique ? Un drame s'est acharné sur l'Egypte : au VIe siècle de notre ère, Justinien emprisonna les rares prêtres qui pratiquaient les anciens cultes, celui d'Isis en l'occurrence. La langue égyptienne elle-même cessa d'être comprise et devant nous ne restèrent que les tombeaux... Jusqu'en 1799, date à laquelle des soldats de Napoléon qui creusaient une tranchée à Rosette, sur la côte méditerranéenne de l'Egypte, découvrirent une pierre très particulière écrite en trois langues : l'égyptien hiéroglyphique, le grec et le démotique – bas égyptien populaire –, que vingt-trois ans plus tard le jeune orientaliste Champollion réussit à déchiffrer. Il s'agissait seulement d'un décret sacerdotal à la gloire du roi Ptolémée V Epiphane, mais la pierre de Rosette constitua le véritable dictionnaire grâce auquel fut pénétré ce mystère jusqu'alors insondable.

Il est cependant possible de deviner l'énorme influence que dut exercer l'Egypte dans l'Antiquité, et même l'énergie, disons humaniste, qu'elle dut dégager, sous-jacente dans la culture grecque elle-même. Il est difficile d'évaluer la "vie" pharaonique à la seule vue des tombeaux et des temples, royaume de l'au-delà qui passe nécessairement par la mort. Jaloux, les Grecs tentèrent d'ailleurs de passer sous silence les influences égyptiennes. Mais la Grèce n'a pu surgir tout entière du néant...

Hérodote, Plutarque, Diodore de Sicile, Strabon consacrèrent des livres entiers à l'Egypte : ils la connaissaient donc bien. Et, de Solon à Platon, ils firent des voyages en Egypte et l'observèrent avec beaucoup d'attention. Platon s'y rendit sur le conseil de Socrate et à son retour écrivit *Gorgias*, dialogue d'une grande profondeur sur la justice, la conscience et l'éternité, d'inspiration nettement égyptienne, contenant des réflexions sur l'âme qui n'ont rien de grec, mais appartiennent intégralement à l'Egypte.

La pensée religieuse égyptienne contient en outre des commencements d'interprétation du monde et du mystère dont nous trouvons aussi la force de conceptualisation chez Platon, dans *Le Timée*. L'idée comprise comme créatrice de l'univers. Tout ce qui nous entoure est immensément multiforme, varié, discordant, personne ne peut le résumer et l'unifier pour le comprendre. Mais le dieu primordial égyptien y parvient : il ordonne le chaos originel par le truchement de sa pensée et de sa parole, créant de surcroît les hommes à son image pour leur permettre de comprendre la multiplicité créée.

Tout cela se retrouve en grande partie dans la Bible. C'est presque le même langage... L'histoire d'Israël découle souvent de celle de l'Egypte : Salomon appelle les scribes du Nil, le pharaon prend des esclaves, les Proverbes ressemblent fort à une adaptation des *Enseignements* d'Amenemôpe... Sans parler de Moïse.

Quant aux démons et aux bêtes immondes du récit biblique, ils ont fréquemment été prêtés à l'Egypte. Voyons dans le Livre de Job (XL, 16-17) l'éclatante description de l'infernal Béhémoth, qui prend la forme de l'hippopotame, animal que les Hébreux avaient connu sur le Nil et qui, dans le panthéon pharaonique, faisait également référence au démoniaque :

Vois, sa force réside dans ses reins,
sa vigueur dans les muscles de son ventre.
Il raidit sa queue comme un cèdre,
*les nerfs de ses cuisses s'entrelacent**.

Enfin, Homère évoque le fabuleux effet que produisait l'Egypte sur la mentalité grecque : "[...] Thèbes d'Egypte (où chaque maison regorge de trésors, cité aux cent portes par chacune desquelles sortent deux cents guerriers avec chevaux et chars) [...]*", dit Achille dans *L'Iliade* (chant IX).

Les décadences ont toujours donné lieu à une littérature prolifique. Le Siècle d'or espagnol coïncide avec le déclin de son empire. Alexandrie a connu bien des décadences : celle de l'Egypte antique, celles des univers grec et romain, celle de l'Egypte moderne... Et un poète les évoqua, je l'ai déjà cité : le plus grand poète grec moderne sans doute, né dans la vieille colonie grecque d'Alexandrie, descendant de l'occupation antique, Constantin Cavafy. Un homme tourmenté qui vécut le monde occulte de son homosexualité difficile tout en travaillant au ministère de l'Irrigation. Toujours l'eau...

Alexandrie fut la cité de Cléopâtre. Et, bien sûr, celle de Marc Antoine. Ils s'y aimèrent d'une passion débordante, magnifique ; elle, raffinée et peut-être possédée, lui, soldat courageux et fanfaron. Elle se suicida, et Auguste, efficace et glacial, accula Antoine au désastre. Cavafy donna de sa mort une version nostalgique, teintée d'ironie, imaginant que les dieux protecteurs abandonnent Antoine. Par-delà les siècles, le poète s'adresse au général :

> Quand tu entendras, à l'heure de minuit, une troupe invisible passer avec des musiques exquises et des voix, ne pleure pas vainement ta Fortune qui déserte enfin, tes œuvres échouées, tes projets qui tous s'avérèrent illusoires. Comme un homme courageux qui serait prêt depuis longtemps, salue Alexandrie qui s'en va. Surtout ne commets pas cette faute : ne dis pas que ton ouïe t'a trompé ou que ce n'était qu'un songe. Dédaigne cette vaine espérance... Approche-toi de la fenêtre d'un pas ferme, comme un homme courageux qui serait prêt depuis longtemps ; tu te le dois, ayant été jugé digne d'une telle ville... Emu, mais sans t'abandonner aux prières et aux supplications des lâches, prends un dernier plaisir à écouter les sons des instruments exquis de la troupe divine, et salue Alexandrie que tu perds*.

Un autre écrivain, britannique, sagace, ivre, brillant, Lawrence Durrell, infiniment attaché à la Méditerranée, aux îles grecques et à la Provence, a dédié à Alexandrie une œuvre extraordinaire, *Le Quatuor d'Alexandrie*, quatre romans consacrés à l'adultère et divine Justine, avec des personnages inoubliables, comme Nessim, le copte raffiné, ou Balthazar, le pseudo-philosophe rocambolesque et sensuel. Bien que Durrell n'ait vécu qu'un an à Alexandrie, l'esprit de cette ville l'a fécondé comme le soleil fécondait les dieux de Dendérah. Sur *Le Quatuor* plane l'ombre d'un autre personnage dont le nom n'est cependant jamais cité, celle de Cavafy justement.

Voici comment Durrell décrit la ville, dans "Justine" :

> Que contient et résume ce mot : Alexandrie ? Dans un éclair je revois un millier de rues où tourbillonne la poussière. Des mouches et des mendiants en ont pris aujourd'hui possession, et tous ceux qui mènent une existence intermédiaire entre ces deux espèces. Cinq races, cinq langues, une douzaine de religions ; cinq flottes croisant devant les eaux grasses de son port. Mais il y a plus de cinq sexes, et il n'y a que le grec démotique, la langue populaire, qui semble pouvoir les distinguer. La provende sexuelle qui est ici à portée de la main déconcerte par sa variété et sa profusion [...] Notes pour un paysage... Longs accords de couleur. Lumière filtrée par l'essence des citrons. Poussière rougeâtre en suspension

dans l'air, grisante poussière de brique, et l'odeur des trottoirs brûlants, arrosés et aussitôt secs. Des petis nuages mous, à ras de terre, et qui pourtant n'amènent presque jamais la pluie*.

Farouk, dernier roi d'Egypte, abdiqua à Alexandrie, laissant la voie libre à la révolution panarabe. C'est là que fut livrée en 1942 la grande bataille d'El-Alamein, au nord de l'Afrique, entre Rommel et Montgomery, entre l'Allemagne et les démocraties. Des tanks et des canons rappellent cet événement barbare devant l'entrée du musée de la Guerre et, dans le cimetière, sept mille cinq cents croix et stèles alignées. Pendant ce temps, les cactus et les yuccas continuent à pousser dans le désert. Pendant ce temps, la Méditerranée miroite au soleil.

*

Ces montagnes, ces pentes abruptes, cette merveilleuse vallée couverte d'oliviers qui descend jusqu'à la mer, l'olivaie la plus vaste, la plus dense et la mieux ordonnée qui ait jamais existé. Vieil arbre de dieux antiques ; dans son feuillage délicat semble flotter, invisible mais perceptible, le perpétuel miracle de l'éternelle jeunesse… C'est la Méditerranée. C'est Delphes.

Sachez que Zeus, tout-puissant parmi les puissants, lâcha deux aigles aux deux extrémités les plus éloignées et les plus opposées de la Terre, afin qu'en se rencontrant ils déterminent le centre de la planète. Et les vols majestueux des oiseaux confluèrent sur cette olivaie de Delphes. Précisément sur une pierre que l'on montre ici, l'omphalos ovoïde et germinal, le nombril du monde.

L'omphalos est en réalité tout ce qui reste de celui qui fut l'oracle divin, étouffant, énigmatique de Delphes. A part lui, les pierres et les dalles des temples, le paysage. Lisons dans l'hermétisme de l'omphalos et nous pénétrerons les profondeurs cachées du mystère…

Au milieu de ces rochers escarpés, la déesse Gaïa – la Terre, la Mère, la Noire, la Souterraine, "celle aux seins amples", comme la nomme Hésiode – faisait entendre le murmure de sa voix dans les arbres bercés par le vent, dans les sources claires et gazouillantes, dans les crevasses insondables. C'était l'oracle, qu'interprétait la Pythie, jeune vierge parée de voiles délicats et de guirlandes nuptiales, tandis que dans les broussailles du mont Parnasse veillait le monstrueux Python, fils de Gaïa. Gravée sur l'omphalos, une inscription archaïque : *ΓΑΣ*, la Terre.

Soudain, dans les airs, surgit Apollon, à peine un enfant. Il banda son arc, visa Python, le blessa. Celui-ci rampa jusqu'au sanctuaire de la Mère, se cacha dans un antre où le jeune dieu le poursuivit et l'acheva. De cette masse humide, putréfiée, de cette concavité toujours visible, la voix de l'oracle se mit à sortir sous forme d'exhalaisons. L'omphalos est aussi un monument funéraire à la mémoire du serpent.

Oracle d'Apollon, de même que son temple ; celui-ci et d'autres, aujourd'hui en ruine, représentent le tiers ou le quart de ceux qui ont existé, détruits par les tremblements de terre et les incendies. Sur leurs pierres, les sentences des Sept Sages nous parlent encore : "Connais-toi toi-même", "Rien n'est en excès"... Ceux qui désiraient consulter l'oracle devaient auparavant sacrifier sur l'autel une chèvre ou un sanglier. Mais les femmes étaient exclues du rite ; celui-ci ne pouvait pas non plus être célébré en hiver, car en cette saison Apollon s'absentait. Après le sacrifice apparaissait la Pythie qui, le temps passant, n'était plus une jeune fille – l'une s'était laissé séduire par un dévot particulièrement exalté –, mais une femme d'âge mûr.

L'omphalos de l'oracle de Delphes.

Alors, la vieille pythonisse se purifiait en se baignant dans la fontaine voisine, la Castalia, elle revêtait l'antique tunique de mariée, inhalait les vapeurs d'un chaudron contenant du laurier en ébullition, en mâchait quelques feuilles, entrait dans le souterrain étouffant ; dans un état d'ivresse, elle se jetait sur l'omphalos en se balançant, respirait les inénarrables émanations de la Terre, du reptile, et plongeait dans un délire orgiaque d'où jaillissaient d'incohérentes prophéties…

Mais quelles étaient-elles ? Obscures, ambiguës, erratiques. Comme par exemple l'avertissement qu'elle adressa au roi de Lydie, Crésus : "Quand un mulet deviendra roi des Mèdes, fuis et n'aie pas honte de ta lâcheté…" Crésus sourit : jamais un mulet ne monterait sur ce trône ni sur aucun autre. Et, confiant, il partit attaquer les armées de l'empereur Cyrus, fils d'un roi de Perse et d'une Mède, donc issu d'un croisement de races, comme le mulet… Crésus fut vaincu.

Il y a à Delphes un arbre merveilleux, sorte de platane aux feuilles larges dont la ramure transparente donne une ombre verte, enchanteresse ; il se dresse près de la fontaine Castalia, au pied du Parnasse, où demeurait Python. Plus tard y résidèrent aussi les neuf Muses, filles de Zeus, dansant et bondissant autour d'Apollon. Il faut s'attarder un moment, dans cette atmosphère couleur d'émeraude…

Car cette danse mythologique cache des réalités plus blessantes, et même transcendantales. Les Pélasges arrivés par la mer, qui chassaient et pratiquaient une agriculture sommaire, habitaient la Grèce il y a quatre mille ans… Leurs dieux, liés à la nature, se meuvent sur un plan terrestre, comme Gaïa et le Python. Ou comme le lubrique Pan aux pieds de bouc, les orageux titans et les douces nymphes. Ils sont semblables aux produits d'un jardin potager ou d'un champ de blé : délicieux, vigoureux, limités à leur nature terrestre, germinale.

Mais vers 1500 ou 1700 avant Jésus-Christ apparaît au nord un peuple de guerriers, riches puisque orgueilleux : les Achéens, qui après avoir vaincu les Pélasges sont absorbés par eux. Ils viennent avec leurs dieux qui déjà n'habitent plus la terre mais les cieux, un univers de concepts, des figures cosmogoniques foisonnantes. Ce sont, bien sûr, Zeus, Apollon, les Muses, et Athéna, Poséidon, Héra, Hermès, des dizaines et des dizaines de dieux qui se superposent aux modestes dieux pélasgiques, ou les absorbent.

Une métaphysique, au demeurant pleine de vitalité : souvent en effet, conceptualisant la pression viscérale, les dieux achéens s'élèvent à des paraboles de l'homme lui-même, avec ses passions qui obéissent au cœur autant qu'à l'esprit.

C'est sur les murailles cyclopéennes et dévastées de Mycènes que les Achéens, obstinément, se présentent toujours à moi. Et de façon très concrète : sous les traits de la famille des Atrides. Collines brûlées par le soleil, la folie du chant des cigales, la lourde viscosité des mouches. Tout en bas, le port d'Argos, où Agamemnon débarqua après dix longues années de lutte à Troie – modeste et rude roi des rois qui commandait la confédération des petits Etats grecs –, où il expira finalement. Au Musée archéologique d'Athènes est exposé un masque funéraire en or d'une beauté hiératique, élémentaire et brillante, considéré être le sien.

Grand, la barbe hirsute, fatigué et couvert de poussière, vêtu de sa grosse armure, Agamemnon dut entrer par la lourde et majestueuse porte des Lions de Mycènes – il est vrai qu'ils n'ont plus de tête : et si c'étaient des griffons ? Clytemnestre, son épouse, l'attendait... avec Egisthe, son amant. Elle nous racontera, dans l'austère dramaturgie d'Eschyle, comment elle assassina Agamemnon, l'Atride :

> [...] elle est donc venue, la revanche [...]. J'ai tout fait, je ne le nierai pas, pour qu'il ne pût ni fuir ni écarter la mort. C'est un réseau sans issue, un vrai filet à poissons que je tends autour de lui, une robe au faste perfide. Et je frappe – deux fois – et, sans un geste, en deux gémissements, il laisse aller ses membres ; et, quand il est à bas, je lui donne encore un troisième coup, offrande votive au Zeus sauveur des morts qui règne sous la terre. Gisant, il crache alors son âme, et le sang qu'il rejette avec violence sous le fer qui l'a percé m'inonde de ses noires gouttes, aussi douces pour mon cœur que la bonne rosée de Zeus pour le germe au sein du bouton*.

La tragédie grecque naît des haines inexorables qui font partie intégrante de l'homme et que seule la vengeance, essence suprême, peut apaiser. Il y a tant de pression en l'homme, l'existence est tissée de tant de confusion que seuls l'espadon, la hache, les mains semblables à des crochets dans la gorge tremblante peuvent défaire les nœuds maudits.

Ainsi est-il impossible d'échapper à la mort violente. Les Atrides ne semblent en fin de compte exister que comme incarnation d'une soif de sang nauséabonde. Oreste et Electre, les enfants d'Agamemnon et de Clytemnestre, se dressent pathétiques sur la tombe du roi et clament :

> ORESTE : O mon père, mon malheureux père, que dois-je dire ou faire pour atteindre de si loin la couche où tu reposes ? [...]
>
> ÉLECTRE : Ecoute donc aussi, mon père, mes regrets éplorés. Tes deux enfants élèvent sur ton tombeau leur voix plaintive, et c'est lui qui nous accueille, suppliants et exilés l'un et l'autre. Point de joie ici pour nous ; rien que des douleurs. Notre malheur est insurmontable. [...]
>
> ORESTE : Mon père, toi qui es mort d'une mort indigne d'un roi, je t'implore, accorde-moi de régner dans ta maison.
>
> ÉLECTRE : Moi aussi, père, j'ai besoin de toi, pour échapper au péril, après avoir infligé à Egisthe un dur châtiment.
>
> ORESTE : Alors on fondera en ton honneur des festins solennels. Sinon, tu seras oublié dans les gras banquets que le pays offre aux morts et tu ne goûteras point le fumet des victimes.
>
> ÉLECTRE : Moi aussi, sur ma part entière d'héritage, je t'apporterai de la maison paternelle des libations, le jour de mes noces, et ta tombe sera le premier objet de mon culte.
>
> ORESTE : O terre, laisse remonter mon père, afin qu'il veille au combat*.

Dans le théâtre d'Epidaure, cette vitalité parabolique de la pierre continue de faire résonner pour les siècles des siècles la haine des Atrides dans les tirades de l'épique Eschyle et de l'irritable Sophocle. Leur vérité est la passion de leurs mythes.

Car la véracité historique peut, comme pour les dieux, prendre des chemins bien différents. Le masque attribué à Agamemnon fut trouvé par Schliemann, l'archéologue visionnaire à l'intuition sûre, dans une tombe du XVIe siècle avant Jésus-Christ qui paraît imiter une gigantesque ruche, au pied de Mycènes. Le palais de Mycènes datait sans doute du XIIIe siècle et fut probablement détruit au XIIe, lors de l'assaut des misérables peuples de la Mer, les mystérieux envahisseurs qui attaquèrent toute la Méditerranée orientale et détruisirent presque toutes ses structures. La guerre de Troie a dû se dérouler au XIe siècle. Comment tout cela peut-il concorder ? Les fouilles troyennes démontrent en outre qu'il n'y eut pas une, mais plusieurs guerres de Troie...

Pour nous cependant, pour l'imaginaire collectif séculaire, existe, debout pour l'éternité, magique, une seule Troie : celle du mythe. Et Agamemnon sera toujours cet homme affligé s'avançant vers l'horreur... L'homme occidental n'est peut-être qu'une reproduction de la pérennité existentielle de la Grèce.

De la Grèce classique, non de la Grèce d'aujourd'hui, piètre conséquence des siècles fort pauvres de la rigidité byzantine, des coups de trique séculaires de la domination ottomane. Tous les pays s'inscrivent dans des cycles de civilisation : les Italiens ne sont pas les Romains, les Gaulois ne sont pas les Français, les Grecs ne sont pas les Grecs.

Il est intéressant de continuer à traquer les ambivalences et les ambiguïtés de la piste troyenne. Homère, qui nous donne le témoignage le plus ancien de l'authentique ou légendaire guerre de Troie, nous explique que celle-ci éclata parce que Pâris, fils de Priam, le roi de Troie, avait enlevé Hélène, sœur de Clytemnestre et femme de Ménélas, lui-même frère d'Agamemnon. La volonté de reprendre la belle, une adorable étourdie, allait déclencher l'épopée guerrière.

Mais il se trouve que les Achéens avaient élaboré ou fait leur le mythe ancestral des Argonautes, ces courageux navigateurs qui à bord du navire *Argo*, sous le commandement de Jason, partirent à la conquête de la Toison d'or et qui, pour l'obtenir, durent aussi affronter Troie. Sans doute cette ville, que ses ruines dévastées nous montrent à l'embouchure méditerranéenne du détroit des Dardanelles, contrôlait-elle cette voie maritime décisive de l'Hellespont, unique pour de nombreuses marchandises, entre la mer Noire et la Méditerranée, l'Asie et l'Europe : des terres riches et la route de l'or, de l'ambre, de la soie. Le mythe des Argonautes apparaît comme une initiation commerciale, une incitation à la piraterie.

Mais le monde achéen ne répond pas seulement aux invasions du Nord. Il a également hérité des raffinements et des conceptions de l'extraordinaire civilisation du bien-être qui s'était auparavant développée en Crète, contemporaine et distincte de celle de ces Pélasges primitifs du continent, comme nous l'avons vu.

Et Homère, qui fut-il ? Ressemblait-il à ces hommes de Pýrgos qui bavardent à longueur de journée à l'ombre des arcades prétentieuses, en buvant un verre de raki, cette liqueur fabriquée avec la résine pâle et aromatique du térébinthe ? Pýrgos, sur la joyeuse Chio, face à la côte turque, qui justement vit naître Homère. Il fut, comme beaucoup le croient, un aède, un troubadour en quelque sorte, aveugle de surcroît, comme Démodocos, qui dans *L'Odyssée* "charme les hommes par son chant mélodieux". Une pierre de Chio, qu'on appelle la *Daskalopetra*, figure dans la tradition locale comme celle où le vieux poète venait s'asseoir pour raconter ses histoires.

On a également affirmé qu'Homère n'avait jamais existé et que de nombreux rhapsodes anonymes avaient contribué à *L'Iliade* et *L'Odyssée*. Mais critiques et érudits se sont finalement accordés sur le fait qu'un Homère a composé et récité ses poèmes épiques quelque huit cents ans avant notre ère, même si plus tard chacun a subi divers ajouts.

L'Iliade et *L'Odyssée* apparaissent en outre comme les premières œuvres écrites de la littérature et de la langue grecques. Mais leur magnétisme permanent, à travers les siècles et les traductions, réside dans leur richesse poétique, leur vigueur narrative et leur valeur de témoignage. *L'Iliade*, d'un esprit plus archaïque, a pu être élaborée dans la jeunesse d'Homère, tandis que *L'Odyssée*, plus naturaliste, serait le fruit de l'expérience et de la vieillesse du poète.

L'Iliade, qui narre le siège de Troie, compte environ quinze mille vers ; elle embrasse une période de dix ans et son argument se déroule sur cinquante et un jours. Nous retrouvons une structure semblable dans *L'Odyssée*, qui raconte les aventures vécues par Ulysse pendant son voyage de retour à Ithaque, sa patrie, après la guerre de Troie : comptant un peu plus de douze mille vers, elle raconte aussi une histoire qui s'étend sur dix ans, mais ses épisodes se passent seulement sur quarante et un jours.

Dans *L'Iliade*, l'honneur, les dieux, le combat sont chantés en vers rigides d'une expression tragique. Le conflit, comme je l'ai dit, aurait eu lieu trois siècles avant Homère. Le mythe, donc, domine le récit : faits et personnages ont été magnifiés et stylisés par la tradition orale, transformés en essence de croyances, de passions, d'épopées. Dans le mythe, l'homme incarne aussi le Destin et la Vérité ; l'Histoire cesse de se produire pour rester marmoréenne, immobilisée. Ecoutons la voix de cette immortelle turbulence (chant XXII) :

> [...] comme l'aigle qui vole haut fond dans la plaine, à travers les nuées ténébreuses, pour ravir une tendre agnelle ou un lièvre blotti. Ainsi Hector s'élança, brandissant son glaive aigu, et se rua aussi Achille, le cœur plein d'une ardeur sauvage*.

A la fin, Hector "s'abattit dans la poussière, et le divin Achille triompha". Oui, noblesse et sauvagerie...

L'Odyssée est tout à fait différente, à commencer par ses vers, plus coulants, ou par les dieux qui la peuplent, aussi doux ou coléreux que les hommes. Si Homère était de Chio, c'est cependant

Ithaque, la petite île accidentée de la mer Ionienne, que le poète choisira pour figurer le symbole de l'éternel retour, du paradis intime et familier. Souvenons-nous du poème de Cavafy, et voici comment l'évoque Ulysse, nostalgique (chant XIII) :

> [...] voici à l'entrée de la baie, l'olivier qui déploie son feuillage, et tout près, la grotte aimable et sombre, sanctuaire des nymphes qu'on appelle naïades. Ceci est la caverne voûtée, où tu faisais aux nymphes tant d'hécatombes parfaites*.

Ulysse incarne le marin méditerranéen de toujours, rusé et joyeux, fier et sensuel, qui ne croit qu'en son bateau, en sa terre, en lui-même. *L'Odyssée* est remplie d'îles et de latitudes envoûtantes peuplées de sirènes, de sorcières, de géants que vaincra l'audacieux Ulysse. Les morts épouvantent jusqu'à la nausée, les splendides cuisses de Circé ravissent... *L'Odyssée* est-elle aussi une parabole voulant inciter l'homme à se découvrir lui-même afin d'atteindre la plénitude ? C'est possible.

Ce qui est indiscutable, ce sont les éblouissants méandres poétiques et l'humanité qui se dégagent de chaque vers, comme dans ceux-ci qui décrivent l'arrivée de la noire embarcation du héros – couleur du brai dont on calfatait la coque des bateaux – à l'île du Soleil, et que je choisis tout à fait au hasard (chant XII) :

> [...] nous mouillâmes la nef bien construite dans le port encaissé, près d'une eau douce ; mes compagnons débarquèrent, et savamment ils apprêtèrent le souper. Quand fut apaisé le désir du boire et du manger, ils se rappelèrent alors leurs compagnons, dévorés par Scylla [la mort], qui les avait pris au creux du vaisseau. Et pendant qu'ils pleuraient, le doux sommeil survint*.

Malgré la tragédie règnent les fibres sacrées et chéries de la vie.

Répandu dans toute la Grèce, le récit homérique était familier et constituait un signe de "nationalité". Mais à l'époque de la tyrannie de Pisistrate, celui-ci ordonna que les œuvres d'Homère fussent compilées, et par la suite, comme on importait des papyrus d'Egypte, qu'on en réalisât et distribuât de nombreuses copies. Il était donc logique qu'un siècle plus tard, à Athènes, existât un véritable marché du livre.

Dans *L'Iliade* comme dans *L'Odyssée*, ne l'oublions pas, la beauté est la principale vertu dont Homère semble parer les femmes. Cet appel constant à l'esthétique en tant qu'harmonie considérée à travers les sens est important dans l'héritage grec. Les charmes troublants d'Hélène sont à l'origine de la guerre de Troie, la sensuelle Circé emprisonne Ulysse...

Ce qui est sûr, c'est que la beauté et la sensualité féminines, causes de bien des tribulations, sont constamment exaltées en Grèce. Une culture du sexe, du corps conçu comme source de plaisir. Une page de *L'Enquête* d'Hérodote évoquant le début des guerres médiques – conflit de domination qui opposa les Grecs aux Perses – l'impute encore à des histoires de femmes :

> Arrivés sur ce territoire [Argos], les Phéniciens cherchèrent à placer leurs marchandises ; cinq ou six jours après leur arrivée, alors qu'ils avaient vendu presque toute leur cargaison, un groupe nombreux de femmes descendit au rivage et, parmi elles, la fille du roi ; son nom, pour les Perses comme pour les Grecs, était Io, fille d'Inachos. Tandis que ces femmes, debout près de la poupe du navire, marchandaient ce qui leur plaisait, les Phéniciens, l'un excitant l'autre, s'élancèrent sur elles : elles s'enfuirent pour la plupart, mais Io et quelques autres furent prises et les Phéniciens les jetèrent dans leur vaisseau, qui fit voile vers l'Egypte.
>
> [...] Par la suite, toujours d'après eux, certains Grecs (ils ne peuvent en donner les noms) abordèrent à Tyr en Phénicie et enlevèrent la fille du roi, Europe ; il se peut que ces hommes aient été des Crétois. Jusque-là, les torts se compensaient ; mais plus tard, disent-ils, ce sont les Grecs qui commirent la seconde offense : ils gagnèrent sur un navire de guerre Aia en Colchide et le fleuve du Phase et, les affaires qu'ils avaient là-bas terminées, ils enlevèrent la fille du roi Médée. Quand le roi de Colchide, par un héraut, demanda réparation de ce rapt aux Grecs et réclama sa fille, les Grecs répondirent qu'ils n'avaient pas, eux, obtenu réparation du rapt de l'Argienne Io, et qu'ils n'en accorderaient donc aucune. A la génération suivante, disent-ils encore, Alexandre fils de Priam entendit cette histoire et eut l'idée de se procurer une femme en Grèce par un rapt*.

Mais la littérature et la culture méditerranéennes ne vont pas seulement de la tragédie au plaisir. Le soleil de la vieille mer n'est pas uniquement de sang et de fête. Notre espace clair et compartimenté, où chaque chose est vue et exposée en son lieu exact, fait également une place à la simplicité du détail bercé dans l'ennui.

Souvent, j'erre dans ma vieille maison majorquine ; les vieilles bibliothèques dispersées contiennent de vieux livres. J'ouvre l'un d'eux, une édition de 1921 : *Océanographie de l'ennui.* Il doit y avoir trente ans que je ne l'ai pas ouvert. Je lis : "Pas un mouvement, pas une pensée ! Quatre heures et demie de l'après-midi. Tout autour, un parc ombragé. Une chaise longue au rond-point le plus éloigné et le plus sauvage." Plus loin : "La grâce vient de cette limitation des possibilités, de cette pénurie" ; "Deux consolations. Sur la terre, la végétation arrosée. Dans le ciel, un nuage. Il avance léger, gracieux, tel un cygne sur un lac." Tout le livre d'Eugenio d'Ors, penseur catalan résolument et baroquement méditerranéen, conflue dans l'infime, le statique, l'intemporel, le subtil, le marginal. Avec cela, l'écrivain trace une odyssée de l'âme à travers une sensibilité d'abord visuelle.

On peut dire que la pensée grecque ne part pas de l'idée pour expliquer l'essentiel – supposons que Dieu créa le monde –, mais qu'elle découle de l'observation précise de ce qui existe, de ce qu'elle voit, pour en rechercher le principe moteur. Les présocratiques, Thalès de Milet, Héraclite, Parménide, étudient les phénomènes, les forces qu'ils ont devant eux, et, à travers ce qui peut être connu – l'eau, l'air, le feu..., ils tentent de s'expliquer l'unité de ce qui est invisible : l'atome ou l'être. Platon apporte la dernière touche avec sa théorie des idées : son expression *eidos* équivaut à une idée de la réalité, à sa conceptualisation. Voyons, puis pensons jusqu'à idéaliser.

Et Aristote semble descendre de ce "nuage" idéel pour retourner au visible et au tangible : l'idée est la substance de l'être, c'est-à-dire qu'elle émerge de ce qui existe, de ce qu'on voit. Je copie ce passage dans sa *Métaphysique* :

> Tous les hommes désirent naturellement savoir ; ce qui le montre, c'est le plaisir causé par les sensations, car, en dehors même de leur utilité, elles nous plaisent par elles-mêmes, et, plus que toutes les autres, les sensations visuelles. En effet, non seulement pour agir, mais même lorsque nous ne nous proposons aucune action, nous préférons, pour ainsi dire, la vue à tout le reste. La cause en est que la vue est, de tous nos sens, celui qui nous fait acquérir le plus de connaissance et nous découvre une foule de différences*.

Je laisse le livre d'Ors et j'ai honte de beaucoup d'entre nous, qui ne sommes plus que ce que nous faisons, qui tournons précisément le dos à cette Méditerranée au climat sensoriel que nous sommes venus chercher – la plus grande concentration touristique, de loisir !, de la planète – et que nous banalisons, nous salissons et transformons en un autre appendice de nos infections.

Qui peut aujourd'hui consacrer un moment à la poésie lyrique contemplative orsienne de l'auscultation des sens, des détails ? Les avions et les bateaux à moteurs, les musiques incessantes et les plages surpeuplées, la route et les gueuletons, voilà les vacances que nous consommons et qui nous consument. Nous arrivons aux grandes vacances fatigués de l'année au chantier, mais nous revenons tout aussi fatigués de cette extravagante agitation estivale. Nous n'avons le temps de penser longuement à rien, la superficialité nous écrase et nous met tous sur le même plan ; nous disons tous la même chose parce que nous recevons des informations identiques et sommes incapables de les digérer, de leur faire subir le traitement de notre vécu, du fonds culturel qui nous est propre. Le silence ne nous débarrasse pas de nos couches intérieures, il nous étourdit. Nous existons prisonniers des actes, des faits, des seules concrétions opératoires : c'est grâce à la mythologie héritée ou idéalisée, et qui constitue encore un cadre, que nous ne sommes pas des machines ; or, tels que nous fonctionnons, nous aspirons à l'être.

Mais à quoi sert de regarder un nuage ? m'objecterez-vous. D'accord. Mais que nous apporte de savoir tant de marques de voitures, de connaître les noms des joueurs des coupes mondiales de football, de suivre heure après heure les déclarations des hommes politiques, de regarder les photographies d'une tragédie survenue quelque part dans le monde, d'admirer une nouvelle fois Claudia Schiffer ? Jamais au cours de l'histoire l'homme n'avait autant su, le savoir ne nous a pourtant ni rendus moins idiots ni singularisés. Nous constituons un tissu superficiel et dense qui nous étouffe en nous distrayant.

Mais asseyons-nous dans la pinède murmurante et parfumée de lointains paysages, absorbons-nous dans la grande cavalcade de silences se matérialisant dans des métaphores chromatiques – nuages qui flottent dans la lumière radieuse de midi ou dans les bleus purs et les traînes rougeâtres du crépuscule, tableaux d'une nature de la sensibilité liée à l'intimité permanente –, peut-être alors nous rapprocherons-nous de l'être, du foyer vecteur qui bat dans notre être caché, si nous existons toujours – nous sommes méditerranéens : ici le cadre aussi est vie. Ou tout au moins percevrons-nous la douce poussée du fruit dans l'arbre.

Dans tout cela se manifeste aussi un fort arrière-goût bouddhiste, l'univers infini de l'esprit mesuré par l'infime, l'accessoire. Mais le bouddhisme donne du volume à sa poétique en absorbant et desséchant l'humanisme… Un grand poète romain imprégné de Méditerranée, Horace, exprima cela dans son *carpe diem* sensible et spectral – vis le jour qui meurt comme s'il était unique :

> *Que les dieux t'aient donné d'autres hivers,*
> *que ce soit le dernier qui fatigue la mer*
> *aux écueils, la sagesse est de filtrer ton vin*
> *et de tailler à des jours brefs l'espoir lointain.*
> *A chaque mot a fui l'heure jalouse. Cueille-la :*
> *l'espérance la moins crédule est la meilleure.*
> *Cueille le jour présent*
> *en te fiant le moins possible au lendemain.*

Pour revenir à la beauté féminine, que dire de Sappho ? Je pourrais faire référence aux grands poètes que donna la littérature grecque, mais je citerai seulement l'extraordinaire et sensible poétesse amoureuse de l'île de Lesbos, sa voix basse. Oui, de là vient le qualificatif de lesbienne et de lesbianisme, parce que Sappho, qui était menue, fine, aristocratique, dirigeait une sorte d'académie pour l'éducation des jeunes filles de bonne famille. Et, à en juger par ses vers, elle les aimait à la folie, bien qu'elle aimât aussi les hommes.

Grâce à quoi elle composa des poèmes subtilement lyriques et graphiques, comme celui-ci où, en proie à la jalousie, elle assiste au mariage de l'une de ses élèves :

> *Tel un dieu m'apparaît cet homme*
> *assis tout près de toi,*
> *qui absorbé écoute*
> *ta voix douce et ton rire amoureux.*
> *En vérité, mon cœur souffre dans ma poitrine*
> *et bien que mon regard*
> *ne se pose sur toi qu'un instant*
> *je reste muette d'émotion,*
> *ma langue se fourche et une ardeur subtile*
> *parcourt toute ma peau,*
> *mes yeux ne voient plus, mon oreille bourdonne,*
> *une sueur froide me couvre, un tremblement*
> *m'agite de la tête aux pieds*
> *et je reste là, plus pâle que l'herbe,*
> *me sentant près de la mort.*
> *Mais je dois le supporter parce que…*

Le poème s'achève ainsi, brusquement. Seuls nous sont parvenus six cents et quelques fragments de l'œuvre de Sappho, qui remplissait neuf volumes, mais que l'Eglise de l'an mille, la jugeant immorale, condamna au bûcher. Par bonheur, l'atmosphère sèche de l'Egypte a conservé les papyrus qui enveloppaient les momies, si bien qu'ont subsisté les échos de la poésie de Sappho et de bien d'autres morceaux de littérature antique, à commencer par la *Constitution d'Athènes* d'Aristote, ouvrage fondamental. Le portrait au regard vif, à l'expression intelligente, découvert dans les ruines de Pompéi et supposé être celui de Sappho, est gracieux.

Généralement, l'expression des bustes grecs, avec leurs yeux aveugles est, en revanche, légèrement angoissée. Aveugles aujourd'hui, par les effets du temps, car au moment de son élaboration cet art utilisait abondamment la peinture. Il était théâtralement "naturaliste", comme l'art roman et, en vérité, tous les arts. Quand les artistes de la Renaissance laissaient les marbres en blanc, croyant imiter l'imagerie classique, ils se trompaient. Mais la stylisation y gagnait...

Les bustes de Platon lui-même et d'Aristote. Bertrand Russell a affirmé : "Parmi tous les philosophes, Platon et Aristote ont été les plus influents de l'Antiquité, du Moyen Age et de l'époque moderne." Sans doute est-ce vrai. Révérons-les, ils sont nos pères idéologiques. Le premier avec son extraordinaire puissance mentale, capable de construire les univers d'idées les plus ardus. Le second avec ses méticuleuses facultés de structuration. Il n'y a rien d'étonnant à ce que l'Eglise et le christianisme aient considéré Aristote comme le philosophe par excellence, et que de sa théologie ait été tiré un "enseignement". Platon au contraire, en exaltant les extraordinaires capacités de l'intellect, est peut-être, comme le dit Karl Popper, à l'origine du marxisme avec son idéalisation théorique déshumanisée.

Mais je veux particulièrement faire référence à un autre penseur, un homme étrange, au cerveau suggestif et troublant : Héraclite. Il vécut à Ephèse, aujourd'hui Kuşadasi, sur le littoral turc, au VIe siècle avant notre ère, un peu après Sappho. Comme elle, c'était un aristocrate, et son œuvre aussi a disparu, à l'exception de cent vingt-six fragments. Sa ville populeuse, resplendissante, dont les belles ruines ont commencé à resurgir de terre il y a quelques années grâce à une audacieuse reconstruction, n'a suscité que mépris chez Héraclite, qui écrivit même : "Il serait opportun, pour les Ephésiens adultes, de se pendre tous et de laisser la cité aux enfants."

Mais la culture connue ne soulevait pas non plus son enthousiasme : il dit d'Homère qu'il "devrait être effacé des listes et fouetté", et de Pythagore qu'il fut "l'aïeul de la charlatanerie". Finalement, Héraclite se retira dans la montagne, méditant et s'alimentant uniquement de plantes crues.

Mais au-delà des insultes, une obsession cosmique dynamique et obscure, fulgurante et saisissante régit sa pensée : "Ce monde, le même pour tous, ni dieu ni homme ne l'a fait, mais il était toujours, il est et il sera, feu toujours vivant, s'allumant en mesure et s'éteignant en mesure", "Du feu, en échange de toutes choses, et de toutes choses, le feu, comme de l'or, en échange des marchandises, et des marchandises, l'or", "Mort de la terre, de devenir eau, mort de l'eau, de devenir air, de l'air, de devenir feu ; et inversement*".

Car à partir de cette puissance ignée, Héraclite contemplait la vie et l'éternité comme un jeu poétique et magmatique d'alternances simultanées : "Les hommes ne comprennent pas comment ce qui s'oppose à soi-même s'accorde avec soi : ajustement par actions de sens contraire, comme de l'arc et de la lyre", "Le négatif et le positif ne sont plus disjoints, mais affirmés ensemble", "Nous entrons et nous n'entrons pas dans les mêmes fleuves ; nous sommes et nous ne sommes pas*"...

L'eau fut la cause de sa mort : on raconte, mais peut-être est-ce faux, que son régime végétarien le fit enfler de façon monstrueuse et que, vaincu par l'hydropisie, il s'enterra dans le fumier d'une bergerie, pensant que sa chaleur le dessécherait et le ferait maigrir. Mais il mourut, lui qui avait également proclamé : "Les cadavres, à jeter, plus que les fumiers*." Cependant, un autre de ses fragments pourrait peut-être constituer son épitaphe : "Pour Dieu, belles sont toutes choses, et bonnes et justes ; mais les hommes tiennent certaines pour injustes et d'autres pour justes*." Héraclite toucha-t-il du doigt l'essence de l'homme, ou du moins l'un de ses aspects ? Mais je dois avouer ma fascination pour ses écrits...

Passent les IXe, VIIe, Ve siècles avant Jésus-Christ, au cours desquels toute la Grèce s'articule, diverse, intense, rayonnante. Si Troie avait constitué l'apogée des Achéens, elle représenta aussi leur fin : vers le XIIe siècle, je le répète, étaient arrivés les miséreux peuples de la Mer et, cent ans plus tard, d'autres "Barbares" du Nord, les Doriens. Les uns et les autres soumirent les Achéens, ruinèrent Mycènes, Tirynthe et tout ce qu'ils trouvèrent sur leur chemin, plongeant le pays dans une période de brumes et de destruction dont on sait peu de chose, d'où surgit peu à peu la nouveauté décisive des *polis*.

La Grèce est un territoire totalement montagneux, divisé en une infinité d'îles. C'est pourquoi l'existence humaine se concentre dans ses vallées profondes, souvent fertiles – très séparées les unes des autres en raison de communications difficiles –, et dans les îles dispersées, chaque unité se repliant évidemment sur elle-même. La *polis* ou cité-Etat est une conséquence naturelle de cette situation : les petits espaces deviennent des concentrations urbaines indépendantes ayant leurs propres intérêts, s'opposant naturellement aux immenses empires autocratiques orientaux voisins.

Aristote disait qu'une ville de cent mille habitants était déjà une aberration. Quant à Platon, il pensait que la cité idéale comptait cinq mille quarante citoyens, des adultes libres s'entend, auxquels il convient d'ajouter femmes, enfants et esclaves. Encore que ceux-ci ne fussent pas en nombre "excessif" à Athènes, comme c'était le cas à Rome ou en Egypte : il devait y avoir un esclave pour deux Athéniens.

Une série d'événements dynamisèrent ces centres urbains : le développement de la technologie du fer, introduite par les Doriens et remplaçant le bronze moins solide ; l'expansion commerciale dans les colonies d'outre-mer, libres, constituées par les excédents de population de chaque métropole ; l'introduction de l'alphabet phénicien, qui préserva et accumula la richesse culturelle ; la naissance de la monnaie... Le bien-être et la démographie augmentèrent, ainsi que la participation de tous au projet commun de chaque *polis.*

La réflexion de l'homme sur lui-même fut, en conséquence, très vive, très directe, très passionnée, ce qui se traduisit par un grand bond en avant de l'architecture, de la poésie, de l'art, du théâtre, de la médecine, de la physique, de la philosophie. Sans oublier tout ce qui avait été assimilé, de l'Egypte et de l'Orient.

L'univers grec regroupait à cette époque trois centres. Celui de la Grèce proprement dite et des îles voisines, formé de plusieurs cités-Etats : Athènes, Sparte, Corinthe, Argos, Thèbes, Egine, Chalcis, Delphes. Celui de l'Ionie, ou littoral de l'Asie Mineure, fécondé par les influences continentales et orientales, avec Rhodes, Samos, Milet, Ephèse, Phocée, Lesbos. Enfin, celui qu'on appelle la Grande Grèce, c'est-à-dire la Sicile et le Sud de l'Italie : Syracuse, Agrigente, Néapolis, Naxos, Sybaris. Sans oublier le chapelet des comptoirs qui, essentiellement situés au nord de la Méditerranée, conduisirent les Grecs jusqu'à l'Atlantique : la Corse, Marseille, Ampurias, Cadix.

Tant de dispersion et d'autonomie occasionnèrent des rivalités sans fin, mais la concurrence et la liberté qui caractérisaient les cités se révélèrent extrêmement stimulantes, donnant lieu à une fière conscience d'unité qui, au contact des autres populations plus arriérées, développa le sentiment de supériorité grec.

Deux cités-Etats, deux extrêmes opposés et rivaux, Athènes et Sparte, façonnent de leur lutte et de leur extraordinaire envergure la politique et la société de la *polis*. Encore ne faut-il pas oublier une autre des formes de gouvernement que connut l'univers grec : la tyrannie.

Ces tyrans, qui usurpaient le pouvoir là où les divisions étaient les plus effrénées, présentent des caractères étrangement contradictoires. Comme il leur fallait s'affirmer, ils livraient bataille contre d'autres cités et accumulaient les richesses en cas de victoire. Comme ils devaient également donner une image de faste, ils protégeaient les artistes et les philosophes, ce qui donna lieu à de splendides réalisations culturelles. Tout cela contribua naturellement à augmenter le niveau de vie et les connaissances du citoyen.

L'un de ces tyrans, Phalaris, d'Agrigente, dont les temples gracieux se dressent au milieu des oliviers de la superbe colline sicilienne, fut l'archétype de la cruauté la plus délirante : il chauffait un taureau d'airain au rouge, puis y jetait ses victimes ; en rôtissant, elles émettaient un grondement semblable aux mugissements de l'animal, ce que Phalaris écoutait avec ravissement. "Une exécrable réputation couvre partout l'impitoyable Phalaris", affirme Pindare.

J'ai cité la colonie d'Ampurias, en Catalogne, que les cyprès soulignent de façon appuyée face à la mer ouverte... Cet arbre compact et obscur, solidement élancé à la verticale, donne aux paysages désolés une note chaude sans jamais tempérer l'aridité de l'environnement. Un gros arbre arrondi, tel un figuier ou un pin, rappellerait trop l'utilité juteuse du fruit ou les ombres fraîches, caressantes. A Ampurias – cette légère élévation sur la plaine alluviale en face du golfe de Rosas, entre le village de La Escala et la rivière Fluviá –, le cyprès, tel un trait intense et sobre à la fois, orne les ruines sans les altérer.

Les touristes visitent le site archéologique. Ils marchent et observent tout en devisant : "Regarde comme les pièces sont petites !", "Viens voir, ici il y avait le marché !", "Ils devaient avoir froid en hiver". On pourrait y voir les propos d'incultes qui ignorent ce que nous ont appris les pierres grecques...

Cet intuitif, curieux et paradoxal, Chesterton, Anglais bien que de parenté méditerranéenne pour être aussi un exubérant catholique, disait que l'ébahissement d'un enfant à qui l'on raconte une histoire ne vient pas du surnaturel contenu dans le récit : une porte s'ouvre, il en sort un animal fabuleux. Ce qui l'émerveille, c'est le détail familier du battant de bois qui s'ouvre ; il prend soudain conscience que les petites choses du monde qu'il connaît existent aussi dans l'univers fantastique des contes.

La plupart des visiteurs d'Ampurias, déconcertés et rêveurs, s'intéressent à des détails que nous qualifierions d'insignifiants : un mur de pierres sèches, un puits, un récipient où l'on gardait le vin. Ce n'est pas grand-chose, mais ce peut être tout. Insensiblement, le visiteur s'imagine bivouaquant dans cette enceinte, il pense que cet habitacle pourrait être le sien. Comment s'y prendrait-il pour éviter que le froid ne s'infiltre par les fentes entre les pierres ou que les grenouilles pullulent dans les citernes ?

Comment étaient donc ces Grecs de Phocide qui vinrent ici pour commercer avec les indigènes, qui virent ces mêmes vagues gris-bleu, écumantes, se rompre sur la plage, pénétrer dans le port de cette époque, dont une partie reste à moitié enfouie ? Les rares notions que nous avions d'un classicisme illustre, avec ses tuniques à plis immaculés et ses discours attiques, laissent la place, grâce aux préoccupations terrestres et quotidiennes, à un lien entre hier et aujourd'hui, une rencontre de l'homme avec l'homme dans le temps historique dilaté.

Une fois je suis allé à Ampurias avec mon chien ; il se mit à courir entre les ruines à la poursuite d'un papillon au vol capricieux et se trouva soudain face à une copie de la grande statue blanche d'Esculape, féroce avec son serpent, sa barbe et son bâton. Le chien recula, effrayé, puis il attaqua le fantôme, aboyant furieusement, montrant les crocs.

La réaction du chien était naturelle, ce que corrobore la chronique de la découverte de l'Esculape original, en 1909. Non seulement les érudits furent impressionnés, mais les gens de La Escala, agités par d'obscures croyances, émus par des réminiscences à l'œuvre sous les superpositions actuelles, se précipitèrent avec ferveur vers les fouilles, traînant les enfants et les vieillards pour contempler avec respect la renaissance d'une ancienne divinité...

La Grèce et la Phénicie établirent une ligne tacite qui partageait leurs zones d'influence en Méditerranée occidentale : au sud, les Phéniciens, d'où, par exemple, leur établissement d'Ibiza ; au nord, les Grecs, d'où Ampurias, ou Emporion, qui veut dire foire commerciale, marché. Ses monnaies frappées du cheval ailé, Pégase, soulignent la signification du nom et la finalité du comptoir : le commerce, bien qu'il fût relativement peu important en raison de ce qu'avait d'extrême, à cette époque, sa situation géographique, et de la pauvreté des indigènes qui peuplaient ces terres. Avienus les qualifiait en ces mots : "âpres, durs, gens féroces à la chasse, qui habitent dans des tanières".

En tout cas, ces indigènes, ou *indiquetas*, comme on les appelait, étaient des voisins difficiles, qui maintenaient dans un état de crainte perpétuelle les commerçants grecs appartenant à une classe économique et politique peu élevée. Les riches restaient dans la métropole. Tite-Live, bien plus tard, alors que Rome régnait déjà, raconte la peur des colons d'Ampurias, énumérant l'épaisseur des murailles qui les protégeaient, les tours et systèmes de garde, "comme si l'ennemi se tenait aux portes mêmes", dit-il. Et il était effectivement dans les regards de convoitise et les désirs de rapine de ces préhispaniques. Du côté de la mer, au contraire, il n'y avait pas de danger, donc pas de fortifications : les indigènes ne savaient pas naviguer.

Derrière l'Ampurias grecque demeure la romaine, plus récente de trois siècles et six ou sept fois plus grande que la première. En partie exhumée, elle exibe une série de mosaïques reconstruites, d'une grande maîtrise technique, froides d'un point de vue artistique. L'art romain est essentiellement fait d'habileté. Tandis que les figures grecques conservées à Ampurias révèlent un art expressif, délicat.

Mais revenons à la rivalité qui divisait et impulsait la société grecque, à ses deux grands moteurs, les cités-Etats de Sparte et d'Athènes, deux extrêmes d'une civilisation qui oscillait entre ces deux pierres angulaires.

Il est probable que Sparte représentait la quintessence du militarisme élitiste, et retranché à l'intérieur des terres, des envahisseurs doriens, et qu'Athènes était le réduit invaincu de la résistance achéenne, raffinée par influence crétoise, qui pour assurer sa force exigea plus de participation et d'initiative individuelles tout en cherchant à s'ouvrir sur la mer. En effet, la grande armée spartiate était terrestre, tandis que le pouvoir d'Athènes se manifestait dans sa marine. Sparte s'affirme dans le traditionalisme, l'agressivité, le totalitarisme. Athènes, dans la modernité, la création artistique, la démocratie.

Le dernier acte du drame ou de la comédie grecque réside peut-être en ce que les deux *polis*, les deux courants, n'ont jamais fusionné, mais que les guerres et la volonté de domination dont elles s'affligèrent mutuellement, et qu'elles projetèrent sur la Grèce entière, précipitèrent la décadence de cet univers méditerranéen stellaire, peut-être le plus irisé, le plus influent culturellement parmi tous ceux qui ont existé autour de la vieille mer.

Que reste-t-il aujourd'hui de Sparte ? Presque rien, quelques débris insignifiants… Seul demeure, inaltérable, le paysage : la plaine propice, le mont Taygète tout rond avec son panache de neige. Les échos féroces de Sparte continuent cependant de résonner aux oreilles égarées de racistes, de dictateurs. Hitler en est un exemple. Staline en fut un autre.

Les considérant dégradants, les Spartiates interdisaient le travail de la terre, le commerce et les commodités. Leur unique devoir – leur unique mission – était centré sur la milice et une bonne condition physique pour la guerre. Peu après leur naissance, on examinait les nouveau-nés : s'ils n'étaient pas sains, on les étouffait. A sept ans, les enfants devenaient internes dans des écoles fonctionnant sur le modèle militaire, où le plus important consistait à respecter la discipline et à exécuter des exercices physiques. A douze ans, ils n'avaient l'autorisation de se laver que certains jours de l'année, car il s'agissait d'une opération décadente. Ils étaient donc sales et sentaient mauvais. En hiver, ils ne pouvaient porter de vêtements chauds et devaient dormir sur des paillasses garnies de chaume et de chardons.

On les dressait en outre à voler pour se nourrir et l'homosexualité était admise. Ils ne pouvaient se marier qu'à partir de vingt ans, mais devaient continuer à vivre avec leurs camarades, en communauté, jusqu'à trente ans, âge auquel on leur accordait de s'installer dans une maison, de former un foyer normal et d'exercer leurs droits de citoyen.

Les garçons et les filles faisaient de la gymnastique ensemble, nus, et ils se flagellaient pour s'endurcir. Elles, explique Plutarque, devaient "fortifier leur corps en s'exerçant à la course, à la lutte, au lancement du javelot et du disque, afin que le fruit qu'elles pourraient concevoir se nourrît d'un corps sain et vigoureux, qu'il fût bien élevé et améliorât la race". En effet, si leur mari était vieux, s'il ne les fécondait pas ou montrait peu de fougue, les femmes avaient le droit de prendre un amant ou de se faire féconder par un autre homme, ce à quoi pouvait également l'obliger l'Etat s'il jugeait nécessaire qu'augmente la natalité pour le bien de l'armée.

L'or et l'argent étant proscrits, on utilisait des pièces de monnaie frappées dans le fer. Selon le principe de l'égalité des personnes, les familles se partageaient la terre ainsi que ceux qu'on appelait les ilotes, des esclaves qui constituaient la main-d'œuvre ; mais elles pouvaient aussi en hériter. Comme on savait que les ilotes étaient mécontents et que parfois même grondait en eux la révolte, une fois par an les Spartiates avaient le droit d'en abuser librement et même de les tuer, ce à quoi les jeunes apprentis guerriers se livraient avec un plaisir enivrant...

Il existait encore une troisième catégorie de citoyens : celle des périèques, qui se consacraient au commerce et à l'artisanat, mais sans pouvoir exercer aucun droit politique. Deux rois, qui se surveillaient mutuellement, dirigeaient la *polis*, assistés et contrôlés par des magistrats, un conseil d'anciens et une assemblée populaire.

L'austérité et l'orgueil empêchèrent cette oligarchie d'ériger des monuments et des temples, la laissant en marge de la formidable explosion artistique grecque, qui lui paraissait d'ailleurs malsaine et superficielle. Sparte, à peine plus qu'un ramassis de cabanes dispersées en plusieurs noyaux, ressemblait à un faubourg, et l'on ne peut s'étonner qu'elle ait disparu sans presque laisser de traces. Dans *La Guerre du Péloponnèse*, l'historien Thucydide écrivait déjà de façon prémonitoire : "[...] à supposer que Sparte soit dévastée et que seuls subsistent les sanctuaires et les fondations de ses édifices, les générations qui viendraient dans un lointain futur douteraient fort, je pense, que sa puissance réelle eût été à la hauteur de son prestigieux souvenir*."

Mais sa réputation était-elle à la hauteur de la réalité ? Platon, dans *La République*, trace de Sparte un tableau enthousiaste et idéalisé qui lui valut une renommée éternelle : d'où l'accusation de connivence platonico-marxiste, à laquelle nous avons déjà fait allusion, portée par Karl Popper dans son livre polémique et clairvoyant, *La Société ouverte et ses ennemis.* Mais Hérodote, contemporain de Platon, note que les Spartiates se laissaient facilement suborner, et Aristote consigne que leurs femmes, ces amazones modèles, vivaient "dans un état d'intempérance et de luxure totales". L'exigente Sparte officielle sécrétait tant de répression que transgresser la loi devenait inévitablement une nécessité psychologique.

Dans son militarisme, qui a tant malmené Athènes, on a enregistré autant de défaites que de victoires. Il renfermait forcément des éléments de superstition et d'irrationalité, produits de l'immobilisme culturel.

Par exemple, l'armée était placée sous l'invocation d'un animal totem et les hommes campaient là où la bestiole, fatiguée d'avancer, se couchait. La ligue que Sparte avait constituée avec ses voisins, et qui lui permit de dominer presque toute la péninsule du Péloponnèse, cessait parfois de participer avec les autres Grecs à la défense commune face aux Perses si la sécurité de Sparte ne se trouvait pas directement menacée. Et l'un de ses rois, Pausanias, séduit par le luxe, fut emmuré pour s'être laissé soudoyer par l'or des Perses.

En 480 avant Jésus-Christ, les Spartiates citoyens de plein droit s'élevaient à huit mille. Au bout de deux cent cinquante ans, ils n'étaient plus que sept cents. Corps obnubilé par sa force physique, oubliant son cerveau et la complexité de l'être, Sparte finit par se dévorer.

A l'opposé se trouve Athènes. Accédons à l'Acropole en marchant au soleil au milieu des boqueteaux de pins et de cyprès qui flanquent la montagne. Les Propylées, imposante entrée de ce monument dont l'arrogance semble défier le monde. Et l'Erechthéion, avec la tristesse enchanteresse des cariatides… Et, bien sûr, le Parthénon, où l'architecture devient science exacte, où la proportion et le marbre participent de la matière des anges. Malgré son apparence de linéarité, il n'y a ici aucune ligne droite, mais une courbure qui lui imprime, de la base aux colonnes, une sorte d'insolite lévitation.

Avec les pyramides d'Egypte, la Grande Muraille de Chine et les gratte-ciel de Manhattan, l'Acropole est le monument architectonique le plus célèbre au monde. Et celui que l'on considère communément comme le plus noble.

Oublié pendant tout le Moyen Age, le Parthénon fut redécouvert par un monarque catalan temporairement en possession d'Athènes, Pierre IV le Cérémonieux, un siècle et demi avant que la Renaissance n'en fît à nouveau l'éloge, l'appelant *"la pus rica joia que al món sia, e tal que entre tots los reis de cristians envides lo porien fer semblant"*, le joyau le plus riche qui soit au monde, et tel que tous les rois chrétiens ensemble ne pourraient faire le même. Il ordonna que douze arbalétriers fussent en permanence affectés à sa garde.

L'Acropole est "vivante" de surcroît. Elle change de tonalité selon l'heure du jour, passant d'un gris délicat ou d'un blanc furibond à un violet pompeux ou un bleu immuable… Son volume aussi semble fluctuer au gré de la lumière, suggérant un contour et, l'instant suivant, une présence pleine. Où que l'on se trouve à Athènes, du côté de la mer ou de la campagne attique, on voit l'Acropole se détacher sur le fond du ciel.

C'est précisément ce que voulait Périclès lorsqu'il fit ériger le Parthénon, magnifiant ainsi toute l'Acropole qui n'était auparavant qu'une simple citadelle et un sanctuaire. Phidias, avec son talent artistique sobre et audacieux, fut son artisan. Une gigantesque statue d'Athéna, la patronne d'Athènes, faite de marbre et d'or, arrivait presque jusqu'au toit du Parthénon, dont les frontons représentaient aussi l'apothéose de la déesse au milieu du panthéon mythologique. Et renouvelons un blâme perpétuel à lord Elgin pour avoir enlevé nombre de ses pièces – aujourd'hui exposées au British Museum – et légalisé sa spoliation par un papier du gouvernement lui permettant d'emporter dans ses bagages "quelques blocs de pierre avec des inscriptions et des figures".

Le Parthénon, Athènes.

Mais n'oublions pas non plus que sans les grands musées britanniques, allemands et français, de nombreuses richesses artistiques auraient succombé à la négligence des hommes, au broyage tenace du temps, à la barbarie comme forme de gouvernement. Une des caractéristiques de l'impérialisme est le vol, pour le bien comme pour le mal. Quand celui-ci est aussi artistique, il révèle la puissance profonde qui nourrit l'empire. L'Empire espagnol n'a quant à lui volé qu'or et argent, et encore à seule fin de payer des soldats en Europe : l'Espagne a perdu la course des grands peuples vecteurs de l'Occident.

Périclès avait exalté Athènes de façon grandiose, non pour des motifs religieux, mais pour que les Athéniens voient en elle, dans l'Acropole, un symbole d'orgueil, le symbole de ce qu'était leur cité et de ce que devait être, impérativement, sa projection. "Notre cité dans son ensemble est pour la Grèce une éducatrice*", disait-il, et il répétait : "Contemplez journellement la réalité qui vous entoure, c'est-à-dire cette cité dans toute sa puissance, enflammez-vous d'amour pour elle*." Il faisait graver sa propre tête sur un fronton, au milieu des dieux : les Athéniens devaient implicitement considérer qu'il participait de la déité.

Avec Périclès, Athènes atteint sans nul doute une plénitude splendidement fécondée. "Un homme de chez nous sait trouver en lui suffisamment de ressources pour s'adapter aux formes d'activité les plus variées, et cela avec une puissance de séduction et une aisance sans égales*", proclamait-il. Et probablement était-ce vrai.

Avec les lois de Périclès, point culminant d'un processus allant de Solon à Clisthène, Athènes fut pendant cinquante ans, en ce Ve siècle avant Jésus-Christ, le fruit de la participation directe du citoyen à la *res publica.* Les vases communicants secrets et propulsifs qui relient individu et société agirent alors comme ils l'ont rarement fait dans l'histoire. Platée, Marathon, Salamine sont les noms illustres de batailles sanglantes qui façonnèrent à la fois la dignité et la liberté de ce peuple.

Dix-huit ans d'affilée, Périclès fut élu général ; à l'Assemblée, ses discours raisonnés et fondés confirmèrent constamment sa position de leader, sa tactique militaire consistant à se tenir sur la défensive à terre et à passer à l'offensive en mer. Athènes fut, je le répète, sa flotte. Grâce à elle, non seulement il vainquit les Spartiates et les Perses, mais il articula la ligue de Délos, une OTAN de l'époque qui rassemblait les îles et les villes de la mer Egée sous son énergique commandement.

La politique, et ses obligations concrètes, motiva en outre, à Athènes, la formation d'un code éthique. Le poids de la réalité fit taire les superstitions et, par exemple, la science médicale fit un pas en avant décisif, s'attachant à étudier le corps humain de façon pragmatique. La construction de monuments exigea un usage précautionneux des mathématiques, ce qui eut pour conséquence qu'on se consacra fébrilement à la pensée abstraite. Si Athènes avait jusque-là donné le jour à peu de grands talents, non seulement elle le fit alors, mais elle en attira de nombreux originaires d'autres cités : Euripide, Sophocle, Ménandre, Aristophane, Eschyle, Platon, Socrate, Epicure, Thucydide…

Cessons de nous complaire dans le conventionnalisme ! La démocratie athénienne se fondait aussi, dans le fond et dans la forme, sur la domination de quelques-uns sur les autres. Les femmes ne jouissaient pas du droit de citoyenneté, et si les hommes pouvaient admirer le Parthénon et discuter de politique à l'Assemblée, c'est parce que les esclaves travaillaient pour eux.

Phidias, calomnié et accusé d'escroquerie, dut finalement fuir Athènes. Le Parthénon même fut construit avec le trésor de la ligue de Délos, dont Périclès disposa au détriment de ses alliés. Et sa position de chef ne l'empêcha pas d'être assailli de critiques. Le poète satirique Cratinos le traite de "tête d'oignon", faisant allusion à son crâne pointu, et il s'en prend impitoyablement à sa vie privée : "Sa luxure l'a poussé à faire d'Aspasie, une prostituée à visage de chien, son Héra [sa déesse]." En effet, Périclès divorça de sa femme pour s'unir à Aspasie, une courtisane d'une intelligence brillante qui avait déjà été la maîtresse de Socrate.

Certains opinent que si ce généralissime poussa Athènes à s'élever en la soumettant à une pression terrible face à Sparte et à la Perse, car il jugeait que deux pouvoirs ne pouvaient coexister, il contribua également à l'épuiser, la laissant au bord de la décadence... Au IVe siècle, l'aveugle prépotence spartiate avait tellement augmenté qu'elle ne connut plus de bornes. Et la démocratie athénienne dégénéra en démagogie. Héraclite et sa doctrine des contrastes en guise d'unité...

Au cours de cette décadence justement, au IVe siècle, c'est un jeune homme rêveur et téméraire qui, après avoir vaincu les Grecs eux-mêmes – enfant, en Macédoine, il avait joué sur les magnifiques mosaïque de Pella et les Athéniens le méprisaient car ils le considéraient comme un semi-barbare –, répandit et imposa la culture grecque, l'hellénisme, depuis la Méditerranée jusqu'aux murailles de Chine. Je parle, bien sûr, d'Alexandre le Grand.

Personne en Europe n'a réalisé d'aussi grandes conquêtes que lui, qui pour la première fois dans l'histoire a rattaché l'Orient à l'Occident. Et en seulement treize ans d'effort, de guerres et d'intelligence ! Le magnifique tableau d'Albrecht Altdorfer qui se trouve à la pinacothèque de Munich, *La Bataille d'Alexandre*, pourrait refléter, avec son univers resserré et protéiforme, ce qu'a sans doute été l'existence de cet être d'exception, adroit, courageux, cultivé, adepte du vitalisme.

Son père, le roi Philippe II de Macédoine, posa les bases qui permirent à un petit pays agricole d'abriter un génie. Sa mère, une femme à l'imagination fertile, aimait être entourée de serpents et, comme les bacchantes, danser dans les bois les nuits de pleine lune. Alexandre eut en outre un maître exceptionnel, Aristote, qui l'éduqua avec les idéaux d'Homère, comme si *L'Iliade* fût encore possible.

Et elle le fut pour lui : il vainquit plusieurs fois les Perses et s'empara de leur empire, conquit l'Egypte, où l'oracle de l'oasis de Siwa lui dit qu'il était le fils de Zeus, fonda Alexandrie et pilla Persépolis, força les portes de la mer Caspienne, dévasta les steppes de Samarkand, fonda aux confins de l'Inde une ville à la mémoire de son cheval, Bucéphale, mort à cet endroit, se baigna dans les eaux de l'Indus…

Mais ses soldats, rendus fous par cette ambition sans limites, finirent par se soulever. Alexandre dut prendre le chemin du retour. A trente-trois ans, c'était un homme épuisé par ses rêves de puissance universelle, par ses beuveries, par l'errance débridée et les nuits d'amour sous les tentes de campagne… Il mourut à Babylone, de fièvres, alors qu'il s'imaginait partant à la conquête de toute la Méditerranée. Quand Napoléon débarqua en Egypte, les Bédouins crurent qu'Alexandre revenait : sa légende ne s'est jamais éteinte chez les peuples que le Macédonien a rencontrés.

Le marbre, ce marbre consubstantiel à l'univers grec, nous a légué de nombreux visages d'Alexandre : sur tous, un air jeune, pathétique, presque douloureux, romantique pourrait-on dire. En fait, cette histoire, cette réalité grecque que nous évoquons, pourrait être racontée à travers la vie, la passion muette de ses statues.

Il y a d'abord ces déesses-mères dont nous avons parlé dans les premières pages de ce livre, toutes génératrices d'existence, où la matière s'articule… Et les *kouroi*, dont le statisme évoque les figures égyptiennes… Le sourire archaïque des visages, énigmatique et sardonique, nous rappelle l'époque d'Homère, mais leur rigidité s'estompe au fil du temps, tandis que les visages de la sculpture s'adoucissent.

Il faut garder en mémoire cette donnée fondamentale : les statues grecques avaient des yeux de verre, elles étaient peintes de toutes les couleurs de l'arc-en-ciel, à la cire et à chaud. Platon était persuadé que seule la couleur donne à la sculpture sa plénitude. Je répète que l'idée qui associe blancheur et classicisme est fausse : les pluies, les siècles, voilà ce qui a blanchi les sculptures…

Et nous arrivons à l'art du Ve siècle, le siècle de Périclès. Les bronzes, les céramiques, les marbres qui furent exécutés à cette époque exercent une véritable fascination : l'*Aurige* de Delphes, le formidable *Poséidon* du musée d'Athènes, un jeune éphèbe délicat, un cheval parfait… Une beauté adolescente idéalisée, dégageant une vitalité contenue, aristocratique, imprègne la facture de ces œuvres qui reflètent un profond équilibre – *arete*, en grec – entre le physique et le moral, pour arriver à la *sofrosinia*, la maîtrise de soi.

Une autre sculpture extraordinaire, la dernière d'une telle qualité ayant été découverte, est celle du jeune noble conservé dans le modeste musée de Mozia, une île minuscule à l'ouest de la Sicile. La perfection du travail du corps et de la tunique légère révèle une maîtrise sans limite, franche, magnifique. Ce jeune homme conduisait peut-être un char dans une olympiade… En mettant l'accent sur la puissance et la victoire du corps, les jeux athlétiques d'Olympie, de Delphes, favorisèrent le développement de la sculpture. Mais on reste saisi lorsqu'on visite Olympie. Tant de gloire sportive, tant de couronnes d'olivier – le *kallistéplanos* – dont il ne reste qu'un vaste terrain vague jonché d'énormes pierres et de gigantesques colonnes brisées, tumulte pétrifié, ruine des ruines. Il y a seize siècles que l'empereur Théodose ordonna d'incendier Olympie parce que c'était un sanctuaire païen ; les tremblements de terre et l'incurie du temps ont fait le reste. Mais dans les vers de Pindare, solennels et lointains, traversés par des rayons d'une vigueur inusitée, Olympie reste à tout jamais dressée dans ses triomphes :

Alexandre le Grand, copie d'un original attribué à Lysippe, musée du Louvre, Paris.

Fille de l'Océan, accepte d'un cœur joyeux
la douce récolte,
des vertus éminentes et des couronnes
que l'on gagne à Olympie…

Plus tard, au IVe siècle, voilà la sublime perfection de l'*Hermès* de Praxitèle – qui se trouve précisément au musée d'Olympie –, mais qui accuse déjà un début d'effémination, de faiblesse, dues sans doute à la décadence grecque. La sculpture perd de son brio. Elle rit et pleure comme si elle faisait du théâtre aux temps d'Alexandre, ayant perdu le souffle inspiré du Ve siècle. Puis elle entre peu à peu dans un naturalisme fait de réalité, qui déjà la rattache à l'art romain, entièrement vériste, enfermé dans la seule dimension humaine. Les dieux sont loin. La Grèce n'est plus la Grèce.

Nous l'avons dit et cela se produit avec pratiquement tous les empires et tous les peuples : l'hier n'a rien à voir avec l'aujourd'hui. Chaque cycle de civilisation se referme sur lui-même. Après Alexandre, la Grèce connut de nombreuses divisions et vicissitudes, elle fut soumise aux Turcs pendant des siècles. Dans la Grèce déprimée d'aujourd'hui ne restent que les fantômes de la Grèce d'hier. Mais des fantômes éternellement puissants, éternellement beaux, et en cela source d'une énergie créatrice universelle.

Popper parle aussi des cultures de choc : l'homme et la société se fortifient en transgressant leurs démarcations frontalières, en se mélangeant à d'autres peuples, d'autres êtres. Le métissage, s'il n'amollit pas les cultures, les grandit considérablement. Dans la Méditerranée orientale, et particulièrement en Grèce, ce phénomène connut une grande intensité, avec des dérives audacieuses. Les migrations indo-européennes, les empires orientaux agressifs – Hittites, Sumériens, Babyloniens, Assyriens, Perses, Romains enfin – injectèrent leurs caractéristiques, leur semence, dans ces brefs noyaux levantins : Lydie, Carie, Phrygie, Phénicie, Israël, Crète, Athènes et compagnie... Mais la force de ces empires était telle, avec leurs éléphants de guerre et leurs tyrannies, qu'ils écrasèrent tout ce qui se trouvait sur leur passage, y compris les Phéniciens, si déterminants à l'époque.

Encore qu'Israël ait résisté de façon remarquable à travers son empire mental biblique, encore plus impérial. Non seulement la Grèce supporta probablement la plus grande fusion créatrice et innovatrice provoquée par ce choc culturel, mais elle en fut le principal acteur. Elle jouissait en outre d'un avantage : son insularité, sa péninsularité, sa dispersion la protégeaient des attaques.

Il faut cependant souligner que le germe fécond du choc, ses fruits abondants, y compris les fruits politiques définis par la Grèce et par Rome, n'ont pratiquement pas pénétré au-delà de la côte méditerranéenne orientale. C'est que les empires asiatiques constituaient des murailles trop puissantes, trop autocratiques, fermées de manière quasi hermétique. L'empire d'Alexandre lui-même fut éphémère, et si Alexandre pressentit à la fin qu'il devait se diriger vers l'ouest, saint Paul aussi disait avant de mourir : “Et maintenant j’irai vers l’Occident”, à ses confins précisément, en Hispanie. C’est ainsi que ce germe se tourna vers la Méditerranée centrale et occidentale, laquelle se trouvait encore, à cette époque, à un stade “préhistorique” faiblement structuré, donc ouvert.

Ce que nous entendons par culture ou civilisation méditerranéenne, la gréco-romaine avec un certain nombre d’ajouts, peut alors se définir comme la métaphore d’un voyage : celui qui va d’est en ouest, de l’étroitesse d’esprit à la porosité, de l’immobilisme à l’évolutionnisme, de la tyrannie à la démocratie. Voyage au cours duquel apparaît l’Europe et qui, arrivé précisément aux confins ibériques, ne s’arrête pas, continue, s’élance par-dessus la mer, crée avec l’Amérique la globalité occidentale.

Ne l’oublions pas : l’art assyrien et l’art égyptien sont hiératiques, les figures humaines se contentent de composer une symbologie en l’honneur du chef suprême ; l’art grec au contraire atteint une expression et une figuration parfaitement humaines, chaque sculpture étant personnalisée, unitaire et totale en elle-même.

*

Voici Rome… “Une cité promise à la gloire”, comme la définit Tite-Live, l’un de ses plus grands historiens. Et sans doute le fut-elle. Aucune autre métropole, aucun autre empire n’ont été à ce point exaltés au cours de l’histoire du monde occidental. Mais elle acquit aussi sa gloire par l’épée sauvage de la guerre, par le poignard blême de l’assassinat…

L’Empire romain, dont le souvenir a subsisté tel un resplendissant archétype d’universalité, de culture, d’ordre – avec le droit romain, la langue latine –, se fonda également, entre autres, sur un appareil militaire brutal constamment prêt à la conquête, au vol, aux luttes intestines. L’élite de la société, une oligarchie impétueuse, avide et profondément créatrice, tirait ses richesses de cette armée en même temps qu’elle devait lui rendre compte de ses moindres faits et gestes.

La folie charnelle des bacchanales, le cirque et ses gladiateurs, la cruauté de Néron n’ont pas été les noires exceptions d’une façade noble, classique, comme on a voulu nous le faire croire ; ils constituaient de simples maillons d’une chaîne écrasante, dont le gigantisme, qui fut à la fois sa force et sa faiblesse, s’érigeait dans l’essence de l’empire. L’empereur lui-même avait du mal à accéder au trône, et il lui était donc impossible de le conserver sans le concours des légions, sans la contribution de la garde prétorienne.

Ses empereurs sont à la fois le moule et le miroir de l'empire : combien furent précipités dans la mort par la dague criminelle, le poison insidieux, l'affligeant suicide ? Jules César, Claude, Tibère, Caligula, Galba, Vitellius, Domitien, Commode, Caracalla, Héliogabale, Sévère Alexandre et bien d'autres figurent sur cette triste liste, à laquelle il faudrait ajouter des dizaines de chefs, de tribuns, de rois, d'impératrices, de philosophes : Tarquin, Servius Tullius, Tiberius et Caius Gracchus, Agrippine, Sénèque, Clodius, Pompée, Britannicus, Marc Antoine et Cléopâtre...

Bien qu'elles aient produit des poètes de l'envergure d'un Virgile ou d'un Horace, des philosophes comme Sénèque, la littérature et la pensée du puissant empire n'ont curieusement jamais atteint la profondeur, le lyrisme, le caractère viscéral des créateurs apparus dans un monde grec réduit et dispersé. Comme si Rome, tenue à la passion terrestre par le maintien de son vaste édifice impérial, par ses travaux publics, sa bureaucratie, la circulation de ses marchandises, ses soldats, n'avait pu s'élever tout à fait au-dessus de la stricte réalité.

Et c'est précisément dans la description de cette réalité que la culture romaine me semble offrir ses témoignages les plus passionnants : ses historiens, de Tacite à Suétone en passant par des avocats comme Cicéron, nous charment, nous épouvantent par le récit détaillé de vies, de faits brûlants, démesurés dans leur tentative de cerner la gigantesque avalanche qu'était devenue Rome.

Encore que Suétone et Tacite aient été accusés d'abus et de partialité. Tous deux exprimaient l'opinion du Sénat qui, tributaire de la dictature illimitée de l'empereur, était bafoué ; c'est ce qui conduisit les sénateurs, issus de l'aristocratie, à exalter l'antique République en magnifiant ses vertus et ses libertés. Et rien d'étonnant à ce que la famille julio-claudienne ait été la grande cible des attaques des deux historiens, car c'est elle qui réduisit le Sénat à un rôle purement décoratif.

Suétone naquit en 69 de notre ère, au moment où les Julio-Claudiens s'éteignaient. Tacite, lui, était né en 55. Le premier fut archiviste impérial sous Hadrien, le second occupa des postes publics importants, entre autres celui de proconsul d'Asie ; ils eurent donc accès aux documents officiels. Peut-être ont-ils exagéré ou déformé les faits, mais ils ne les ont sûrement pas falsifiés. Suétone glisse souvent dans la caricature tandis que

Tacite est beaucoup plus modéré, nuancé, tant dans le style que dans le contenu.

Ce réalisme romain est quasiment unique dans l'histoire des empires et des nations puissantes. De façon générale, plus de puissance entraîne plus de stylisation – entendez échappatoire – culturelle et artistique : Byzance, l'islam, la Chine... A Rome pourtant, malgré la déshumanisation impériale, culmine l'influence du génie grec, l'homme. Il faudra attendre la Renaissance pour retrouver une telle conjonction, mais sur un autre plan.

Les dieux sont également et logiquement dépassés par ce *mare magnum*. Les déités romaines, le plus souvent transpositions des divinités grecques, perdent cependant leur ancienne transcendance pour devenir de simples conventionnalismes. Le véritable dieu romain est Rome elle-même, l'Etat, c'est-à-dire la glorification des Romains dans leur surstructure.

Voici Rome... L'île Tibérine, au milieu de ce bon vieux Tibre toujours si étrangement désert, plombé, où la ville commença en fait à exister, au VIIIe siècle avant notre ère. Comme aujourd'hui, quelques ponts reliaient l'îlot aux deux rives. Sur l'une d'elles, celle du Latium, se trouvaient les Latins, peuple indo-européen d'origine guerrière, sédentarisé à l'endroit où se rencontrent, au milieu de la péninsule, plaines humides et collines de pâturage. Sur l'autre rive, l'Etrurie, les Etrusques : une nation plus complexe et plus cultivée, issue du Proche-Orient et de son levain gréco-asiatique germinateur.

Rome est le produit du commerce, de l'échange des idées, du mélange des races de ces deux micro-univers à travers le pont de l'île Tibérine. Les Etrusques transmirent leurs concepts religieux et sociaux évolués, leur volupté artistique, tandis que les Latins insufflaient leur pragmatisme agricole, leur caractère belliqueux. Un esprit de frontière plein d'audace réunira donc un ensemble éclectique de traditions.

Ces dualités ne se trouvent-elles pas déjà chez les jumeaux Romulus et Remus, les fondateurs légendaires de Rome sur le mont Palatin ? Nous pouvons en outre entrevoir dans leurs hauts faits, de façon symbolique, ce que sera l'avenir de l'empire : fils de Mars, le dieu de la guerre, les frères sont nourris et élevés par une louve ; ils volent les Sabines, femmes d'un peuple voisin, pour en faire les épouses de leurs compagnons ; Romulus finit par tuer Remus...

Pendant les premiers siècles de son existence, tout ce qui nourrit Rome, en dehors de ses activités quotidiennes, fut étrusque. L'Etrurie, quant à elle, avait bu aux sources de la Grèce – la Grande

Grèce, les colonies prospères dominant tout le Sud de la péninsule italienne et la Sicile – auxquelles, plus tard, s'abreuva aussi Rome. Le Latium, rapidement dirigé par Rome, sera en substance, et en définitive, une conséquence de la pression des Etrusques au nord et des Grecs au sud. Une sorte de "sandwich"... C'est pourquoi l'originalité n'est pas un trait dominant chez les Romains, qui constituèrent à proprement parler une formidable machine à reproduire.

Les Etrusques n'ont laissé aucune écriture, hormis les inscriptions succinctes de plus de dix mille pierres tombales. A cet égard, leurs vestiges sont imposants, telle la nécropole de Cerveteri – ou Caere – avec ses tombes de trente mètres de diamètre s'inspirant de l'architecture domestique de la classe aristocratique. Car ceux qui travaillaient étaient forcément les esclaves... Cerveteri fut l'une des douze villes, ou *dodecapolis*, indépendantes les unes des autres, qui constituaient le corps de l'Etrurie.

De merveilleuses pièces de son art, d'une mystérieuse ambivalence, ont également perduré : à côté du primitivisme schématisé des statuettes votives d'un guerrier, on trouve par exemple à Tarquinia, autre centre étrusque, deux chevaux imaginaires et réalistes à la fois, empreints d'une volumétrie vigoureuse, ou une fresque funéraire à la décoration délicieusement naturaliste. Le fameux *fascio* romain adopté par les fascistes mussoliniens, symbole de pouvoir, est également d'origine étrusque. Ce n'est pas pour rien que la monarchie qui gouverna Rome à l'origine fut étrusque.

La République, déjà instaurée dans le sang en 509 avant Jésus-Christ, n'obéit sûrement pas au seul facteur politique consistant à faire du pouvoir le patrimoine commun de ceux qui, venus de directions différentes, avaient construit la cité ; elle servit aussi à se libérer du joug considéré étranger, c'est-à-dire étrusque, les faibles et les inféodés étant majoritaires.

Avec la République, Rome entame ses interminables guerres de conquête. Elle combattra les Etrusques pendant deux siècles, jusqu'à les anéantir, et dominera tous les Latins, les engloutissant ou les fédérant en cités. La République constituait déjà une unité nouvelle, une superstructure chapeautant la diversité. Vers le Ve siècle avant notre ère, Rome couvre une surface de cinq cent soixante-cinq kilomètres carrés, jalonnée par les temples de Cérès, Apollon, Saturne.

Elle construit ses remparts, l'armée compte plus de six mille hommes. Quelque cent trente familles patriciennes se partagent le pouvoir, s'affrontant âprement, gouvernant à travers le Sénat et les deux consuls qu'elles élisent chaque année parmi elles.

Il est important de consigner un autre fait occulté par les clichés. Nous savons qu'Athènes fut le berceau de la démocratie, mais nous avons de Rome, avec le Sénat et les empereurs, une représentation aristocratique. Or dans ce même Ve siècle de Périclès survient une poussée sociale houleuse, qui si elle n'a pas le caractère d'une démocratie parfaite est résolument populiste. C'est celle de la *plebs* – la plèbe ou bas peuple –, qui s'insurgera, menaçante, exigeant du pain et des jeux, s'adonnant au pillage ; elle constituera finalement l'unique force romaine capable de s'opposer à celle de l'armée.

Les rois, les patriciens républicains, avaient pris appui sur la plèbe pour régler leurs querelles. C'est-à-dire qu'ils l'avaient "entraînée"... puis abandonnée à ses problèmes : parmi les déshérités, quelques-uns n'avaient pas la citoyenneté romaine, d'autres avaient perdu leurs terres, passées aux mains des usuriers, les derniers n'avaient même pas de quoi manger. Furieux, les dépossédés investirent littéralement le mont Aventin, qui sera désormais, avec le temple voisin de Cérès, l'enceinte séculaire de l'assemblée populaire.

C'est là qu'ils élisent leurs tribuns, que le Sénat devra accepter ; ils édictent des lois et imposent même la peine de mort ; ils obligent à limiter la législation existante, ce qui donnera naissance aux Douze Tables, fondement du droit romain, qui établit l'égalité des citoyens devant la loi. Ils ne peuvent voter, mais ont le droit d'exprimer leur mécontentement. Et dès 367 avant notre ère est élu un consul de la plèbe, Sextus.

Mais la débâcle sociale va croissant, parallèlement aux fabuleuses richesses que l'extension des guerres et des conquêtes fait affluer de toutes parts. On va, pour les besoins de ces guerres, lever des troupes parmi une paysannerie déjà appauvrie par l'impôt, qui perdra toute cohésion. Treize pour cent des citoyens romains sont enrôlés par tirage au sort au cours des deux derniers siècles de la République. La campagne se désertifie et des masses de prolétaires arrivent à Rome. L'Etat entreprend de formidables travaux publics : aqueducs, routes qui couvriront la péninsule depuis les Alpes jusqu'aux confins de la Sicile – les voies Appia, Latina, Aurelia, Flaminia... Ils créent de l'emploi, mais c'est insuffisant.

La guerre amène aussi de grandes quantités d'esclaves : cent cinquante mille dans la seule lutte contre les Epirotes et soixante mille avec la défaite des Samnites. Ils sont domestiques, administrateurs, paysans, mineurs, mais leur mécontentement croît avec leur nombre et se manifeste. Ils forcent les plébéiens au chômage ; désœuvrés, ceux-ci errent dans une Rome sans surveillance publique, sauvage ; ils crient leurs revendications, volent. Le conflit social explosera avec une grande violence.

Les réformes que les frères Gracchus tentèrent d'instaurer en constituent quelques épisodes. Tiberius Gracchus voulut répartir les terres du domaine public : il fut assassiné avec trois cents de ses partisans. Caius Gracchus reprit le flambeau, se proposant en outre d'imposer un prix fixe pour le blé distribué au peuple. Il dut fuir sur l'Aventin, où il fut massacré avec trois mille personnes.

Puis vint Spartacus, berger thrace : enrôlé dans l'armée romaine, il déserta et fut condamné à l'esclavage. Mais il se révolta, en entraînant derrière lui cent vingt mille esclaves des grandes propriétés rurales de l'Italie du Sud, qui pillèrent et tinrent les Romains en échec pendant deux ans, depuis leur quartier général établi au pied du Vésuve. Spartacus finit par être tué et plus de six mille des hommes qui l'avaient suivi furent crucifiés le long de la voie Appienne…

Catilina, un aristocrate ruiné, se présente aux élections consulaires avec l'appui du richissime Crassus et de Jules César, arborant le drapeau de la plèbe et des vétérans licenciés de l'armée qui errent misérablement, promettant l'abolition des dettes et des retards de loyer, la répartition des terres. Il perd et prend part à une révolte qui a éclaté en Etrurie. Il fut peut-être un grand chef, mais surtout un grand vaincu. A sa mort, nombre de ses partisans sont éliminés, sans autre forme de procès, par une forte répression que dirige Cicéron.

Dans la Ville Eternelle, la "ville promise à la gloire", au temps de Spartacus et de Catilina, au Ier siècle avant Jésus-Christ, trois cent vingt mille personnes étaient inscrites sur les listes de pauvres à qui l'on distribuait gratuitement du blé. Un tribun s'exclama : "A Rome, il n'y a même pas deux mille personnes qui possèdent quelque chose !" Exagérait-il ? A peine. "Gardez ce qui vous appartient : crédit politique, liberté, suffrage, dignité, cité, forum, jeux, jours de fête et tant d'autres avantages", recommandait énergiquement Cicéron à la minorité dirigeante romaine, mettant son extraordinaire talent oratoire au service du conservatisme le plus impitoyable. Il tournait le dos à la plèbe, la qualifiant d'"ordures et d'excréments de la cité".

L'oisiveté et le parasitisme du peuple n'étaient assouvis que par les monstrueux spectacles du cirque. Dans les jeux, Sylla fit tuer cent lions, Pompée trois cent vingt-cinq et Jules César quatre cents.

Avant que l'Etat ne les prenne en charge, ce qui lui permit de mieux contrôler la plèbe, l'oligarchie romaine finançait ces fêtes extravagantes ; car elle ne savait plus quoi faire de cet argent qu'elle ne pouvait investir ailleurs que dans le luxe et les terres. Rome manquait en effet d'une technique financière qui lui eût permis d'absorber de façon productive ses excédents économiques ; son système commercial n'était même pas ce que nous appellerions aujourd'hui compétitif. C'était en réalité l'empire, avec ses butins et ses impôts, qui pourvoyait à tous les besoins.

Lors des guerres puniques, la victoire sur les Carthaginois fut décisive pour Rome, car elle lui permit de s'emparer de leur vaste réseau de territoires épars : la Sicile, la Corse, la Sardaigne, l'Hispanie, l'actuelle Tunisie... Mais ce n'est là qu'une partie du phénomène de l'expansion romaine, car les conquêtes, irrépressibles, ne finissaient jamais : le reste de l'Afrique du Nord, l'Asie Mineure, les îles de Chypre et de Crète, la Grèce et la Macédoine, la Syrie, la Bithynie, plus tard les Gaules, la Bretagne, l'Egypte...

Le crépuscule est une heure romaine : la ville, la piazza Navona, les passants s'y parent de reflets dorés. Mais la princesse Sant'Elia apparaît tout de noir vêtue, hormis un long foulard blanc, fin, ondulant. Nous marchons vers l'*isola*, l'île Tibérine, les ruelles exhalent des effluves humides, le fleuve coule, rapide. Les étrangers flânent, curieux, les Romains se hâtent, parlant sans cesse avec leurs téléphones portables. Dans la vieille *trattoria* où nous nous sommes rencontrés tant de fois elle et moi, il y a bien longtemps, entre les ombres étalées des palais inanimés, nous dînons d'un peu de pâtes, d'un artichaut rôti, d'une petite escalope abondamment citronnée. Le vin est un blanc d'Orvieto, si léger que nous avons l'impression de boire un doux zéphir.

La princesse allume une cigarette, elle parle : “Ne venez pas me sermonner parce que je me suis mise à fumer ; il n'y a que les femmes, les Noirs et les pauvres qui fument. Vous, qui aimez vous promener dans la vieille Rome, avez-vous pensé à tous les pauvres qui ont dû travailler pour que les riches aient autant de grands palais ? Souvenez-vous de la *plebs* romana, de Spartacus et de Catilina. A Rome, le peuple a une force et une vitalité intenses : il est la seule chose qui soit authentiquement romaine, les autres sont arrivées de l'extérieur, l'Eglise elle-même est un haut lieu international. C'est pour cette raison que Rome est plus que la capitale italienne, mais elle est moins que cela aussi, parce qu'elle navigue à vue, voilà pourquoi elle est si abandonnée et si sale. Mais on la sent aussi savoureuse et saine.

"Seule Saint-Pierre brille et resplendit : l'Eglise est parvenue à lui conserver son apparence au fil des siècles, elle ne ménage pour cela ni ses efforts ni son argent ; c'est là que réside son pape polonais, si habile propagandiste. Le Romain sait que son seigneur naturel est le Vatican, mais il sait aussi que le Vatican est une chimère, ou une image, comme vous voudrez. C'est pourquoi il importe peu aux Romains qu'on décapite la classe politique italienne : ce sont des présidents, des ministres, mais pas Rome ; ce sont des gens de passage à mi-chemin entre le formalisme ecclésiastique et le réalisme du peuple éternel, lointain.

"Vous avez connu mon père : il a adhéré au fascisme sans être fasciste. Quand j'étais petite, je me souviens que le palais de ma grand-mère grouillait de chemises noires… qui se moquaient de Mussolini. «Mussolini a été tragique», disait mon père, il a été le seul Italien à croire que l'Italie possédait une grandeur. Bien sûr, il en a convaincu de nombreux pauvres. Ceux qui fument aujourd'hui en croyant ainsi s'affirmer. Nous nous sommes profondément trompés, mais nous ne commettrons pas une deuxième fois l'erreur de rendre gloire à des hommes politiques. Nous nous contenterons de fumer et de bavarder. C'est aussi pour cela que nous nous sommes acheté tant de téléphones portables. Mais je ne sais si mettre nos hontes à nu à grands cris comme nous le faisons maintenant est la bonne solution : je ne crois pas que nous nous soyons régénérés, car nous regardons la corruption avec un cynisme total, et nous avons cessé d'être catholiques, nous avons oublié la signification formelle ou propagandiste des choses. Pas l'essentiel, qui n'existe pas : nous ne sommes qu'âge, circonstance et mémoire. L'Italie va toujours son chemin. Et Rome la contemple, à tout jamais."

Avec la princesse Sant'Elia me saisit une impression contradictoire de fragilité, de nostalgie, et d'une étrange assurance. La princesse est belle : les marbres impériaux et les façaces décrépies de la Renaissance qui nous entourent l'étaient et le sont toujours.

L'abandon dans lequel l'Italie laisse tant de monuments et de pinacothèques mérite d'être durement critiqué. Il n'y a en effet pratiquement que l'Eglise qui prenne soin de ses bâtiments. Mais on réalise certaines choses : les sculptures de la piazza Navona

– preuve magistrale que le baroque, comme représentation du mouvement, est relié avant tout aux espaces ouverts – sont à nouveau blanches, de même que le corps central de la fontaine de Trevi, qui a été nettoyée.

A Rome, les monuments du passé nous sont parvenus en ruine et détériorés, chargés de l'épaisse patine du temps, que ce soit le colossal Colisée ou le *Circus maximus* intégrés à l'environnement. C'est comme une peinture, éclatante au moment de son exécution, que nous voyons s'abîmer dans les teintes sombres au bout de quelques siècles. Certains refusent la restauration du *Jugement dernier* de la chapelle Sixtine parce que ses couleurs sont devenues lumineuses alors qu'autrefois elles étaient foncées – par la fumée, le vernis et l'humidité –, paraissant être non l'œuvre de Michel-Ange – rigide en peinture, sa palette était une merveille de jeunesse et de clarté en sculpture –, mais de Léonard de Vinci avec son mystérieux *sfumato.* Ainsi, la Rome monumentale romaine ou baroque, soumise à la pression et à la destruction du temps, possède un charme romantique singulier, riche en tonalités, que nous ne pourrions trouver dans une façade restaurée.

Venant de Venise, le graveur Piranèse arriva à Rome pour la première fois en 1740. Séduit et accablé, il écrivit :

> Lorsque je m'aperçus que la majorité des monuments antiques de Rome étaient abandonnés dans des champs et des jardins, ou qu'ils servaient de carrière pour la construction de nouveaux édifices, je décidai de conserver leur souvenir grâce à mes gravures.

Ces gravures dégagent incontestablement cette dualité romaine : elles dessinent des ruines, mais suggèrent un empire ; elles imaginent des souterrains extraordinaires et fébriles, les "prisons", et représentent en effet des cachots, mais aussi un étourdissant prodige de créativité.

Encore que la dégradation soit une chose, et une autre la personnalité singulière des vieux quartiers de Rome parallèles aux zones qui conservent les vestiges pathétiques de l'empire, des murs et des murailles, des colonnes dans leur grandeur inutile et solitaire, la tragédie et le rêve. Un abîme sépare un vieux mendiant de l'ancien roi Lear.

Un exemple de la Rome noble, révolue, comprise entre le Tibre, la piazza di Spania, la piazza Venezia et la piazza Colonna : le chromatisme surchargé de ses hautes façades déclinantes, le caprice de ses rues sinueuses, la luxuriance du lierre sur les murs, l'apparition surprenante du Panthéon parmi la domesticité piétonnière, la parfaite géométrie de chaque plan de la Renaissance... Et les lumières joyeuses de mille *trattorie* où l'on peut savourer les éternelles, banales et merveilleuses pâtes, tandis que dans la pénombre passent les femmes de Rome, leur physionomie, leurs corps élancés et sereins semblant tout droit surgis d'une fresque de Michel-Ange.

Cette Rome, ces antiquités ne sont pas seulement précieuses en tant que rémanences artistiques ou urbanistiques, mais aussi parce qu'elles recèlent un code émotionnel déterminant pour l'approche du passé, autre vie de la mort. Elles nous captivent autant par ce qu'elles évoquent à notre esprit que par la valeur de leur témoignage. Ce qui importe, ce n'est pas l'architecture, mais la texture, la séduction. A Rome s'est produit un miracle : celui d'offrir à tout visiteur non seulement ce qui existe, mais aussi le parfum des automnes de tous les siècles passés.

Un argument très logique enflammait l'oligarchie romaine : si par la guerre on pouvait s'emparer de tant de choses de par le vaste monde, il devait également être possible, grâce à elle, de conquérir l'empire lui-même. La république se termina par une succession de guerres civiles, d'où émergèrent finalement César, puis Auguste. Ce sont eux qui incarnèrent le mieux les lumières et les ombres de cette absurde gloire romaine.

César méprisait foncièrement la république et il la saborda pour instaurer l'empire. Il se situe à la charnière entre la Rome qui avait déjà un poids local attesté et celle, prodigieusement efficace, orgueilleuse et dévastatrice, qui aura une projection universelle. Rusé, revêtu de l'antique distinction aristocratique, il manœuvra habilement entre l'armée et la plèbe, transformant la force aveugle et omnipotente de chacune d'elles en catapulte pour son égoïsme et son intelligence exceptionnelle, œuvrant par là même à la grandeur de l'Etat.

Mais, par démagogie ou par conviction, il porta une attention spéciale aux réformes sociales : il obligea les grands propriétaires à employer des hommes libres et des pauvres plutôt que des esclaves, fonda des colonies pour accueillir les vieux vétérans de l'armée, favorisa l'établissement des déshérités dans des pays et des provinces riches, élargit le droit à la citoyenneté romaine...

Entraîné dans le tourbillon de la cité mythique, à trente-trois ans César avait contracté des dettes pour une valeur de vingt-cinq millions de sesterces et il se lamentait en lisant la biographie d'Alexandre le Grand : "A mon âge, Alexandre régnait déjà sur bien des peuples, et moi je n'ai encore rien fait de remarquable." Mais à quarante ans – déjà chauve –, une carrière ambitieuse et risquée pleine d'une insolente amoralité s'ouvrait à lui, au terme de laquelle il serait proclamé dictateur à vie... ce qu'il fut en effet jusqu'à son assassinat.

Capturé par des pirates cilices dans la mer Egée, César s'offusqua de la faible rançon que ceux-ci voulaient demander, et il insista pour qu'ils exigent plus du double. En attendant son versement, il composait des vers qu'il lisait à ses ravisseurs. Mais une fois en liberté, il les poursuivit sans relâche et les fit pendre. "Mari de toutes les femmes, femme de tous les maris", décocha un sénateur à son adresse, faisant allusion à son hétérosexualité licencieuse. Mais, à la tête de l'armée comme de l'Etat, César révélait une audace et une habileté remarquables, que Plutarque résume ainsi dans *Vies des hommes illustres* en évoquant sa conquête de la Gaule :

> Car en moins de dix ans que dura la guerre de la Gaule, il prit d'assaut ou par force huit cents villes, subjugua trois cents nations ; et ayant eu devant soi en bataille trois millions d'hommes armés, en plusieurs fois, il en occit un million, et en prit de prisonniers bien autant*.

Mais César ne se contentait pas de guerroyer : c'est lui qui par des observations ethniques et géographiques détaillées distingua les Celtes et les Germains de part et d'autre du Rhin, alors qu'on pensait jusque-là qu'il s'agissait du même peuple.

Naturellement, César se fit aussi octroyer des titres et des pouvoirs illimités quand, ayant vaincu toutes les factions en lice, à partir de 45 avant Jésus-Christ, il devint le maître et seigneur de toute la Méditerranée. Il flirta même avec la couronne royale, ce qui servit de prétexte pour l'assassiner de trente-cinq coups de poignard au nom de la république. Mais beaucoup d'autres facteurs, des inimitiés et, surtout, la morgue de César induisirent ce complot.

L'un de ses bourreaux fut Brutus, âpre politicien et grave penseur stoïcien qu'il avait favorisé ; poursuivi pour l'assassinat, il se suicida en se jetant sur son épée. Marlon Brando interpréta Brutus dans un film de Mankiewicz, *Jules César*, d'après le texte de Shakespeare, le dotant d'un caractère tourmenté.

Auguste, qui gouverna longtemps, voulut faire de Rome un vase clos où s'épanouiraient les vertus familiales et le sentiment religieux traditionnel. Après avoir vaincu Marc Antoine, son dernier grand ennemi qui avait été son ami, il parvint à affecter les imposants corps impériaux de l'armée aux frontières lointaines ; ainsi, la paix fut assurée à l'intérieur en même temps que se dressait, face au danger étranger, une muraille colossale. Si Auguste n'avait pas le génie de César, il possédait la prudence et la fermeté d'un sens commun de granit, rejoignant ainsi les souhaits de la société romaine, lasse et désagrégée par tant de convulsions.

Le programme d'Auguste touchait à la morale, à la culture, à l'économie. Mécène, son ministre, insista auprès de poètes comme Virgile – assurément le plus grand qu'enfanta Rome – pour qu'ils chantent les vertus de la vie champêtre, du petit agriculteur, et stimulent ainsi la production agraire, anéantie par les guerres et l'absentéisme des grands propriétaires terriens. Fils d'un petit propriétaire rural, Virgile ressentait vraiment ce qu'il écrivait. La "propagande" virgilienne, un de ses livres parfaitement écrits, *Géorgiques*, chantait alors :

> Une terre noire, et grasse sous le soc qu'on enfonce, et dont le sol est friable (car c'est le résultat que nous cherchons à obtenir en labourant) est presque toujours excellente pour les blés : en nulle autre plaine tu ne verras plus de taureaux ramener à pas lents plus de chariots au logis. Telle encore cette terre, d'où le laboureur irrité a fait disparaître une forêt, abattant des bocages longtemps inutiles et arrachant jusqu'au bout de leurs racines les antiques demeures des oiseaux : eux ont abandonné leurs nids pour fuir dans les airs, mais la plaine inculte a brillé sous le soc de la charrue*.

Mais un autre éclat et un autre tranchant, ceux du sang et de l'épée comme toujours à Rome, gardaient toute leur intensité. L'ère d'Auguste, à cheval sur le Ier siècle avant et le Ier siècle après Jésus-Christ, fut dans le meilleur des cas, mis à part le gigantisme étatique, une parfaite fiction de concorde et, dans le pire des cas, un prétentieux manteau d'hypocrisie.

J'ai déjà fait allusion à Antoine. Auguste et lui s'étaient partagé l'empire ; de l'Egypte, Antoine régnait sur l'Orient. C'était un homme rude, au tempérament vif, coureur de femmes. A Alexandrie, il tomba sur une créature décadente et belle, sensuelle et rusée, intelligente : Cléopâtre.

Fillette, avec ses jeunes frères, Cléopâtre avait déjà fait tuer Pompée, son tuteur. Reine à dix-sept ans, elle fut aussi, successivement, l'épouse de ses frères : Ptolémée XIII, de sept ans son cadet, et Ptolémée XIV, plus jeune encore. Elle épousa même son propre fils, Ptolémée XV, et devint la maîtresse de Jules César, à qui elle s'offrit dans un emballage de tapis d'Orient en soie, puis celle d'Antoine à qui elle se présenta sur un navire d'or. Nous pouvons seulement juger des événements qui se déroulèrent alors par leurs conséquences : alors que César partit, Antoine ne la quitta jamais.

Sur un autre bateau, un autre homme, Marc Agrippa, s'intéressait aussi à Antoine. Agrippa ne fut pas seulement l'amiral avisé d'Auguste, mais probablement le seul chef romain qui s'y connût vraiment en combat naval. Antoine était au contraire le prototype du général d'empire, fort et habile, simple, à la tête de ses massives légions. Aussi Auguste évita-t-il de le rencontrer sur terre, tandis qu'Agrippa l'attaquait sur mer. Antoine fut vaincu à Actium et Auguste le poursuivit jusqu'à Alexandrie. Toujours bravache, Antoine le provoqua en combat singulier. Froidement, Auguste lui répondit : "Tu as bien d'autres moyens de mourir." Souvenons-nous du poème de Cavafy, que nous avons lu à Alexandrie, évoquant le moment où les dieux abandonnèrent Antoine… Antoine qui finit par se planter son épée dans le ventre.

Cléopâtre, d'une lucidité maladive, s'attendait depuis longtemps à cette fin, et elle avait essayé toutes sortes de potions préparées par des sorciers, de poisons extraits d'animaux nuisibles. Mais les souffrances qu'ils provoquaient ou le rictus de la mort qu'ils laissaient l'épouvantaient. Elle n'en trouva qu'un pour la satisfaire : la morsure de l'aspic. Et avant l'attaque d'Auguste, elle s'enferma dans son grand mausolée.

Antoine, mortellement blessé, se fit porter jusque-là. Dans *Vies des hommes illustres*, Plutarque raconte :

> Cléopâtre n'ouvrit pas la porte, mais elle parut à une fenêtre, d'où elle fit descendre des cordes et des chaînes auxquelles on attacha Antoine, puis, aidée de deux femmes, les seules qu'elle eût admises avec elle dans le mausolée, elle le tira à elle. Il n'y eut jamais de spectacle plus pitoyable, au dire de ceux qui en furent témoins. Antoine, couvert de sang et agonisant, tendait les bras vers elle, tandis qu'elle le hissait, suspendu en l'air. Ce n'était pas pour des femmes une tâche facile, et Cléopâtre, le visage tendu par l'effort, agrippant la corde à deux mains, avait grand-peine à la tirer vers le haut, tandis que ceux qui étaient en bas l'encourageaient et partageaient son angoisse. Quand elle l'eut ainsi recueilli, elle le coucha, déchira ses propres vêtements pour l'en couvrir et, se frappant la poitrine et la meurtrissant de ses mains, elle essuya le sang avec son visage, en l'appelant son maître, son époux, son impérator, et elle oubliait presque ses maux à elle dans sa pitié pour ceux d'Antoine*.

Antoine meurt.

Commence alors un duel de bassesses entre Cléopâtre et Auguste. Celui-ci verse des larmes de crocodile sur la mort d'Antoine, parce qu'il avait été, dira-t-il, "son parent, son collègue, son compagnon", mais dans la correspondance qu'ils ont échangée, Auguste apparaît comme "raisonnable et sage" alors qu'Antoine est dépeint comme "grossier et arrogant".

Puis Auguste rend visite à Cléopâtre, qui le reçoit humblement couchée sur une paillasse, vêtue d'une tunique. Elle est encore belle. Mais l'empereur reste de marbre. Elle lui explique que c'est la peur qui la fit se donner à Antoine et elle lui fait remettre un inventaire de ses biens pour qu'il en dispose à son gré. Mais on découvre qu'elle a dissimulé de nombreuses richesses... Elle comprend alors qu'il ne lui reste qu'à mourir. Elle revêt ses plus beaux atours, se fait servir un somptueux banquet où figure une corbeille de figues, sous lesquelles le serpent est enroulé... Ecoutons à présent Shakespeare qui, impressionné par cette extraordinaire tragédie, fit dire à cette femme orgueilleuse, dans *Antoine et Cléopâtre* :

> Donne-moi mon manteau. Mets-moi ma couronne... Je sens une soif immortelle. Jamais plus le jus de la vigne d'Egypte ne viendra rafraîchir mes lèvres... [...]
>
> Tes dents aiguës sauront trancher d'un coup le nœud embrouillé de la vie. Fâche-toi, petit fou venimeux ! Finissons-en* !

L'aspic la mordit à un bras. Cléopâtre expira tranquillement.

L'épouse d'Auguste, Livie, modèle de perfidie, fut mêlée à de nombreux assassinats et empoisonnements. Ses petits-fils moururent prématurément. Sa fille et sa petite-fille, les deux Julie, furent exilées pour leur conduite dissolue. On peut plaindre Auguste et toute cette famille julio-claudienne pour tous les malheurs qui les accablèrent. Mais ces épisodes font presque figure de prologue, car sous le règne de Tibère, son beau-fils et héritier, le fils de Livie, c'est pour sa folie que fut crainte cette famille.

La lignée julio-claudienne... Tibère, soupçonneux, méchant, avare, aimait à se réfugier sur des îles. Jeune, il se retira à Rhodes. Vieux, à Capri, où il s'adonna aveuglément aux orgies et à la pratique du sadisme le plus effréné. Il avait pourtant été un administrateur efficace, avait limité les dépenses et puni la corruption, fait preuve de prudence dans ses décisions politiques et d'un sens remarquable de la mesure, refusant de se croire un dieu.

Auguste l'avait obligé à divorcer d'une femme qu'il aimait et à épouser sa fille Julie – folle et que Tibère finira par tuer –, le faisant ainsi entrer dans l'horreur… Séjan, son protégé, ayant assassiné son fils Drusus et tenté de le renverser, Tibère se servit des pleins pouvoirs que lui conférait une loi antique, la *lex de maiestate*, commettant toutes les énormités qui lui venaient à l'esprit, à commencer par l'assassinat de plusieurs de ses proches. Après leur avoir attaché le pénis, il faisait boire de grandes quantités de vin aux inculpés, quel que fût le délit dont ils étaient accusés, et ils mouraient empoisonnés par leur propre urine. Comme on ne pouvait étrangler légalement les jeunes filles vierges, il ordonnait au bourreau de les violer auparavant…

De son successeur, Caligula, il suffit de reproduire le portrait au réalisme obsédant, à la manière de la meilleure sculpture romaine, que nous en a laissé Suétone dans *Vies des douze Césars* :

> [Caligula] était de haute stature, de teint fort pâle ; l'énormité de son corps contrastant avec la gracilité du cou et des jambes ; les yeux profonds et les tempes caves, le front large et sinistre ; les cheveux rares, laissant chauve le derrière de la tête ; mais les membres velus. Voilà pourquoi le considérer d'un point élevé, quand il venait à passer, ou prononcer par hasard le mot *chèvre* à quelques pas de lui constituait un délit passible de mort. A sa physionomie, déjà naturellement horrible, il s'évertuait à donner une expression plus effrayante encore et, miroir en main, il étudiait le moyen de se composer les masques les plus repoussants. Sain ni de corps ni d'esprit, mais affligé dès l'enfance du "mal comitial", s'il était capable, adolescent, de quelque endurance, il lui arrivait soudain de tomber dans des défaillances telles qu'il ne pouvait ni marcher ni se tenir debout, ni du tout se ressaisir et se redresser*.

Lorsqu'il fut assassiné, la soldatesque choisit inopinément Claude, qu'on trouva tremblant, caché derrière un rideau. Etrange idiot, il boitait et bégayait, son principal penchant consistant à étudier la langue étrusque et à poursuivre libidineusement les esclaves dans les coins.

Pour célébrer l'ouverture d'un canal entre le lac Fucin – ou Fucino – et le fleuve Liris – ou Garigliano –, Claude y organisa un invraisemblable combat naval entre dix-neuf mille condamnés – esclaves, gladiateurs, criminels – répartis sur cent navires, qui s'attaquèrent au cri de "Ave César, ceux qui vont mourir te saluent !" Lui, revêtu de la majestueuse toge de général en chef, et sa femme Agrippine, seulement couverte d'une légère chlamyde brodée d'or, contemplaient la débâcle au milieu des hurlements d'une foule de spectateurs en délire.

Mais Agrippine voulait plus que des distractions. Elle chargea Locuste, une empoisonneuse connue, de préparer des champignons vénéneux et de les servir à Claude. Mais celui-ci, souvent ivre, n'en finissait pas de mourir, l'alcool agissant peut-être comme un antidote. Alors Agrippine, aidée de son médecin et feignant de vouloir le faire vomir pour le soulager, lui introduisit dans la gorge une plume d'oiseau… convenablement enduite de poison ; celui-ci eut une action fulgurante. Grâce à cette opération, Néron, le fils d'Agrippine, accéda au rang d'empereur, comme sa mère le souhaitait ; il avouera plus tard avoir collaboré à cet assassinat.

Que peut-on ajouter sur Néron qu'on ne sache déjà ? Soyons juste, et reconnaissons que pendant le premier lustre de son règne il agit de manière utile, réduisant les impôts, veillant aux besoins du petit peuple, faisant preuve d'un esprit inventif en favorisant les arts décoratifs et architectoniques comme jamais ne l'avaient fait ses prédécesseurs. Il lui répugnait même de signer des sentences de mort.

Mais bientôt commencèrent les extravagances. Il avait une voix faible et rauque, mais s'entêtait à réciter et à jouer comme un acteur ; personne alors ne pouvait quitter le théâtre avant que sa représentation fût achevée, si bien que des femmes durent accoucher sur les gradins, et des hommes feignirent d'être morts pour pouvoir sortir. Dans les concours, il diffamait ses rivaux.

Il urinait sur les statues des dieux et, déguisé d'une peau de bête sauvage, se faisait violer par un affranchi. Il chaussait ses mules de sabots d'argent, pêchait avec des filets d'or. Sa mère et lui se pelotaient dans les litières qui les conduisaient par les rues de Rome ; plus tard, il la fit assassiner ainsi que sa première épouse, Octavie, et tua à coups de pied la seconde, Poppée, qui attendait un enfant. Il élimina une tante qui souffrait de constipation en lui administrant une purge de cheval, fit castrer un jeune homme qu'il promena à Rome et en Grèce habillé en mariée, l'embrassant en public. Il fit mourir de faim les enfants d'hommes qui avaient comploté contre lui, avec leurs professeurs et leurs esclaves.

A vingt-cinq ans, Néron empestait ; il coiffait ses cheveux blonds en tire-bouchon, avait le regard éteint et l'air abattu. Sa bedaine rebondissait au-dessus de ses jambes maigres. Il s'habillait n'importe comment, se ruina en dilapidant l'argent en toute tranquillité, forçant ensuite des patriciens au suicide pour s'emparer de leurs biens. Il rêvait de fabuleux trésors cachés dans des cavernes africaines.

Dans ses *Annales*, Tacite décrit ainsi l'une de ses bacchanales :

> Dans l'étang dit d'Agrippine fut construit un radeau sur lequel furent installées des tables, qui devait être remorqué par d'autres embarcations garnies d'or et d'ivoire, dont les rameurs étaient des garçons répartis selon leur âge et leur connaissance des plaisirs infâmes. Tigelino avait fait apporter des oiseaux et des animaux de divers endroits et mêmes des animaux marins de l'océan. Sur les môles de l'étang se dressaient des bordels pleins de femmes des familles illustres et, en face, on voyait des prostituées nues. On commença par des attitudes et des danses obscènes ; et au fur et à mesure que tombaient les ténèbres, tous les bosquets voisins et les habitacles alentour commencèrent à résonner de cantiques et à s'illuminer. L'empereur en personne, déjà souillé de toutes les voluptés licites et illicites, semblait n'avoir omis aucune turpitude et être arrivé à la limite de la corruption.

En 64 de notre ère a lieu le fameux incendie de Rome. La cité brûla pendant six jours, détruisant des quartiers et des familles entières, tandis que Néron, déguisé en acteur, sur l'une de ses terrasses chantait la guerre de Troie en s'accompagnant d'une lyre.

L'incendie est-il son œuvre ? On vit beaucoup de gens l'attiser avec des torches en criant qu'ils le faisaient sur son ordre. En tout cas, l'empereur prit grand plaisir au spectacle ; il en profita d'ailleurs pour remodeler et reconstruire la cité beaucoup mieux qu'elle n'était, appauvrissant l'Italie et l'empire entier à cette fin…

Comme on le sait, il accusa les chrétiens de l'hécatombe, ce qui fut aisé car, selon Suétone, on les considérait comme "des gens en proie à une superstition nouvelle et famélique". Ils furent jetés aux chiens ou, attachés au sommet de bâtons, transformés en torches pour éclairer les festivités nocturnes. Mais selon Tacite, "bien que coupables et méritant les derniers tourments, ces hommes suscitaient la pitié parce que, disait-on, ils n'étaient pas éliminés au nom du bien public, mais à cause de la brutalité d'un seul homme".

Pour donner une idée du climat qui régnait à l'époque, il est bon de raconter l'histoire de Sénèque, né dans la Cordoue romaine. En Espagne, il est placé sur un véritable piédestal et, dans les années du national-catholicisme franquiste, on est même allé jusqu'à l'appeler le "saint-père de l'Eglise stoïcienne". Il fut incontestablement un excellent écrivain et un penseur intéressant, moraliste stoïcien, qui prêcha la plus austère subordination de la matière à l'esprit.

Ces phrases sont siennes : “Tous ces biens qui vous enflent d’orgueil vous soulèvent au-dessus de l’humanité et vous font oublier votre fragilité [...], ils ne sont pas à vous ! Ils ne sont qu’un dépôt qui d’heure en heure attend un nouveau maître : un ennemi les saisira, ou un héritier au cœur d’ennemi” *(Des bienfaits)* ; “Le vice a mille formes, un seul résultat : l’homme se déplaît à lui-même” *(De la tranquillité de l’âme)* ; “La seule chose que je puisse vous reprocher, dieux immortels, c’est de ne m’avoir pas fait connaître votre volonté : je serais allé au-devant des épreuves auxquelles vous m’appelez aujourd’hui*” *(De la providence).*

Parfait. Mais Sénèque, qui avait été le précepteur de Néron dans son adolescence, fut ensuite son Premier ministre au cours des huit premières années de son règne. Bien des histoires courent à ce sujet. La première, que Sénèque fut accusé de luxure et exilé en raison des relations illicites qu’il entretenait avec une nièce de Claude ; à la mort de ce dernier, Sénèque rédigea la fameuse *Apokolokyntosis*, *L’Apocoloquintose du divin Claude*, une satire sarcastique dans laquelle il peint l’empereur sous les traits d’une citrouille. Il se fit l’entremetteur de Néron et il semble que ce soit lui qui l’ait incité à tuer sa mère.

Le philosophe pratiqua aussi l’usure de façon excessive, au point que la guerre de Bretagne fut déclenchée en grande partie parce que ce pays ne pouvait lui rendre, avec les forts intérêts, un prêt de quarante millions de sesterces. Ses merveilleux palais et jardins se multipliaient. Il fut accusé de s’être enrichi illégalement de trois cents millions de sesterces en seulement quatre ans, plus de cinq cents millions de francs actuels. Pendant ce temps, il écrivait *De vita beata*, traité vertueux s’il en est... Néron l’obligea à s’ouvrir les veines.

Le même empereur, poursuivi par Rome presque tout entière, se traîna dans les fourrés d’un petit bois, se fit creuser une fosse et, après avoir récité Homère et s’être écrié “Quel artiste périt avec moi !”, il se planta un couteau dans la gorge. Il fut enterré vêtu de blanc, dans un sarcophage de porphyre.

Curieusement, il ne pensait pas mourir, car il n’avait que trente et un ans et l’oracle de Delphes lui avait fait cette prédiction : “Garde-toi des soixante-trois ans.” Or Galba, proclamé empereur à la mort de Néron, avait soixante-deux ans. Les oracles se présentaient souvent sous forme de paraboles, il convenait de se montrer prudent...

Tous les peuples antiques, à commencer par les Grecs qui avaient une culture si riche, croyaient aux oracles, aux présages, aux augures, aux divinations. Mais aussi à leurs dieux grandioses, représentations des puissances suprêmes, des mystères insondables. A Rome pourtant, non seulement les dieux étaient à peine plus que des prétextes rituels, mais la croyance en toutes sortes de prodiges magiques et de superstitions faisait perdre leurs esprits aux citoyens.

Le pragmatisme asservissant avait pratiquement effacé les spéculations et convictions métaphysiques, réduisant la mystique à un jeu de hasard primaire, à de la sorcellerie. Par exemple, avant la mort de l'empereur Galba, dont le règne fut bref, les présages suivants furent systématiquement enregistrés comme de sérieux avertissements : un taureau sacrifié aux dieux s'agita et son sang éclaboussa Galba. Par inadvertance, lui-même faillit blesser un gardien avec une lance ; lorsque Galba entra à Rome, la terre trembla ; quand il se rendit au Capitole, on entendit un bruit qu'on ne put identifier ; la déesse Fortuna lui apparut en rêve et lui réclama un petit collier de perles qu'il avait omis de lui offrir après le lui avoir promis ; les sacrifices disparurent d'un autel où ne restèrent que des cendres chaudes ; tandis que Galba consultait des auspices dans des viscères de poulets, ces derniers s'envolèrent ; son siège au Sénat apparut un jour posé à l'envers...

Quant à Néron, dès qu'il s'endormait, il faisaient des cauchemars : sa femme Octavie l'emmenait vers d'épaisses ténèbres ; un essaim de fourmis ailées le couvrait entièrement, son cheval asturien se transformait en singe du cou jusqu'aux sabots, émettant des hennissements mélodieux ; des voix sortaient des tombes et l'appelaient...

Non loin de là, Néron avait une autre sibylle, celle de Cumes, qui occupait l'archaïque et ténébreux couloir, long de cent trente et un mètres et coupé par des galeries, que l'on peut encore visiter au village de Cuma ; il s'y dressait un trône où la terrible femme en transe s'asseyait, s'exclamant *"Deus, ecce Deus !"* lorsqu'elle se sentait possédée par l'esprit d'Apollon. Virgile la décrivit ainsi : "La Sibylle de Cumes répand l'horreur sacrée de ses obscurs oracles et mugit dans son antre, où la vérité s'enveloppe d'ombres." Mais sous l'empire, ces prophétesses passèrent de mode et, pour deviner l'avenir, les gens se fièrent davantage à l'aspect du foie de poulet.

Sur le mont Palatin on vénérait une pierre noire, la *Lapis niger*, où était située, croyait-on, la porte qui ouvrait sur le monde inférieur, habité par des déités voilées. On la considérait en outre comme le centre de la cité et du monde entier. Autre Delphes...

Ce qui est extraordinaire, c'est qu'au cours de cette période terrifiante de plus de cent ans qui va de César à Néron, ou, si l'on veut, du long demi-siècle qui s'écoule de la mort d'Auguste jusqu'à celle de Néron ou de ses trois successeurs, Galba, Othon et Vitellius, des empereurs qui ne régnèrent que quelques mois, non seulement Rome fonctionna, mais elle grandit, connut de nombreux succès, se fortifia, titanesque. Deux chiffres extrêmes donnent une idée de son développement : en 500 avant notre ère, le territoire romain couvrait 565 kilomètres carrés ; au temps de Trajan (98-117 de notre ère), il en couvrait 6,5 millions et s'étendait sur trois continents.

C'est ce que je disais auparavant : la classe dirigeante romaine n'était qu'une conséquence du gigantisme de l'empire, dont l'étendue et le destin dépassaient les volontés et les circonstances, les réduisant à néant. La romanisation embrassait tout l'empire, c'est-à-dire la moitié du monde connu à l'époque. Elle ne fut pourtant pas la conséquence d'une domination pure et simple, comme on pourrait le supposer, mais du poids implicite d'une série de facteurs se combinant.

Le culte de l'empereur, par exemple, fut un facteur d'unité une fois implanté partout, de même que l'union des soldats romains avec des femmes indigènes dans les postes lointains où ils étaient affectés. Le réseau de routes, bien que tracé à des fins militaires, permit une vaste communication par voie de terre, autrefois inexistante. Et la qualité de vie romaine, des vêtements aux commodités domestiques, fit sensation chez les peuples barbares.

Evidemment, la langue latine fut essentielle pour la romanisation. Mais elle ne fut pas pour autant imposée, du moins de façon exclusive. Le grec continua à être la grande langue de l'Orient et, à Rome même, les classes cultivées la parlaient ; des lettrés et des empereurs, tels Cicéron, Néron ou Marc Aurèle, la cultivaient. Dans les provinces et dans les pays dépendants, le celte, le punique, le berbère, le lycaonien, le syriaque et des dizaines d'autres langues subsistèrent à côté du latin.

Et non seulement les empereurs cessent de résider à Rome, choisissant Milan comme siège de leur gouvernement ou faisant de longs séjours à la campagne, mais à partir de Vespasien, en 69, des personnes originaires de tous les coins de l'empire parviennent à la dignité suprême. Les aristocraties locales n'étaient pas en vain devenues les recteurs politiques de vastes provinces.

Un exemple : les ruines d'Itálica, près de Séville, qui à la Renaissance motivèrent ces illustres vers de Rodrigo Caro :

Ces champs de solitude, ce triste coteau
que tu vois aujourd'hui, Fabio,
ah douleur !
furent autrefois la fameuse Itálica...

Ici naquirent deux grands empereurs, Trajan et Hadrien. Et à Cauca, à Ségovie, celle du fier aqueduc, Théodose. Avec Sénèque, de brillants hommes de lettres furent aussi des enfants de l'Hispanie : Lucain, Martial, Quintilien...

Vers 235, à la fin de la dynastie des Sévère, commence pour Rome une décadence qui, malgré quelques moments de splendeur, sera irrémédiable. L'augmentation de la dévaluation monétaire est un bon indicateur de cette décadence. Avec Néron, un denier d'argent contenait 90 % de ce métal. En l'an 300, il n'en contenait plus que 0,5 % ; un boisseau de blé qui coûtait un demi-denier au IIe siècle en valait cent à la fin du siècle suivant.

La bureaucratie impériale se développe de façon monstrueuse et, si elle soutient l'empire, elle le paralyse aussi, la paperasserie finissant par apparaître comme une fin en soi. La christianisation progressive crée en outre un pouvoir parallèle, celui des évêques, niant les joies de ce monde que Rome avait recherchées avec tant d'ardeur. Les Barbares descendent du Nord, campent en Etrurie, dans le Latium, sans qu'il soit possible de les contenir, tantôt alliés des Romains tantôt ennemis.

A la mort de Théodose, en 395, l'empire reste définitivement divisé entre ses deux fils, deux jeunes hommes aussi inconsistants qu'inconscients : Honorius gouverne l'Occident, Arcadius, l'Orient. Comme leurs successeurs, ils ne répugnent pas à l'assassinat quand celui-ci les sert, perpétuant ainsi la coutume des anciens empereurs.

Honorius élève Ravenne au rang de capitale, toujours plus marquée par les fastes religieux. Proche de l'Adriatique, au milieu des marais du Pô inexpugnables et infestés de moustiques, Ravenne, soutenue seulement par le hiératisme de ses magnifiques mosaïques, semblait incarner un symbole spectral d'isolement et de décrépitude.

Dans l'archéologie romaine subsiste le mausolée d'une femme très intéressante : Galla Placidia, sœur d'Honorius et d'Arcadius, beaucoup plus intelligente que ses frères. Bien qu'elle ne soit pas spécialement belle avec ses grosses joues, un siècle et demi plus tard la tradition chante "sa beauté et sa pureté", selon Jordanès, ce Byzantin qui écrivit l'histoire des Goths. Devant l'horreur de cet univers romain, en 410, le vandale Alaric met Rome à sac… et très vite se retrouve dans le lit douillet de Galla Placidia, fidèle elle aussi à l'impudique tradition des femmes de la famille impériale. A la mort d'Alaric, elle épouse son successeur, Athaulf…

Celui-ci gardait son important butin à Barcelone, et c'est là qu'un de ses proches, Evervulfo – un nabot dont Athaulf ne cessait de se moquer à cause de sa taille –, le tua d'un coup de poignard dans le ventre.

Les Barbares étaient-ils barbares ? Alaric était si sûr de sa victoire qu'il se présenta seul et sans arme devant le Sénat. Ces Barbares étaient en outre des chrétiens – aryens précisément –, espèce déjà fort répandue dans le peuple romain. Saint Augustin, contemporain de Galla, d'Alaric, du pillage de Rome, écrivit avec un certain étonnement : "L'atrocité des Barbares dont on avait peur s'est avérée si douce dans les faits…" Dans ce cas aussi, nous nous sommes heurtés au cliché qui associe barbare, c'est-à-dire étranger, à sauvage et destructeur.

Un disciple de saint Augustin, Paul Orose, ami d'un ami d'Athaulf, dit de celui-ci, dans *Histoire contre les païens*, qu'il avait découvert que :

> […] ce serait un crime de supprimer le gouvernement de la loi de la vie de l'Etat, car l'Etat cesse d'être lui-même quand la loi cesse de gouverner en lui. Quand Athaulf eut deviné cette vérité, il résolut d'atteindre d'une manière ou d'une autre la gloire qui était à sa portée, d'utiliser la vitalité des Goths pour la restauration du nombre romain dans toute, et peut-être plus que dans toute, son antique grandeur.

Rome, toujours la gloire…

Pour situer le panorama dans son contexte, citons cette belle description de William Styron – le paysagiste assurément le plus sensible du roman américain de cette dernière moitié de siècle :

> Soudain, dès qu'ils furent au sommet, l'Italie entière roula vers l'est, dans de la buée, du bleu, un miracle de nuances changeantes. Toute fumante sous les feux de midi, la plaine du Vésuve s'étendait vers les Apennins, marbrée de vastes plaques d'ombres mouvantes projetées par un défilé spectral de nuages. Très loin, à

> plusieurs milles de distance, un orage mettait une tache sombre à l'horizon, et l'énorme plaine était comme un damier d'ombres et de lumière. Le Vésuve se dressait à l'ouest, terrible, prodigieux, somnolent sous un dais de brume. Par-delà ces hauteurs – invisible – la baie*.

On peut aussi arriver à Pompéi par la mer, un jour d'été brûlant, lorsque les eaux du golfe de Naples sont parfaitement calmes. Alors, le Vésuve se détache, nu, bleuté, sur ce ciel prodigieusement pur des terres du Sud. Mais soudain, comme dans le roman de Styron, peut s'abattre la terrible averse... Je suppose que ce contraste n'est pas étranger, en Campanie, aux exubérants jardins potagers qui n'ont cessé de couvrir le pied du volcan depuis des millénaires.

En réalité, la cité de Pompéi dut à l'agriculture la plus grande partie de son essor dans cette vallée située à l'embouchure de l'Arno. La ville était autrefois contiguë à la mer, mais les cendres volcaniques et les matériaux expulsés par le volcan ont fait avancer la terre et gagné de l'espace.

Il est surprenant qu'après toute l'horreur provoquée par le gigantesque flot incandescent jailli des profondeurs de la terre, véritable monstre surgi de la mythologie, les gens organisent encore leur vie, leur amour nocturne, leurs activités économiques dans la zone d'influence du volcan : plus de quarante villages sont installés sur le versant de la montagne, mais ils ne dépassent jamais une ligne relative de sécurité établie à douze cents mètres d'altitude. Puis viennent les terres cultivées, les champs, l'important vignoble producteur de la liqueur aromatique lacryma-christi.

Pour autant que l'on sache, les cratères sont en activité depuis 6000 avant Jésus-Christ et l'éruption qui détruisit Pompéi, ainsi que Stabies et Herculanum, eut lieu en 79 de notre ère. Une autre, en 1631, fut particulièrement meurtrière. On en a enregistré quatre au cours de la seconde moitié du XVIIIe siècle. Il existe des photographies d'une éruption de 1872, qui font immédiatement penser au champignon d'Hiroshima. Au XXe siècle, celle de 1906 modifia énormément le cratère, et il y en eut une autre en 1944. Bien qu'un observatoire surveille nuit et jour le volcan pour détecter les dangers possibles et avertir la population, l'insistance des gens de cette région à s'établir sur ses flancs reste difficilement explicable.

Les Pompéiens du Ier siècle avaient, eux, des excuses pour vivre à cet endroit : ils ne savaient pas, comme la science le sait aujourd'hui, que cette grosse masse de pierres était un volcan, c'est pourquoi ils furent surpris par cette éruption devenue mythique. Cela explique peut-être que certains, parmi ceux que les cendres emprisonnèrent, aient retardé leur évacuation en connaissance de cause, n'attachant que peu d'importance à ce qui se passait. L'un d'eux fut même un grand savant de l'époque – ou peut-être vaudrait-il mieux dire un technicien, car il s'occupa principalement de rassembler les matériaux érudits existants ainsi que des informations sur la réalité : Pline l'Ancien, l'auteur de la volumineuse *Histoire naturelle*, qui commandait alors la flotte romaine basée à Misène. Poussé par la curiosité lorsque survint le cataclysme, il accourut pour observer de près le phénomène et mourut asphyxié par les vapeurs de soufre.

Ce qui surprend aussi à Pompéi, c'est la haute culture et la qualité de vie que dénotent les vestiges. La cité comptait quelque trente mille habitants – la majorité put échapper à la catastrophe – et reflétait à l'évidence la longue période de paix et de prospérité de Rome, ce niveau solide et enviable qu'avait atteint l'empire à partir du règne d'Auguste.

Aller contempler la quantité impressionnante des mosaïques romaines exposées au musée du Bardo, à Tunis, est sans doute la meilleure façon d'évaluer le bien-être exceptionnel qu'avaient atteint les hautes classes impériales, ici en Afrique du Nord, aux premiers siècles de notre ère. Les mosaïques mettent en évidence trois grandes réalités : les riches propriétaires des villas qui abritaient de telles pièces ; le bien-être et le savoir culturel qu'illustrent les divers motifs ; l'existence d'une forte population d'habiles artisans qui réalisaient les œuvres en question.

Il est étrange et déconcertant de s'apercevoir que la ville ensevelie et tout ce qu'elle avait pu signifier soient restés dans l'oubli pendant des siècles. Sa trace perdure de Martial à Boèce dans la littérature romaine, mais il faut ensuite attendre Pétrarque pour la voir resurgir. Car personne ne se souvenait de Pompéi, endormie sous six mètres de cendres volcaniques, jusqu'à ce qu'on la redécouvrît à la fin du XVIe siècle, en creusant un canal. On ne commença vraiment à fouiller qu'en 1748 et ce n'est que pendant les cent dernières années que le travail devint intense. De toute façon, le tiers seulement de la cité a été sorti de son sommeil.

La masse de cendres qui a enseveli Pompéi l'a fait à la manière de l'épingle qui fixe le papillon. J'ignore si c'est la cité romaine la mieux conservée, mais c'est sans doute l'une des plus conservées. Ses détails et sa physionomie restent étrangement "intacts". Plus que des ruines, on dirait qu'il s'agit d'une agglomération abandonnée depuis peu, un village fantomatique de l'aride Castille ou de la Catalogne pyrénéenne, dont les derniers habitants sont partis il y a une vingtaine d'années, le balluchon sur l'épaule.

Le caractère dramatique, inquiétant et pathétique, des sculptures de plâtre exposées à Pompéi renforce encore cette impression. Elles ont été habilement réalisées : les matières organiques – chair, os, bois, plantes – sont restées prisonnières de la cendre et le temps les a pulvérisées, mais en gardant leur silhouette en creux, véritable moule de ce qui avait existé. Quand les archéologues tombent sur ces petites chambres vides, ils les remplissent de plâtre, de façon à faire apparaître le corps qui les occupait, en particulier les corps humains : enfants étouffés, adultes que la mort a surpris dans un ultime effort pour se relever... Naturellement, le plâtre ne détaille pas les traits. Les visages ont l'air de masques et, paradoxalement, leur absence d'humanité les humanise davantage, nous rapproche de ces ultimes attitudes, instantanés authentiques qui pérennisent l'instant de la tragédie.

Mais en ce jour de l'année 79, c'est une comédie qu'on jouait au théâtre de Pompéi, une amusante pièce de Plaute, *Casina*, cette jeune fille guillerette, heureuse... On était aussi en période électorale : des inscriptions partisanes subsistent et, comme aux Etats-Unis, des jeunes filles participaient à la joyeuse propagande ; dans les thermes est exposée une splendide fontaine de marbre offerte par un candidat... Le grand théâtre pouvait contenir cinq mille spectateurs ; l'Odéon, réservé à des manifestations artistiques de moindre importance, en contenait un millier ; il y a aussi un amphithéâtre monumental. Les Pompéiens avaient vraiment de quoi se distraire. Sans parler des places interdites à la circulation, et de la diversité des temples. La vie publique dut être mouvementée, active, mélangeant toutes les classes de la société.

Et puis il y a la belle décoration des résidences ; celles des riches bien sûr, mais aussi des moins riches, comme celle qu'on appelle la maison du Poète tragique, et cette autre qui renferme la fameuse mosaïque du *Cave canem*, le chien noir attaché par une chaîne. C'est une petite maison, mais arrangée avec goût, ornée de remarquables peintures mythologiques, et même érotiques, qu'on trouve aussi dans les dépendances des domestiques – par exemple dans le cubiculum où les esclaves faisaient l'amour, dans la demeure des Vettii : phallus en érection, postures diverses de couples en train de copuler.

Mosaïque du *Cave canem*, d'une maison de Pompéi, Musée archéologique national, Naples.

Mais les fresques révèlent plus encore. Elles sont d'une facture esthétique remarquable et l'univers complexe qu'elles reflètent est d'un intérêt exceptionnel : les motifs mythologiques, de fleurs et d'animaux, les petis amours sur des panneaux rouge sang, les oiseaux et les arbres peints sur les murs de la maison de l'Arbre fruitier sont un délice ; les figures ocre, grandeur nature, de la villa des Mystères, extramuros, qui représentent la cérémonie d'initiation d'un rite dionysiaque inconnu étrangement attirant, très charnel, avec la bacchante nue, l'ange flagellateur, Silène jouant de la lyre… Maisons aux jardins entourés de galeries, offrandes de fleurs et de soleil, libre intimité stimulée par la suggestion artistique…

*

Les bourses d'Ouranos... Je vous assure qu'on peut les entendre. Il suffit pour cela d'écouter le murmure de la mer, le chuchotement du vent dans les pierres, dans ces arbres qui furent un jardin sacré ; alors, on percevra les voix anciennes, car c'est ici, à Paphos, que le miracle eut lieu... Voici comment : le dieu Ouranos, ayant fécondé la déesse Gaïa, ne voulait pas que ses enfants naissent. L'un d'eux, Cronos, décida de se venger. Hésiode raconte cet épisode dans sa merveilleuse *Théogonie*, un petit livre d'une noire et intense beauté :

> Et le grand Ciel vint, amenant la nuit ; et, enveloppant Terre, tout avide d'amour, le voilà qui s'approche et s'épand en tous sens. Mais le fils, de son poste, étendit la main gauche, tandis que, de la droite, il saisissait l'énorme, la longue serpe aux dents aiguës ; et, brusquement, il faucha les bourses de son père, pour les jeter ensuite [...]. A peine les eut-il tranchées avec l'acier et jetées de la terre dans la mer au flux sans repos, qu'elles furent emportées au large, longtemps ; et, tout autour, une blanche écume sortait du membre divin. De cette écume une fille se forma, qui toucha d'abord à Cythère la divine, d'où elle fut ensuite à Chypre qu'entourent les flots ; et c'est là que prit terre la belle et vénérée déesse qui faisait autour d'elle, sous ses pieds légers, croître le gazon et que les dieux aussi bien que les hommes appellent Aphrodite, pour s'être formée d'une écume [...]. Et, du premier jour, son privilège à elle, le lot qui est le sien, aussi bien parmi les hommes que parmi les Immortels, ce sont les babils de fillettes, les sourires, les piperies ; c'est le plaisir suave, la tendresse et la douceur*.

Les érudits nous précisent qu'Aphrodite, la déesse grecque de l'amour, est une émanation d'Ashtart, la déesse assyrienne de la fécondité, dont le culte avait été répandu autour de la Méditerranée par les Phéniciens. Quoi qu'il en soit, Aphrodite surgit des flots à Paphos, sur l'île de Chypre. Ce fut sans doute un moment merveilleux, que concrétisa le pinceau délicat d'un autre créateur de merveilles, Sandro Botticelli, qui baptisa la belle de son nom romain, Vénus...

Les ruines de Paphos sont en grande partie romaines, mais une construction plus ancienne abrita le premier temple d'Aphrodite, centre international de pèlerinage en ces siècles toujours magiques du passé. Lorsque les croyants arrivaient, on leur remettait l'emblème d'un phallus. Une pierre conique blanche symbolisait la déesse. Au printemps, on y célébrait d'enivrantes fêtes initiatiques au cours desquelles hommes et femmes, ayant échangé leurs vêtements, dansaient et s'immergeaient dans l'apaisante Méditerranée.

Grecs, Phéniciens, Romains… Assyriens, Perses, Egyptiens… Et, plus tard, Byzantins, croisés, Turcs… Le nom de Chypre, avec ses champs d'oliviers, de citronniers, d'orangers, vient de *cyprium* ou *cuprium*, qui veut dire cuivre en latin. Dès le IIIe millénaire avant Jésus-Christ, en effet, les mines de cuivre chypriotes ont constitué un pôle d'attraction productif et chatoyant qu'a affermi la situation de l'île : la plus orientale de la Méditerranée, centre commercial et politique entre la péninsule d'Anatolie, la côte libano-israélo-syrienne et son arrière-pays, l'Orient, enfin l'Egypte, l'Afrique. Bien sûr, ces mondes aussi utilisaient la plateforme chypriote pour s'élancer vers le ponant.

Au siècle dernier, l'ouverture du canal de Suez vint conforter cette situation et, aujourd'hui, Chypre se trouve sur la route des pétroliers. La seule manière de commercer dans la région en évitant les fermetures de frontière draconiennes entre juifs et Arabes – la paix récente est encore bien instable – consiste à se servir des ports et aéroports de Chypre, pays neutre. Neutre sur le plan international, car il souffre à l'intérieur d'un déchirement identique à celui qui dressa Cronos contre Ouranos.

Chypre, probablement en raison de sa situation géographique, est aujourd'hui l'une des deux îles indépendantes de la Méditerranée, l'autre, la minuscule Malte, occupant également une position clé. Elle doit cette indépendance à l'influence d'un autre peuple, lointain mais déterminant dans notre mer pendant deux siècles, l'Angleterre, qui occupa Chypre de 1914 à 1959. Aujourd'hui donc, sur cette île, continue de tourner la ronde sans fin des races, des coexistences, qui s'opposent parfois de façon sanglante, comme les deux principales minorités chypriotes, la turque et la grecque.

En d'autres circonstances, alternance et fusion ont aussi produit des récoltes abondantes. Observons par exemple l'un des cyprès qui se dressent sur l'île. Arbre gréco-romain par excellence croyons-nous, et cela ne fait pas de doute, mais c'est à Chypre qu'il a été planté pour la première fois en Méditerranée : originaire de l'Himālaya, il a été rapporté de l'un de leurs voyages par les Phéniciens. Et Salamine, face à la large baie de Famagouste, fut fondée par le grec Teucer, frère du courageux Ajax qui devint fou à Troie…

Autre exemple singulier. La plus grande colonie phénicienne de Chypre fut Cition, sur la côte sud-est. L'un des philosophes les plus marquants d'Athènes y naquit au IVe siècle avant Jésus-Christ : Zénon, le fondateur du stoïcisme. Et, au Ve siècle de notre ère, un autre Zénon vit aussi le jour à Cition : l'empereur de Byzance.

De prétentieux monastères byzantins parsèment l'île, comme celui d'Apostolos Barnabas, ou saint Barnabé, compagnon de saint Paul. Au Ve siècle, l'archevêque Anthémios découvrit sa tombe, qui contenait un exemplaire manuscrit de l'Evangile de saint Matthieu. Il l'offrit à l'empereur Zénon qui, satisfait, accepta que l'Eglise chypriote fût indépendante et accorda à ses archevêques des attributs impériaux : ceux-ci peuvent porter le sceptre, vêtir la cape pourpre, signer à l'encre rouge. L'archevêque Makarios, élu en 1960 premier président de la Chypre souveraine, arborait encore ces insignes illustres.

Chypre occupe donc une position clé en Méditerranée occidentale. Suivons à présent la trace de l'un des peuples les plus remarquables qui foulèrent son sol, celui d'Ashtart, la déesse de la fécondité : les Phéniciens, les Carthaginois, qui à partir de Chypre et, grâce à elle, développèrent aussi leur navigation méditerranéenne.

Il ne reste certes pas grand-chose, dans les environs de Tunis, de Carthage – *Kart hadasht*, la "nouvelle ville" –, dont les maisons comptaient sept étages et qui abrita jusqu'à quatre cent mille habitants. Encore qu'il eût peut-être mieux valu trouver moins de vestiges : dans un coin de jardin abandonné, enchevêtré, entre le port commercial et le port de guerre, il y a le *tophet*, sanctuaire de la déesse Tanit et du dieu Baal Hammon, où ont été exhumés des vases en céramique et des urnes contenant les restes de soixante-dix mille enfants, sacrifiés en vue d'obtenir les faveurs des deux divinités. Il s'agissait des premiers-nés des principales familles. Lors du siège de Carthage par le tyran grec Agathocle, persuadés que le danger venait de ce qu'on avait remplacé les enfants par des animaux dans les derniers sacrifices, les Carthaginois immolèrent mille cinq cents enfants en une fois...

Dans sa *Bibliothèque historique*, Diodore de Sicile explique ainsi le rite : "Il existait à cet endroit une statue de bronze qui représentait le dieu les mains tendues, inclinées vers le bas, si bien que l'enfant qui était posé dessus roulait et allait tomber dans une fosse remplie de feu*." La prostitution sacrée, qui se pratiquait aussi à Carthage, était probablement plus sympathique.

Cela dit, on suppose que c'est sur la colline de Byrsa, voisine de Carthage et rebaptisée Saint-Louis, qu'en 814 avant Jésus-Christ débarqua la princesse Didon, sœur du roi de Tyr, Pygmalion, en compagnie de notables tyriens fuyant leur patrie, auxquels s'étaient jointes, justement à Chypre, quatre-vingts splendides jeunes filles. La tradition raconte que lors de ses négociations avec les indigènes de ce qui est aujourd'hui Tunis, Didon n'obtint qu'une parcelle de terrain équivalente à la surface d'une peau de bœuf ; elle-même découpa la dépouille en bandes très fines qu'elle noua, délimitant ainsi un vaste espace. En grec, *byrsa* veut dire "peau".

Les Grecs et, surtout, les Romains ont toujours considéré les Carthaginois comme des menteurs, des rusés et des fourbes. Bien sûr, les témoignages dont nous disposons proviennent essentiellement de Rome – rivale et ennemie de Carthage –, les Carthaginois n'ayant laissé aucun écrit hormis les inscriptions des pierres tombales et un traité d'agriculture qui a disparu.

Nous sommes bien renseignés sur les cultures – le traité agricole servit à quelque chose –, car contrairement à ce que l'on croit communément les Carthaginois furent d'excellents agriculteurs. Ils entourèrent Carthage de jardins potagers fertiles et d'abondants vergers plantés de figuiers, de vigne, d'oponces ou figuiers de Barbarie et d'oliviers. Les Romains donnaient à la grenade le nom de "pomme punique".

Mais c'est sans aucun doute le commerce qui caractérisa les Carthaginois. Les Grecs leur fermaient les portes de l'Orient, puis les Romains leur coupèrent les routes du nord. Alors, vaillamment, ils prirent la direction de l'ouest, ouvrant des comptoirs sur la côte africaine et aux Baléares, s'emparant de la moitié sud de la péninsule Ibérique, l'un des centres miniers de l'Antiquité, avec ses riches gisements d'argent. Selon le géographe Strabon, au Ier siècle, "jamais et nulle part sur terre on n'a trouvé de l'or, de l'argent, du cuivre ou du fer aussi abondants et aussi excellents" qu'en Hispanie.

Mais les marins carthaginois allèrent bien plus loin : à partir de Gades, ou Cadix, ils s'aventurèrent dans ce "ténébreux" Atlantique qu'ils semblent avoir monopolisé. Deux de leurs grands périples nous sont connus, réalisés au milieu du Ve siècle avant notre ère. Le premier, celui d'Himilcon, atteignit les îles britanniques en quête des sources d'étain, afin de dévier ce minerai de sa route habituelle qui passait par la Gaule.

Le second, celui d'Hannon, longea les côtes d'Afrique avec soixante navires jaugeant quarante tonneaux chacun, transportant environ cinq cents personnes, marins et colons. Si ces chiffres sont exacts, ils formaient une foule impressionnante de trente mille âmes… ce qui paraît assez peu probable. Ils arrivèrent sans doute à l'embouchure du Sénégal et peut-être à celle du Niger, cherchant l'or de Guinée et du Soudan ; Hannon lui-même raconta sur une stèle votive qu'il avait navigué sur "un grand et large fleuve, plein de crocodiles et d'hippopotames". Mais a-t-il fait le tour du continent noir ?

Ces marins brouillaient à dessein leurs itinéraires, les ornant en outre de renseignements fabuleux et terrifiants pour égarer et effrayer leurs rivaux. Mais leurs routes étaient très précises, en partie parce que pratiquement tous les marins, à l'exception des plus aguerris, ne naviguaient que de jour, au printemps et en été ; ils parcouraient environ quarante kilomètres par jour, s'arrêtant chaque soir en vue de rades où ils pouvaient se ravitailler en eau douce.

Rendons-nous en Sicile, la grande île de la Méditerranée centrale à l'image d'un continent – avec 25 708 kilomètres carrés et plus de six millions d'habitants, sept fois plus grande que Majorque par exemple –, que couronne l'Etna au charme tumultueux, avec ses neiges éternelles et le grand azur de son ciel, son cône nu, son âpreté et sa désolation... La Sicile, théâtre de la première guerre punique.

Au IVe siècle avant Jésus-Christ, la Grèce et l'Egypte s'affaiblissaient tandis qu'à leur insu Carthage grandissait. Mais Rome, après s'être emparé du Sud de l'Italie, c'est-à-dire d'une partie de la Grande Grèce, se développait aussi. Couverte de cités-Etats grecques prospères grâce à leur commerce et leurs champs de blé, la Sicile apparaissait comme une pièce maîtresse à portée de la main, objet de convoitise pour les ambitions de la péninsule italienne et de Carthage. Rome et Carthage, donc, se dressaient comme les plus puissantes rivales de l'époque. Il était inévitable qu'elles en vinssent à s'affronter, ce qu'elles firent : les trois guerres puniques, entre 264 et 146 avant notre ère, constituèrent le véritable volcan belliqueux de l'Antiquité.

Peut-être aucun site mieux que Syracuse, à l'est de l'île, avec ses palais baroques et ses murailles couleur de miel, la mer battant ses remparts sous l'éternelle et belle clarté de l'atmosphère sicilienne, ne montre mieux la qualité du butin qu'on se disputait. Si aujourd'hui elle compte cent cinquante mille habitants, elle en comptait un demi-million il y a un peu plus de deux mille ans et Cicéron la considérait, sans doute avec raison, comme "la plus grande des cités grecques et la plus belle de toutes". Ses tyrans, Gélon, Hiéron, Denys l'Ancien, furent aussi cruels que fastueux et cultivés. Ils eurent à leur cour l'aristocratique Pindare, le grave Eschyle. Le mathématicien Archimède, Syracusain du IIIe siècle, fut un autre grand génie du monde grec, du monde entier.

C'est à lui que l'on doit la très célèbre formule $\pi = 3{,}1416$, qui donne la valeur constante du rapport de la circonférence d'un cercle à son diamètre. Il est aussi l'inventeur de la poulie et les roues dentées, formulant la loi du levier : "Donnez-moi un point d'appui, disait-il, et je soulèverai le monde." Un jour, alors qu'il prenait son bain, il sortit en courant dans la rue en criant : *"Eurêka, eurêka !"* (J'ai trouvé !) Ayant remarqué que son corps était plus léger dans l'eau, il avait effectivement découvert ce qu'on appellerait plus tard le principe d'Archimède, et qui s'énonce ainsi : tout corps plongé dans un liquide subit une poussée verticale, dirigée de bas en haut, égale au poids du fluide déplacé et appliqué au centre de gravité de ce corps.

Près de la ville, le château d'Euryale, au centre d'imposants remparts de trente-deux kilomètres de long, fut également l'ouvrage militaire le plus ambitieux du monde grec ; il illustre l'envergure des épisodes guerriers dont Syracuse fut l'un des principaux acteurs : opposée à Carthage pendant la première guerre punique, elle se déclara l'ennemie de Rome dans la deuxième, qui affecta aussi la Sicile.

Euryale résista trois ans aux Romains, essentiellement grâce à Archimède, inventeur d'une catapulte qui, selon Plutarque, lançait du haut des tours des "pierres d'un volume et d'un poids extraordinaires, qui tombaient avec une rapidité incroyable". Archimède trouva la mort lorsque les Romains entrèrent et pillèrent la ville...

Car la mort et la souffrance furent aussi présentes que la vie dans cette société brillante mais violente. Les imposantes carrières de Syracuse, au milieu de la ville, constituent une sorte d'incroyable monument à l'horreur : dans celle qu'on appelle bizarrement la carrière du Paradis, des milliers de prisonniers et d'esclaves épuisèrent leur vie à arracher les blocs de pierre monumentaux sur lesquels la ville jeta les fondations de son urbanisme grandiose.

Carthage dominait la mer par sa grande expérience nautique et sa flotte, qui comptait trois cent cinquante navires de trois cents rameurs et cent mercenaires chacun. Soit au minimum cent quarante mille hommes techniquement bien entraînés, alors que Rome ne possédait pas de flotte et n'avait pratiquement que son écrasante armée de terre, au recrutement irrégulier : jusqu'au Ier siècle en effet, elle n'organisa pas ses légions de façon permanente. Et c'est sur mer que les deux puissances se livrèrent vraiment bataille.

Les Romains capturèrent une quinquerème punique – navire de guerre à cinq rangées de rames superposées – et en construisirent des centaines sur le même modèle dans leurs chantiers navals du Sud de l'Italie. Et comme ils se savaient lents face aux habiles manœuvres des galères carthaginoises – avec leur éperon tranchant, elles brisaient les avirons des bateaux ennemis qu'elles coupaient en deux –, ils inventèrent une planche garnie de crochets qui, lancée sur le bateau carthaginois, l'immobilisait et permettait de l'aborder aisément et rapidement.

Pendant les vingt-quatre années que dura cette guerre, Carthage perdit au total cinq cents galères et Rome sept cents. Les Romains connurent deux fois le naufrage de leur flotte. Mais ils la reconstruisirent. Leur tactique et leur ténacité leur donnèrent finalement la victoire à chaque combat naval, et ils battirent Carthage sur toute la ligne. Celle-ci dut abandonner la Sicile, les îles Lipari (Eoliennes) – belles, presque métaphysiques, en pointillé sur l'horizon –, et payer à Rome la somme fabuleuse pour l'époque de dix mille talents, ce qui l'affaiblit pour longtemps.

Ibiza, la plus occidentale des îles de la Méditerranée avec ses sœurs de l'archipel des Baléares, constitue aussi l'une des étapes de l'expansion carthaginoise, qui se fit par bonds successifs. Nous avons suivi l'itinéraire insulaire phénicien du levant au ponant. C'est à midi, en plein soleil, qu'il faut parcourir le puig des Molins, cette colline de terre rouge et de pierre grise de l'île d'Ibiza où les Carthaginois enterraient leurs morts. Les cigales chantent, rauques et délirantes. Entre les chardons secs rampe le câprier aux feuilles charnues, vert foncé. L'air est immobile, la chaleur accablante. La lumière inonde le feuillage léger des oliviers au tronc érodé, contrefait, qui ont l'air de petits nuages plombés, resplendissants, posés sur les tombes creusées dans la roche.

Le puig des Molins – quelques-uns des moulins qui le couronnaient sont encore là, abandonnés – constitue la partie ouest du long tertre pelé ; à l'autre extrémité, la ville se dresse entre des murailles triomphales, auxquelles se sont ajoutées d'innombrables et horribles constructions touristiques bon marché. Les Phéniciens ont destiné l'une des extrémités du tertre à la vie et au commerce, l'autre à la mort. En construisant les fondations des nouveaux immeubles, on découvre ici des poteries et des os. En face, les eaux bleu cobalt scintillent entre les îlots incléments, Formentera disparaît dans l'horizon opaque.

Le Puig abrite plus de deux mille sépultures, beaucoup ont probablement servi, pendant des lustres, à déposer les cadavres de familles entières. Les tombes façonnées dans la roche calcaire sont des hypogées ; celles creusées dans la terre, des fosses. A plusieurs reprises, on a trouvé des restes incinérés dans des amphores. Les fosses, d'une simplicité éloquente, pauvres en mobilier funéraire, appartiennent en majeure partie à l'époque romaine, alors que cette civilisation et la punique avaient fusionné dans le milieu insulaire.

Les hypogées sont plus intéressants : leur entrée étroite débouche dans une pièce au plafond bas où peuvent être déposés plusieurs sarcophages en grès. A côté, on laissait des céramiques, des bijoux, toutes sortes d'objets pouvant égayer les premières divagations du défunt dans son séjour d'outre-tombe.

En réalité, les plus gais furent les voleurs qui, siècle après siècle, pillèrent avidement la nécropole. La cupidité des Arabes, en leurs siècles de domination, fut totale ; ils passaient d'une tombe à l'autre en faisant des trous. Naturellement, les chrétiens firent ensuite de même. Les progrès techniques venant, les tombes furent même dynamitées. Les derniers intrus, dans les années soixante, furent les hippies ; ils y vivaient comme le font aujourd'hui les pauvres dans le cimetière du Caire…

Le Musée archéologique expose les objets du puig des Molins qui ont été sauvés, malgré les rapines, ainsi que d'autres provenant de plusieurs sites archéologiques insulaires, comme l'îlot Plana et la grotte Cuieram. Le plus ancien date du VIIe siècle avant Jésus-Christ, lorsque les Carthaginois installèrent ici leur comptoir d'Ibosim, "consacré au dieu Bès". Il s'agit de figures en forme de cloches ou ovoïdes, à tête d'homme ou d'oiseau, au nez crochu et au sourire hiératique. Puis viennent celles d'influence grecque, de facture plus naturelle, représentant fréquemment des orantes. Plus tard, ce sont des statuettes romanisées d'une froide perfection. La poterie suit une évolution identique.

Les Phéniciens étaient plus doués pour le commerce et les inventions utiles – de l'alphabet à la salaison du poisson – que pour l'art, la religion et autres savoirs en marge des besoins strictement matériels. Les divinités d'Ibiza – le Bès ventripotent et la Tanit lunaire – sont issues du panthéon égyptien. Mais, à Ibiza même, on a découvert des moules qui servaient à fabriquer ces dieux en série et alimentaient un négoce fort rentable. Rappelons-nous la statuette de Bès que trouva le paysan…

Ibiza n'affronta pas Rome, elle pactisa avec elle, si bien que sa société et son commerce continuèrent de façon pratiquement identique ; bien qu'elle eût reçu le nom romain d'Ebusus, la romanisation ne se fit vraiment que quelques siècles après la

Dame d'Ibiza, terre cuite punique du puig des Molins, Ibiza, Musée archéologique de Barcelone.

conquête. Au musée, une pièce de monnaie autochtone le confirme : elle est bilingue, à l'effigie de l'empereur romain d'un côté, de l'autre à celle du vieux Cabiro punique.

Diodore de Sicile, né cinquante ans avant notre ère, décrit l'île dans sa *Bibliothèque historique* ; ayant expliqué qu'y abondent oliviers et troupeaux, il rend compte de la situation ethnique :

> Elle s'appelle Ebusus et c'est une colonie de Carthaginois. Elle a des ports dignes d'être cités, de grandes murailles et un nombre considérable de maisons admirablement construites. Elle est habitée par des étrangers de toutes sortes, en particulier des Carthaginois.

Mais on ne peut éternellement errer sur le puig des Molins, la tête pleine d'images des temps anciens. La chaleur est particulièrement accablante, caniculaire. J'arrive à une maison typique, basse et simplement blanchie à la chaux, en face d'un petit champ d'amandiers et d'un figuier. Me viennent à la mémoire les "Retours d'une île heureuse", du poète andalou Rafael Alberti :

> *[...] Ils voient une fois encore l'infatigable*
> *merveille pliée des vieux oliviers*
> *De nouveau tes racines m'embrassent, me plongeant*
> *dans les tombes qui montrent leur solitude au ciel.*
> *Je veux vous toucher, invincibles et saints figuiers,*
> *épuisés de jus, mais pas de fatigue.*
> *Laissez-moi dormir paisiblement*
> *dans l'obscurité serrée et immobile*
> *de votre fraîche alcôve.*

Sans doute a-t-il dormi ici... Un vieux paysan sec et souriant sort de la maison. Il fume une cigarette de *pota*, cet infect tabac d'Ibiza qui imprègne l'air. La stridulation des cigales est assourdissante, obsédante. Je marche entre les oliviers. Au premier restaurant que je trouve, je demande une bouteille de vin blanc, glacé, sec. Lentement, les échos du passé se dissipent. De la cuisine parvient un joyeux grésillement : on frit du poisson.

La rieuse fertilité de la plaine de Valence et, au fond, l'étendue étincelante de la Méditerranée... En hauteur, les impressionnantes ruines de Sagonte, sans doute orgueilleuses, où persiste, et je crois être objectif, un écho de cette "terreur universelle", comme disait Polybe, que voulut inspirer Hannibal en détruisant la ville, en 219 avant Jésus-Christ.

D'après le traité par lequel Rome et Carthage s'étaient partagé la péninsule Ibérique, en prenant l'Ebre pour limite, Sagonte se trouvait en territoire d'influence carthaginoise. Mais elle était politiquement dominée par un parti gréco-romain, ce qui servit de prétexte à Hannibal pour l'attaquer, déclenchant ainsi la deuxième guerre punique.

Le site résista durant huit terribles mois. Les machines de guerre lançaient des animaux putréfiés pour répandre la peste dans le camp ennemi, ainsi que de grosses boules de pierre et de fer chauffées au rouge. Les gigantesques tours d'assaut, couvertes de cuirs mouillés pour empêcher qu'elles ne fussent incendiées, avançaient, branlantes, tirées par un véritable troupeau de bœufs vigoureux. Hannibal, qui avait vingt-huit ans, était fort, vif et intelligent, donnait, selon l'historien romain, "l'exemple aux soldats en travaillant lui-même aux ouvrages les plus pénibles, tantôt haranguant les troupes, tantôt s'exposant audacieusement au danger".

Mais les Sagontins résistaient. Une curieuse jarre trouvée dans la région de Valence, à Oliva, représente précisément une ville ibérique prise d'assaut, qui pourrait fort bien être Sagonte. La scène a la particularité de montrer une femme guerrière, recours extrême qui a aussi un écho sagontin : avant de se rendre, les hommes de cette ville allumèrent un immense bûcher dans lequel ils jetèrent tous leurs biens, leurs femmes et leurs enfants ; puis les survivants se précipitèrent eux aussi dans les flammes.

Bien des années plus tard, Hannibal, quinquagénaire, fugitif et définitivement vaincu, mais toujours aussi impatient de combattre Rome, raconta au roi de Syrie, Antiochos le Grand, à la cour duquel il avait provisoirement trouvé refuge, une histoire aussi pleine de candeur que brutale, qui recèle peut-être le sens de sa vie, du moins symboliquement.

Le père d'Hannibal, Hamilcar Barca, appartenait vraisemblablement à la haute aristocratie de Carthage. Il avait été l'un des meilleurs généraux de la première guerre punique et se préparait à partir pour la péninsule Ibérique dans le but d'y agrandir les possessions carthaginoises. Un jour, se rappelait Hannibal devant Antiochos, encore ému par ce lointain souvenir, son père offrait des sacrifices au dieu Baal Hammon pour que l'expédition fût un succès. Les auspices étant favorables, il appela Hannibal, qui n'avait que neuf ans, et lui demanda affectueusement s'il aimerait l'accompagner. L'enfant acquiesça, décidé. Son père, raconte Polybe, "le prit par la main droite, le mena devant l'autel et lui ordonna de jurer sur les victimes du sacrifice qu'il ne serait jamais l'allié des Romains".

Ceux-ci accusèrent le chef carthaginois de vilenie, d'avarice et de cruauté, mais Hannibal fut l'un des personnages les plus complets et les plus doués de l'Antiquité. Jeune, il acquit une excellente éducation hellénistique comprenant les lettres, les langues, l'art. Probablement impressionné par Alexandre le Grand, il comprit que le monde, c'est-à-dire le monde méditerranéen, devait être unifié pour devenir grand et prospère. Près de deux siècles plus tard, paradoxalement, c'est Jules César et Auguste, ses ennemis, qui firent de sa vision une réalité.

Mais Hannibal tenta de réaliser son rêve avec cette deuxième guerre punique, étanchant du même coup sa soif de vengeance, cette haine dont il était imprégné et qu'attisait, depuis l'implacable au-delà, le souvenir de son père. Pendant dix-huit harassantes années, Hannibal conduisit la guerre avec une audace sans bornes, selon une stratégie brillante et réfléchie, appliquant à chaque instant la tactique qui convenait le mieux.

Son habileté diplomatique allait de pair avec un moral inébranlable et une grande vigueur physique, qui ne diminuèrent en rien lorsqu'il perdit un œil dans les Apennins. Il savait surprendre l'ennemi et le cerner ; c'était un dialecticien convaincant. Logistiquement, il avait l'habitude de disposer son armée en mobilisant d'abord ses redoutables éléphants, qui semaient la panique et écrasaient les lignes ennemies, tels des chars d'assaut modernes. Cela aussi il l'avait appris d'Alexandre, qui avait découvert les pachydermes guerriers en Inde, encore que ces derniers eussent été plus imposants que ceux d'Afrique du Nord qu'utilisait Hannibal. Ensuite, il déployait d'abord ses mercenaires – cavaliers numides, frondeurs des Baléares... dans un mouvement tournant. Enfin, une fois l'adversaire affaibli, les troupes carthaginoises entraient en action, fraîches, méthodiquement et solidement entraînées.

Après Sagonte, Hannibal entreprit sa marche épique sur Rome : deux mille kilomètres avec trente-cinq mille hommes et plus de trente éléphants, qui tous sauf un moururent de froid lors des traversées cyclopéennes des Pyrénées, du Rhône, des Alpes, des Apennins. A peine en Italie, à Cannes, il infligea aux Romains la plus accablante défaite qu'ils eussent jamais subie : l'empire y perdit quarante-six mille de ses meilleurs soldats.

Hannibal passa une quinzaine d'années à combattre dans la péninsule italienne, sans oser ou parvenir à attaquer directement Rome. Pourquoi ? Il allait bientôt comprendre que la force de ses ennemis dépassait la sienne. S'il parvint à enrôler jusqu'à soixante-dix mille hommes, Rome rassemblait quant à elle une armée de deux cent mille soldats. Le Carthaginois avait en outre escompté que les villes italiques soumises à Rome profiteraient de la circonstance pour se révolter, ce qui ne se produisit que de manière sporadique. Au contraire, le Sénat romain réagit devant le danger avec une énergie extraordinaire : non seulement il stimula le courage de la population, mais parvint aussi à resserrer les liens avec les peuples voisins.

Des circonstances imprévues survinrent au cours de ce long épisode. Pour que ses troupes se reposent après l'invasion de la péninsule, Hannibal passa l'hiver à Capoue, ville qui à cette époque regorgeait de plaisirs et de tentations : après ces mois de détente, les hommes ne retrouvèrent jamais la vigueur d'antan...

De leur côté, les Romains débarquèrent à Ampurias, en Catalogne, coupant le passage des Pyrénées, et à Carthagène et Carteia, bloquant le détroit de Gibraltar. Hannibal, dont la flotte n'était pas parvenue à s'imposer sur mer, vit donc se fermer aussi ses voies terrestres de ravitaillement. En Italie, il dut vivre sur l'habitant, dévastant les campagnes et recrutant sauvagement. Une fois Hannibal isolé, haï, affaibli, Rome assena un coup fatal à Carthage en débarquant en Afrique.

Hannibal y fut précipitamment rappelé pour sauver la situation. Et la bataille de Zama eut lieu en 202, peut-être à proximité de l'actuelle Sakiet Sidi Youssef, près de la frontière qui sépare la Tunisie de l'Algérie, dans le voisinage d'El Kef, ou peut-être à une centaine de kilomètres de là dans la direction de Kairouan, dans les environs de Maktar.

Bien que cette guerre lui eût permis d'atteindre une position définitivement dominante, Rome garda l'aiguillon carthaginois fiché dans sa chair. Ses effets furent aussi fatals que tardifs. Il est possible par exemple que la pauvreté du Sud de l'Italie, considérée comme traditionnelle, remonte de façon déterminante à la campagne d'Hannibal, qui dévasta les champs jusque-là parfaitement labourés, partagés entre de nombreux propriétaires. Quand on put de nouveau les cultiver, on les destina au pâturage, à l'olivier et à la vigne.

Les paysans qui avaient fui ne revinrent pas, ils s'ajoutèrent au prolétariat urbain qui pesa tant sur Rome, comme nous l'avons déjà vu ; ce furent désormais les esclaves qui réalisèrent les travaux des champs, la grosse propriété terrienne ayant remplacé l'agriculture familiale. Et si ces changements enrichirent quelques familles, ils en ruinèrent beaucoup d'autres, ce qui fut décisif dans la pénurie chronique de céréales qui affecta Rome ; en même temps, cela créa une atmosphère révolutionnaire qui allait, au cours des siècles, ouvrir la voie à des troubles graves, provoquer la guerre civile, la chute de la république et la dictature permanente, c'est-à-dire l'empire.

Paradoxalement, Scipion l'Africain aussi contribua à cette évolution par sa victoire sur Hannibal : son succès souleva tant d'enthousiasme que le culte romain porté aux chefs militaires, malgré le Sénat, débuta avec lui. La vengeance du général borgne semblait s'exercer par-delà la poussière des tombes…

Scipion commença sa carrière de bonne heure – à l'âge où Hannibal avait entrepris la sienne –, infligeant plusieurs défaites aux Carthaginois en Hispanie. Lorsqu'il eut débarqué en Afrique, il s'allia au roi numide Masinissa, dont la cavalerie combattit à ses côtés à Zama.

Avant la bataille eut lieu une scène insolite, pleine d'une émotion qui laissait présager l'imminente tragédie. Inopinément, le vétéran, Hannibal, proposa une entrevue à Scipion. Tous deux se retrouvèrent pour la première fois face à face sur le terrain neutre séparant les deux armées. Le Carthaginois adressa à son jeune ennemi ces paroles extraordinaires, aussi mélancoliques que réalistes :

> Après avoir, le premier, salué son interlocuteur, Hannibal commença à parler. Il déclara qu'il eût bien préféré que les Romains n'eussent jamais convoité aucun territoire en dehors de l'Italie et les Carthaginois, aucun territoire en dehors de l'Afrique, car ils avaient là chacun un fort bel empire, dont on pouvait dire, somme toute, que la nature elle-même avait tracé les limites.
>
> Mais, poursuivit-il, puisque nous sommes entrés en guerre les uns contre les autres pour la possession de la Sicile, qu'ensuite nous nous sommes à nouveau battus pour l'Espagne et que finalement, faute d'avoir prêté l'oreille aux avertissements de la Fortune, nous en sommes venus au point de mettre en péril le sol même de nos patries, hier le vôtre et aujourd'hui le nôtre, il ne nous reste plus qu'à voir si, à nous seuls, nous pourrons nous concilier la faveur des dieux et mettre un terme à notre querelle. Pour ma part, je suis prêt à le faire, car j'ai appris par expérience à quel point la Fortune est capricieuse et comme il lui suffit de peu de choses pour provoquer de grands changements dans la situation des uns ou des autres. A croire qu'elle s'amuse avec nous comme avec de petits enfants.
>
> Mais j'ai bien peur que toi, Scipion, qui es encore fort jeune, qui as toujours connu le succès, tant en Espagne qu'en Afrique, et qui n'as jamais jusqu'ici vu la Fortune se retourner contre toi, tu ne refuses d'écouter mes raisons, si solides qu'elles soient. Voici un bel exemple que je soumets à tes réflexions. Je n'ai pas été le chercher dans les temps révolus ; je l'ai pris dans l'époque que nous avons nous-mêmes vécue. Je suis cet Hannibal qui, devenu à la suite de la bataille de Cannes le maître de presque toute

l'Italie, s'est peu après avancé jusque devant Rome elle-même, qui, dans son camp établi à moins de quarante stades de votre ville, délibérait sur ce qu'il ferait de vous et du sol de votre patrie, et qui, maintenant, de retour en Afrique, est venu s'entretenir avec un Romain des moyens d'assurer son propre salut et celui des Carthaginois. Je t"invite à méditer cet exemple, afin de ne point porter tes ambitions trop haut ·et de t'arrêter, dans la présente conjoncture, à un parti qui soit à la mesure d'un être humain, c'est-à-dire de choisir, parmi tous les avantages possibles, le plus grand, et, parmi tous les maux, le moindre*.

Mais la réponse du Romain fut tranchante : "Mettez votre patrie et vos troupes à notre disposition, ou alors remportez la victoire."

Scipion commandait moins de quarante mille hommes, Hannibal peut-être cinquante mille. Il mit ses éléphants, plus de quatre-vingts, en première ligne. Les mercenaires suivaient, puis les Africains, enfin l'infanterie carthaginoise, la cavalerie couvrant les ailes. Quand résonnèrent les trompettes d'attaque, les éléphants furent pris de panique et s'emballèrent : les uns reculèrent contre les Carthaginois, les autres se jetèrent sur les Romains, se faufilant de manière à peu près inoffensive entre les passages que Scipion leur faisait ouvrir. En même temps, profitant de la confusion créée, la cavalerie romaine attaquait, mettant la cavalerie punique en fuite.

Les mercenaires de Carthage se retrouvèrent face à l'infanterie romaine. Mais alors que celle-ci était couverte et appuyée par son arrière-garde, l'arrière-garde punique, elle, resta immobile. Se croyant trahis, les mercenaires se retournèrent contre les leurs, qui se défendirent en les attaquant... Les chroniqueurs racontent qu'il était difficile aux troupes de Scipion de se déplacer sur le champ de bataille à cause de "la très grande quantité de morts poisseux, couverts de sang et formant des tas". Une quantité accablante de morts puniques : pour mille cinq cents Romains qui périrent, vingt mille Carthaginois laissèrent leur vie, et autant furent faits prisonniers.

Un troisième conflit opposa Rome et Carthage ; pleurant et récitant des vers sur les nations acculées, comme les hommes, au déclin par la divinité, le vainqueur, Scipion Emilien, rasa en 146 la ville punique jusqu'aux fondations, vendant les survivants comme esclaves.

Mais Hannibal ne put le voir. Trente-sept ans auparavant, réfugié à la cour du roi Prusias de Bithynie, dans l'actuelle localité de Gebze, l'une des rades les plus idylliques de la mer de Marmara, il s'était empoisonné juste avant d'être livré aux Romains...

C'est pourtant les siens qui l'avaient obligé à l'exil. Après la défaite de Zama, il avait essayé de liquider l'oligarchie carthaginoise.

D'abord, il voulut abroger la nomination à vie des membres du très puissant tribunal des Quatre-Cents et imposer leur élection pour une durée d'un an non renouvelable. Puis il refusa la création d'un nouvel impôt devant couvrir l'indemnisation de guerre due à Rome, se proposant d'assainir les finances publiques aux mains de magistrats corrompus. Les puissants le dénoncèrent à Rome !

*

La première fois que je me rendis à Massada, en 1967, de nombreux corbeaux planaient au-dessus du grand piton ; là-bas gisaient les cadavres de la guerre des Six Jours. Nasser, le charismatique leader égyptien et panarabe, avait dit : "Si nous entrons maintenant en guerre contre Israël, Dieu nous aidera." Mais à l'évidence, Dieu avait aidé Israël.

Reste un grand mystère : la sublimation fantastique, ou fanatique, d'un esprit ethnique offensif et défensif, que recèle ou symbolise le Livre des livres, la Bible, avec la promesse de Jéhovah (Exode XIX, 5-6) :

> Maintenant, si vous écoutez ma voix et gardez mon alliance, je vous tiendrai pour mon bien propre parmi tous les peuples, car toute la terre est à moi. Je vous tiendrai pour un royaume de prêtres et une nation sainte*.

D'une certaine manière, Massada représente le tombeau et la résurrection d'Israël. Ces pierres furent témoin de l'un des plus grands massacres de l'histoire juive, précisément dû à son esprit de résistance. Autre Sagonte. Le juif aussi vit de la mort ou du martyre.

Le roi Hérode avait transformé la haute butte escarpée de Massada, qui se dresse tel un mastodonte dans le paysage sec et sauvage de la mer Morte, mer d'huile déserte, en un bastion inexpugnable... jusqu'à ce que, par un jour venteux et parfumé de printemps, au mois de *nisan* de l'an 73, la terrible forteresse capitule devant Rome.

Neuf cent soixante-dix zélotes conduits par Eléazar ben Jair s'y sont retranchés avec femmes et enfants, dernier foyer de résistance juive face à l'empire qui va les écraser. A l'horizon approche lentement la dixième légion romaine : neuf mille vétérans de Syrie ; des grues nerveuses aux allures d'épouvantail ; six mille prisonniers pour les travaux de force. Elle est suivie d'une caravane de marchands et de prostituées. Les catapultes cyclopéennes assiègent Massada et la construction de la grande rampe commence, piste inclinée qui permettra aux Romains d'arriver en haut et qui subsiste encore au milieu du paysage désolé et stérile de la mer Morte abandonnée.

Là-haut, Eléazar invoque le Seigneur et, radieux, exhorte ses compagnons ; il les convainc que leur mort peut être douce, avançant ces arguments confus et persuasifs empreints de théologie et de patriotisme :

> Généreux Juifs, qui avez résolu depuis si longtemps de ne souffrir ni la domination des Romains ni celle d'aucune autre nation, mais de n'obéir qu'à Dieu qui est le seul qui ait le droit de commander à tous les hommes, voici le temps arrivé de faire voir par des effets que vous avez véritablement ces sentiments dans le cœur. Nous nous sommes exposés jusqu'ici à toutes sortes de périls pour nous affranchir de la servitude. Ne nous déshonorons pas maintenant en nous soumettant à la plus cruelle que l'on saurait imaginer si nous tombons vivants entre les mains des Romains, après avoir été les premiers à soulever le joug, et les derniers qui ont eu le courage de leur résister. Ne nous rendons pas indignes de la grâce que Dieu nous fait de pouvoir mourir volontairement et glorieusement étant encore libres, bonheur que n'ont point eu ceux qui se sont flattés de l'espérance de ne pouvoir être vaincus. Nos ennemis ne désirent rien tant que de nous prendre vivants ; et quelque grande que soit notre résistance, nous ne saurions éviter d'être demain emportés d'assaut ; mais ils ne peuvent nous empêcher de les prévenir par une généreuse mort, et de finir nos jours tous ensemble avec les personnes qui nous sont les plus chères. [...] Dieu, qui avait autrefois tant aimé notre nation, avait alors résolu sa perte [...] car à quoi nous ont servi la force de cette place, que l'art joint à la nature semblait avoir rendue imprenable, et la quantité d'armes et de toutes les autres choses nécessaires pour soutenir un grand siège ? Et pouvons-nous douter que Dieu veuille que nous périssions, après avoir vu le feu que le vent portait contre nos ennemis se tourner contre nous pour brûler le mur en quoi consistait notre défense ? Ces effets de la colère de Dieu ne peuvent être attribués qu'aux crimes horribles que nous avons commis avec tant de fureur contre ceux de notre propre nation ; et puisque nous ne saurions éviter d'en être punis, ne vaut-il pas mieux satisfaire Sa justice par une mort volontaire que d'attendre que les Romains en soient les exécuteurs après nous avoir vaincus ? Ce châtiment que nous exerçons sur nous-mêmes sera beaucoup moindre que celui que nous méritons, parce que nous mourrons avec la consolation d'avoir garanti nos femmes de la perte de leur honneur, nos enfants de celle de leur liberté, et de nous être, malgré notre mauvaise fortune, donné une sépulture honorable en nous ensevelissant sous les ruines de notre patrie plutôt que de nous exposer à souffrir une honteuse captivité [...]*.

Flavius Josèphe, qui rapporte cet épisode fascinant dans son ouvrage *La Guerre des Juifs contre les Romains*, ajoute :

> Eléazar voulait continuer de parler, mais son discours avait fait une telle impression sur les esprits que tous l'interrompirent pour le presser d'en venir à l'exécution. Ils étaient si transportés de fureur qu'ils ne pensaient qu'à se prévenir les uns les autres. La mort de leurs femmes, de leurs enfants et la leur propre leur paraissaient la chose du monde non seulement la plus généreuse, mais la plus désirable, et leur seule appréhension était que quelqu'un d'eux ne survécût. Un si violent mouvement ne se ralentit point, mais continua avec la même chaleur jusqu'à la fin parce qu'ils étaient persuadés que c'était le plus grand témoignage d'affection qu'ils pouvaient donner aux personnes qu'ils aimaient le plus*.

Finalement, dix hommes tirés au sort tueront les autres avant de se suicider. Les poitrines sont offertes avec ferveur, l'estocade portée d'une main ferme. Tandis que la légion monte la rampe, les catapultes propulsent de grosses pierres ; les Romains ne trouveront plus que sang et feu, et les corbeaux qui volent tranquillement, attendant la charogne.

> [Les Romains] travaillèrent à éteindre le feu, et arrivèrent jusqu'au palais. Alors, voyant cette grande quantité de morts, au lieu de s'en réjouir en les considérant comme ennemis, ils ne pouvaient se lasser d'admirer que par un si grand mépris de la mort tant de gens eussent pris et exécuté une si grande résolution*.

Mais la folie de ces terres n'incombe pas seulement au passé ou à la métaphysique, car l'homme change parfois le monde en histoires qui semblent se suffire à elles-mêmes. Dans cette solitude inquiétante, près de Massada, se trouve un endroit appelé Baaras qui produit ou produisait une racine du même nom ; de la couleur de la flamme, affirme-t-on, elle émet au crépuscule un éclair semblable à celui de la foudre. Mais elle ne se laisse pas déterrer et s'échappe des mains, à moins d'avoir été préalablement arrosée avec l'urine ou le flux menstruel d'une femme ; même ainsi, ceux qui la touchent sont sûrs de mourir s'ils ne la traînent pas au sol. Il existerait une autre façon inoffensive de l'extraire : ayant creusé autour de la racine jusqu'à ce qu'elle soit pratiquement à découvert, on y attache un chien qui, voulant suivre son maître, l'arrache, mais aussitôt tombe mort ; après cela, on peut cueillir cette maudite plante sans crainte.

Mais tous ces tracas se voient récompensés par une grande vertu : lorsqu'on porte cette racine aux malades, elle éloigne sur-le-champ les démons, dont le seul objectif est évidemment de s'emparer des hommes pour les tuer. Il est intéressant de constater que les juifs ne sont pas toujours très malins.

A Massada, passé et présent se rejoignent à d'autres niveaux : c'est ici que les conscrits israéliens jurent fidélité à leur drapeau, à leur tradition, à tout ce que symbolise cette montagne extravagante ; la résistance est aussi infinie que la mort et que la permanence de la vie.

Observez l'université de Jérusalem de ce point de vue : des blocs, des bunkers de pierre et de béton que les Israéliens ont construits en quinze ans. Ici, le savoir non plus ne se comprend pas sans résistance. A Jérusalem, les Israéliens ont aussi bâti nombre de leurs maisons, des quartiers entiers, avec d'épais murs de pierre afin de pouvoir résister à n'importe quel assaut – à Tel-Aviv en revanche, la construction est nettement meilleur marché –, tandis que les habitations des Arabes sont beaucoup plus simples. Quand, à l'ONU ou lors des difficiles accords de paix palestino-israéliens, on discute de savoir si Israël abandonnera ou non Jérusalem, la réponse se trouve en réalité dans le Talmud : "Jérusalem signifie éternité."

Jérusalem, un nom, un phare universels. La plus religieuse des références. Quand René de Chateaubriand, génie du romantisme, arriva à Jérusalem à l'automne 1806, il évoqua ce que des millions d'êtres pétris d'émotion ont ressenti : "Ils me disent «Jérusalem !» en me montrant le midi ; et je réponds : «Jérusalem !»"

Mais derrière chaque mot grandiloquent peut se dissimuler un sourire. Chateaubriand faisait ce long voyage, terriblement perturbé par une future amante, Natalie de Noailles, qui l'attendait en Andalousie tandis qu'il parcourait les côtes méditerranéennes presque de bout en bout. Il passa peu de temps à Jérusalem, six jours en tout, plein de désir pour la belle. Le jour de cette émouvante vision, son domestique Jullien, qui tenait aussi un journal, note bêtement, à la suite d'un inventaire des succulentes provisions qu'ils transportaient : "Les femmes et les enfants sont malades et vomissent partout."

Mais reprenons l'idée de la résistance. Evoquons un jour fort lointain, vieux de bien des siècles, alors qu'il y avait exactement trois mois que les juifs étaient sortis d'Egypte, pays où ils avaient été esclaves pendant trois cents ans. Après avoir beaucoup marché, fui, ils arrivèrent au désert du Sinaï. La Bible raconte (Exode XXIV, 15-18) :

> Puis Moïse monta sur la montagne. La nuée couvrit la montagne. La gloire de Yahvé s'établit sur le mont Sinaï et la nuée le couvrit pendant six jours. Le septième jour, Yahvé appela Moïse du milieu

> de la nuée. L'aspect de la gloire de Yahvé était aux yeux des Israélites celui d'une flamme dévorante au sommet de la montagne. Moïse entra dans la nuée et monta sur la montagne. Et Moïse demeura sur la montagne quarante jours et quarante nuits*.

Miraculeux ? Il s'agit surtout d'un acte de naissance : c'est à cet endroit et avec cet épisode que commence toute l'histoire des juifs.

Bien avant Moïse, il y a environ trois mille ans, Abraham parcourut cette partie du Sinaï – qu'aujourd'hui encore arpentent les Bédouins – et scella un pacte avec le Seigneur ; pourtant, c'est Moïse qui sonna le réveil de la nation israélite, Moïse sorti d'Egypte où avait régné Akhenaton un siècle plus tôt, le pharaon qui créa ou exacerba le concept d'un dieu solaire et unique, qui fut ensuite officiellement banni. L'idée égyptienne de la divinité primordiale, comme nous l'avons déjà dit, est également uniciste. Et Moïse refond tout cela, l'intègre à la tradition abrahamanique. Ou, si l'on préfère – je préfère, considérant le subconscient, la culture, le pouvoir du paysage –, le forge dans les arides montagnes du Sinaï.

Ce Dieu explique à Moïse comment il doit organiser son peuple (Exode) :

> Tu me feras un autel de terre sur quoi immoler tes holocaustes et tes sacrifices de communion, ton petit et ton gros bétail. (XX, 24.)
>
> Quiconque frappe quelqu'un et cause sa mort sera mis à mort. (XXI, 12.)
>
> Qui frappe son père ou sa mère sera mis à mort. Qui enlève un homme [...] sera mis à mort. (XXI, 15-16.)
>
> Mais s'il y a accident, tu donneras vie pour vie, œil pour œil, dent pour dent, main pour main, pied pour pied, brûlure pour brûlure, meurtrissure pour meurtrissure, plaie pour plaie. (XXI, 23-25.)
>
> Tu ne molesteras pas l'étranger ni ne l'opprimeras, car vous-mêmes avez été étrangers dans le pays d'Egypte. (XXII, 20.)
>
> Tu feras, en bois d'acacia, une arche longue de deux coudées et demie, large d'une coudée et demie et haute d'une coudée et demie. Tu la plaqueras d'or pur, au-dedans et au-dehors, et tu feras sur elle une moulure d'or tout autour. Tu fondras pour elle quatre anneaux d'or, et tu les mettras à ses quatre pieds [...]. Tu mettras dans l'arche le Témoignage que je te donnerai. (XXV, 10-12, 16.)
>
> [...] tu placeras toujours sur la table, devant moi, les pains d'oblation. Tu feras un candélabre d'or pur. [...] Six branches s'en détacheront sur les côtés : trois branches du candélabre d'un côté, trois branches du candélabre de l'autre côté*. (XXV, 30-32.)

Mais les épisodes survenus dans le Sinaï ne s'expliquent pas sans une carte. D'Egypte, ces juifs arrivèrent en quelques mois à Canaan, l'Israël d'aujourd'hui, en suivant une ligne plus ou moins droite parallèle à la Méditerranée. Mais ils furent violemment repoussés par les Cananéens et vaincus. Ils retournèrent alors vers le Sinaï et errèrent dans toute la péninsule le long du littoral de la mer Rouge et du golfe d'Aqaba pendant quarante ans !

La raison est simple, militaire : grâce à la dure vie des nomades du désert, Moïse aguerrit peu à peu les nouvelles générations tandis que s'éteignent les anciennes, qui avaient été esclaves en Egypte. Alors seulement ils retournent à Canaan, attaquent par Moab, à l'est de la mer Morte. C'est là, en vue de la Terre "promise", que Moïse meurt, mais il a eu le temps de lancer des vagues de jeunes guerriers qui tuent, mettant à feu et à sang les communautés agraires de Canaan. La Bible raconte aussi cela dans l'Exode (XXIII, 23-24) :

> Mon ange ira devant toi et te mènera chez les Amorrites, les Hittites, les Perizzites, les Cananéens, les Hivvites, les Jébuséens, et je les exterminerai. Tu ne te prosterneras pas devant leurs dieux ni ne les serviras ; tu ne feras pas ce qu'ils font, mais tu détruiras leurs dieux et briseras leurs stèles*.

Mais quand on n'obéissait pas à la Voix… Revenons près de Massada. Au-dessous du niveau de la mer, au sud de la vallée du Jourdain, l'immense fosse est protégée par des collines violacées et grisâtres, aujourd'hui désert rocheux, jadis verger d'où jaillissaient le lait et le miel. Les eaux de la mer Morte sont d'un calme irréel, épaisses comme de l'huile, opalines ; il semble s'en détacher des pellicules diaphanes qui restent hypnotiquement suspendues dans l'air, comme si des phénomènes de transfiguration étaient sur le point de se produire.

Il n'existe aucune espèce de vie dans ce liquide minéralisé, hormis d'infimes microorganismes. Aucune végétation sur le rivage. Sur la rive orientale s'élèvent les crêtes des monts de Moab, terre qui porta des champs de blé, des brasiers où l'on faisait rôtir l'agneau, terre de Ruth amoureuse sur l'aire, sous la luminosité indigo de la lune. Et, sur la rive occidentale, l'effroyable empreinte de Sodome et Gomorrhe, qui n'est plus aujourd'hui qu'un précipice accidenté… La Voix (Genèse, XIX, 24-25, 28) :

> […] Yahvé fit pleuvoir sur Sodome et sur Gomorrhe du soufre et du feu venant de Yahvé, et il renversa ces villes et toute la plaine, avec tous les habitants des villes et la végétation du sol. […] et voici qu'il vit la fumée monter du pays comme la fumée d'une fournaise* !

Sodome, cruel et troublant épisode : les sodomites avaient désobéi au Seigneur.

Mais la roue a aussi tourné à l'envers, et beaucoup plus souvent qu'à l'endroit. Le document sans doute le plus ancien attestant une persécution de juifs par des chrétiens fut rédigé au Ve siècle de notre ère, dans l'île de Minorque, par un évêque du nom de Sévère.

L'Empire romain s'est converti au christianisme, Byzance est au début de son apogée ; Sévère entreprend une croisade enthousiaste contre les Israélites résidant dans l'île, croisade qu'il relate dans une lettre encyclique :

> L'île de Minorque appartient aux Baléares, archipel dont les auteurs profanes ont divulgué le nom parmi tous les peuples. Elle se trouve à mi-chemin du bras de mer qui s'étend entre la Mauritanie de César et l'Hispanie. De dimensions assez étroites, elle a une longueur de trente mille pas sur une largeur de près de dix mille. J'ai signalé tout cela afin que tous puissent reconnaître que le Seigneur non seulement choisit ce qui est méprisable dans le monde en ce qu'il s'agit seulement des hommes, mais aussi en ce qui concerne les lieux. Dans cette île, qui de toutes est la dernière de par sa petitesse, sa minceur et son aridité, comme les toponymes le laissent entendre, les Carthaginois ont fondé deux villes, une à chaque extrémité : Iamona au ponant et Magona au levant. Il y a peu, moi, le dernier des mortels, j'ai reçu la charge de l'office épiscopal en ces lieux.
>
> Or Iamona conserve encore l'antique don de Dieu que n'y peuvent habiter les juifs. Beaucoup s'y sont aventurés de bien téméraire façon ; mais, comme disent les anciens, soit une maladie imprévue les en a expulsés, soit une mort soudaine les a fait disparaître, ou encore, un éclair les a fendus en deux ; la notoriété de ces faits a provoqué une telle peur chez les juifs qu'ils ne s'y risquent plus.
>
> Si incroyable que cela puisse paraître, il est vrai qu'on ne trouve ni renards ni loups ni aucune espèce d'animaux nuisibles, alors qu'on trouve en grande abondance de l'excellent gibier.
>
> Alors qu'aucun juif, même de passage, ne se risque à habiter Iamona – car en raison de leur cruauté et de leur malice on les compare avec raison aux loups et aux renards –, Magona en était au contraire tellement infestée – ils sont pareils aux serpents et aux scorpions – que chaque jour l'Eglise du Christ en était mortifiée. Or ce privilège corporel est devenu spirituel, si bien que – comme il est écrit – cette portée de scorpions, soudain blessée par une force divine, a vomi ce venin qu'est l'incrédulité.

Naturellement, les chrétiens incendient la synagogue, rossent ses fidèles, tandis que les juifs courent en tous sens dans les champs de l'île, comme des lapins que l'on traque… Ou dans la moitié du monde, par exemple à Prague : un témoignage de la dernière grande persécution, de l'Holocauste qui eut lieu dans la capitale tchèque, ville riche d'une architecture à l'élégance italienne, méditerranéenne. Chaque fois que je m'y trouve, je fais la même visite…

Un ciel dramatique, maussade, sur lequel se projettent les grands arbres nus. Dans leur ramure désolée, des nids vides, tas d'herbes sèches. Nids de corbeaux, noirs seigneurs de l'altitude avec leur croassement, leur vol court, leur plumage à l'éclat sinistre. Et en bas, sur les monticules, toutes les pierres tombales fichées en terre qui se succèdent de façon capricieuse et désordonnée, étrange témoignage de vies innombrables, d'une foi profonde, du drame, d'une capacité sarmenteuse et acérée, d'une volonté de survie.

Je m'arrête devant une pierre, évidemment baroque, sur laquelle sont gravés des versets hébraïques et un lion rampant : je sais qu'il symbolise le nom de Yehuda. Une amie juive, au visage mince, séduisant, m'explique qu'il s'agit de la tombe du rabbin Yehuda Liva ben Bazalel. Celui-ci s'intéressa à la mystique, préférant les textes sacrés les plus simples. Mais une effrayante légende accompagne son nom : celle du golem. A l'aide des arts diaboliques, ce Yehuda du lion féroce avait fabriqué un golem ou robot, créature humaine artificielle… Je regarde entre les tombes, cherchant désespérément sa trace. La belle juive me sourit.

C'est là que se trouvaient le ghetto et la ville juive. Sans doute commencèrent-ils à s'établir au IXe siècle, alors qu'ils erraient de par le monde depuis un millier d'années, trimbalant toujours avec eux le souvenir larmoyant de leur antique paysage méditerranéen. A Prague, ils subirent d'atroces pogroms, mais c'est le troisième concile de Latran, au XIIIe siècle, qui les contraignit à la réclusion ; cette obligation subsista à Prague, sous la monarchie austro-hongroise, jusqu'en 1848. C'est pourquoi le quartier s'appelle Josefov, du nom de l'empereur Joseph II. Mais d'autres empereurs laissèrent un souvenir funeste, tel Charles VI, qui en 1727 publia les édits "familiaux" visant à empêcher la croissance démographique des juifs : dans chaque famille, seul le fils aîné pouvait se marier, les autres devant émigrer ou rester célibataires.

L'une des six synagogues de Josefov est connue sous le nom de Synagogue espagnole ; construite en 1868, elle paraît étrangement moderne, de style disons stupidement mauresque, avec des arcades sévillanes. Mais c'est aussi la seule qui soit abandonnée, les chiens défèquent au pied de ses murs.

Cependant, la plus grande tragédie eut lieu entre 1939 et 1945, avec la blonde et brutale persécution nazie des juifs de Bohême et de Moravie. Près du cimetière, un petit musée caché, rempli de dessins et de jouets maladroitement fabriqués par des enfants, contient plus de morts que les tombes : quinze mille enfants juifs furent enfermés et assassinés au camp de concentration de Terezin. Dans ce pays, près de quatre-vingt mille juifs furent gazés, exterminés. Quatre-vingt-dix pour cent des habitants du ghetto périrent. Au musée sont accrochées des photos d'enfants ; on ne voit que leurs grands yeux. Et des photos de jeunes gens, avec leur large sourire. Yeux, sourires, non plus de ce qui fut mais de ce qui cessa dramatiquement d'exister...

Dans le Sinaï se trouve l'une des confluences religieuses les plus singulières au monde. Le monastère Sainte-Catherine est le temple byzantin considéré comme le plus ancien, conservé grâce à une ruse qui ne manque pas de cocasserie.

Lorsqu'à l'époque de l'irrésistible invasion de l'islam les Arabes s'emparèrent de la péninsule, ils ne détruisirent pas le monastère ; un pacte fut conclu parce que... tout juste quelques heures auparavant, une mosquée avait été construite dans l'enceinte du monastère. C'est en effet comme si une présence surnaturelle préservait ce lieu. Pour le parcourir, nous avons le texte d'un guide unique, exceptionnel, l'écrivain grec Nikos Kazantzakis, dont la tombe se dresse, dans son orgueilleuse simplicité, sur une colline crétoise, près de La Canée :

> Le monastère du Sinaï est un miracle de l'âme. Après quatorze siècles, autour d'un puits, au milieu d'un désert peuplé de tribus rapaces, de langues et de religions différentes, ce monastère résiste comme une citadelle aux forces naturelles et humaines qui l'assaillent.
>
> Au milieu de ces montagnes, à une altitude de mille cinq cents mètres, le monastère du Sinaï est édifié comme une forteresse, carré, avec de hautes murailles, des tours et des meurtrières. Je regarde en bas la grande cour. L'église se trouve au centre et, à côté d'elle, on voit une petite mosquée. Le croissant se mêle fraternellement à la croix. Autour, couvertes de neige, se reflètent les cellules, les magasins, l'hospice...
>
> Le jardin du monastère couvert de neige brille sous le soleil. Les oliviers murmurent doucement, les orangers brillent avec leur feuillage vert foncé, les noirs cyprès se dressent, semblables à des ascètes. C'est autour du puits que les filles de Jéthro venaient abreuver leurs moutons, et c'est justement là que se trouvait le Buisson ardent.

L'église. On est surpris à la vue de tant de richesses. Il y a des lampes d'argent de tous côtés et le monastère est tout en or. Sur les parois et les colonnes brillent d'innombrables et précieuses icônes, les plus belles que j'aie jamais vues. Il s'agit d'un musée hagiographique unique au monde. La bibliothèque est célèbre pour ses manuscrits grecs, arabes, syriaques, coufiques. Je m'arrête un instant pour contempler les livres anciens, les gravures, les manuscrits inexorables pleins de mystères.

"Si un moine du Sinaï se réfugie dans la montagne ou dans la plaine, dans une grotte ou une vallée, dans un désert de sable ou dans une mosquée, je serai près de lui et le préserverai de tout mal", peut-on lire dans le testament de Mahomet. Le temps a même préservé le Buisson autrefois ardent, toujours vigoureux, appuyé à un mur.

On est toujours saisi par l'ossuaire de Sainte-Catherine avec ses tas de têtes de mort, celles de tous les moines décédés en ce lieu. Le président égyptien Anouar al-Sadate venait méditer dans les environs, sous une sorte de grande tente. C'est peut-être là, éclairé par son Dieu, qu'il eut l'idée de ce brusque et surprenant voyage à Jérusalem qui dissipa les réticences sociologiques et politiques des Israéliens, entraînant la restitution inespérée du Sinaï, où ils avaient pourtant investi des centaines de millions de dollars pour la construction de routes, d'aérodromes, de puits, d'agglomérations... Ce voyage coûta la vie à Sadate, assassiné par un intégriste musulman, mais il est à l'origine de la paix arabo-israélienne, bien précaire encore.

Qu'on ait ou non la foi, les pierres du mont Sinaï, que seuls effleurent le vent ou le givre dans cette solitude cosmique, constituent l'un des coins de la planète où la présence vivante de Dieu parmi les hommes est la plus tangible, aussi bien de façon conventionnelle que visionnaire.

Mais qu'est-ce que Dieu ? Serait-il notre espoir en Dieu ? De ces rochers escarpés émane un message de lutte, d'éternité, de subsistance, d'une solitude infinie qui paradoxalement nous grandit. Entendons-nous vraiment au fond de nous un esprit qui clame, qui nous purifie et nous pousse à nous élever ? N'est-il pas révélateur que beaucoup d'hommes passés par ici, Abraham, Moïse, Sadate, Kazantzakis, aient ressenti les mêmes sensations ? En tout cas, ces pierres, ces montagnes, parlent. Ou du moins font-elles pression sur l'esprit jusqu'à ce qu'il parle.

Pendant ce temps, les questions se succèdent autour de la persistance fibreuse de l'identité juive. Historiquement, cette persistance peut-elle prendre corps dans une monarchie d'un peu plus de trois cents ans d'existence, qui connaît son heure de gloire vers l'an mille avant notre ère, avec David et Salomon ? Cette aura et cette force biblique ne viennent pas seulement des terres conquises, du commerce, du pouvoir politique, du monothéisme, de la culture à travers les temps ; l'attraction qu'ils exercent sur tout le monde contemporain de l'époque biblique pourrait aussi trouver son fondement dans le merveilleux voyage de la reine de Saba, plus merveilleuse encore, qui d'Ethiopie vint jusqu'en Israël, attirée par la renommée, le pouvoir et même le charme de Salomon. La reine de Saba navigua sur la mer Rouge solitaire, sorte d'espace lunaire dépourvu de végétation terrestre, mais aux eaux riches en coraux et poissons irisés…

Les falachas, descendants des Noirs éthiopiens qui accompagnèrent la reine, existent toujours. Ils ont depuis des siècles, envers et contre tout, conservé la religion judaïque et furent pour cela pourchassés en Ethiopie, si bien que soixante-dix mille d'entre eux émigrèrent en Israël ; l'Etat les a acceptés, mais le grand rabbin refuse de reconnaître en eux d'authentiques Hébreux et laisse leurs prêtres en marge, parce qu'ils sont noirs. Ainsi s'est-on aperçu que lorsque les falachas donnaient leur sang aux hôpitaux, celui-ci n'était pas utilisé, mais jeté, "par crainte du sida".

Les Fallasas ne sont cependant pas les seuls souvenirs de ce voyage de la superbe reine ; restent aussi les poèmes exotiques, plein d'exaltation et de sensualité, que chantèrent les deux monarques dans leurs moments les plus doux, ou que chanta n'importe quel autre être humain tremblant d'amour (Cantique des cantiques, I-IV) :

Qu'il me baise des baisers de sa bouche !
Tes amours sont plus délicieuses que le vin ;
l'arôme de tes parfums est exquis ;
ton nom est une huile qui s'épanche,
c'est pourquoi les jeunes filles t'aiment.
Entraîne-moi sur tes pas, courons !
Le roi m'a introduite en ses appartements ;
tu seras notre joie et notre allégresse.
Nous célébrerons tes amours plus que le vin ;
comme on a raison de t'aimer !

Je suis noire et pourtant belle, filles de Jérusalem [...].
Ne prenez pas garde à mon teint basané :
c'est le soleil qui m'a brûlée. [...]

Lève-toi ma bien-aimée,
ma belle, viens.
Car voilà l'hiver passé,
c'en est fini des pluies, elles ont disparu. [...]

Mon bien-aimé est à moi, et moi à lui.
Il paît son troupeau parmi les lis. [...]

Sur ma couche, la nuit, j'ai cherché
celui que mon cœur aime. [...]

Que tu es belle ma bien-aimée,
que tu es belle !
Tes yeux sont des colombes,
derrière ton voile,
tes cheveux comme un troupeau de chèvres [...].
Tes dents, un troupeau de brebis à tondre [...].
Tes lèvres, un fil d'écarlate [...]
Tes joues, des moitiés de grenades,
derrière ton voile.
Ton cou, la tour de David [...]
Tes deux seins, deux faons,
jumeaux d'une gazelle,
*qui paissent parmi les lis**.

Brave roi Salomon... Et, plus proche de nous, le dernier monarque d'Israël, Hérode, d'une témérité diabolique. Le Mur, le mur occidental du Temple de Jérusalem, obsédant aimant de la foi et de l'histoire juives où prient rabbins et soldats, dont les pierres colossales, posées là tels des dieux impavides, semblent exhaler une pesanteur inconnue... Ce pan de mur est tout ce qui reste du Temple construit par Hérode, qui incarna la grandeur et la misère d'un Israël en décomposition. Personnage génial et fou, oscillant entre lumières et ombres, qui fit bien des faux pas sur la scène de l'Histoire, montrant tantôt ses mains ensanglantées, tantôt un visage incroyablement avide d'amour. Hérode Ier le Grand.

Il était de race iduméenne, aussi les juifs le méprisaient-ils, considérant sa religion israélite comme purement protocolaire. Rome l'avait nommé roi de Judée en 37 avant notre ère. Il gouverna, tumulte du mystère, pendant quarante ans... Il envoie mourir sur la croix quarante-cinq partisans importants de Mattathias, des notables de la ville. La croix sur le dos, trébuchant dans les ruelles et le long du ravin, en direction de la colline aplanie du Calvaire. Coups de marteau sur les clous. Tous expirent sur le bois infamant, pendant qu'à leurs pieds des soldats font une partie de dés ; et s'ils demandent de l'eau, on leur jette une éponge imbibée de fiel. Pendant ce temps, Hérode procédait à la confiscation de leurs biens et répudiait Doris, sa propre épouse.

Il le faisait pour Mariamne, belle comme les éblouissantes héroïnes des Sept Tribus, qui ressemblent à de sveltes panthères : profil aquilin, lèvres charnues, corps élastique, port altier. Hérode, sourcils épais, défaillait à la seule pensée de coucher sous lui cette femme vibrante. Il l'épousa.

Hérode, sans nul doute, fut le Grand. Il rénova entièrement le port maritime de Césarée, le transforme en grande cité hellénistique car, au grand dam des pharisiens, la culture grecque lui était chère. Ses principaux objectifs furent Massada et Herodium, forteresses, ou palais, qu'il fit aménager par des travaux d'ingénierie de façon à pouvoir y entreposer de l'eau et des vivres pour des mois, voire des années, et qu'il dota aussi d'un formidable système défensif. Herodium se trouve près de Bethléem – et de la colline d'où le prophète Elie monta aux cieux de Jéhovah sur un char de feu, colline où Hérode fut enterré. Mais c'est Jérusalem, Sion, que le monarque, pierre après pierre, magnifiera jusqu'à la légende. Ainsi que le Temple qui garde l'Arche du Pacte dans le Sinaï.

Dieu parla à Moïse et lui dit (Exode VI, 2-7) : "Je suis Yahvé. Je suis apparu à Abraham, à Isaac et à Jacob comme El Shaddaï, mais mon nom de Yavhé, je ne le leur ai pas fait connaître. J'ai aussi établi mon alliance avec eux pour leur donner le pays de Canaan, la terre où ils résidaient en étrangers. [...] Je vous prendrai pour mon propre peuple et je serai votre Dieu. Et vous saurez que je suis Yahvé, votre Dieu [...]*."

C'est cet orgueil de se croire des élus qui a créé l'unité des juifs, suscitant aussi leur xénophobie, leur rejet des autres races en raison de leur bâtardise. Et cet esprit s'est perpétué grâce à la possession et à la lecture incessante de la Bible – on n'insistera jamais assez sur ce fait –, leur trait d'union, la source de leur identité. Volcan de l'esprit.

Mais revenons à la terre, car Yahvé dit à Abraham (Genèse XII, 1-3) : "Quitte ton pays, ta parenté et la maison de ton père, pour le pays que je t'indiquerai. Je ferai de toi un grand peuple, je te bénirai, je magnifierai ton nom ; sois une bénédiction ! Je bénirai ceux qui te béniront, je réprouverai ceux qui te maudiront. Par toi se béniront tous les clans de la terre*."

Nous sommes devant la Terre promise. Devant un autre visage de la conscience obsédée de l'être. Car la lutte juive pour un espace, son espace, de la Méditerranée orientale ne se fonde pas sur la simple tradition politisée et récupératrice, comme on le croit communément. Le mot *ereç* (terre) est employé à peu près deux mille cinq cents fois dans la Bible ; au-delà de son utilisation fonctionnelle, il porte un concept théocratique qui constitue l'essence juive. Yahvé crée la Terre, le livre de la Genèse s'ouvre ainsi : "Au commencement, Dieu créa le ciel et la terre*."

La planète appartenant au Seigneur, Celui-ci matérialise Sa possession à Canaan ; non seulement Il promet cette terre aux israélites, mais Lui-même y demeurera, installé dans le Temple (Nombres XXXV, 34) : "Tu ne rendras pas impur le pays où vous habitez et au milieu duquel j'habite. Car moi, Yahvé, j'habite au milieu des enfants d'Israël*." C'est-à-dire que sans cet espace Dieu reste terrestre.

Jérusalem, le mur des Lamentations et Israël sont consubstantiels non seulement à l'orthodoxie hébraïque, mais plus encore à

Le mur occidental du Temple de Jérusalem.

l'ethnicité même de ce peuple. Ce qu'explique à son tour la mystique du kibboutz : on est "plus" juif lorsqu'on laboure la terre, parce que alors on reçoit directement le rayonnement divin. L'exil représente donc la séparation d'avec le Seigneur. Et cela est si vrai que lorsqu'on pèche contre Yahvé, on pèche contre la terre (Jérémie, II, 7) : "Je vous ai conduits au pays du verger pour vous rassasier de ses fruits et de ses biens ; vous êtes entrés et vous avez souillé mon pays, mon héritage, vous l'avez changé en abomination*." C'est pour cela que le Seigneur condamne le peuple ou un roi à l'exil, à l'esclavage. L'Exode, l'errance, les pogroms, l'holocauste nazi sont la "conséquence" d'une telle expatriation.

Saint Paul argumente sa conception de la foi sur ce thème, en rappelant qu'Abraham "par la foi, [...] vint *séjourner* dans la Terre promise comme en un pays étranger [...]*" (Epître aux Hébreux, XI, 9), car le patriarche bédouin, forcément errant, ne savait pas encore que là serait sa maison et celle de ses descendants jusqu'au Jugement dernier. C'est alors que se manifeste – mille huit cents ans avant notre ère et huit siècles avant le roi David – cette obsession, ou cette révélation, de la Jérusalem capitale israélite : les quatre premiers livres bibliques traduisent vraiment l'attente de cette Canaan espérée.

Mais le christianisme tranche radicalement avec elle : du vivant de Jésus, ses disciples le considèrent comme le Messie tant attendu par les juifs, mais après sa résurrection ils comprennent que sa doctrine est universelle, "qu'il n'y a plus ni juif ni grec", et que la Terre promise est le Ciel du Père, la demeure de tous ceux qui vivent dans la vertu et la foi ; dans la troisième religion née de la Bible, l'islam, il n'est plus question de cette Terre promise, un autre espace théocratique semble se construire : la "nation" coranique.

Bien qu'Arabes et juifs soient sémites, la Bible ne présente aucune ambiguïté et tous deux se disputent le même sol : une symbiose devra se produire, d'une manière ou d'une autre... Le poète actuel le plus célèbre, Adonis, a écrit ces vers éloquents, métaphore de la naissance d'un enfant (de la renaissance d'un peuple ?) :

La Terre n'était pas un corps, mais une blessure
comment serait possible le voyage
entre le corps et la blessure ?
Et comment s'y établir ?
Mais voici que commence
la transmutation de la blessure en père et en mère
voici que la question
devient un espace :
Sors dans l'espace, enfant !

Cette foi juive et cet orgueil démesurés, les mêmes qui s'exprimèrent avec fulgurance à Massada, font dire à Flavius Josèphe, à propos des esséniens, cette secte rigoriste qui habitait les grottes proches de la mer Morte, avec laquelle Jésus a peut-être été en contact : "Le chevalet de torture pas plus que le feu ou tout autre instrument ne parvinrent à leur faire abjurer leur législateur ou consommer des aliments interdits."

Cette grandeur et cette misère, l'esprit de lutte, la réalisation personnelle dans le confinement, la terre conçue comme épicentre théocratique… tout ce qui caractérise la culture juive réside aujourd'hui, de manière surtout emblématique, dans sa réussite communautaire la plus spectaculaire, le kibboutz. Ce fut le foyer des pionniers, l'enclume de leur forge. Le kibboutz est créateur, mais aussi déprédateur : de nombreuses colonies juives s'installent dans les territoires arabes occupés, tantôt tolérées, tantôt mollement expulsées par le gouvernement d'Israël. Les Israéliens se sont emparé des terres des Arabes, parfois par simple installation, d'autres fois par achat légal ou forcé. Ainsi, par exemple, se sont-ils attribué l'immense majorité des puits d'eau existants. Aujourd'hui encore, sur le territoire qui constitue un embryon d'Etat palestinien sous le commandement d'Arafat, et sur les hauteurs du Golan enlevées à la Syrie, les kibboutzim d'occupation représentent l'un des plus gros obstacles à la paix.

J'ai justement connu dans sa vieillesse l'homme qui, au temps de la création de l'Etat d'Israël, a le mieux incarné cette volonté de résistance, cet esprit du kibboutz et du sionisme : David Ben Gourion. Le dernier patriarche.

Ce fut par un matin calme, à Tel-Aviv, une de ces journées chaudes d'hiver où l'on perçoit encore les échos de l'été. La rue tranquille, plantée d'arbres ; les édifices bas, entourés de petits jardins ; le tiède soleil pâle. David Ben Gourion vivait dans un kibboutz du Néguev, au milieu des dunes du Sud de la Palestine, progressivement colonisées par la civilisation industrielle israélienne. Ce matin-là, il se trouvait dans sa modeste maison de Tel-Aviv ; à sa porte, un policier montait la garde dans une guérite en bois.

Une grande pièce voûtée aux murs couverts de milliers de livres. Dans un angle, derrière une table lui servant de bureau, le patriarche s'exprimait avec véhémence :

"Il est évident que l'Etat d'Israël n'est pas celui que j'imaginais, que nous imaginions lorsque nous l'avons fondé. Il est bien trop récent pour avoir déjà réalisé tous les rêves et tous les espoirs. Mais beaucoup de ce qui a été fait correspond aux idées qui étaient les miennes. L'une des choses que nous avons le plus désirée, et que nous n'avons pas encore obtenue, c'est que les juifs viennent y vivre en grand nombre. J'espère qu'ils continueront à venir. Un autre objectif, réalisé seulement en partie, est celui de l'éducation ; celle-ci n'est pas arrivée à toucher le maximum de personnes. Encore que nous soyons sur le point d'y parvenir...

"Mais le seul terrain sur lequel nous n'avons absolument pas progressé, qui est aussi lamentable, sinon pire, qu'au premier jour, c'est celui de la paix. Le jour même où il fut proclamé, l'Etat d'Israël fut attaqué par cinq Etats arabes dont l'objectif était de l'exterminer. Bien qu'une majorité de plus des deux tiers des Nations unies – parmi elles les Etats-Unis et l'URSS – ait voté pour nous, les Arabes ont tenté de nous éliminer. Ce début nous a causé une vive déception. Et les probabilités de pouvoir réaliser la paix que nous souhaitons avec nos voisins sont actuellement très faibles...

"Vous dites que la paix est impossible parce que la puissance militaire, économique et humaine d'Israël en fait un pays expansionniste, annexionniste ? Ce prétexte anti-juif est une nouvelle invention arabe. Quand, en 1947, le vote de l'ONU a permis la création d'un petit Etat hébreu – dans un secteur de la Palestine, l'autre secteur devenant un Etat arabe, si bien que le pays s'est trouvé divisé –, nous avons accepté, malgré l'exiguïté du territoire accordé et l'exclusion de Jérusalem. Mais les Arabes n'ont pas accepté cette proposition, ils ont voulu la guerre : ce fut le début du désastre."

David Ben Gourion, leader mythique de la renaissance juive, parlait posément, d'une voix douce, avec un plissement exagéré des lèvres. Il était vêtu de noir. De petite taille, les épaules larges et le torse puissant, il n'avait pratiquement pas de cou et une grosse tête solide et carrée, chauve, ornée de part et d'autre de deux énormes efflorescences de cheveux blancs. En parlant, il fermait à demi les yeux – des yeux d'ascendance orientale, petits, au regard dur et aigu, plein d'une ruse illimitée –, qui se réduisaient alors à une ligne de l'épaisseur d'une pièce de monnaie. Cette façon de regarder, le sourire crispé de sa bouche et l'énergie physique et mentale que son corps dégageait, son visage lisse au teint rougeaud donnaient à l'homme d'Etat de Sion une puissance presque bovine.

Je lui dis que, d'après l'opinion arabe, la création d'Israël était le produit de la mauvaise conscience chrétienne du monde occidental, dont eux, les Arabes, devaient payer les pots cassés. Il répondit d'un ton morose :

"C'est là une falsification de l'histoire, car la déclaration Balfour, qui engageait l'Angleterre à appuyer l'établissement en Palestine d'un foyer national pour le peuple juif, date de 1917. Et elle fut confirmée par la Société des Nations, qui comptait tous les Etats d'Europe centrale à une époque où la catastrophe hitlérienne – clé de cette mauvaise conscience à laquelle vous, qui appartenez à l'Europe chrétienne, faites allusion – n'était même pas prévisible. Ce n'est donc pas là le seul mensonge qu'invente aujourd'hui la propagande arabe pour justifier son attitude.

"En plus, à l'époque où l'Etat juif n'était qu'un rêve dans nos esprits, où Balfour n'avait pas encore fait sa déclaration et où nous pensions que la restauration nationale hébraïque comprendrait les deux rives du Jourdain, moi, en tant que représentant de l'Agence juive, je tenais des conférences et des négociations avec les chefs arabes, qui dans leur majorité soutenaient l'idée du futur Etat israélien ; nous devions les aider à se libérer de la domination étrangère – anglaise, française ou autre. Une fois leur liberté recouvrée, ils projetaient de s'unir dans une sorte de fédération ou de confédération arabe, dont l'Etat juif des deux rives du Jourdain devait aussi faire partie."

Né en 1886 dans un misérable village polonais, David Ben Gourion arriva en Palestine en 1906, plein de l'idéal sioniste qui avait agité d'espoirs mosaïques les ghettos de la Diaspora à la fin du XIXe siècle. Son idéal était aussi juif que socialiste. Il fut l'un des principaux dirigeants de l'Agence juive, de l'Histadrouth (ou Confédération nationale du travail), de la Haganah (armée clandestine sous la domination anglaise), du Mapai (ou parti travailliste)...

Et il fut le premier chef de gouvernement du pays, qu'il dirigea plus longtemps que tout autre homme politique israélien, et sans jamais perdre une élection. Mais il démissionna deux fois : la première en 1953, la deuxième en 1963. A partir de cette date, il ne fut plus que député. Et il abandonna aussi le Mapai, son ancien parti, quand celui-ci s'allia au Achdut Haavoda, et fonda un autre parti, le Rafi...

La politique intérieure israélienne est labyrinthique et passionnée, cruelle envers elle-même, ce qui ne l'empêche pas de former un bloc compact face à l'extérieur. Encore que ne soit jamais arrivé ce qui vient de se produire, qui ouvre un sinistre précipice au-dessus d'Israël – qu'un juif en assassine un autre pour des raisons politiques, qu'il assassine son dirigeant le plus exemplaire depuis Ben Gourion : Ytzhak Rabin.

“Actuellement, en dehors de mes engagements politiques, consistant par exemple à donner des conférences, je travaille à la rédaction d'une histoire de l'Etat juif moderne. Comment se fait-il que, précisément dans l'Europe contemporaine, tellement civilisée, du moins en apparence, se soit produit l'extraordinaire génocide hébreu perpétré par Hitler ? C'est au monde chrétien de répondre à cette question, pas à nous. Je vous dirai cependant que c'est un phénomène typique de l'antisémitisme. La seule nouveauté, c'est la forme barbare, organisée à grande échelle, qu'imagina Hitler.

“En tant que phénomène spécifique, l'antisémitisme existe depuis des milliers d'années. Il change de visage avec l'histoire : parfois poussé à l'extrême, il est d'autres fois modéré. Trois siècles avant la naissance du Christ, pour vous donner un exemple typique, l'une des civilisations les plus avancées, l'hellénique, accusait les juifs d'être des fainéants, parce que chaque semaine, le septième jour, ils se reposaient. Le christianisme hérita de ce courant, vous le savez mieux que moi. Un enfant à qui le maître, le prêtre, le père, tout le monde enseigne que le peuple juif est déicide, qu'il a tué son Dieu et a dit «que la responsabilité retombe sur nos têtes», sera antisémite.

“Mais limitons-nous à trois exemples religieux capitaux. Le premier date d'avant Jésus-Christ : alors, chaque nation, chaque peuple, avait son Parthénon et, dedans, son dieu ; il croyait en lui et se montrait en même temps tolérant envers le dieu des autres peuples, croyant au fond que tous les dieux étaient égaux. Pas les juifs : il n'y a qu'un dieu, le nôtre, disaient-ils, tous les autres sont des idoles. Cela, déjà, a suscité la haine du monde vis-à-vis des juifs. Puis est venu le christianisme. Trois cents ans plus tard, cette religion est devenue la religion officielle de l'Empire romain, qui l'a imposée par la force à tous ses sujets. Les seuls qui la refusèrent furent les juifs : nouveau motif de haine. Enfin, le troisième exemple vient de l'islam. Au VIIe siècle, Mahomet est né en Arabie, en Orient. Comme nous, il croyait en un seul dieu, mais il voulait que tous le reconnussent lui, Mahomet, comme le prophète de Dieu et son messager. Les Arabes l'ont accepté. Pas nous.”

Mais effaçons les visages concrets, les problèmes, David Ben Gourion imprégné d'histoire, et revenons au kibboutz des pionniers, du juif expulsé il y a vingt siècles de sa terre, qui de nouveau communique avec elle à travers la mystique du travail quotidien et de la création de vergers dans les sables du désert. On ne peut plus dire avec lord Byron : "La colombe blanche a son nid, le renard son terrier, l'humanité sa patrie. Israël n'a que le sépulcre..."

*

Si Israël a ressuscité, d'autres petits royaumes de la région ont disparu dans cette fuite magmatique vers la poussière que constitue l'histoire. Ou presque toute l'histoire. Par exemple, la fantomatique et spectaculaire Palmyre, en Syrie. Située en plein désert, à peu près à mi-chemin entre le rivage de la Méditerranée et les terres fertiles de l'Euphrate, fruit des caravanes qui venaient des plus lointaines contrées d'Asie avec la soie et les épices, produit urbain et social de l'hellénisme et de la latinité conjugués au souffle profond de Babylone, Palmyre connut la gloire entre le Ier siècle avant Jésus-Christ et le IIIe siècle de notre ère.

Dans sa vallée des Tombeaux, les somptueuses sépultures souterraines de cinq étages rappellent son ascendance assyrienne... Son dernier souverain fut une reine, Zénobie, orgueilleuse et téméraire, qui réaffirma son indépendance, conquit la Syrie et la Basse-Egypte, arriva au Bosphore. Elle fut vaincue par l'empereur Aurélien, qui l'emmena triomphalement à Rome, enchaînée.

Autre étonnante fleur du désert, parfumée de somptueuses énigmes vaincues : Pétra, dans l'actuelle Jordanie. Accessible seulement par le tortueux défilé de Sig, resserré entre ses hautes parois, elle ne fut redécouverte qu'en 1812. Ville morte, ses étranges mausolées géants s'élèvent telles des fictions de palais assyriens ou grecs, la montagne travaillée par la main de l'homme au nom d'une conception omnipotente de l'au-delà.

Du Ve siècle avant Jésus-Christ au Ier siècle de notre ère, ses énigmatiques bâtisseurs et habitants, les Nabatéens, furent aussi les seigneurs des caravanes – les Mages de Bethléem chargés d'or, d'encens et de myrrhe, produits caravaniers, étaient sans doute des Nabatéens – et ils créèrent un empire qui couvrit jusqu'à deux mille kilomètres en ligne droite.

C'est que le Levant – la côte syrio-palestinienne – n'a donné que de brefs royaumes, des cités-Etats : les Phéniciens, les juifs, les croisés... Mais les grands royaumes, pas plus que les petits, ne sont parvenus à créer ici un espace autochtone ayant une influence durable et cohérente. Encore aujourd'hui, le Proche-Orient constitue une zone frontalière divisée et complexe, à l'instabilité forcément sanglante.

Mais c'est aussi dans cette région qu'apparut le vecteur universaliste le plus prodigieux, du moins à ce jour : le christianisme. Pour le rencontrer, retournons en Israël, mais dans "l'autre" Israël, à Bethléem. J'aime m'y promener sur la grand-place, pénétrer dans la basilique de la Nativité par son étroit portillon médiéval : il fut ainsi construit pour donner l'impression que l'on entre dans une grotte.

A l'intérieur, on est saisi par la nef aux colonnes rouges, par sa vaste et incertaine pénombre... L'autel de la Vierge et la crèche sont extraordinairement maniérés, mieux vaut les ignorer et descendre dans l'atmosphère confinée de la grotte de la Naissance, quasi mystérieuse avec ses murs rustiques, ses lourds rideaux orientaux.

A Bethléem précisément, nous allons aborder un sujet qui n'a apparemment pas grand-chose à voir avec l'avènement poétique du Rédempteur, l'un des personnages remarquables auxquels la Méditerranée a donné le jour. Nous allons parler chiffres, parler de l'an 1... qui fut une autre année, et dont la dimension religieuse ne cadre pas avec la dimension temporelle.

La chronologie dite de l'ère chrétienne que nous utilisons fut adoptée par l'Eglise au VIe siècle d'après les calculs du moine Denys le Petit, qui situa la naissance de Jésus en l'an 754 de la fondation de Rome, selon le calendrier en usage dans l'Antiquité. Mais l'heureux moine s'est trompé. Voyons : saint Matthieu nous dit que le divin enfant naquit "au temps d'Hérode", ce qui permet de déduire qu'à la mort du monarque juif Jésus avait déjà quelques années ; or Hérode mourut en 750, quatre ans avant la date de naissance donnée par Dionysos. En outre, le même roi, apprenant la venue au monde du supposé Messie, "envoya mettre à mort, dans Bethléem et tout son territoire, tous les enfants de moins de deux ans", toujours selon Matthieu ; alors, saint Joseph et la Vierge Marie s'enfuirent en Egypte, d'où ils revinrent "dès que mourut Hérode", c'est-à-dire en 750 ou 751, Jésus étant déjà plus grand.

Ainsi, Jésus serait né six ou sept ans avant l'ère chrétienne, si bien qu'à sa mort il devait avoir environ quarante ans. Le fameux "âge du Christ", les trente-trois ans auxquels on nous assure qu'il est mort, est une erreur commise par ce moine balourd.

Age réel du Seigneur que vient corroborer un astronome suédois qui, se basant sur des données informatiques, affirme que Jupiter et Saturne se rencontrent tous les cent soixante-dix-neuf ans dans la maison du Poisson, fait qui provoque une grande brillance dans le ciel : sans doute celle que suivirent les trois Mages, précisément en l'an 7 avant notre ère. Ensuite, d'après une récente étude scientifique du saint suaire de Turin, il semble certain que cette étoffe enveloppa le corps d'un défunt d'une quarantaine d'années ; sa texture conserve en outre des particules végétales de plantes palestiniennes d'il y a deux mille ans.

Cela dit, et malgré la ténuité des indices, il semble qu'un Jésus ait existé. Divers témoignages le confirment. Le premier nous est fourni par saint Paul qui, au printemps de l'an 50 de notre ère, écrit de Corynthe, en Grèce, sa première lettre apostolique. S'il n'avait pas connu Jésus, crucifié dix-sept ans plus tôt, il avait côtoyé presque tous ses disciples, ayant participé avec ardeur aux premières persécutions contre eux avant de se convertir à la nouvelle foi.

Puis, en 64, Néron accuse les chrétiens de l'incendie de Rome : ils étaient déjà nombreux et devaient compter pour être la cible de toutes les fureurs. C'est à partir de cette date, et jusqu'à la fin du Ier siècle d'après la chronologie instaurée, que furent rédigés les Evangiles, témoignages directs ou proches de la vie de Jésus, bien que leur propos soit moins la vérité historique que l'exposé apologétique de la divinité du Christ.

Les Evangiles synoptiques – ceux de Marc, Matthieu et Luc – parlent d'une fête pascale, celui de Jean en évoque trois. On peut donc penser que Jésus a exercé son ministère public pendant un peu plus de deux ans, et ce dès l'époque où Jean Baptiste, qui prêchait sur les rives du Jourdain, est arrêté et décapité. Jésus, qui avait été l'un de ses adeptes, regroupe ses disciples, auxquels d'autres viennent se joindre, et entreprend un apostolat qui n'a rien d'exceptionnel dans ce monde palestinien de misérables pharisiens itinérants. Mais un jour, à Jérusalem, il chasse à coups de fouet les commerçants qui envahissent le temple, et rapidement pose problème, s'opposant avec un radicalisme croissant au système établi : aux sadducéens, parti des grands prêtres et des grands propriétaires, qui rejettent le populisme de Jésus ; aux pharisiens, légalistes à outrance, qui s'indignent de la prééminence qu'accorde le Nazaréen à la pureté de cœur, au-dessus de la loi mosaïque... Peut-être a-t-il eu des rapports avec plusieurs sectes, comme les esséniens, et les zélotes ; les premiers étaient austères et apocalyptiques, les seconds nationalistes.

Les esséniens habitaient en communauté dans les grottes de Qumrān, dans les arides falaises de la mer Morte. Comme eux,

Jésus abhorre les biens terrestres et pratique l'exorcisme en soignant les épileptiques – les possédés de l'Evangile. Mais les esséniens croyaient à l'imminence du Jugement dernier alors que Jésus annonce que tout homme, quels que soient ses péchés, sera pardonné et jouira de la vie éternelle s'il s'abandonne à l'amour de Dieu.

Les zélotes luttèrent pour l'indépendance d'Israël, disparurent en se jetant inutilement dans l'holocauste. Dans la Jérusalem pascale, investie par les troupes et la police romaines pour éviter que n'éclatent des émeutes dans l'atmosphère convulsée de la foule, quand les gardes vinrent arrêter le Maître, Pierre porta soudain la main à son glaive, le dégaina et, frappant l'un d'eux, lui trancha l'oreille. Qui, hormis un dangereux zélote fanatique, aurait osé porter des armes et éprouvé le besoin de s'en servir dans de telles circonstances ?

Le Christ, lui, exalte la fraternité entre les hommes, répète que la vraie liberté consiste à s'abandonner à la volonté de son Père. Non seulement il n'y a pas d'ennemis, mais son Royaume "n'est pas de ce monde" et il faut "rendre à César ce qui est à César". La lutte pour l'indépendance des zélotes ne le concernait pas, mais cela n'a certainement pas empêché quelques-uns de ses proches de sympathiser avec leur cause.

Le défunt Jésus de Nazareth ou, en hébreu, Joshua, Josué. L'étrange église du Saint-Sépulcre, à Jérusalem, comme cachée, enfoncée, étouffant et impressionnant labyrinthe souterrain avec des chapelles, des recoins qui abritent les cultes chrétiens les plus traditionnels. Sorte d'immersion somptueuse et fatigante dans un temps disparu…

Et le jardin de Gethsémani, en hébreu *gat-shemanim*, "pressoir à huile". C'est là, selon la tradition, que Jésus fut arrêté par les gardes après avoir été assailli par la peur devant l'épreuve du sacrifice suprême qui l'attendait… Dans le jardin se dresse un olivier extraordinairement vieux : il se peut qu'il appartienne à cette époque, comme Jérusalem tout entière et le mont du Calvaire…

Mais arrêtons-nous quelques instants pour réfléchir. Non sur des chiffres cette fois, mais sur une étrange dame prénommée Hélène, qui au IVe siècle de notre ère travaillait comme domestique dans une auberge de l'actuelle ville de Niš, dans l'ex-Yougoslavie ; un officier romain la prit pour concubine et elle en eut un fils, Constantin. Plus tard, il devint empereur : c'est lui qui, en embrassant le christianisme, en fit la religion officielle et triomphante de l'Empire romain.

Constantin devait arbitrer de fréquentes querelles théologiques auxquelles il ne comprenait rien. Chacun disait ce qui lui venait à l'esprit, et qu'importait au fond que la divinité fût représentée par une ou trois entités. Alors, en 325, l'empereur réunit le concile de Nicée pour tenter d'ordonner la complexité et l'effervescence chrétiennes devenues intenses dans l'empire. L'un des évêques invités, Macaire, venu de Jérusalem, peignit de couleurs sombres l'état dans lequel se trouvaient les lieux qu'avait foulés Notre Seigneur. Constantin et sa mère, déjà nommée Augusta, ou impératrice, s'en émurent.

Mais ils étaient aussi sous le coup d'une autre émotion, causée par des événements survenus la même année. Constantin avait promulgué une loi interdisant l'adultère et le concubinage, et voici que sa femme, Fausta, accusait un fils bâtard de l'empereur, Crispus, d'abuser d'elle. Constantin dut ordonner qu'il fût étranglé. Peu après, Fausta elle-même fut dénoncée pour adultère : on la retrouva inexplicablement asphyxiée dans son bain avant le jugement public...

L'année suivante, Hélène entreprit un voyage fébrile à Jérusalem, où elle *inventa* – attention, en latin ce mot veut dire "trouver, découvrir, reconnaître" – le saint sépulcre, la sainte croix, le jardin des Oliviers, le mont du Calvaire, bref pratiquement tous les lieux que nous appelons saints, sur lesquels elle fit construire de splendides églises, de riches édifices. Elle choisit les sites avec l'évêque, au jugé. Et peut-être l'un d'eux correspond-il à la réalité. Comme à Bethléem, où le temple de la Nativité s'élève sur la grotte traditionnelle, dans laquelle il y avait une crèche rustique, écartée d'un coup de balai par Hélène et remplacée par une corbeille brodée d'argent.

L'Eglise ferait d'Hélène une sainte, en raison de sa ferveur sans doute. Mais ses ennemis imputèrent sa pieuse activité à une autre cause : ils y virent des offrandes au Seigneur pour qu'Il pardonnât les sanglants épisodes dans lesquels son fils, suspectaient-ils, avait joué un rôle...

Parmi les grandes religions du monde, celle des chrétiens compte le plus grand nombre d'adeptes : près de deux milliards. Puis viennent l'islam (1,1 milliard), l'hindouisme (750 millions), le bouddhisme (300 millions)... Dans aucune religion, surtout en Occident et à notre époque, il ne s'agit de croyants ou de pratiquants au sens plein du terme, mais de personnes qui ont au moins été éduquées dans une civilisation ou une culture donnée.

Le christianisme se divise en trois grandes familles : les catholiques, au nombre approximatif d'un milliard, occupent principalement l'Europe latine et l'Amérique du Sud, c'est-à-dire la Méditerranée et son extension ; les protestants, dans la moitié nord des deux continents, sont environ six cents millions ; les orthodoxes, dans le reste de l'Europe, avoisinent les cent millions ; enfin, une autre centaine de millions – catholiques et protestants compris – sont disséminés en Asie et en Afrique noire ainsi qu'en Océanie, mais en moins grand nombre, et même dans le monde arabe.

Il s'agit donc d'une religion dont la projection est véritablement universelle, celle dont la projection universelle est la plus grande. Son implantation a connu plusieurs étapes. Elle gagne d'abord l'Empire romain, puis s'étend rapidement à l'Europe barbare. Pendant le haut Moyen Age, l'apôtre Cyrille évangélise les terres slaves, qu'il dote d'un alphabet, le cyrillique. Au XVIe siècle, avec François Xavier et bien d'autres évangélisateurs espagnols, elle est en première ligne des découvertes et des nouvelles routes maritimes vers l'Extrême-Orient et le continent américain où, au XVIIIe siècle encore, le moine majorquin Junípero Serra fonde les villes qui deviendront les immenses métropoles californiennes d'aujourd'hui : Los Angeles, San Francisco, tout un chapelet d'entre elles. Au XIXe siècle, l'Afrique devient à son tour l'objectif de missionnaires doublés d'explorateurs, tel Livingstone…

La Méditerranée est l'un des deux grands modèles, et probablement le plus déterminant, de la vie et de la pensée de la planète, le second étant le chinois. Dans ce sens, l'Arabie et l'Inde s'avèrent mineures. Cette extraordinaire et fascinante projection du *Mare nostrum* provient, en plus du christianisme, de la philosophie et de l'art grecs, des concepts juridiques et étatiques de Rome. Nous ne devons pas oublier par ailleurs que le Coran se nourrit et se développe fondamentalement dans et à partir de la Bible. Nous voyons donc que l'infime Méditerranée a exercé une domination écrasante sur toutes les mers du globe et les terres qui les entourent, à l'exception d'une partie des océans Indien et Pacifique.

Il se peut que l'universalité du christianisme naisse, paradoxalement, des contradictions qui tissent la vie de Jésus. Juif d'une grande piété, ses plus grands ennemis seront les juifs eux-mêmes. Il se présente comme roi et subit le supplice le plus infamant, destiné aux esclaves et aux voleurs. Il proclame l'existence d'un royaume, mais celui-ci ne se matérialise jamais. Il affirme être le Fils de Dieu et meurt comme un homme... Ces dissonances sont probablement celles qui le séparent d'une société concrète, d'un pays, d'une philosophie, et elles le projettent par-delà les siècles, les frontières, les races.

Il est certain que de nombreuses circonstances historiques ont favorisé l'ascension du christianisme, mais on ne peut nier non plus que celui-ci sut s'incarner en elles, et que les paraboles et les paroles de Jésus, simples, pleines d'une fraîcheur qui a résisté au temps, au formalisme ecclésiastique et à l'étouffante casuistique théologique, sont imprégnées tantôt d'un mystère qui semble signaler un horizon diaphane, tantôt d'une douce dimension humaine. Elles ont répondu aux aspirations de l'âme humaine comme nul autre enseignement religieux ne l'a fait, si l'on en croit les chiffres.

Cela en dépit du fait que le christianisme, en toute logique, ne constitue pas la Vérité avec un V majuscule, ou n'en contienne plus, par exemple, que le bouddhisme. L'une des phrases les plus brutales des Evangiles n'est pas prononcée par Jésus-Christ, mais par un gouverneur romain, si despotique qu'il finit d'ailleurs par être condamné par les siens, Ponce Pilate. Sur les instances d'un tumulte insidieux provoqué par les juifs, c'est lui qui condamna Jésus à être crucifié. Celui-ci lui ayant lancé : "Je ne suis né et ne suis venu dans le monde que pour rendre témoignage à la vérité. Quiconque est de la vérité écoute ma voix*" (Jean, XVIII, 37), Pilate lui avait répliqué avec une lucidité pleine de scepticisme et de dédain : "Qu'est-ce que la vérité ?" La question est capitale. Ou plutôt, les infinies réponses possibles sont capitales...

Au Ier siècle, deux apôtres polarisent l'essence du christianisme : saint Paul, qui le rationalise avec fermeté ; saint Jean l'Evangéliste, pris dans la spirale messianique.

Paul, relativement cultivé, est un activiste et un polémiste ; il structure et élargit l'Eglise naissante, se rend en Asie mineure, en Grèce et même à Rome. Ses bases sont généralement le réseau dense des colonies juives, mais il entre bientôt en conflit avec elles, parce qu'il rejette le rigorisme hébraïque formel, comme par exemple la circoncision, et ajoute au Dieu de l'Ancien Testament, à l'exclusivisme radical, un Jésus-Christ qui rédimera l'humanité entière à travers la foi, c'est-à-dire en créant symboliquement un homme nouveau à l'exemple de la résurrection de Jésus d'entre les morts.

Seuls les juifs les plus hellénisés ou les plus marginaux accepteront un message aussi idéaliste. Mais c'est justement cette nature idéale qui le rend apte à plaire à la multiple diversité des gentils. Cependant, ses fidèles seront surtout recrutés parmi les basses classes si l'on en croit ce que Paul lui-même dit à Corinthe – l'un des ports les plus cosmopolites de la Méditerranée à cette époque (Première épître aux Corinthiens, I, 26-28) :

> Aussi bien, frères, considérez votre appel : il n'y a pas beaucoup de sages selon la chair, pas beaucoup de puissants, pas beaucoup de gens bien nés. Mais ce qu'il y a de fou dans le monde, voilà ce que Dieu a choisi pour confondre les sages ; ce qu'il y a de faible dans le monde, voilà ce que Dieu a choisi pour confondre ce qui est fort ; ce qui dans le monde est sans naissance et ce que l'on méprise, voilà ce que Dieu a choisi [...]*.

Plus encore, lorsqu'à Athènes Paul parle de la résurrection devant l'Aréopage, les Grecs cultivés qui le composent se moquent de lui.

Au cours des siècles, le Christ a été considéré et étudié depuis une infinité de points de vue, le moindre n'étant pas l'angle purement moral qu'adopta Hegel dans sa *Vie de Jésus* ; à la suite de Kant, il voit le personnage comme le vecteur du véritable idéal éthique qui transforme la société.

Le christianisme trouvera à Rome un terrain idéal. La ville constitue un centre colossal où affluent des gens de tous les coins de l'empire, parmi lesquels abondent les religions orientales, dont le mystère et la spiritualité possèdent un attrait bien supérieur au simple ritualisme romain. Les catacombes romaines de saint Calixte, qui datent de la fin du Ier siècle, nous montrent avec quelle pugnacité cette communauté s'abandonne à la foi ; elles offrent un témoignage dramatique des époques de persécution, de l'ésotérisme – socialement parlant – d'un culte qui, avec la communion, laissait croire aux profanes que les chrétiens pratiquaient l'anthropophagie en ingérant le corps de leur Maître.

A Patmos, petite île de la mer Egée face à l'Asie mineure, le vent souffle sans cesse. Il est étrange : un petit vent frais, soutenu, inquiétant, comme si une présence invisible murmurait constamment autour de vous, vous caressait... Et, transi, vous lisez un texte hallucinant qui vit le jour dans l'île, l'Apocalypse (I, 9-19) :

> Moi, Jean, votre frère et votre compagnon dans l'épreuve, la royauté et la constance, en Jésus, je me trouvais dans l'île de

> Patmos à cause de la Parole de Dieu et du témoignage de Jésus. Je tombai en extase, le jour du Seigneur, et j'entendis derrière moi une voix clamer, comme une trompette : "Ce que tu vois, écris-le dans un livre pour l'envoyer aux sept Eglises : à Ephèse, Smyrne, Pergame, Thyatire, Sardes, Philadelphie et Laodicée." Je me retournai pour regarder la voix qui me parlait ; et m'étant retourné, je vis sept candélabres d'or, et, au milieu des candélabres, *comme un Fils d'homme* revêtu d'une longue robe serrée à la taille par une *ceinture en or. Sa tête*, avec *ses cheveux blancs, est comme de la laine blanche*, comme de la neige, *ses yeux comme* une flamme *ardente, ses pieds pareils à de l'airain* précieux que l'on aurait purifié au creuset, *sa voix comme la voix des grandes eaux*. Dans sa main droite il a sept étoiles, et de sa bouche sort une épée acérée, à double tranchant ; et son visage, c'est comme le soleil qui brille dans tout son éclat.
>
> A sa vue, je tombai à ses pieds, comme mort ; mais il posa sur moi sa main droite en disant : "Ne crains pas, je suis *le Premier et le Dernier*, le Vivant ; je fus mort, et me voici vivant pour les siècles des siècles, détenant la clef de la Mort et de l'Hadès. Ecris donc ce que tu as vu : le présent *et ce qui doit arriver plus tard**."

Il s'agit du début de l'Apocalypse, de saint Jean l'Evangéliste qu'on appelait, à Ephèse où il habitait, Ioannou tou Théologou, Jean le Théologue. Dans sa vieillesse, il fut exilé à Patmos par l'empereur Domitien. Il y séjourna dix-huit mois pendant lesquels, selon la tradition, il écrivit son terrible plaidoyer, dans une grotte où l'on montre encore le siège de l'apôtre, le creux dans la pierre où il appuyait sa tête…

Sur l'une des plus importantes, mais modestes, hauteurs de l'île se trouve le monastère de Chora, orgueilleuse et austère forteresse. Patmos semble nous ramener à des époques tendrement reculées… Les cours secrètes, les cellules gaies des moines avec leurs pots de fleurs, l'église plongée dans l'atmosphère confinée d'icones et d'encens… Chora fut construite autour de l'an mille par saint Christodoulos, un ascète ayant les qualités d'un capitaine. La bibliothèque renferme un millier de manuscrits de valeur.

L'un d'eux s'intitule : *Périodes de saint Jean le Théologue et de son élève Prokhoros, consignées par ce dernier comme témoignage*. Cet homme fut-il le scribe de Jean ? Rédigeait-il dans la grotte obscure les images exaltées que le vieil apôtre lui dictait ? Le manuscrit l'affirme… mais il fut certainement élaboré plusieurs siècles après l'Apocalypse. Aucun écrit sacré des premiers chrétiens n'en dit mot. En tout cas, Prokhoros fut l'un des sept diacres ordonnés par les apôtres, et évêque de Nicomédie.

Patmos est en effet une petite île : longue de seulement dix-sept kilomètres, d'une superficie d'à peine 34,6 kilomètres carrés, de forme allongée et assez irrégulière. Elle compte trois mille habitants, parmi lesquels plus de cent cinquante moines orthodoxes outre un couvent de religieuses, car il y a plus de cinquante églises dans l'île.

Mais il n'y avait pas que des grottes saintes dans l'Antiquité, il en existait aussi des diaboliques, comme celle qui se trouve au sud-ouest, au cap Génoupa, où séjourna Kynops le sorcier. Prokhoros raconte que l'antre "était assiégé par des esprits impurs". Rendu furieux par l'arrivée de Jean, Kynops interrompait ses sermons à coups de pierre et, devant les yeux de l'apôtre – qu'on peut supposer pleins de colère –, il dansait sur les flots, plongeait puis réapparaissait, faisant même émerger de la mer des simulacres de personnes défuntes. Saint Jean invoqua alors le Très-Haut : Kynops fit une cabriole pleine d'irrévérence, plongea… et ne revint jamais des profondeurs glacées.

Dans l'ensemble du Nouveau Testament, si direct d'un point de vue narratif et philosophique, si grec ou occidental en apparence, l'Apocalypse brille comme une pierre étrange, envoûtante et maligne. En réalité, elle s'inscrit pleinement dans l'allégorique et fastueuse littérature orientale, répond à la tradition juive des révélations apocalyptiques.

L'Apocalypse raconte, à travers un plan ésotérique qui répète le nombre sept, le combat de la lumière contre les ténèbres, au Jugement dernier, entre l'Agneau céleste emblématique et le Dragon satanique, tous deux avec leurs agents : les deux témoins et les deux bêtes. Pendant ce temps, les quatre cavaliers au destin irrémédiable – la justice, la guerre, la faim, la peste – galopent, lugubres, dans la brume spectrale… Et Léviathan rugit dans le monde aquatique.

Mais aucun de ces cavaliers ne fit d'effet aux énormes masses de miséreux qui vivaient à Rome et dans les grandes villes de l'empire. L'Apocalypse oppresse, elle est catastrophiste, ou d'une saisissante magie noire. Le christianisme, lui, apportait aux individus, dont l'existence était si dure, la consolation d'une âme immortelle et l'orgueil de savoir que tous les êtres sont égaux devant le Seigneur : les puissants devraient s'humilier, avait affirmé Jésus.

Rome constitua, de façon substantielle, un fabuleux réseau de communications : l'immense périphérie de l'empire, idéologiquement moins structurée que le centre, fut immédiatement sensible à la parole évangélique. L'éducation des enfants dans la même foi que leurs parents s'avéra décisive pour la multiplication des fidèles. Bientôt, les classes moyennes, ce secteur social en constant renouvellement et en légère augmentation, furent chrétiennes. Et comme le fonctionnariat impérial puisait en elles, au IVe siècle le christianisme formait déjà une puissante armature se confondant avec l'administration de l'empire, ce corps organique formidable qui la soutenait et la fossilisait à la fois.

Le monde païen, peu sophistiqué, avait lui aussi absorbé la pulsion missionnaire du christianisme, qui lui offrait une vision cohésive et totalisante de l'homme et de l'univers : au IVe siècle, Ulphilas convertit les Goths ou Germaniques, et au Ve siècle saint Patrick prêche en Irlande. A la même époque, les nestoriens se dispersent en Orient... Quand, en ce Ve siècle, ceux qu'on appelait les Barbares envahissent l'Italie, beaucoup d'entre eux sont déjà chrétiens.

Constantin le Grand, malgré la fracassante affirmation de sa foi chrétienne, ne se fit baptiser que sur son lit de mort, en 337. Par l'édit de Milan, en 313, il avait consacré le christianisme comme religion officielle, la subventionnant donc avec l'argent du trésor. En réalité, Constantin prit la tête d'une procession qui envahissait déjà tout l'empire et qu'il ne pouvait réduire. Dioclétien, son prédécesseur, l'avait tenté et avait échoué.

Mais Constantin rendait de la même façon hommage à Jésus-Christ et à Apollon, le Soleil, affirmant avoir assisté à des apparitions de l'un et de l'autre. Dix-sept ans après l'édit de Milan, alors qu'il inaugurait Constantinople, la nouvelle capitale de l'empire, Constantin admirait avec satisfaction une superbe colonne de porphyre qu'il avait fait ériger, couronnée par une statue de lui en Apollon !

Et la basilique Sainte-Sophie, une merveille de l'époque, le temple du christianisme par excellence, fondée elle aussi, bien sûr, par Constantin, n'avait rien à voir avec une sainte. Elle s'appelait en réalité *Haghia Sophia*, divine sagesse, en grec... Une abstraction qui englobait Jésus, Apollon et autant de dieux que nécessaire.

Néanmoins, irrémédiablement, le paganisme succombait. Cette grande joie du corps humain en tant que suprême représentation de l'être, cette communication absolue avec la nature, cette danse légendaire de divinités polythéistes, tout cela était fauché avec violence par les prêtres, par l'autorité, les temples démolis, comme ce fut le cas à Olympie. Un monde partait en fumée pour des siècles... A Alexandrie, qui s'était convertie avec ardeur à la nouvelle religion et avait connu des évêques fanatiques comme saint Basile, un des derniers poètes païens se lamentait tristement sur son sort, le Grec Paladas, au siècle de Constantin :

Sommes-nous morts et ne vivons-nous qu'en image
camarades hellènes, plongés dans le malheur,
et feignons-nous cette vie dans la trame d'un rêve ?
Ou vivons-nous alors que la vie s'est éteinte ?

Mais ces infiltrations et les fréquentes hérésies et disputes cléricales qui se succédaient n'empêchèrent pas le christianisme de s'installer dans tout l'Occident, à travers Rome, et au Proche-Orient, à travers Byzance. Toute la Méditerranée retrouvait une nouvelle unité conceptuelle, truffée de sinueuses dérives mystiques comme celle de saint Siméon.

Au milieu des ruines syriennes seigneuriales et solitaires de Qala'at Sama'an, près de l'antique Antioche, apparaît une célèbre colonne, aujourd'hui tronquée, mais qui atteignit quinze mètres de haut ; Siméon le Stylite passa plus de trente ans en son sommet, parce qu'il s'y sentait plus près du ciel, physiquement en raison de la hauteur et spirituellement en raison de la mortification. Il tirait la nourriture qu'on lui préparait au sol à l'aide d'une corde et d'un grand cabas. Il supporta le froid et la chaleur, quelques jets de pierre, se débrouilla pour déféquer, prêchant à grands cris aux empereurs déconcertés et aux nomades abasourdis.

*

Jamais il n'y eut cour plus luxueuse, plus majestueuse que celle que représente fidèlement la mosaïque : l'empereur, l'impératrice... Leurs manteaux pourpres, un extravagant étalage de bijoux, le double diadème de pierres précieuses ceignant leur front. Justinien semble pénétré d'une grande affabilité. Il vivait entouré d'un protocole complexe qui l'isolait tout en le divinisant, dont faisaient partie divers instruments mécaniques : l'un d'eux élevait parcimonieusement son trône jusqu'au plafond. Théodora, qu'il appelait "mon doux enchantement", apparaît livide et altière. Pour la voir, les plus hauts dignitaires devaient attendre des heures, puis lui baiser les pieds et ne parler que lorsqu'elle leur en avait donné l'ordre... Les prêtres élégants, les dames magnifiques, la cour et le palais composaient un cadre somptueux, d'une grande opulence...

Il s'agit de la mosaïque de la basilique San Vitale, à Ravenne, la capitale byzantine de l'Italie, symbolisant à elle seule le monde hiératique des fastes de cet empire qui se présentait comme celui de Dieu sur terre…

Mais une dualité dissonante a toujours dominé Byzance : une sénescence haletante n'a cessé de miner sa puissance, la cruauté allant toujours de pair avec le spiritualisme. Théodora incarne comme aucune autre créature l'étrange nature de Byzance.

A commencer par le fait qu'elle n'était pas exactement byzantine, mais chypriote, ou peut-être syrienne. Son père était le misérable gardien des ours de l'hippodrome de Constantinople, destinés aux jeux du cirque. Belle, intelligente, ambitieuse, elle fut bientôt une actrice consommée et une prostituée de luxe, dont les strip-teases lascifs étaient célèbres parmi la noblesse impériale. Procope, l'écrivain qui avait la langue de vipère la plus acérée de l'époque, écrit dans son *Histoire secrète*, à propos de Théodora : "Tout homme d'estime la rencontrant dans les rues ou sur les places publiques se serait éloigné de crainte de se souiller au contact d'une personne aussi infâme."

Mais Justinien en tomba amoureux, l'épousa et en fit une impératrice. Avant cela avait eu lieu le surprenant changement de Théodora. Elle avait suivi en Afrique l'un de ses amants, Hakébolo, lorsqu'il fut nommé gouverneur de cette partie de l'empire, jusqu'à ce qu'une scène mémorable les séparât : elle l'avait trompé et il la jeta littéralement à la rue avec ce qu'elle avait sur le dos.

Se traînant comme elle put, Théodora finit par se retrouver à Alexandrie, dans l'atmosphère ecclésiastique pleine de ferveur qui baignait cette ville ; curieusement, elle y brilla par sa vertu et sa foi. La Théodora qui revint à Constantinople était une femme entièrement nouvelle, beaucoup plus sage et ambitieuse que l'ancienne. En fait, ce fut une femme d'Etat de génie, comme Justinien, auquel elle s'associa et qu'elle compléta à la perfection. Bien sûr, selon Procope, c'était une union par et pour le mal : il qualifie l'empereur de "démon ayant pris les traits d'un homme", ajoutant qu'il était "rusé et trompeur, qu'il dissimulait avec art sa haine et ses autres passions. Ses larmes n'étaient pas des manifestations de sa joie ou de sa douleur, mais les administratrices de ses intérêts. Aucun scrupule de conscience ne l'empêchait de tromper ses sujets au moyen de ses paroles, écrits ou serments." Mais à d'autres moments, Procope en fait aussi l'éloge…

Il n'y eut jamais la moindre dispute entre les deux époux, mais en public ils menèrent habilement, et même encouragèrent, les courants politiques et religieux qui divisaient le pays : le parti des Bleus et celui des Verts, les orthodoxes et les monophysites. Et quand le problème prenait des proportions alarmantes, ils écrasaient les uns ou les autres, comme dans la sédition de Nika, ou "Victoire !", comme criaient les rebelles qui pillaient et incendiaient Constantinople, allant jusqu'à élire un nouvel empereur.

Effrayé, acculé dans son palais, Justinien s'apprêtait à fuir. Mais Théodora le stimula par un discours exaspéré, affirmant qu'elle résisterait jusqu'à la mort, car "la pourpre impériale est le plus beau des linceuls". Justinien contre-attaqua donc ; ses ennemis se retranchèrent dans l'Hippodrome où les soldats impériaux les écrasèrent : quarante mille cadavres y restèrent couchés.

Le général qui réprima la sédition était Bélisaire, un individu mesquin mais bon stratège, le plus grand exécuteur de la reconquête impériale que mena à bien Justinien dans son projet de ressusciter la Rome antique investie par les invasions barbares. Il y parvint, ou presque, même si dans les dernières années de son règne – il mourut en 565 – son empire montrait déjà des signes de décadence. Avec Théodora et Justinien, Byzance avait cependant atteint son zénith, dominant tout le pourtour de la Méditerranée et toutes ses îles, excepté ce qui forme aujourd'hui la France et une partie de l'Espagne et du Maroc, aux mains des Francs et des Wisigoths.

La romanisation occidentale fut chez Justinien une véritable hantise, au détriment du côté oriental de son empire. Il reconquit l'empire des Balkans et de la Libye jusqu'à Gibraltar, mais ne se montra pratiquement pas à l'est. Et il ferma les écoles philosophiques d'Athènes sous prétexte qu'elles étaient païennes, exilant ses penseurs en Perse. Il imposa la langue latine, reléguant le grec au second plan. Non seulement il punit avec une rare dureté les hérésies, mais il rattacha l'Eglise à l'Etat, au point de faire de l'empereur le véritable reflet de Dieu.

Il marqua aussi de christianisme et d'une éthique de la justice le code dit justinien, qui réunissait sa grande réforme législative, celle qui condensa et adapta plus de deux mille ouvrages juridiques légués par Rome, et dont l'influence s'étendit sur plusieurs siècles.

Avec sa triple muraille de près de cent tours, la plus grande fortification de l'Antiquité, Constantinople grandit démesurément

Justinien et Théodora avec leur suite, mosaïques de la basilique San Vitale à Ravenne.

Intérieur de Sainte-Sophie de Constantinople, d'après une lithographie de Ch. G. Fossati.

et compta jusqu'à un million d'habitants, devenant le pivot d'un empire efficacement centralisé et des échanges commerciaux internationaux. Sa monnaie d'or constituait la devise la plus solide, convoitée jusqu'en Chine, pays auquel les Byzantins parvinrent à arracher le fabuleux secret de la soie en rapportant illégalement les miraculeux vers blancs.

Sainte-Sophie résume la magnificence de l'empire de Justinien. L'église édifiée par Constantin avait été détruite par les émeutes de Nika. Deux architectes inspirés, Isidore de Milet et Anthémios de Tralles, avec dix mille ouvriers à leurs ordres, la rebâtirent. A l'extérieur, la basilique semble étouffée par ses épais contreforts : la rapidité de la construction – cinq ans – empêchait le séchage des couches de mortier qui, alternant avec celles de briques, formaient ses murs, si bien qu'elle risquait de se fendre.

Mais ce qu'il y a de plus impressionnant à Sainte-Sophie, c'est l'intérieur. L'espace paraît aérien, flottant dans une luminosité crépusculaire que n'ont pu atténuer ni les couches de plâtre ni sa transformation en mosquée, humiliation que voulut lui infliger l'islam. Colonnes, arcs, arcades, porphyre, albâtre et or s'harmonisent comme en un rêve pour atteindre un point culminant dans sa coupole éthérée, vaste hémisphère qui s'est effondré une fois et qu'on a relevé, de soixante-cinq mètres de haut sur trente-trois de diamètre, soutenu par quatre piliers se terminant en pendentifs. Cet ensemble constitue la plus grande audace architectonique de Sainte-Sophie. L'empereur, la voyant achevée, s'exclama avec orgueil : “Salomon, je t'ai dépassé !”

Dans son *Traité des édifices*, Procope insiste sur la lumière intérieure de Sainte-Sophie : "Elle brille d'un éclat si prodigieux qu'on dirait qu'au lieu d'être éclairée par les rayons du soleil elle enferme en elle la source suprême de la lumière." Et Procope mourut probablement un ou deux ans avant que la coupole s'effondre, en 563, ce qui obligea ensuite à fermer les larges fenêtres des tympans pour renforcer les murs maîtres, ne laissant ainsi que les ouvertures hautes, si bien que toute la lumière qui entre d'angles différents dans le temple vient désormais d'un extérieur invisible. Dans l'immense coupole centrale ainsi que dans les deux latérales s'entrecroisent les foyers de luminosité zénithale qui, déjà confondue avec elle-même, tamisée, descend uniformément dans l'immense nef, l'enveloppant d'une pénombre diaphane et irréelle où les merveilleuses colombes bleues volent en silence ou roucoulent, serrées sur les corniches.

Malgré des débuts d'une magnifique grandeur, Byzance ne parvint cependant ni à absorber ni à supplanter Rome, et l'antagonisme ne cessa de grandir entre les deux. Byzance s'était débarrassée des Barbares qui l'attaquaient directement, ne leur laissant que l'Italie, tandis qu'elle déposait sa version de la légitimité chrétienne entre les mains de son patriarche, celui de Constantinople.

Au lieu de se laisser aller au ressentiment et de se croire vaincue, Rome mit son expérience, son luxe, sa tradition administrative et l'impétuosité de la foi religieuse au service des envahisseurs, si bien que l'Europe naissante se structura selon le schéma imparti par le pontificat catholique, version occidentale du christianisme, lequel comptait avant tout sur un facteur irrévocable : faire de son souverain pontife le successeur direct de saint Pierre.

La papauté inspirait les énergies renouvelées de l'Occident tandis qu'en Orient, en fait, les patriarches servaient uniquement de piédestal théocratique à l'Etat. Les grandes vagues islamiques qui ravagèrent les territoires sous la tutelle de Byzance furent en revanche repoussées en Occident, d'abord par Charlemagne, puis par les Cantabres, les Catalans et les habitants du León dans la péninsule Ibérique. La rivalité entre Orient et Occident s'était changée en antagonisme. Elle passerait bientôt à la haine et à l'affrontement.

Charlemagne ne fut pas, comme l'a vulgarisé sa légende, "l'empereur à la barbe fleurie". En réalité, hormis une moustache longue et très fine, il avait le visage complètement rasé, encadré de cheveux blancs. C'était un homme grand, robuste, à la tête ronde, qui s'habillait avec simplicité et qui, pour se protéger du froid, portait un gilet en peau de rat. Il aimait beaucoup l'astronomie et la natation, avait l'élocution facile, savait bien le latin, et, selon son biographe Eginhard, qui fut proche de lui, "il s'entraînait aussi à écrire et avait pour habitude de mettre sous les oreillers de son lit des tablettes et des feuilles de parchemin pour profiter des instants de loisir en s'exerçant à tracer des lettres ; mais il commença trop tard et le résultat fut médiocre".

Reconnu en général comme le "père de l'Europe", Charlemagne commença en fait à tisser son empire sans intention précise, répondant seulement aux attaques extérieures dont il était l'objet de la part des Saxons ou des Arabes. Mais, soit par calcul soit par nécessité, il finit par gouverner un empire s'étendant de la Méditerranée aux lointaines Carpates.

Cet empire fut bien sûr éphémère, divisé par le féodalisme médiéval. Mais, à partir de Charlemagne, l'Europe serait autre : elle serait l'Europe… D'abord parce qu'il tira l'économie occidentale de la modeste autarcie et de l'isolement dans lesquels elle était enfermée, la raccordant à l'Orient et à l'islam. Ensuite, avec le christianisme, il dota l'Europe d'une cohésion au-dessus des particularismes et des peuples, dont les effets continuent à se faire pleinement sentir.

Lentement, la religion s'imposa dans l'âme du roi comme croyance et instrument de pouvoir, sans qu'il cessât pour autant de prêter une grande attention à la culture laïque, rassemblant les savants de son temps dans l'Académie palatine. Charlemagne finit par arriver à une conclusion identique à celle des Byzantins, à savoir que l'Empire romain devait être restauré ou récupéré.

S'étant emparé d'une partie de l'Italie, il devenait en outre indispensable à la papauté, dont la politique et l'autorité religieuse vacillaient face à Byzance. Un premier contact prometteur fut établi entre Charlemagne et Byzance en 781 : il promit sa fille Rothrude à l'empereur de Constantinople, Constantin VI, qui avait alors onze ans.

Et nous arrivons à l'an 800. Le saint-père Léon III avait été rossé sur une place publique, puis accusé de mœurs dissolues. Appuyant le pontife, Charlemagne se présenta à Rome pour présider un jury qui devait le juger. Tout se termina pour le mieux et le pape paya sa dette : sur la pierre de porphyre rose qui se trouve toujours sur les portes de la basilique Saint-Pierre – bien sûr complètement reconstruite –, à la Noël de l'an 800 il couronna le souverain *Caroli Magni Imperatoris*, pour employer les termes d'Eginhard : empereur du Saint Empire romain. Une célèbre mosaïque de l'église Saint-Jean-de-Latran, également à Rome, représente saint Pierre remettant au pape et à l'empereur les attributs respectifs de leur rang.

Mais l'Eglise ne se porta pas non plus excessivement bien avec Charlemagne. Une fois que l'empereur fut dans la basilique pour être couronné, Léon III le força à s'agenouiller devant lui et à lui prêter serment d'obéissance. Eginhard signale que Charles "aurait renoncé [à la proclamation impériale] s'il avait soupçonné l'intention du pontife". L'Eglise romaine, se différenciant radicalement en cela de celle de Byzance, n'accepta jamais de se soumettre ou pouvoir temporel.

Mais on objectera que Charlemagne fut proclamé saint et qu'il est même le patron de Paris. Cela n'a d'ailleurs rien de sûr : c'est l'antipape Adrien qui tardivement, en 1165, canonisa le grand empereur, ce que l'Eglise officielle n'a jamais validé, se limitant à le tolérer.

Charlemagne et Léon III avaient d'ailleurs organisé ce couronnement en opposition à Byzance, profitant d'une circonstance singulière : celle d'une femme exceptionnelle par sa ruse, ses qualités de commandement, son sadisme, qui avait usurpé le trône byzantin. Les documents occidentaux sont catégoriques sur la "manière impie (celle d'une femme au pouvoir) dont le chef de cet empire [Constantin VI] a été déposé non par des étrangers mais par les siens".

Cette femme avait pour nom Irène. Elle était née à Athènes et quand elle épousa l'empereur de Constantinople, Léon IV, c'était une jeune fille très pieuse, aux manières douces. Léon IV mourut en 780. Leur fils Constantin, âgé de dix ans, lui succédait. Irène, prise de la soif du pouvoir, écarta sans pitié ceux qui la gênaient, en commençant par son propre fils, et gouverna entourée d'eunuques ; l'un d'eux, le méprisant Stauracios, fut son Premier ministre.

Curieusement, les eunuques concrétisaient la catégorie angélique si chère à la théologie et à l'art byzantins, qui regardaient les anges asexués et immaculés comme les sublimes assistants du Seigneur.

Très offusqué, Constantin se révolta avec l'appui de l'aristocratie et des généraux mécontents. Irène dut lui céder le pouvoir... pour ne pas tarder à le lui reprendre, d'abord psychologiquement, puis à l'enfermer. Ensuite, froidement, elle lui fit arracher les yeux et le plongea dans un misérable exil. Plus tard, elle adopta le titre masculin de *basileus*, ou autocrate des

Romains, effaçant protocolairement son illégale condition féminine. Elle entonna un majestueux *Te Deum* dans l'église des Saints-Apôtres et défila dans les rues de la ville, vêtue d'or, dans un carrosse tiré par des chevaux blancs, jetant des pièces de monnaie à la foule qui s'égosillait à l'acclamer.

L'île de Büyükada, couverte de jardins, est une oasis dans la mer de Marmara. Elle fait partie des minuscules îles Prince, ainsi appelées parce qu'elles servirent de lieu de réclusion à tous les personnages éliminés de la scène par la suprême obsession de l'intrigue qui dominait l'atmosphère raréfiée de Constantinople. Aucun voyageur ne le devinerait en trottant dans les petites calèches, le moyen de locomotion le plus fréquent et le plus délicieux de Büyükada. Comme personne ne soupçonnerait que l'impératrice Irène se retrouva dans le monastère lorsqu'elle fut détrônée, cinq ans après son triomphe, avant d'aller mourir à Lesbos.

Dans la chute d'Irène intervinrent des conflits beaucoup plus passionnés que sa discorde avec son fils. Une querelle insoluble déchirait Byzance : celle opposant les iconoclastes, qui s'obstinaient à vouloir détruire les images saintes, aux iconolâtres, qui en étaient partisans.

Il s'agissait en réalité d'un affrontement entre deux conceptions artistiques, deux conceptions religieuses et, de ce fait, deux conceptions du monde. Il fut la principale cause de la chute de l'autocrate. Les icônes, peintures ou sculptures sur bois, servaient au début à instruire le peuple ignorant sur les mystères du christianisme. Or, bientôt, ces représentations elles-mêmes furent l'objet d'une adoration fervente et idolâtre, encouragée par la multitude des moines sortis du peuple et aussi ignorants que lui.

Le versant occidental de l'empire, d'influence grecque, avait un art naturaliste : celui de la Grèce. L'armée, qui venait en général d'Arménie, donc d'Asie Mineure, abhorrait au contraire l'imagerie religieuse. La tradition orientale, depuis le judaïsme jusqu'à l'islam, a toujours prohibé les images, limitant ses motifs décoratifs à des représentations animales et végétales. C'est ainsi que les empereurs nés en Orient s'érigèrent en détracteurs des icônes tandis que ceux d'Occident, héritiers de la superbe histoire de la statuaire et de la peinture grecques et romaines, s'en faisaient les champions.

Rome et ses papes les prisaient aussi, n'éprouvant que méfiance pour ces églises byzantines où ne figurait aucune représentation divine, peintes "à l'image d'un verger ou d'une volière", preuve absolue de paganisme selon eux. La Méditerranée humaniste, mettant l'homme au centre de toutes choses, s'opposait donc à l'abstraction symboliste étrangère.

Il circulait aussi des rumeurs, l'une d'elles affirmant que les monastères possédaient d'énormes propriétés et étaient exonérés d'impôts. Ce qui intéressait l'empereur au premier chef, c'étaient l'argent et les terres susceptibles de leur être confisqués. Or sans images, sans idoles, les moines perdaient une grande partie de leur influence sur le peuple...

Faisons halte en Cappadoce. La sanglante guerre civile qui ravagea Byzance pendant plus d'un siècle provoqua la fuite de nombreux moines et croyants vers les régions limitrophes de l'empire, telle la Cappadoce, qui s'étend au fin fond de l'Anatolie ; pour se cacher, ils creusèrent dans le rocher, avec ferveur et frénésie, un millier d'églises, dont cent cinquante environ conservent leurs peintures, même si elles subirent souvent les coups de griffe des iconoclastes, comme on peut le constater, et si leurs statues furent décapitées.

Les éruptions de lave et de boue de l'Erciyes Daği, le volcan aujourd'hui endormi qui se dresse sur l'horizon cappadocien, ont créé un haut plateau, une sorte de montagne que les agents atmosphériques et l'eau ont ensuite érodé pour former, en son milieu, une gigantesque dépression triangulaire de quatre mille kilomètres carrés, où vivent aujourd'hui douze mille personnes : c'est la Cappadoce.

Là, tout est irréel, voilé, profond, disparate, depuis les roches aberrantes qui, tels des phallus ou des champignons, se dressent à Zelve jusqu'aux temples-terriers de Göreme et de Soğanli, sombre univers rupestre... L'érosion et les différentes strates sédimentaires de l'écorce terrestre ont façonné un paysage singulier : les "champignons" sont des blocs de pierre ayant mieux résisté que ceux qui les entouraient.

La Cappadoce n'a pas été uniquement une terre de refuge, mais l'un des espaces les plus foulés par les peuples envahisseurs qui se sont précipités vers la Méditerranée, depuis les Hittites jusqu'aux Mongols en passant par les Perses et les Séleucides. Pour s'en protéger, les habitants du pays ont fini par creuser de fabuleuses villes souterraines, dans lesquelles ils disparaissaient quand, scrutant l'horizon, ils voyaient poindre un danger, et qu'ils utilisèrent surtout jusqu'aux premiers siècles de notre ère. Derinkuyu, dont le nom signifie "puits profond", est la plus spectaculaire d'entre elles.

On y accédait, on y accède toujours, par de petites entrées qui s'ouvrent dans le sol. Elle est formée par une vingtaine d'étages dont huit ont été explorés, sur une profondeur de cinquante-cinq mètres. Là-dessous se trouvent des églises, des puits, des écoles, des prisons, des maisons, cet aménagement pouvant accueillir environ deux mille familles. Des galeries souterraines, longues parfois de dix kilomètres, conduisaient en outre à d'autres villes souterraines… Du délire.

Mais cet esprit de résistance a également adopté des formes urbaines conventionnelles, comme c'est le cas à Trébizonde, sur la mer Noire isolée, désolée, cet immense lac intérieur relié à la Méditerranée, que les Turcs appellent mer Blanche. La ville servit de refuge à l'empereur de Byzance quand Constantinople fut prise par les croisés, et, dix années durant, accueillit aussi le dernier foyer important de résistance byzantine après que la capitale fut tombée aux mains des Turcs. Depuis la disparition de l'URSS, la ville grandit, agitée par la pression commerciale des territoires turkmènes hier soviétiques, aujourd'hui indépendants ou autonomes.

L'église Sainte-Sophie de Trébizonde, construite au début du XIIIe siècle, est l'un des monuments les plus remarquables de Byzance.

Malgré le triomphe ultime des images, l'art byzantin présente de fortes caractéristiques orientales : on y évite les sculptures tandis qu'y prolifère le bas-relief, de nette influence assyrienne, asiatique, où la silhouette est absorbée par la pierre et par l'ensemble, comme si une vérité ou une catégorie supérieure rapetissait l'homme et toute représentation quelle qu'elle soit. La fixité des expressions du bas-relief tente de donner une impression d'immuabilité, que communique la divinité abstraite et absolue.

Depuis un concile célébré en 787, l'Eglise exerçait sur les arts un inéluctable diktat. Elle spécifiait pour chaque œuvre le nombre de personnages et l'attitude dans laquelle ils devaient être représentés, de même que sa gamme chromatique. Le blanc, couleur de la vérité et de la pureté, était réservé à Jésus et aux anges ; le manteau du Christ devait être pourpre, teinte de la royauté suprême ; les bleus étaient destinés à la Vierge, compagne de la nuit et de la lune ; le vert symbolisait toujours l'espoir… Les nombreuses significations que nous attribuons aux différentes nuances de l'arc-en-ciel nous viennent donc de Byzance.

Aux alentours de l'an mille, l'Eglise d'Occident semblait être entrée dans un état de décadence et de corruption conforme, d'une certaine manière, aux prophéties qu'on croyait lire dans l'orageuse Apocalypse de saint Jean, lesquelles associaient le millénaire à la fin du monde. En 1046, l'empereur du Saint Empire romain déposa trois papes qui se disputaient avec âpreté, chacun prétendant être le vrai, à la suite de quoi les évêques qui assistaient au synode de Latran demandèrent à genoux à l'empereur d'élire lui-même le nouveau pontife.

Etant des seigneurs féodaux et les églises se trouvant sur leurs domaines, empereur, rois, barons nommaient leurs parents et leurs proches aux plus hautes dignités ecclésiastiques et vendaient en outre lesdites prébendes en toute tranquillité. Un certain Frotard acheta l'évêché d'Albi pour "quinze chevaux de grand prix", et un nommé Guifredo obtint l'archevêché de Sardaigne pour cent mille sous.

Venait ensuite la question épineuse du concubinage, qui touchait toute la hiérarchie cléricale. Saint Pierre Damien déplorait qu'en Italie – mais c'était la même chose en Allemagne, en France et en Espagne – de nombreux évêques vivent avec des femmes. La *diaconissa*, la *presbitera*, l'*episcopissa*, comme on les appelait, étaient des figures familières dans les presbytères et les évêchés. L'Eglise se trouvait dispersée dans les grandes forêts qui couvraient l'Europe et la formation religieuse était des plus médiocres. En 952, le concile de Habsbourg décréta que les concubines des curés seraient fouettées et tondues. Le pape Benoît VIII décida quant à lui que les enfants des prêtres deviendraient des esclaves et des serfs.

Les conflits s'envenimaient de jour en jour entre Rome, qui s'arrogeait la suprématie religieuse, et le patriarche de Constantinople qui souhaitait une Eglise bicéphale ; il se mit à la tête de la chrétienté orientale après l'expansion islamique, patriarcat que soutenait le nouvel âge d'or dont jouissait Byzance depuis la fin du IXe siècle, et qui durerait deux cents ans sous la dynastie des Macédoniens. Un légat de Rome déposa solennellement la bulle d'excommunication du patriarche de Constantinople sur l'autel de Sainte-Sophie. Celui-ci la brûla avec morgue, excommuniant à son tour les Romains. Cela se passait en 1054. Le schisme radical, scellé par la haine, avait définitivement pris effet ; il est toujours en vigueur.

Dans ce contexte apparut saint Hildebrand, moine élu pape par la volonté populaire, qui adopta le nom de Grégoire VII. Il portera la tiare pendant douze ans (1073-1085) ; sa ténacité, la pureté de ses mœurs, son spiritualisme nourri d'une fervente lecture de la Bible en firent le plus grand des réformateurs. Il s'opposa au concubinage, à la vente des charges, imagina une Eglise universelle toute-puissante.

En outre, son pontificat coïncida avec les grands moments de renouveau monastique de Cluny ; avec ses quatre cents monastères et prieurés répartis dans toute l'Europe et placés sous l'autorité directe du pape, ce qui assurait leur indépendance à l'égard des juridictions épiscopales, Cluny représentait l'organisation religieuse, mais aussi culturelle et agricole, la plus vaste et la plus efficace d'Occident. Seul le Saint-Père avait plus de pouvoir que l'abbé de Cluny.

"Les belles choses sont un pressentiment de Dieu", disait-on à Cluny, conviction qui contribua à donner à l'art et à l'architecture qu'on appelle aujourd'hui romans une ampleur et un éclat extraordinaires pour l'époque. Ces décennies ou ces siècles qui couvrent l'an mille reflètent autant la force que la pluralité de l'Eglise renaissante. Il y avait alors peu de voies de communication en Europe et les bâtisseurs de temples s'inspiraient de la tradition locale, ce qui créait une incroyable variété dominée par l'unité de la foi.

La France, l'Italie ou l'Espagne – rappelons qu'elles ne portaient pas ces noms ni n'étaient des Etats –, pour nous en tenir à la Méditerranée, nous en donnent d'abondants témoignages. Dans le Languedoc, nous avons la basilique et l'admirable cloître de Moissac ou, en Arles, ceux de Saint-Trophime, ouvrages d'une société solidement établie. En Italie, la cathédrale de Pise, d'une beauté qui frise le merveilleux, résume à la fois l'héritage hellénique et romain. De même que le baptistère de Florence, un bijou… San Climent de Taull, en Catalogne, naît dans un autre contexte : une région plus pauvre, par conséquent une religion plus primitive, pour cela peut-être aussi plus expressive, plus "expressionniste".

Les chapiteaux de Moissac, les peintures et sculptures sur bois que renferment les musées catalans du roman (Barcelone, Vic, Solsona) reprennent l'une des caractéristiques les plus populaires de cet art : ses monstres et ses démons, sa formidable affabulation caricaturale. L'influence orientale est ici évidente : des motifs floraux, fantastiques, apocalyptiques, animaux ou mythiques donnent une impression de mouvement. Si le Christ Pantocrator est un juge sévère qui contemple les fidèles, les chapitaux historiés des cloîtres et les "enfers" donnent libre cours à l'imagination la plus débridée. Le monde du roman, bien que sévèrement articulé, est un monde en ébullition et en expansion.

Cloître de Saint-Pierre de Moissac.

J'insiste sur l'imagination. On a dit et répété que ce fatras roman terrorisait les gens. Saint Bernard, depuis l'austérité de l'ordre de Cîteaux, les condamna et admonesta ses moines, mais pour des motifs tout à fait opposés :

> Sous les yeux des frères absorbés dans la lecture et la méditation, à quoi servent ces monstres ridicules, ces belles horreurs, ces horribles beautés ? Ces singes immondes, ces lions faméliques, ces monstrueux centaures, ces êtres à demi humains ? Ici, on voit différents corps réunis sous une seule tête, là différentes têtes sortant d'un même corps. Plus loin, un quadrupède avec une queue de poisson, et ailleurs un poisson à tête de quadrupède. Ici, vous trouvez un animal moitié cheval, moitié chèvre, et là une bête cornue ayant la croupe d'un cheval. Bref, de tous côtés surgissent des formes si variées, si étourdissantes, qu'il devient évidemment plus agréable de lire le marbre au lieu des manuscrits, et de passer des journées entières à contempler ces choses plutôt qu'à méditer sur la loi divine*...

Dans ce sens, le roman présente une certaine parenté avec les téléfilms d'aujourd'hui.

Grégoire VII eut face à lui un autre personnage singulier, tout aussi combatif, mais plein de duplicité et fort porté sur les plaisirs de la chair : Henri IV, empereur du Saint Empire romain. Il monta enfant sur le trône, dut guerroyer pendant vingt ans contre les grands seigneurs et fut finalement déposé par ses propres fils.

Grégoire fit de la querelle des Investitures une question de principe immuable : le pape devait nommer la hiérarchie ecclésiastique tandis que l'empereur exigeait catégoriquement être celui qui la désignait. Les épisodes de ce duel furent multiples : le pape déposa l'empereur, celui-ci nomma des antipapes et attaqua Rome quatre fois.

Lors d'une de ces péripéties, Henri se présenta à Grégoire au mois de janvier, à Canossa ; vêtu de l'habit de pèlerin, pieds nus dans la neige, il resta trois jours devant la porte close du château papal, implorant le pardon. Il finit par l'obtenir... mais dès qu'il fut de retour en Allemagne s'empressa de ridiculiser le pontife.

Grégoire et ses successeurs finiraient cependant par triompher. Son *Dictatus papae*, orgueilleux document comptant vingt-sept points ou décrets, constitue un véritable monument à la prépotence du Saint Siège. Chacune de ses proclamations résonnait tel un coup de maillet : seul le pontife romain peut être qualifié d'universel ; le pape est le seul à qui tous les princes baisent les pieds ; le pape a tout pouvoir de déposer les empereurs ; personne n'est habilité à réprouver la sentence du pape, lui seul peut blâmer celle de tous ; l'Eglise ne s'est jamais trompée et jamais elle ne se trompera ; si le pontife a été canoniquement ordonné, il devient assurément un saint...

Mais, à peine deux cents ans plus tard, ces paroles avaient perdu toute validité... Avignon, le palais des Papes, ville souriante au milieu des vergers du Rhône, dans le Midi de la France. Ville qui fut par excellence le théâtre du schisme de l'Occident. Lors du passage du monde féodal à celui de la Renaissance – le premier tourné vers Dieu, le second centré sur l'homme –, la chrétienté se divise avec fracas. C'est l'époque où Byzance, fustigée par l'Occident, de plus en plus encerclée par les Turcs, ne règne plus que sur mille kilomètres carrés et soixante mille âmes. D'autres empires régneront désormais par moitié sur l'univers méditerranéen : l'espagnol et l'ottoman.

En 1305, le Saint-Siège, prisonnier du roi, doit demeurer en France, puis il s'installe en Avignon, élisant évidemment des papes français lors des conclaves suivants. L'un d'eux, Grégoire XI, retourne à Rome à peu près seul pour y mourir. L'Italie se débat dans le chaos, les aristocrates et les brigands s'emparent des villes et des chemins. Le conclave qui doit élire le successeur de

Grégoire se tient à Rome, il est assiégé par la populace qui exige un pontife romain. Les cardinaux doivent le lui donner, c'est Urbain VI. Mais ensuite ils le déposent et élisent un autre Français, Clément VII, qui retourne en Avignon. Le schisme a éclaté.

Ils sont bientôt trois à se réclamer du pontificat suprême. Il y a des morts, des empoisonnements et de nouvelles élections, l'Europe divise sa conscience, son obéissance et sa politique entre autant de Saints-Pères. Enfin, le concile de Constance les dépose tous et élit un nouveau pape, Martin V, qui retourne s'installer à Rome.

Deux des déposés abdiquent et fuient. Quant au troisième, Benoît XIII, voilà longtemps qu'en réponse à toute allusion concernant son abdication il se contente de marmonner : "Il faudra d'abord m'écorcher vif." Il s'agit de l'Espagnol Pedro de Luna, âgé de soixante-cinq ans, élu pape en Avignon en 1394. Têtu, petit, maigre, il brûlera sa dernière chance en 1415, en prononçant un sermon de six heures, en latin, dans la cathédrale de Perpignan, devant l'empereur Sigismond, le roi espagnol Ferdinand Ier de Antequera et saint Vincente Ferrier, Valencien et faiseur de miracles.

Sa thèse, en fin de compte, est simple et sans appel : si tous les papes surgis du schisme sont récusables, il est, lui, le seul cardinal vivant qui ait été nommé par le dernier pape antérieur au schisme, le seul donc qui puisse élire un nouveau pape ; en conséquence, il se désigne lui-même. Naturellement, il doit s'enfuir et, sous un déguisement, abandonner Avignon par les égouts.

Le Rhône, un bateau, la mer. Il se réfugie sur la côte valencienne, étirée, couronnée par le formidable rocher de Peñiscola et son antique forteresse templière. Fort âgé, isolé et assiégé, il attend l'énigmatique jugement de Dieu tandis que la vieille, la grande et lumineuse Méditerranée lèche, tantôt calme, tantôt agitée, ses pieds sarmenteux. Il n'est plus que le pape de la mer.

*

Les tentes sont en laine de brebis et de chèvre. En laine blanche : par la couleur, nous savons que nous sommes au Sahara. Si nous nous trouvions dans le désert d'Arabie, elle serait noire… Avec la chaleur, la laine rétrécit, se referme sur elle-même et devient imperméable, si bien que l'air est frais à l'intérieur de la tente. S'il pleuvait, la laine mouillée feutrerait et formerait une étoffe tout aussi compacte et impénétrable. Le Bédouin, le nomade du désert, possède – et surtout possédait – fort peu de choses, mais celles-ci vont loin ! Par exemple, il prend un peu de laine, la brûle et, après avoir mélangé un peu d'eau à sa cendre noire, obtient de l'encre, avec laquelle il peut écrire le mot primordial, substantiel :

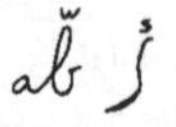

c'est-à-dire Allah, Dieu.

Terre, nom où réside l'essence de l'islam : la mystique du désert. Comme si le vide immense qui entoure le Bédouin était tumultueusement rempli par l'ouragan de la foi. Une foi aussi austère, ardente, unidimensionnelle, cohésive et compacte que l'existence et l'atmosphère sur ces étendues de sable…

Nous sommes maintenant dans le Hoggar, où s'achève l'Algérie, près de la légendaire Tamanrasset, la cité perdue des caravanes de chameaux. Ah, le chameau…

Selon les Touareg, ces antiques et fiers guerriers qui régnèrent sur une région plus vaste que la France et l'Espagne réunies, la première chose qu'Allah créa au monde fut le lait. Du lait de chamelle, dont naît toute vie, qui nourrit l'homme et l'animal.

Si nous continuions à travers le désert dans une caravane, soumis au doux balancement des chameaux, nous arriverions à l'islam noir : au Mali, au Niger… Mais restons dans le Hoggar, sous l'emprise des imposants plateaux de granit et des pitons de basalte fantasmagoriques, massifs volcaniques qui se conjuguent avec le tremblement infini des sables, avec les rondeurs sensuelles des dunes. Une grandeur pleine de désolation.

Comme celle des Touareg, âpre et majestueuse. Le *tagelmust*, le turban enroulé qui leur couvre la tête et le visage, évoque le voile qui dans l'iconographie musulmane cache la face du Prophète, Mahomet. Si celle-ci était représentée, elle pourrait révéler des imperfections : c'est pourquoi il convient de la voiler. La dignité suprême se trouve dans l'abstraction, dans le mystère, de même que s'érige, tel un rigoureux ordonnancement du néant, un délire de figures géométriques dans le motif fondamental de la décoration et de l'art islamiques.

Chaque marque dans le sable, chaque roche peuvent abriter les djinns, ces esprits malins et rusés du désert. Mais ils ne nous intéressent pas. Seul nous importe Allah, *Allahu Akbar !*, "Allah est le plus grand !", comme psalmodient inlassablement les fidèles en route pour La Mecque, le lointain centre de l'islam.

Touareg portant le *tagelmust.*

Deux grands noyaux de divinité ont peuplé l'univers méditerranéen. L'un polythéiste, celui de la multitude des capricieux dieux grecs, plus tard romains. L'autre monothéiste, celui du dieu unique, l'Elohim ou Jéhovah du Bédouin Abraham, aussi resplendissant et absolu que l'aveuglante lumière du désert.

Du désert du Néguev aussi. Le Dieu des juifs, d'où surgit le Jésus-Christ incarné des chrétiens, celui de la moitié nord de la Méditerranée, et cet Allah installé au sud, le Dieu révélé à Mahomet. Encore que le Seigneur des catholiques, malgré son unicité omnipotente, ait conservé autour de lui certains vestiges colorés du polythéisme ancestral : la Sainte-Trinité, la Vierge, les saints, les anges… Mais dans l'islam, bien qu'existe aussi une partie de cette cohorte, il est à peine présent : dans le désert, Allah, Dieu, garde une pureté sèche, vibrante et réconfortante, une vérité unique : *La ilaha illa Allah, Muhammad rasul Allah*, “Il n’y a d’autre Dieu qu’Allah et Mahomet est son prophète”.

Mais l’endroit où l’on prie, ou priait, le plus officiellement dans tout le Maghreb, du moins avant que n’apparaissent les intégristes algériens, et à supposer que ces gens-là prient, c’est à Kairouan, ville sainte, sanctifiée. Jazirat al-Maghrib, la côte méditerranéenne de l’Afrique du Nord, du nord-est, signifie “île où le soleil se couche”. Tout musulman doit faire un pèlerinage au moins une fois dans sa vie à La Mecque. Il en sera dispensé s’il se rend à Kairouan… mais il devra alors le faire sept fois.

La ville se dresse isolée, songeuse, bruyante à l’intérieur, au milieu de la plaine steppique tunisienne, que les Arabes appellent Ifrīqiyya, et constitue l’un des foyers les plus fidèles, mais circonspects, de l’orthodoxie mahométane. C’est pourquoi le gouvernement tunisien a entrepris des travaux publics et accordé des subventions à Kairouan : il veut dompter le radicalisme en créant de l’emploi. C’est probablement le meilleur moyen, même si ceux qui aimaient la ville archaïque, sa misérable grandeur et son atmosphère recluse se sentent peu à l’aise dans les ruelles maintenant retournées par les maçons.

Kairouan fut fondée par le chef ‘Uqba ibn Nāfi’ en 671, ou 50 de l’hégire – 16 juillet 622, date de la fuite de Mahomet et des siens à Médine, lorsqu’ils furent chassés de La Mecque, événement qui marque le début de l’ère islamique. En 639, les envahisseurs mahométans avaient déjà conquis l’Egypte. La rapidité avec laquelle les musulmans ont envahi de vastes étendues du monde alors connu est assez incroyable…

Le grand historien médiéval, Ibn Khaldūn, justement tunisien, raconte ainsi la fondation de Kairouan :

> ‘Uqba, dont les désirs furent toujours obéis, invoqua Allah tout-puissant, et ses compagnons s’unirent à la prière en disant “amen”. Regroupant alors autour de lui les dix-huit compagnons du Prophète qui étaient dans l’armée, il cria d’une voix forte : “Serpents et bêtes féroces, nous sommes les compagnons du Prophète béni ! Retirez-vous donc, car nous allons nous établir ici et tuerons tous ceux d’entre vous qui y resteront après cet avertissement.” On vit alors les animaux sauvages et les serpents emmener leurs petits, et à cette vue de nombreux Berbères se convertirent à l’islam.

Kairouan, ou campement caravanier : son nom arabe, Al-Qayrawān vient de *cairavan*, “caravane”. Mais il s’agit dans ce cas d’un campement guerrier : la ville fut une base militaire et navale extraordinairement dynamique.

A Kairouan se trouve une école coranique qui, bien que très rénovée architecturalement, contient le tombeau d'un des compagnons du Prophète, Abū Dhama el-Bahui. L'édifice est connu sous le nom de "mosquée du Barbier". Il ne s'agit pas d'une plaisanterie : c'est qu'Abū portait toujours sur lui trois poils de la barbe de Mahomet, dont la vie, en toute logique, a suscité de nombreuses légendes fleuries, tel le récit intitulé *Le Progrès du Prophète*, magnifiquement illustré par un miniaturiste turc du XVIe siècle.

Mahomet est dessiné par celui-ci le visage voilé – ces Touareg... et enveloppé d'un halo flamboyant, symbole de son caractère hautement représentatif. Et quand, âgé de quarante ans, en Arabie, il reçut sa première révélation de l'archange Gabriel, l'artiste nous le montre déconcerté parce que le visage de Gabriel se multiplie, magnétique, le contemplant de tous côtés. Plus tard, Mahomet traverse les Sept Cieux monté sur un être merveilleux portant le nom de Burag : il a la tête d'une femme, le corps d'une mule et la queue d'un paon. Arrivé au paradis, il rencontre Jésus, qu'il décrit "de taille moyenne et criblé de taches de rousseur", Moïse, dont il dit qu'il a "le visage rose"... Puis, lors de la fameuse fuite de Mahomet de La Mecque, deux soldats le poursuivent, envoyés par Satan, habillé de bleu. Le Prophète dort dans une grotte, mais ils passent devant sans la voir : une araignée a tissé sa toile, bouchant son entrée, et des colombes y ont construit leur nid ; aussi les soldats de Satan pensent-ils que personne n'a pénétré dans cette grotte depuis fort longtemps... Enfin, à soixante-trois ans, l'ange de la mort apparaît à Mahomet et lui propose un choix : préfère-t-il demeurer éternellement en ce monde ou monter au paradis afin d'y retrouver Allah ? Alors, le Prophète s'en va...

La Grande Mosquée de Kairouan fut érigée en même temps que la ville. Malgré ses reconstructions successives, c'est la plus ancienne de l'islam occidental ; des marbres romains, carthaginois et byzantins font partie de ses matériaux. Si la "mosquée du Barbier" incite à l'imagination, celle-ci oblige à l'orthodoxie.

Dans l'islam, l'orthodoxie est condensée dans le Coran, mot d'origine syrienne qui veut dire récitatif, lecture psalmodiée. Et c'est fondamentalement ce qu'est ce livre de soixante-dix-huit mille mots, donc aussi long que notre Nouveau Testament : un texte qui doit être lu à haute voix, au point que de nombreux musulmans l'ont appris par cœur... Raimond Lulle, l'impétueux philosophe médiéval originaire de Majorque, disait : *"Com los sarrayns entenen provar lur lley ésser donada per Déu, però ço car l'Alcorà és tan bell dictat que no'l podria fer null hom semblant d'ell, segons que ells diuen."* Cela ne fait pas de doute : les Sarrasins croyaient que la beauté linguistique du Coran était telle que personne d'autre que Dieu ne pouvait l'avoir dicté. Ses ennemis donnèrent d'ailleurs à Mahomet un surnom qui dénotait leur mépris, "le poète".

Tout aussi splendide est l'esthétique arabe rectiligne, que nous pouvons également admirer à Kairouan. Avec ses couleurs éblouissantes, pures, que ce soit sur la céramique ou le badigeonnage de ses murs : le blanc, le bleu, le vert, l'ocre, le jaune... Des couleurs éclatantes qui reflètent la luminosité exacerbée de l'Afrique.

L'un des peintres les plus sensibles, les plus innovateurs du XXe siècle, Paul Klee, se trouvant à Kairouan en 1914, écrivit dans son journal : "La couleur me possède. Point n'est besoin de chercher à la saisir. Elle me possède, je le sais. Voilà le sens du moment heureux : la couleur et moi sommes un. Je suis peintre."

Mais pour une véritable folie chromatique – et pestilentielle ! il y a le quartier des teinturiers de Fès, la ville impériale marocaine, fortifiée et dense. Sur un terrain vague en ruine pléthorique de saleté, dans des cuves multiples creusées à cette fin, des ouvriers incroyablement sales mélangent des couleurs, teignent des étoffes et des peaux, comme dans un gigantesque jeu d'enfant. Avec une fougue tragique : les tanneurs de Fès "submergent l'âme et le destin dans la marmite des couleurs", devine l'écrivain marocain Tahar Ben Jelloun.

Jeu qui dans le quartier voisin des potiers, avec ses ruelles secrètes, reprend des proportions normales ; ses jarres et ses récipients innombrables sont un ballet de couleurs et de formes... La médina de Fès compose un indescriptible labyrinthe, exhale une vie grouillante, qui constitue peut-être la plus authentique et la plus dense de toutes celles qui composent l'urbanisme populaire arabe.

Une partie de la vieille ville, Fès el-Bali, porte curieusement le nom du quartier des Andalous. C'est qu'au début du IXe siècle vinrent s'y établir huit mille familles de Cordoue qui avaient pu échapper à la brutale répression par laquelle fut réduite une révolte contre l'émir al-Hakam Ier et les 'Abbāssides.

Dans la bouillonnante Fès, les couleurs de l'islam ne se réduisent évidemment pas à un simple ornement ; elles sont un artisanat, un commerce et enfin, à Kairouan, un tourisme. Ce que bénit aussi le Coran : au jour du Jugement dernier, “le marchand sincère et honnête aura sa place près des prophètes, des justes et des martyres”.

Oui, ce sont les mêmes prophètes et le même Jugement dernier que reconnaissent le christianisme et le judaïsme. Car Mahomet partait essentiellement des récits bibliques et évangéliques. Si, par exemple, il renie les dogmes de la divinité de Jésus-Christ et de la Sainte-Trinité, il accepte en revanche la virginité de Marie et l’ascension de Jésus aux cieux. Il recueille par ailleurs certaines traditions des tribus bédouines d’Arabie, qui adoraient plusieurs idoles, la principale étant celle que contient la Ka‘ba, la Pierre noire, météorite vénéré à La Mecque, finalement devenu le symbole sacré universel du mahométisme. N’est-il pas inouï que cette fascination pour le solide et l’obscur, témoignage hermétique d’énigme et d’éternité, ait surgi des étendues de sables mouvants et solaires ?

Mahomet et ses fidèles d’après un manuscrit persan.

Un autre groupe de fugitifs, de Kairouan cette fois, fonda la mosquée mère de Fès, la Qarawiyyīn. Superbe édifice, qui fut en outre, pendant des siècles, l’université musulmane la plus appréciée et la plus fréquentée du Maghreb.

L’unité du Coran, que constitue aussi un système juridique méticuleux. Il précise par exemple quelle relation légale doit unir l’homme et la femme : un homme peut épouser jusqu’à quatre femmes, à condition d’avoir les moyens de subvenir à leurs besoins, mais il peut aussi divorcer et, de la sorte, augmenter successivement leur nombre à l’infini ; il a même le droit de les battre “si nécessaire”. Sans compter, bien sûr, les concubines… Mais sans aller non plus jusqu’à l’orgie, car le livre sacré met en garde : “Les impudicités entre les deux sexes seront punies de cent coups de fouet.”

Or le Prophète lui-même ne suivit pas à la lettre sa propre règle : quand Khadīja mourut – la riche veuve qu'il avait épousée bien qu'elle eût quinze ans de plus que lui –, Mahomet se remaria, et neuf fois de suite ! Chaque épouse avait sa chambre et il couchait avec toutes selon un ordre rigoureux. L'une d'elles, ‘A‘isha, n'avait que dix ans, et sans doute en quelque occasion batifola-t-elle plus qu'il ne convenait avec de séduisants jeunes hommes. Mais le vieux Prophète ne crut jamais ceux qui l'accusaient et c'est dans les bras douillets de la belle qu'il expira.

Car la loi, si sévère soit-elle, admet toujours les subterfuges. Au musée du palais de Dar Batha, à Fès, se trouve une ravissante collection d'armes. Le Coran interdit aux hommes de porter des pierres précieuses. Bon. Mais il permet qu'elles soient incrustées dans les armes : le luxe que celles-ci exhibe est donc excessif. Les lois sont faites pour être violées. Où que ce soit.

Si la salle de prière de la Qarawiyyīn a besoin du soutien de deux cent soixante-dix colonnes pour déployer sa sobre magnificence, l'islam n'est soutenu que par cinq piliers titanesques : la foi, la prière, le jeûne, l'aumône et le pèlerinage à La Mecque. Avec, bien sûr, la récompense finale du paradis où les bienheureux jouiront d'un “vin qui ne leur fera pas mal à la tête” et, comme dans les contes les plus heureux des *Mille et Une Nuits*, de “jeunes filles – les houris – aux grands yeux noirs, semblables aux perles cachées dans les coquillages”...

Mais revenons à l'univers immuable et nu des tentes. Mon plus long voyage dans le désert du Sahara commença à Tamanrasset, à deux mille kilomètres au sud d'Alger, d'où je partis pour une expédition mouvementée vers le sud et sud-est algérien, revenant dans cette oasis après avoir décrit un ovale de mille six cents kilomètres et longé les frontières du Mali et du Niger. Le tassili de Tin-Rerhoh et le puits d'Anesbakara constituaient les axes d'une route sans pistes, sans êtres humains, sans ressources.

Deux Touareg, ‘Aïssa et Adhmet, conduisaient chacun un véhicule tout-terrain, et un troisième, Osman, faisait office de guide et de cuisinier. Nous dormions dans des sacs de couchage sous des tentes minuscules. Quand nous trouvions un acacia mort, nous faisions provision de bois pour le repas du soir ; nous avions des légumes déshydratés, de la viande que la sécheresse du désert avait boucanée, du riz et du maïs, le couscous spongieux et les merveilleuses dattes. Et de l'eau dans des outres en peau de chèvre. Nous pétrissions puis cuisions sous la cendre une grosse fournée de *taguela*, le pain délicieusement croustillant dont la pâte reste humide à l'intérieur.

Le soleil se lève à sept heures du matin et se couche à six heures du soir. A neuf heures, nous étions couchés, ayant dîné, parlé près du feu de la vie dans le désert, joué à dessiner sur le sable, entonné des chansons cadencées parlant d'amour et de guerre, identifié les étoiles et les constellations dans le ciel diaphane tout proche : la resplendissante Vénus, le petit groupe des Pléiades, Orion... A l'aube, de nombreuses petites empreintes de gerboise – le minuscule rongeur jaunâtre qui ressemble un peu au kangourou – entouraient le campement.

Pendant tout le voyage, qui dura deux semaines, les seuls êtres humains que nous rencontrâmes, précisément au puits, furent une famille de Touareg, avec ses tentes et ses chèvres, qui faisait paître des chameaux dans un oued, large lit qui recueille la montée des eaux lorsqu'il pleut. Pour ce qui est des animaux, nous ne vîmes que quelques gazelles, agiles et fragiles, stylisées. Et des oiseaux, un couple de corbeaux, outre les *mula-mula* dans les montagnes de Tamanrasset, jolis petits oiseaux blanc et noir dotés d'une grande curiosité.

Avec les Touareg, pour nous comprendre, nous utilisions le français. Et c'est dans cette langue que nous composâmes une chanson de marche naïve :

A la belle étoile
le chemin perdu,
mon cœur amical,
et la fille, et la fille très jolie !

La nuit à la belle étoile et les chemins perdus, notre cœur joyeux, l'amour... Oui, la chanson reflétait le voyage.

Nous roulons sur une étendue infinie de sable à peine ondulé, et soudain, autour de nous, se forment un, dix lacs et ruisseaux, l'eau tremblante et les boqueteaux statiques, qui brusquement s'évaporent. Aussitôt d'autres apparaissent. Pendant des heures. Ce sont les mirages, qui vers midi se multiplient, saturant d'irréalité ce monde stérile et vigoureux.

Le Sahara est essentiellement formé d'ergs – grandes étendues de dunes, abstraction de sables dorés et nus, beauté de la mort – et de regs, régions pierreuses désolées, qui peuvent s'associer aux chotts, vallées fossiles blanchâtres, ou aux hamadas, plaines couvertes d'arbustes résistants et d'herbes rêches, pâturages du chameau dégingandé et de la chèvre nerveuse. Et apparaissent, solitaires, les tamariniers feuillus et les acacias hérissés d'épines, à l'ombre chiche desquels les Touareg préparent le thé. Rite oblige, il nous faut en boire trois verres : le premier amer, le deuxième sucré à point, le troisième très sucré.

A l'aube, le sable est durci par la fraîcheur nocturne et il s'amollit avec le soleil. Une fois, vingt fois nos deux véhicules tout-terrains s'échouent dans sa masse fluide et suffocante. Pour en sortir, il faut utiliser la pelle, mettre des passerelles métalliques sous les roues. Et, moteurs haletants, les voitures grimpent sur les rochers, en équilibre précaire. La recherche de passages pour monter sur un tassili ou éviter les dunes devient obsédante. Les Touareg scrutent, tâtent...

Tin-Rerhoh, Tin Tabarakkat, Uan Amarakan, Una Zunga sont des tassilis, petits plateaux de deux cents kilomètres de long situés au sud-ouest du Hoggar. Entre les dunes, des étendues rocheuses d'une noirceur lancinante, spectaculairement érodées. C'est du grès, très poreux ou granitique, avec des massifs basaltiques. Le manganèse qui suinte du sous-sol oxyde la pierre et forme une croûte obscure. L'humidité s'infiltre dans ses rainures, la gelée la lézarde et le vent ne cesse de la gratter, jetant du sable dans les interstices. La croûte s'émiette, tombe, et le même processus de dégradation recommence sur la pierre qui se trouve en dessous.

Nous avançons dans un monde fabuleux, immergés dans une hallucinante vieillesse sidérale, au milieu d'énormes monticules aux formes de sphinx, de bêtes antédiluviennes, de bulbeuses éruptions de pierre. Un silence perçant flotte autour de nous. La vie est la matière dans sa toute-puissance figée. Jamais je n'avais été aussi seul. Ni, sur la terre ferme – la mer est différente –, aussi submergé dans la totalité : nous ne sommes qu'une fraction de cette matière, comme le vautour dont nous trouvons le nid plein d'os et de charogne dans une grotte obscure.

Et nous pratiquons la *gzana* : lire la terre. J'enfonce un doigt dans le sable tandis que le Targui palpe le sol et décrypte pour moi les mystérieuses sinuosités du destin... Osman, Adhmet et 'Aïssa entourent leur tête avec le *tagelmust*, énorme turban qui ne laisse voir que les yeux. Le turban est bleu – les Touareg sont appelés les "hommes bleus" –, mais il y en a également des noirs, des verts, des blancs. Je me couvre aussi : pour se protéger du soleil implacable, du froid nocturne, du vent de sable, le *tagelmust* est indispensable.

Mais Touareg est un nom français, s'empressent de me dire mes compagnons, car eux s'appellent *Targui* dans leur langue, le *tamahaq*, qui possède une écriture, le *tifinagh*, composée de signes géométriques qui reproduisent les consonnes et ne possédant qu'une voyelle. Langue libyque, hermétique, antérieure à notre concept de l'histoire. Comme les Touareg eux-mêmes, descendant probablement des Berbères, plus hauts de taille que le vieux substrat ethnique méditerranéen, le nez aquilin, le regard aigu et serein entre les plis du *tagelmust*.

Les femmes, grandes aussi, d'une beauté empreinte de noblesse, gardent le visage découvert, contrairement à la femme arabe qui se montre à nous voilée. La société touareg est matrilinéaire, les enfants appartiennent avant tout à leur mère et ce sont elles qui leur apprennent la langue *tifinagh* et les chansons. Dans cette langue, les mots “mère” et “puits” ont la même racine : *anna*. Ce sont les sources de la vie, le bien le plus apprécié. Mais aujourd'hui, la télévision aussi enseigne…

Les Touareg ont été nomades, ils se déplaçaient sur leurs méharis, les dromadaires blancs, appelés à tort chameaux. Fiers guerriers, ils vivaient de leurs animaux et du pillage. Entre l'Algérie, la Libye, le Mali et le Niger, il doit y en avoir un demi-million, la moitié d'entre eux étant de race noire, descendants des esclaves, *iklan*, que capturaient les Touareg lors de leurs razzias.

Ils sont encore divisés en castes, invisibles aux yeux du profane. Les aristocrates sont les *imochar*, avec leur vieux chef suprême, l'*aménokal*, et les chefs de tribu, les *amrar*. Puis viennent les *inislimen*, ceux qui vont à pied, et les *imrad* ou vassaux, qui se consacrent à la production maraîchère et à l'élevage.

Mais la colonisation occidentale et les nouveaux Etats, avec leurs frontières et leurs politiques, ont affaibli les Touareg. A Tamanrasset, on me montre de vieux cimeterres : grands, lourds, faits dans un acier fort et souple qui permet une incroyable courbure. Les sécheresses, concrètement celle qui dura de 1970 à 1985, obligèrent les Touareg à se sédentariser, à travailler pour le tourisme, l'administration et les entreprises du gouvernement. Dans la cour de sa maison d'adobe des faubourgs où il s'est installé, il conserve pourtant sa tente en peau…

Tout cela suppose que règne la paix, car l'Algérie et le Mali connaissent de graves problèmes politiques : on voudrait réduire encore les Touareg, on les mitraille et ils se révoltent, subitement ramenés à l'âge épique. Et fatal.

Mes compagnons ont troqué le méhari contre la jeep. Et si les légendaires caravanes de deux mille dromadaires ont disparu, quelques-unes, d'une trentaine d'animaux, vont encore de Tamanrasset au Niger, en quarante jours, transportant du sel, des chèvres, de la semoule, des dattes, du fromage, de l'huile.

Le sable aussi est un problème, le problème essentiel peut-être ! Autre voyage. A l'oasis de Ksar Ghilane, à la lisière du Sahara, au sud-ouest de Tunis, exubérante floraison de verdure entre une vaste région de steppe et le désert infini de la pierre stérile et des dunes de sable hallucinantes. Dans l'oasis jaillit à flots une abondante source d'eau chaude qui forme une mare dans le sable. Je m'y baigne au crépuscule ; les petites chèvres poilues et les chameaux patauds ont déjà bu. Ma peau devient douce comme elle ne l'a jamais été. Le ruisseau refroidit rapidement, se perd dans la palmeraie, entre les orangers, la luzerne, les grenadiers. Des tourterelles invisibles roucoulent à qui mieux mieux.

Tout près de là, pendant la Seconde Guerre mondiale, le général Leclerc vainquit un corps d'armée italo-allemand. J'imagine la folie des tanks et de la mort au milieu du néant. Sur la plaine aride se dresse aujourd'hui un village misérable où se sont installés quelques nomades devenus sédentaires, tandis que d'autres vont et viennent dans leur errance austère, ignorés de tous. Là se niche l'appel de ce qu'il y a d'essentiel dans cette vie, dans cet univers. Tous tirent leur nourriture de l'oasis, y récoltant plus qu'ils n'y cultivent. Mais un Bédouin ne campera jamais dans une oasis : toutes sortes d'insectes et d'animaux nuisibles s'y rassemblent, attirés par l'eau, les cultures, l'herbe. A l'aube, une nuée de mouches s'envole du sol humide et des bouses, à mesure aussi que croît la lumière.

Il y a des années, j'arrivai pour la première fois à Ksar Ghilane, en voiture, venant de l'est par les mauvaises pistes qui traversent les montagnes berbères, après de nombreux problèmes de crevaisons et de pannes. Puis je partis vers le nord, empruntant la piste qui, pure aberration, longeait le pipeline qui transportait le pétrole extrait dans le cône sud, à la frontière de la Libye.

Une dizaine d'années plus tard, lors d'une autre expédition, je voyageai dans une puissante Land-Rover, avec un chauffeur qui connaissait bien la région. Si j'avais voyagé dans les mêmes conditions que la première fois, je ne serais jamais arrivé : le sable avait avancé de cent ou cent cinquante kilomètres, distance équivalant à trois heures de voiture. Le véhicule bondissait entre les dunes, les bordait en clopinant, la piste et le pipeline avaient disparu au milieu de l'uniforme monstruosité poudreuse.

En certains endroits, le sable s'accumule à peine, collé aux buissons de la steppe, mais en d'autres il forme déjà un secteur saharien. De nombreux calculs ont été faits sur la terrible avancée du désert. J'avoue avoir éprouvé un sentiment de révolte et d'accablement en voyant de quelle manière il avait progressé dans cette région. Je ne connais pas les chiffres de la situation concernant ce problème au Maghreb. Au sud du Sahara, 650 000 kilomètres carrés de sol cultivable ont été perdus en un demi-siècle, l'équivalent du territoire de la France et du Portugal. Sur la planète, le désert engloutit chaque année 5,7 millions d'hectares de terre arable. Les tempêtes de poussière saharienne tombent parfois sur Barcelone et même sur Paris.

Il n'y a qu'un moyen de freiner ce processus : la muraille verte. Toute autre barrière est attaquée par le sable, qui s'accumule peu à peu, poussé par le vent, jusqu'à atteindre la hauteur de n'importe quel obstacle, une pierre, un arbuste, qu'il saute enfin et couvre, formant une pyramide avant de continuer son avancée. La terre irriguée et cultivée recevrait le sable, le fixerait par son humidité et le rendrait fertile. Simplement, le niveau du sol monterait doucement… Mais personne ne fait rien pour remédier à ce désastre.

Ce sable est très fin, couleur cannelle. Au moindre souffle de vent, il se lève en gros nuages diffus, ou rampe, nerveux et sinueux, semblable à d'innombrables bestioles véloces et informes. Le vent redouble, j'avance sur mon chameau, dans un mouvement mou et noueux de va-et-vient, vers un soleil sans éclat, aussi blanc qu'une perle, qui surplombe un horizon ondulé de silences.

La nuit dans l'oasis. Entre de hauts tamariniers, la tente noire des nomades, aplatie. Couché sur l'étroit matelas rugueux, je sens le frôlement des scarabées qui titubent dans le sable, que le voyageur abandonne pour continuer à courir en tous sens sur cette humanité tendineuse, sur cette confrérie séculaire du Maghreb d'hier et d'aujourd'hui. Retournons vers la lointaine Fès, fondée au début du IXe siècle par Idrīs II, et qui abrite son tombeau, le sanctuaire de Mūlāy Idrīs. Ce qui est aujourd'hui le Maroc fut constitué par Idrīs Ier, son père. Ce descendant d''Ali, le cousin et gendre du Prophète, participa en Arabie à un complot sanglant contre le calife, un 'Abbāsside de Bagdad. Le calife lui envoya alors un assassin secret qui l'empoisonna après avoir gagné sa confiance.

Curieux : ce calife de Bagdad n'était autre que Hārūn al-Rashīd, le séduisant prince des croyants des *Mille et Une Nuits*, qui aimait les promenades au clair de lune et qui pour écouter, captivé, les contes de Schéhérazade mettait "sous ses cuisses un coussin de soie rouge brodé d'or et garni de plumes d'autruche".

Hassan II, le roi du Maroc, descend d'Idrīs, et donc du Prophète. Ainsi a-t-il fait construire à Casablanca une merveilleuse mosquée sur la mer – car Mahomet a annoncé que "le trône de Dieu est sur l'eau" –, superbe architecture qui associe les éléments traditionnels aux technologies les plus modernes, d'une magnificence insolite parmi les réalisations du XXe siècle, aux formes aériennes, aux lignes osées, avec des centaines de marbres arborant autant de nuances chromatiques, une salle de prières pouvant contenir vingt mille fidèles, un minaret de deux mètres de haut... Tout autour, l'Atlantique gris, hostile, s'éloignant vers le vide.

Le *ribāt* de Monastir, en Tunisie. Les *ribāt* étaient des forteresses-monastères. Celui-ci, d'une imposante prestance, fut construit au VIIIe siècle, et beaucoup d'autres jalonnent le littoral maghrébin en vue de défendre les conquêtes islamiques des incursions chrétiennes – nord-méditerranéennes. Ou de renforcer la puissance du djihad, la guerre sainte que prêcha le Prophète dans les dernières années de sa vie.

L'Occident, démantelé par les Germains, s'était séparé de Byzance tandis que la Perse et Byzance s'affrontaient jusqu'à l'épuisement. Fourbues, les troupes byzantines, souvent mercenaires, se déplaçaient lentement au milieu d'énormes impedimenta logistiques. Ce à quoi ces puissances chrétiennes s'attendaient le moins, c'est que se présente le moindre danger à la frontière de l'Arabie, habitée par des tribus primitives dispersées.

Des tribus que Mahomet a pourtant réussi à unifier. Elles vont à dos de chameau, uniquement armées du cimeterre, ne mangeant que des dattes, buvant du lait. "La force du Bédouin réside dans sa constante mobilité", dit un proverbe arabe, ce qui constitue sans doute la caractéristique de l'islam naissant. Ces nomades ont principalement vécu du pillage. Ils se livreront désormais à la mise à sac sur une grande échelle, excités par le fanatisme religieux, et s'empareront de richesses dont ils n'avaient jamais rêvé. "Allah a promis à tous de grandes richesses. Vous les aurez", promet le Coran. Ils attaquent en Syrie, en Iraq, surgissant brusquement du désert, frénétiques, au milieu de nuages de poussière. En cent ans ils bâtissent un empire qui va de la péninsule Ibérique à l'Inde. A l'ouest de la Chine, le califat de Hārūn al-Rashīd est devenu la civilisation la plus puissante au monde.

Au nord de l'Afrique ils conquièrent d'abord l'Egypte, font irruption sur leurs méharis au beau milieu des possessions byzantines. Byzance se trouve en outre divisée par les interminables et multiples querelles religieuses qui incitent de nombreuses personnes à embrasser la foi monolithique de l'islam. Le temps passant, on enregistre des épisodes dantesques, comme celui des tribus d'Arabie des Beni-Hilel et des Beni-Sulaïm, qui aux Xe et XIe siècles, affamés, abandonnent leur pays et s'élancent de l'Egypte jusqu'au Maroc : un million de nomades – telle une "armée de sauterelles", dit Ibn Khaldūn – ravagent les oliveraies, les cultures, les troupeaux, les villages. Ce qui est sûr, c'est que le littoral nord-africain ne s'est jamais relevé de cette grande faim errante.

Le long cimetière, blanc, vert, ouvert, marin, qu'on voit depuis les murs du *ribāt* de Monastir rappelle combien la mort aussi accompagna les conquêtes du Croissant…

Les palmiers, semblables à de graciles jeunes filles, et les oliviers, avec leur obstination enracinée. L'île de Djerba, au sud-est de Tunis, couverte de sable, abandonnée aux vagues qui la harcèlent sans répit, venant d'un horizon brumeux qui n'a pas grand-chose de méditerranéen. S'agirait-il de la terre des Lotophages, celle que les compagnons d'Ulysse quittèrent en larmes ? Celui-ci dut les attacher pour les empêcher de rester, captivés qu'ils étaient par la douceur du fruit du lotus.

C'est possible. Mais les personnages de *L'Odyssée* sont toujours ravis dès qu'il s'agit de faire ripaille. Au cours de l'histoire, en effet, la faim a sévi, et plus encore pour les marins. S'il y eut des fruits de lotus, peut-être s'agit-il des figues, qui sont ici grosses et vertes et dont on fait une détestable liqueur trop douce.

Dans la zaouïa de Sidi Zitouni, à Houmt-Souk, dont les cubes blancs rustiques et les demi-sphères des coupoles évoquent un jeu de construction, je me trouve soudain dans le *quobet* El Khyal, la "coupole des fantômes", une pièce étroite et sombre. Par terre, des sarcophages ; ils contiennent peut-être les restes des ascètes musulmans qui à cet endroit soignaient les maladies mentales. Mais l'important est que si un homme vient en ce lieu la nuit en psalmodiant le Coran, indifférent aux apparitions qui l'entourent, à l'aube apparaîtra Khinniya, la femme-génie, reine des *jnun*, les gens d'en bas qui habitent au cœur de la terre. Alors Khinniya l'épousera et leurs enfants seront invisibles aux mortels...

Mais laissons Djerba, allons sur le plateau du Dahar, montagne rude et rocailleuse, sorte de cri muet et convulsé de la pierre, qui traverse le Sud de la Tunisie, face au Sahara. Il est creusé de vallées accidentées dont les coteaux sont couverts d'orge, de ravins effrayants où pousse le figuier, parsemé de pitons squelettiques sur lesquels ruminent des troupeaux de chèvres.

Et le paysage désolé de Matmata. Désolé ? On ne voit que des trous, des puits en réalité, de huit ou dix mètres de profondeur sur quinze de diamètre. Des maisons ou un moulin à huile sont creusés dans la roche où ils s'enfoncent. Etres insolites que ceux qui vécurent ici même dans une étrange survie troglodyte ; quelques-uns y vivent encore aujourd'hui.

Les montagnes de pierre se dressent tel un continent à l'intérieur des terres. Sur leurs sentiers nous rencontrons des Berbères aux yeux clairs et des femmes enveloppées dans d'immenses voiles aux couleurs sombres, intenses, comme si le noir et le rouge composaient une unité pleine de défi. Le vent à Toujane. Y a-t-il dans les rochers pelés, dans les ravins abrupts, autre chose que le vent hululant et rugissant sous lequel s'agitent en grinçant les rares palmiers et se blottissent les chiens, ces nombreux chiens berbères blancs et aristocratiques ?

D'une grotte sortent un, trois, huit, douze enfants. Le petit, un avorton, pleure. Les autres demandent l'aumône et s'enfuient, s'enfuient et demandent l'aumône. Les montagnes nues se succèdent. L'homme n'est pas le roi de rien. Il est un autre élément de la nature, qui réalise des choses telles que penser ou travailler. Les montagnes, le vent, les arbres, les belettes réalisent aussi des choses, ont une mémoire, s'unissent en vertu d'affinités électives ou fatales.

Médenine, Métameur, Douriat. A Ksar Haddada, dans ses *ghorfas*, sortes de niches surprenantes, saisissantes grottes de quatre ou six étages superposés à l'intérieur des ksour, greniers fortifiés, abris temporaires des nomades... Ou Chenini, labyrinthe de pierre, orgueilleux et délabré, confondu avec la même chaîne de montagne, minéralisation d'où surgissent, si incroyable que cela paraisse, des êtres humains. Et où jaillit, à peine audible, comme la brise légère, la légende. Celle des sept tombeaux de géants, près de la misérable mosquée au minaret oblique.

La reine de Chenini avait un fils. Les Arabes venus d'Orient envahissaient, pillaient. La reine fit un rêve : si elle épousait son fils et en avait des enfants, et si ceux-ci restaient à Chenini et se mariaient entre eux, leur race serait préservée et les Arabes ne vaincraient jamais ces coteaux sauvages. La reine réalisa la prophétie, qui devint une invisible barrière contre l'envahisseur. Mais, un siècle plus tard, l'un de ses petits-fils descendit dans la plaine et s'unit à une femme arabe : Chenini tomba. Dans les pauvres tombes reposent les enfants et petits-enfants de la reine, des géants, des guerriers, héros d'hier et de demain, car ils reviendront et reconquerront leur liberté. La reine, elle, veille peut-être depuis la saisissante pierre blanche qui domine d'une hauteur proche, esprit de la vengeance...

Cette "reine" a-t-elle existé ou est-elle un double de l'intrépide souveraine, et presque prophétesse, Kahina ? Car ces hommes et ces femmes de Matmata, de Médenine, de Métameur, de Toujane, de Dauriat et de Ksar Haddada sont berbères. Ce sont ceux qui au Maghreb ont bravement affronté les Arabes au cours des siècles, finissant par se mélanger ou s'allier à eux. Monde vigoureux, caché, régi par des coutumes ancestrales malgré sa modernisation inégale. L'audacieuse Kahina, au VIIe siècle, enflamma les tribus nomades et, à leur tête, vainquit l'armée arabe, l'obligeant à reculer.

Imazighen, "hommes libres", tel est le nom que porte une famille berbère, celle des Branès, qui habite dans le Haut Atlas. Son indépendance viscérale et son orgueil ethnique, ceux de la race entière, sont peut-être, en effet, ce qui unit le plus fortement tous les Berbères du Maghreb. Car même leur langue, avec ses variantes, a beaucoup reculé. Ou avait reculé, car dans l'éclatement sanglant de l'Algérie d'aujourd'hui l'ethnie berbère retrouve, grâce à sa culture, une identité et un corps social qu'elle semblait avoir perdu. Au Maroc, les variantes de la langue berbère sont peu à peu enseignées dans les écoles.

Pour les Romains, le mot "Berbère" était synonyme de "Barbare", c'est-à-dire d'étranger à la civilisation gréco-latine, bien qu'ils soient de race blanche, comme tous nos vieux peuples méditerranéens. Dans l'univers secret où a vécu le Berbère, comment ne pas préserver la pureté ethnique ? Celle-ci traverse maintenant cette nouvelle phase de reconnaissance qui pose un certain nombre de problèmes politiques. Berbère est aujourd'hui synonyme d'attente. Les femmes qui en été attendent les bergers perdus avec leurs troupeaux dans le Haut Atlas entonnent une chanson qui pourrait aussi bien évoquer l'incertitude actuelle du monde berbère :

Oh, Mulay Soliman, Maître des Génies de la Montagne,
quels mauvais ou bons augures
nous frappent à travers la voix de l'Echo ?
Oh, tout-puissants Génies des forêts et des eaux,
pourquoi prenez-vous la voix des vivants
à, qui sait, celle des gens du Pays des Morts ?
Quand j'étais petite, avec mes sœurs,
j'aimais appeler les échos des vallées profondes,
toujours fidèles aux mêmes rendez-vous.
Dans mon attente se mêlaient crainte et joie.
Les voix mystérieuses arrivaient d'en haut,
pas comme le retour de notre voix,
mais comme celles des bergers dans les pâturages
ou, qui sait ?, celles des gens du Pays des Morts…

*

Je suis né en 1937. Sur l'île de Majorque, à Andraitx, dans l'Ouest isolé formé de petites vallées qui regardent la mer, dans une famille qui s'établit sur l'île peu après la conquête catalane de Jacques Ier, au XIIIe siècle. Mon grand-père me racontait qu'au milieu du XIXe siècle encore son grand-père avait combattu les Maures. Les incursions des pirates nord-africains ne commencèrent à diminuer qu'à partir de 1830, lorsque les Français eurent conquis l'Algérie.

"Ici – me disait mon grand-père en m'indiquant un endroit sur un chemin – des Maures sont sortis de ce torrent en criant, sabres au clair ; mon grand-père est descendu du chariot avec un gros bâton, et lui aussi s'est mis à crier…" Mais mon parrain, âgé de quatre-vingt-six ans, me dit qu'en 1915 encore, lorsqu'on voyait s'élever au loin une grande fumée, on craignait un débarquement barbaresque. Car dans le passé les signaux de fumée avertissaient que des Maures approchaient de la côte.

Une chanson me faisait trembler d'horreur, les soirs d'été étoilés, quand ma vieille tante la chantait, alors que tout près les vagues murmuraient en cadence :

Sa novia d'Es Joncar
balla i toca sa guiterra.
Avui ballava per terra
i anit ballarà per mar.

Dans une ferme de la côte, celle du Joncar, on célébrait une noce. La mariée dansait… les pirates firent irruption et l'enlevèrent : la nuit, la mariée devait danser sur la mer au rythme des vagues perdues, vagues fatales. Dans l'île voisine de Minorque existe une autre version de ce couplet :

Sa nuvia d'Algendar
avui és en terra
i demà serà en mar.
Avui, capons y gallines,
demà menjarà sardines
a la vora de la mar.

La version de mon village est plus poétique, plus triste. Celle de Minorque évoque en revanche une deuxième et terrible réalité : la faim qu'on a connue dans les îles, l'obsession de la nourriture. Les histoires de *mestre* Alcover, monument folklorique du conte populaire majorquin, se révèlent effrayantes par deux aspects : la cruauté et la faim dont ils témoignent.

La première fois que je me rendis en Tunisie, il y a déjà bien longtemps, une chose me surprit beaucoup : les vieux que je rencontrais dans les villages, assis au café ou à la boutique du barbier, paraissaient le portrait vivant de mes grands-pères, de mes oncles, des "anciens" de mon village. Je veux dire par là que le conflit qui nous a opposés, nous et les Nord-Africains, qui nous a fait nous attaquer mutuellement, a été un conflit entre frères ; car il existe un substrat ethnique et culturel méditerranéen, identique pour nombre d'entre nous, qui constitue au minimum un trésor emmagasiné et partagé par tous. Ces "anciens" n'étaient-ils pas les Berbères ?

De même que les Barbaresques ont dirigé la proue de leurs bateaux vers le nord, vers les Baléares, la Catalogne, Valence, nous l'avons fait vers le sud, vers la Barbarie et l'Ifrīqiyya. Une autre île des Baléares, Ibiza, conserve dans son port un monument que son effarante sincérité rend fort singulier : "Ibiza à ses corsaires", dit l'inscription. C'est que cette petite île, loin de tout, peu peuplée, pratiquement abandonnée par l'Etat, d'abord le catalano-aragonais puis l'espagnol, dut se défendre et s'enrichir, ou ne pas mourir par l'épée ou la faim ; elle attaqua essentiellement les bateaux de l'islam, quand ce n'étaient ceux de la chrétienté.

> Ce qu'on peut aimer à Alger, c'est ce dont tout le monde vit : la mer au tournant de chaque rue, un certain poids de soleil, la beauté de la race. Et, comme toujours, dans cette impudeur et cette offrande se retrouve un parfum plus secret. […]

> Premières pluies de septembre [...] les caroubiers mettent une odeur d'amour sur toute l'Algérie. Le soir ou après la pluie, la terre entière, son ventre mouillé d'une semence au parfum d'amande amère, repose pour s'être donnée tout l'été au soleil*.

Idyllique Alger que celle de ces citations de *Noces*, d'Albert Camus qui, né en Algérie, était le petit-fils d'immigrants venus des Baléares : l'une de ses grands-mères était née à Minorque. Mais un autre écrivain, trois siècles et demi plus tôt, en avait une opinion bien différente. Il s'appelait Miguel de Cervantes et fut captif pendant cinq ans dans cette ville ; voici ce qu'il écrivit plus tard dans *Don Quichotte* :

> L'on me mit une chaîne, plutôt pour marque de rançon que pour assurer ma garde, et je passais ainsi ma vie en ce bagne avec beaucoup d'autres gentilshommes et personnes de qualité, marqués et tenus pour être de rachat. Et, encore que la faim et le dénuement nous pussent tourmenter quelquefois, voire presque toujours, néanmoins rien ne nous tourmentait tant que d'ouïr et de voir à toute heure les cruautés sans exemple, inouïes, dont mon maître usait à l'endroit des chrétiens. Chaque jour il avait son pendu, empalait celui-ci, essorillait celui-là, et ce pour le plus petit motif, et même sans motif, si bien que les Turcs même reconnaissaient qu'il le faisait pour le plaisir, et parce qu'il était de sa nature homicide et ennemi du genre humain*.

Cervantes y arriva après avoir été capturé sur une galère au large des côtes de Provence, avec son frère Rodrigo. Sa famille réunit l'argent pour le rachat de l'un des deux : Miguel insista pour que ce fût Rodrigo. Par quatre fois il tenta de fuir avec d'autres d'esclaves, sans jamais y parvenir, mais se présentant ensuite devant ses maîtres comme le seul coupable, ce qui lui valut bien des fois le fouet et la réclusion. Pour l'une de ses évasions, il s'associa à un patron majorquin qui l'attendit toute la nuit avec sa barque ; mais Cervantes ne parut pas car il avait été trahi, d'après ce que nous dit Diego de Haedo.

Enfin, grâce aux trois cents écus réunis par sa famille et aux deux cents de plus collectés par un trinitaire auprès des marchands chrétiens d'Alger, Miguel de Cervantes obtint la liberté, *in extremis* : il se trouvait déjà à bord d'une galère qui allait lever l'ancre pour Istanbul...

Il ne reste pas grand-chose de l'Alger de cette époque : la Casbah, antique citadelle avec son fouillis de ruelles abîmées, les édifices de Dar Aziza Bent el Bey ou de Dar Ahmed... C'était la légendaire, la fabuleuse Alger des pirates, qui subsista jusqu'à la conquête française. Mais sa grande époque furent les XVIe et XVIIe siècles. Théoriquement, Alger était sous la domination du sultan d'Istanbul, mais, pratiquement, elle naviguait le plus souvent pour son compte. La piraterie fut une guerre au coup par coup, sanglante, incessante, non déclarée la plupart du temps. Les grandes armadas turques et les petits bateaux berbères commettaient d'insatiables déprédations sur toute la Méditerranée… au même titre que les navires chrétiens, qui les surpassaient bien souvent en barbarie.

Tripoli est un autre port dont le murmure des vagues traîna le nom comme une lamentation sans fin… Le Tasse avait écrit, se faisant l'écho d'un sentiment séculaire courant : "La Libye, pays fertile et cultivé sur son rivage, dont l'intérieur couvert de sable brûlant n'est habité que par des monstres."

Mais la monstruosité se trouvait en fait au bord de la mer, parmi les hommes. Entre 1668 et 1678 par exemple, les corsaires tripolitains capturèrent cent quatre bateaux chrétiens. Et chaque année ils prenaient jusqu'à sept mille esclaves… Mais personne ne peut jeter la première pierre : en 1575, un bateau français, chrétien par conséquent, quittait Tripoli à destination d'Alexandrie avec une cargaison et de nombreux passagers – des juifs et des mahométans. Le capitaine fit escale à Naples où il vendit marchandises et passagers à des commerçants… Le vice-roi de la Sicile toute proche s'exclamait en 1582 : "La mer pullule de corsaires."

Mais le trafic commercial y pullulait aussi. Entre les XIIIe et XIVe siècles, les Baléares formaient le petit royaume indépendant de Majorque, qui finirait par retourner sous la domination catalane dont il était sorti : il possédait une bonne dizaine de consulats au Maghreb. Les Catalans en avaient quant à eux dans toute la Méditerranée et, avec ceux de Majorque, cela faisait une centaine.

Le premier consulat catalan, établi au nom du roi pour défendre les marchands, fut ouvert en 1253 à Tunis. En 1278, le roi de Majorque signa un traité avec le sultan de Tunis, s'engageant à ne pas transporter de marchandises appartenant à des ennemis du sultan sur ses navires, ni à mettre ceux-ci à leur service.

En 1228, les Hafsides affirmaient l'indépendance de Tunis. Le 31 décembre 1229, Jacques Ier de Catalogne-Aragon achevait la conquête de Majorque aux dépens des mahométans, poussé par deux motifs : les attaques que ces derniers lançaient depuis les Baléares contre les navires catalans ; la richesse et l'importance stratégique et commerciale de Majorque à cette époque. Le prétexte de l'expédition guerrière du roi Jacques fut en effet qu'en 1227, alors qu'il existait un traité de paix entre lui et le monarque musulman de Majorque, trois bateaux catalans furent pris d'assaut par des pirates des Baléares : un dans les eaux d'Ibiza, un deuxième qui naviguait de Bougie à Barcelone et un troisième qui, depuis cette ville, se dirigeait vers Ceuta.

Sans doute existait-il des rapports commerciaux et humains extraordinaires, car en 1262 le pape de Rome émit la bulle *Dilectus filius frater*, par laquelle il rappelait à Jacques Ier qu'il ne devait pas maintenir avec les "infidèles" l'amitié et les bonnes relations qu'on lui connaissait.

Pere de Tunis, un célèbre jongleur de cette époque, originaire d'Ifrīqiyya et converti au christianisme en Sicile, exerçait ses talents à la cour royale catalane. Et un Majorquin qui vécut à cheval sur les XIVe et XVe siècles, frère Anselm Turmeda, alla encore plus loin. Etant moine franciscain, il se rendit à Tunis, se convertit à l'islam et choisit le nom d'Abdallah, ou serviteur de Dieu, mais il fut également connu sous d'autres noms : *al-Turjuman*, le Traducteur, *al-Mayurqi*, le Majorquin, ou *al-Muuhtadi*, Celui qui a pris le bon chemin, en raison de sa conversion.

Turmeda, qui a écrit en catalan, est considéré comme un classique de cette littérature. Mais il a également écrit en arabe et, en pays mauresque, il fut l'objet d'une grande vénération. Dans deux de ses ouvrages, la *Tuhfa*, son autobiographie, et *La Dispute de l'âne*, il renie le christianisme et le réfute, faisant l'éloge de l'islam par des souvenirs vivants et des dialogues satiriques. La tradition orale tunisienne situe son tombeau, un des vestiges du cimetière médiéval de la ville, à l'entrée du souk des Bourreliers. Ce fut un ermitage typique de marabout, petite construction rectangulaire toute simple avec sa coupole, badigeonné à la chaux. Pourtant, il y a quelques années, le conseil municipal de Palma de Majorque l'a remplacé par une construction semblable, mais en pierre noble de Majorque, d'une perfection recherchée. Le souk conserve les restes du cercueil supposé de Turmeda, tout déglingué et barbouillé, véritable objet de tradition populaire.

Andraitx étant isolé à l'ouest de Majorque, les débarquements barbaresques étaient si fréquents, au printemps et en été, qu'en 1396 les pirates volèrent même les hosties dans le tabernacle de la chapelle du village. Andraitx fut sans doute le premier village de Majorque que l'on fortifia, en 1406, sur ordre exprès du roi. Trois ans plus tard, six cavaliers armés se tenaient prêts à combattre les débarquements sarrasins.

Aux XVIe et XVIIe siècles, et même au XVIIIe, on érigea des tours de défense tout au long du littoral insulaire. Des gardes y étaient postés en permanence qui, à l'aide de signaux de fumée et en soufflant dans des conques marines, donnaient l'alarme dès qu'ils apercevaient des voiles de corsaires à l'horizon. Une poétesse d'Ibiza, Marià Villangómez, a écrit ces vers si éloquents :

Page de titre d'une édition castillane des œuvres d'Anselm Turmeda imprimée à Valence en 1719.

Per la mar venia la tempesta
i la nau enemiga com un núvol irat.

De la mer arrivaient les tempêtes et les bateaux ennemis, tel un nuage en colère... Ce sont ces attaques qui empêchèrent la petite île de Formentera, au sud d'Ibiza, centre touristique mis à la mode par le mouvement hippie, de se repeupler jusqu'au XVIIIe siècle.

Les corsaires et les pirates maures faisaient en général leur apparition aux Baléares au moment où les récoltes mûrissaient dans les champs, où les fruits et le grain du printemps et de l'été avaient bien engraissé les animaux domestiques. Les Sarrasins volaient alors le blé et les cochons. Mais aussi des matelas et des couvertures. Et ils faisaient des prisonniers. Mais ils ne les emmenaient pas toujours sur les marchés d'esclaves d'Alger, de Tripolitaine ou d'Alexandrie ; ils mouillaient leurs navires dans une crique éloignée, envoyaient un émissaire dans la localité qu'ils venaient de mettre à sac pour donner le nom des captifs et proposer leur rachat. Plus d'une fois il y eut de grandes protestations à Palma, la capitale de Majorque, parce que des Maures parcouraient les rues en agitant une cloche pour attirer l'attention tandis qu'ils annonçaient le nom des victimes.

A cause de l'importance de ce port, de nombreuses victimes d'autres endroits, de l'autre rive, étaient également mises aux enchères à Palma de Majorque. En 1340 par exemple, 617 bateaux étrangers arrivèrent à Majorque, tandis que 446 bateaux majorquins prenaient la mer ; 107 bateaux locaux partirent du port d'Ibiza et 58 de celui de Mahon, capitale de Minorque. Les licences de commerce extérieur délivrées à Majorque avaient des destinations variées : Valence, la Catalogne, le Sud de la France, l'Italie, la Sardaigne, la Sicile, la Castille, les Flandres, le Maghreb, le Levant ou Orient. De plus, tout au long du XIVe siècle, la moitié ou le tiers, selon les années, des licences de commerce extérieur majorquin sont délivrées à des navires à destination de ports sarrasins, y compris, à cette époque, celui de Grenade.

C'est-à-dire que le commerce des Baléares avec le Maghreb vient immédiatement après celui enregistré avec Barcelone et Valence, royaumes frères et débouchés naturels des Baléares en direction de la péninsule Ibérique.

Des ports nord-africains arrivent de l'or, de l'ivoire et des esclaves, parvenus là par les caravanes sahariennes. De son côté, Majorque exportait des étoffes, des amandes, du corail, de l'huile, du matériel nautique et des esclaves. Souvent, ceux-ci étaient d'anciens captifs qui avaient racheté leur liberté et repartaient dans leur pays.

Il y avait à Majorque des esclaves musulmans, mais aussi noirs, tartares, bulgares, russes. Et, naturellement, chrétiens, fruit des butins de guerre, qui étaient en général mieux traités. Mais de sévères avertissements des évêques interdisaient d'employer les esclaves musulmanes dans les bordels.

Des esclaves échappaient à leurs maîtres, leur volant d'ordinaire un peu d'argent et des bijoux. Nombre d'entre eux se cachaient justement dans mon village, car il est isolé et montagneux. C'est aussi pourquoi il était l'un des plus fréquentés par la course berbère : les bateaux attendaient les fugitifs dans nos eaux, mais, s'ils étaient capturés, ceux-ci devaient être rendus à leur maître. Dans mon village, une "industrie" locale consistait à chasser ces pauvres malheureux dans les rochers, et à les tuer pour leur voler ce qu'ils avaient eux-mêmes volé à leurs maîtres avant de s'enfuir.

Sur la côte d'Andraitx se trouve la crique de Sant Telm, qu'on appelait au Moyen Age la crique du Pigeonnier, et l'îlot de la

Dragonera, d'une demi-douzaine de kilomètres de long, qui a une source cachée. Ce fut l'une des bases d'hommes comme les très célèbres frères Barberousse, d'abord Arudj, puis le grand Khayr al-Dîn, ou Kharedin, pour qui les cloches des églises étaient "des instruments de musique du diable" et le terrible Dragut, dont les flottes cherchaient protection et tranquillité dans les eaux de la Dragonera.

Le 2 août 1578, fête de Notre-Dame des Anges, Andraitx subit l'attaque maure qui marqua le plus vivement la tradition populaire, au point qu'elle fut commémorée pendant des siècles. Les chroniques racontent que douze cents "Turcs" débarquèrent, commandés par un autre nom légendaire, Uluj Ali, que les chrétiens appelaient Ochiali.

Celui-ci s'était comporté avec courage lors de la bataille de Lépante, réussissant à fuir avec douze galères de la catastrophe que subissaient les Turcs. C'est peut-être bien Uluj Ali qui se trouvait à Andraitx en 1578, car il ne mourut qu'en 1580 et prenait la mer le plus souvent possible. Mais pour la population d'Andraitx, c'est Barberousse qui débarqua, et au début de ce siècle encore, paradoxalement, on l'évoqua avec une sorte de monument, une énorme tête pourvue d'une barbe démesurée étalée en éventail. Or Arudj Barberousse était mort en 1518 et Kharedin en 1556. Uluj Ali avait certes été sous les ordres de Hassan Barberousse, le fils de Kharedin, à Alger, mais il y avait de cela bien longtemps.

Les Maures débarquèrent donc et s'approchèrent du village, guidés par des renégats et jouant de la flûte et du pipeau pour détourner les soupçons. A cette époque, les forces défensives locales n'avaient jamais dépassé cent trente hommes à pied et seize à cheval. Mais ce jour-là, un samedi, les villageois étaient partis vendre leurs produits à Palma et il ne restait que trente hommes aptes à prendre les armes.

La bataille fut féroce et confuse. Pour se défendre, mes ancêtres jetèrent des chaudrons d'huile bouillante sur les Maures et excitèrent contre eux les chiens de chasse. D'après la tradition locale commémorée, un héros, Rafael Joan de Son Corso, "tua" Barberousse. En réalité, la victoire alla à l'ennemi, qui vola tout ce qu'il put et fit vingt-cinq prisonniers : trois hommes, quelques enfants et des femmes, dont deux, trop vieilles, furent abandonnées sur la côte d'Ibiza.

Formentera, la petite île voisine d'Ibiza, fut le théâtre d'un combat de bien plus grande envergure. Ces continuelles escarmouches et ces batailles provoquent une escalade sans fin. Un autre pirate, Aydin, chrétien renégat que nous avons surnommé Drub le Diable et les Turcs Drub l'Espagnol, avait lui aussi l'habitude de quitter Alger au printemps et de venir marauder et piller aux Baléares jusqu'à la fin de l'été ; il s'approchait parfois de la côte de la Péninsule et traversait même Gibraltar pour surprendre les galions espagnols qui arrivaient d'Amérique – des Indes – chargés d'argent et d'autres marchandises.

En 1529, Drub arriva sur la côte de Valence où, le prix de passage substantiel lui étant payé d'avance, il chargea deux cents familles morisques, c'est-à-dire des Maures en terre chrétienne, qui en l'occurrence fuyaient vers le Maghreb. Mais un général espagnol du nom de Portuondo entreprit de le poursuivre avec huit galères. Ils arrivèrent tous à Formentera. Les Maures débarquèrent les Morisques parce qu'ils ne pouvaient combattre avec autant de monde à bord.

A sa grande surprise, Drub vit les galères espagnoles passer au large de la plage. Il pensa qu'elles n'osaient pas l'attaquer. En réalité, Portuondo avait passé un accord avec les seigneurs valenciens des Morisques, selon lequel il recevrait dix mille ducats s'il les ramenait sains et saufs. Il attendait donc qu'ils eussent débarqué pour attaquer, afin de n'en blesser aucun.

Mais c'est le Diable qui, enhardi, attaqua : en un clin d'œil il tomba sur les galères espagnoles, captura sept d'entre elles et tua le général. La huitième put s'enfuir en direction d'Ibiza. Drub retourna à Alger avec son chargement de Morisques, un extraordinaire butin d'esclaves chrétiens et plusieurs centaines de galériens musulmans qu'il avait délivrés des galères chrétiennes.

Le plus haut niveau de l'escalade est, naturellement, celui des grandes batailles, tragique magnificence de la guerre. La décennie de 1330-1340, par exemple, fut pleine d'agitation et de peur à cause des Marīnides et de leur plan d'invasion de la chrétienté que nous appellerions aujourd'hui espagnole. Une de leurs escadres, formée de seize galères, se présenta dans les eaux des Baléares, d'où elle fut expulsée par la défense ardente de la flotte locale.

Retournons dans l'île tunisienne de Djerba, l'un des endroits où les conflits furent les plus durs, le théâtre décharné des massacres que perpétrèrent les uns et les autres. Combien de races ont disparu à Djerba ? Cette île exiguë a été dominée par les Grecs, les Phéniciens, les Romains, les Arabes, les Turcs, les Catalans, les Espagnols, les Français… Dominée, doit-on préciser, par les étendards de ces pays, car, s'infiltrant parmi eux, les caravanes d'esclaves et les bateaux pirates amenèrent en outre dans l'île d'énormes quantités de chair vivante de tous les horizons, qui étaient ensuite réexpédiées, tout cela créant un trafic incessant dont les traces persistent dans la variété des traits physiques et des couleurs de peau que nous trouvons partout ici.

Ce cuisinier d'Ajim qui me sert un poisson baignant dans des épices rouges pourrait être anatolien. Ce potier de Guellala, village où tout le monde pétrit et cuit l'argile, ressemble à un Majorquin. Les arrière-arrière-grands-pères de ce fabricant de cages d'El May si blond ne seraient-ils pas allemands ? Hier encore, Midun était un village peuplé exclusivement de Noirs, de cette négritude profonde, brillante et bleutée de la Nubie et du Soudan arrivée ici par la voie de l'esclavage, en même temps que les ballots de peaux, la bourse d'or, les défenses d'éléphants et la plume d'autruche. Aujourd'hui libres et convertis à l'islam, les Noirs se sont dispersés dans l'île.

Deux villages de Djerba qui formaient autrefois des communautés exclusivement juives sont actuellement habités aussi par des personnes d'autres ethnies. Celui de la Ghriba, centre de pèlerinage, est resté fameux : sa synagogue exhibait à la vénération une Torah rédigée sur de la peau de gazelle. Et il y a encore dans l'île des groupes qui ne parlent que le berbère, minorité descendant des résistants énergiques qui habitaient les arides montagnes du continent.

Djerba a été l'un des axes les plus fascinants et les plus tragiques de la piraterie et de la guerre qui a opposé les deux versants de la Méditerranée, celui de la croix et celui du croissant. Voici, exemple parmi beaucoup d'autres, la description que fait dans sa *Chronique* le Catalan Ramón Muntaner, qui prit Djerba en 1310, peu avant d'épouser une toute jeune Valencienne, et qui, lorsqu'il mourut, était gouverneur d'une autre île, Ibiza :

> La veille de l'Ascension nous sortîmes du château et allâmes nous installer à une demi-lieue d'eux, et le matin nous allâmes face à eux et les trouvâmes disposés en ordre de bataille. Il y avait environ dix mille hommes armés à pied et bien aguerris, et pas plus de vingt-deux hommes à cheval. Ils avaient mis les vieux, les femmes et les enfants dans un vieux hameau qui se trouvait dans les environs [...]. Nous y allâmes, ceux à cheval, jusqu'à cent vingt chevaux armés et trente caparaçonnés, et jusqu'à mille hommes à pied, tous catalans [...]. Et ainsi nous nous sommes tous mélangés, car jamais on n'a vu de gens plus meurtriers. Que pourrais-je vous dire ? On n'en aurait vraiment trouvé aucun

parmi eux qui ne voulût mourir, à la manière dont ils se lançaient contre nous comme le fait un sanglier, quand il se voit mort, contre ceux qui veulent le tuer. Que vous dirai-je ? Que la bataille dura de la demi-tierce à la none, et qu'à la fin tous moururent [...]. Quand tous les Maures eurent péri, nous allâmes au hameau et l'attaquâmes et, à la fin, nous le prîmes ; et tous ceux qui avaient plus de douze ans moururent et nous fîmes des captifs, plus de douze mille personnes, femmes et enfants. Alors nous levâmes le camp et tout le monde gagna et obtint suffisamment, et nous retournâmes au château fort satisfaits et heureux.

Château, le Bordj, qui, reconstruit, se dresse encore à Houmt-Souk, la capitale de l'île, et qu'avait fait bâtir en 1284, après avoir mis la ville à feu et à sang, celui qui était aussi amiral au service de la Catalogne, Roger de Lauria... Ce château connut en 1560 un autre massacre, mais de signe contraire : le courageux Dragut, alfange nu de la Sublime Porte, mit en déroute en haute mer la flotte de Philippe II commandée par le vice-roi de Sicile, et soumit, après un siège de quatre-vingts jours, les Espagnols qui s'étaient retranchés dans la forteresse.

Au dire des chroniques – mais il se peut qu'elles exagèrent, comme le fait presque toujours Muntaner, mais il n'y a pas de fumée sans feu... – Dragut tua cinq mille hommes et ordonna qu'avec leurs crânes fût édifiée une tour, el-Bordj el-Rouss, la tour des Crânes, qui resta debout devant les eaux placides vert pâle jusqu'à ce que le bey de Tunis ordonnât de l'enlever, vers 1848.

La possession du détroit de Sicile opposait Turcs et Espagnols. Au service des Turcs, Khayr al-Dîn Barberousse prend Tunis en 1534, et Hassan, le sultan hafsi, demande son aide à Charles Quint ; celui-ci lève l'ancre en 1535 et, après avoir fait escale à Minorque, tombe sur Tunis, la reconquiert et impose sa souveraineté.

Exaspéré par sa défaite, Barberousse réunit tout ce qu'il peut et prend la mer avec une armada de trente et un navires, une force de débarquement de deux mille cinq cents hommes et des capitaines de l'envergure de son propre fils, Hassan, et du Juif, une sorte de sorcier.

Majorque était le but de sa vengeance. Lorsqu'ils virent l'escadre des voiles, les Majorquins crurent que c'était l'empereur Charles qui revenait victorieux et ils mirent le feu à une centaine de bûchers pour lui faire fête. Effrayé, Barberousse fit marche arrière. Il se dirigea vers Minorque, hissa la bannière de Charles

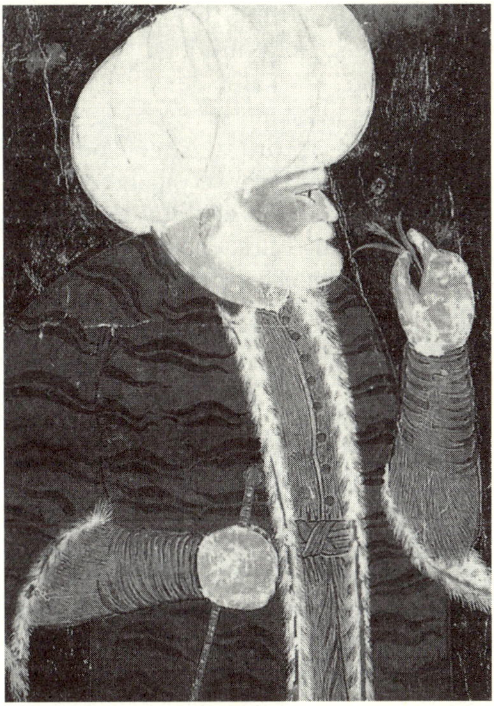

Khayr al-Dîn Barberousse d'après une peinture du XVIe siècle, musée Topkapi Sarayi, Istanbul.

Quint et pénétra dans le port profond de Mahon le premier jour de septembre.

Juillet, août et Mahon,
sont les meilleurs ports
de la Méditerranée,

affirme un couplet de l'époque.

Les Minorquins crurent eux aussi que la flotte de l'empereur revenait. Il était bien tard quand ils s'aperçurent de la supercherie et ils ne purent que s'enfermer dans la ville. Khayr al-Dîn ne parvenait pas à ouvrir de brèches dans les murailles, car il n'avait que des canons frondeurs, mais il ne relâchait pas le siège et mit en déroute une troupe de six cents chrétiens arrivée de l'autre ville de l'île, Ciudadela.

Aussi commença-t-il à y avoir des désertions parmi les habitants de Mahon qui, dirigés par un comité de notables, voulurent signer la capitulation. Barberousse accepta contre cent jeunes hommes et cent jeunes filles et les assiégés se mirent en devoir de rassembler leurs enfants pour les remettre. Un notable en offrit deux parce qu'ils étaient phtisiques, "et de toute façon, dit-il, condamnés à mourir". Mais alors le corsaire exigea de mettre la ville à sac et tous ses habitants en esclavage.

Le comité donna son accord... parce que ses membres et leurs maisons seraient épargnés. Le pillage dura toute la nuit : viols, incendies, morts, vols ; la ville fut dévastée. Barberousse repartit avec un gros butin et huit cents captifs.

Mais les traîtres ne purent échapper à la justice de leurs compatriotes : ils furent torturés et on versa de l'eau salée sur leurs blessures, on les traîna dans les rues et ils furent finalement décapités. Avant cela, on avait coupé la main droite de celui qui avait ouvert les portes de Mahon aux pirates et le pied d'un autre qui les avait accompagnés.

Ciudadela, 1558. L'année précédente, Philippe II, fils et héritier de Charles Quint, avait vaincu les Français à la bataille de Saint-Quentin ; la France était l'alliée des Turcs, en grande partie parce qu'ils étaient les ennemis de l'Espagne. Une escadre franco-turque composée de cent quarante bateaux et de quinze mille hommes quitta les côtes de Provence à destination de Minorque, sous commandement ottoman : Piali Baja, l'un des premiers amiraux, et un certain Mustafa qui, s'il s'agissait de Mustafa Lala Baja (*lala* veut dire précepteur, celui du sultan Sélim II de la Sublime Porte) – ce que j'ignore –, avait vingt-trois ans à cette date.

Ils se précipitèrent sur Ciudadela, qui ferma ses portes et posta sur les remparts ses six cents hommes aptes au combat, sous les ordres du capitaine Negrete et du gouverneur Arguimbau. Ils demandèrent en vain de l'aide à Mahon, Majorque et Barcelone, tandis que nuit et jour vingt-quatre gros canons turcs malmenaient la ville ; pendant le siège, les habitants de Ciudadela consommèrent deux mille têtes de gros bétail et vingt mille de petit bétail.

Le résultat final fut terrible : Ciudadela fut détruite, la plupart des hommes moururent au combat et 3 452 captifs partirent pour Istanbul. C'est là qu'Arguimbau dicta à un compagnon d'esclavage, le notaire Quintana, le récit de ce qui s'était passé :

> Tandis que sans répit les ennemis attaquaient les remparts et que, de l'intérieur, nous leur tirions dessus avec des arquebuses, en tuant beaucoup, mettant hors d'usage de nombreuses pièces d'artillerie et détruisant leurs tranchées et leurs bastions, par ailleurs, et bien que nous fussions peu nombreux, secondés par les femmes et les jeunes filles nous fortifions et construisions des bastions à l'aide de branches, de bois de feu, de terre, de toisons,

> de matelas, de sacs de vêtements et d'autres choses, travaillant ainsi jour et nuit jusqu'à tomber de sommeil et d'épuisement ; et pendant ce temps, beaucoup mouraient, frappés par les pierres qui tombaient des remparts sous les coups de l'artillerie.

Charles Quint était passé par Majorque en 1541, lors d'une malheureuse expédition sur Alger, accompagné de l'amiral Andrea Doria. La ville de Palma le reçut avec de telles réjouissances qu'un notaire qui les raconta dans un livre compara, émerveillé, ces cinq jours de liesse à "un rêve". Mais l'empereur les passa affligé d'une crise de goutte, n'ayant pu résister à la tentation de manger comme un goinfre ; lorsqu'il abdiqua, quinze ans plus tard, ce fut en raison des désillusions et de la souffrance que lui causaient ses jambes gonflées par la maladie.

Quelques années avant de fondre sur Mahon, Khayr al-Dîn avait navigué en mer Tyrrhénienne et pillé la côte italienne après avoir traversé le détroit de Messine en direction du nord. Là, il entendit parler de la jeune veuve Julia Gonzaga, comtesse de Fondi, considérée à l'époque comme la plus belle femme d'Italie, dont le blason familial arborait la Fleur de l'Amour et à laquelle plus de deux cents poètes avaient dédié des vers enflammés.

Barberousse décida de la faire prisonnière. Mais quelques heures à peine avant qu'il arrivât, la comtesse Fondi eut vent de ses intentions et la belle s'enfuit de nuit à bride abattue, à peine couverte d'un voile, accompagnée d'un fidèle serviteur. Furieux, Khayr al-Dîn mit Fondi à feu et à sang. Quant au serviteur, qui aurait pu avoir la vie sauve, il fut également condamné à mort : lors d'une halte, pendant la fuite nocturne, l'homme plein d'ardeur se jeta sur le corps adorable de la veuve aristocrate…

Khayr al-Dîn était un homme grand, robuste, fort poilu ; son imposante barbe rousse lui donnait un air majestueux. Ce fut lui, avec son frère Arudj, qui fut le véritable fondateur de l'Etat algérien, après avoir étranglé dans son bain le roitelet local. Enfant, il avait été chrétien, sa mère ayant été mariée en premières noces à un pope orthodoxe. Non seulement Barberousse devint vice-roi, ou beylebey, d'Alger, ayant aussi sous sa domination Tunis et Tripoli, mais Soliman le Magnifique, cet astre impérial, le nomma grand amiral de la flotte turque et, en tant que tel, lui remit le turban incrusté de brillants.

Et souvenons-nous qu'il eut sous ses ordres les capitaines les plus sadiques et les plus sages de la piraterie : le rusé Dragut, le nécromancien juif Sinan, le renégat chrétien Drub le Diable, Hassan l'eunuque, l'intelligent Murad Reis… La fine fleur de l'horreur.

Barberousse enleva à l'Espagne, en 1535, le sauvage rocher d'Alger, il fut le rival victorieux d'Andrea Doria, l'amiral de Charles Quint, pilla sans répit les rives nord de la Méditerranée. Il possédait le plus gros canon du monde, capable de tirer six coups par jour, encore qu'il atteignît difficilement sa cible…

Les trois dernières années de la vie de Barberousse furent singulières et heureuses. Soliman s'était bien sûr allié à François Ier contre Charles Quint. L'amiral, âgé alors de soixante-huit ans, la peau tannée par l'air salé et couverte de cicatrices, naviguait avec sa superbe flotte vers la France pour combattre l'Espagne. A Reggio de Calabre, ville espagnole à l'époque, les bateaux firent escale pour s'approvisionner en eau douce. Depuis le fort, on leur tira dessus. Furieux, Khayr al-Dîn prit la ville d'assaut et la vainquit.

Plus tard, alors qu'il examinait la foule des prisonniers, il ressentit soudain un doux, un intense frisson intérieur qui le déconcerta : une captive, belle et craintive, le regardait. C'était Maria, la fille du gouverneur, qui avait dix-huit ans. Le vieux pirate ordonna de suspendre le massacre général et d'organiser à la place de bruyantes festivités qui transformèrent la nuit en un rêve plein de promesses magiques. Maria devint sa femme, cérémonie qu'un imam officia en pleine mer, en récitant des versets du Prophète.

A bord de son vaisseau rapide et dans son palais se reflétant dans les eaux du Bosphore, Barberousse connut, haletant, la fraîche sensualité du jeune amour. Terrassé de plaisir, il fit construire une mosquée baignée d'un mysticisme qui n'avait plus grand-chose à voir avec la mystique crépitante du désert, mais qui réunissait dans la paix Allah, le Père, le Fils et peut-être le Saint-Esprit chrétiens. Le vieux sanguinaire se figurait sans doute pouvoir goûter déjà, sur terre, au paradis des houris…

Mais il mourut. La tradition raconte que son cadavre, qui avait tant aimé et combattu, ne pouvait rester en repos dans la tombe géométrique qu'un autre grand homme, l'architecte Sinan, lui avait construite face à la mer calme du Bosphore, et que des spasmes l'en faisaient sortir. Jusqu'à ce qu'on enterrât un chien mort à ses côtés, remède de la sorcellerie grecque. Et le cadavre s'apaisa.

Pendant des siècles, les navires qui quittaient Istanbul tiraient un coup de canon en hommage à la mémoire de Khayr al-Dîn ; peut-être alors son esprit frémissait-il encore, en vain…

Mille histoires. Des histoires vraies et fantastiques. Dans mon enfance, je suis allé bien des fois boire à une fontaine qu'un esclave maure, en échange de sa liberté, avait miraculeusement fait jaillir de terre, ne s'aidant que d'une écuelle. Et lorsque je marchais dans la montagne, je surveillais toujours, haletant, l'apparition d'un petit Maure, car dans l'île tout le monde savait que des petits Maures aux yeux brillants, des enfants ou des nains, restaient cachés depuis la conquête chrétienne, gardant de fabuleux trésors au fond de mystérieuses grottes.

*

Saint-Jean-d'Acre... Vague, envoûtant, ce nom est inscrit au fond de notre subconscient historique : il y a neuf cents ans en effet, bien plus que Jérusalem – la cité des cités restée, par excellence, la ville du Sauveur –, Saint-Jean-d'Acre a représenté, de façon unique et absolue, le symbole de la victoire chrétienne sur les musulmans, la capitale des croisades.

Acre, Akko pour les juifs, est située au nord de la large baie de Haïfa, sur la rive opposée à celle qui porte le mont Carmel. C'est la frontière orientale de la Méditerranée, dont les vagues, arrivées aux confins irréfutables de leur élan, frappent les épais remparts d'Acre. Sur les remparts actuels, seule une fortification, le burj du Sultan, appartient en vérité à cette époque guerrière du Seigneur des Evangiles. Sur ses pierres sont encore visibles les anciennes entailles de la Croix et les triangles de la Trinité... Tout le reste, c'est-à-dire presque toute la ville, fut reconstruit à la fin du XVIIIe siècle par le pacha Ahmad Djazzar, ou Ahmad l'Etrangleur.

Le tombeau d'Ahmad se trouve à côté de la mosquée qu'il fit aussi bâtir. Ce fut un personnage d'une grande cruauté, mais grâce à lui Saint-Jean-d'Acre conserve une personnalité et un charme vivaces. Lorsqu'en 1291 le sultan al-Mâlik al-Ashraf la reprit définitivement aux chrétiens, il détruisit rageusement hommes et édifices, mettant fin à la geste des croisades.

Mais il existe un autre monument de l'époque des chevaliers de Dieu, à demi enterré et qu'on restaure peu à peu : la citadelle, avec ses salles obscures, sa crypte profonde et le corridor de soixante-cinq mètres de long qui reliait la forteresse à un hospice. C'est Richard Cœur de Lion qui en 1191 fit de cet antre le cœur de la vie des croisés.

A Saint-Jean-d'Acre, dans la citadelle, il y a quelque chose d'étonnant : des fleurs de lis gravées à divers endroits. Comme on sait, le lis fut l'emblème héraldique de la monarchie française, et plus tard des Bourbons. Or c'est à Acre que le lis apparut pour la première fois dans son acception héraldique ; cet emblème figurait en réalité sur les armoiries du sultan Saladin, et en 1147, lors de la deuxième croisade, Louis VII, roi de France, en fit le symbole de ses étendards.

Croix d'un chevalier de la première croisade, Musée municipal, Cluny.

Il nous paraît opportun de rappeler ici que le Croissant islamique a, quant à lui, une origine occidentale. D'après la légende, au IVe siècle avant Jésus-Christ, la Byzance grecque avait trompé l'assaut de Philippe de Macédoine grâce au clair de lune ; la ville avait alors adopté l'emblème sélénite que les Ottomans finiraient par s'approprier.

Les croisades voient le jour en France en 1095, au concile de Clermont ; le pape Urbain II y arrive après un voyage en Provence lors duquel il s'est entretenu avec Raimond de Saint-Gilles, comte de Toulouse, qui avait bravement lutté en Espagne contre les Sarrasins. L'ordre de Cluny jouait un rôle décisif dans la colonisation des terres prises aux musulmans et dans la création d'une conscience chrétienne unitaire en Europe. Urbain avait été moine de Cluny, aussi fut-il aisément gagné aux idées de Raimond.

A Clermont, sentencieux, gémissant, le pape clama : "Vous avez entendu, mes chers frères, ce qu'il nous est difficile d'évoquer sans verser des larmes, les affreux supplices que subissent à Jérusalem, à Antioche et dans tout l'Orient nos frères les chrétiens..."

L'empereur d'Allemagne, Henri IV, et le roi de France, Philippe Ier, ne se trouvaient pas au concile. C'est un groupe aguerri de barons français qui partit en croisade, parmi eux Raimond de Toulouse, qui commanda avec héroïsme l'un des corps d'armée de l'expédition et mourut en Syrie, en attaquant Tripoli. Mais

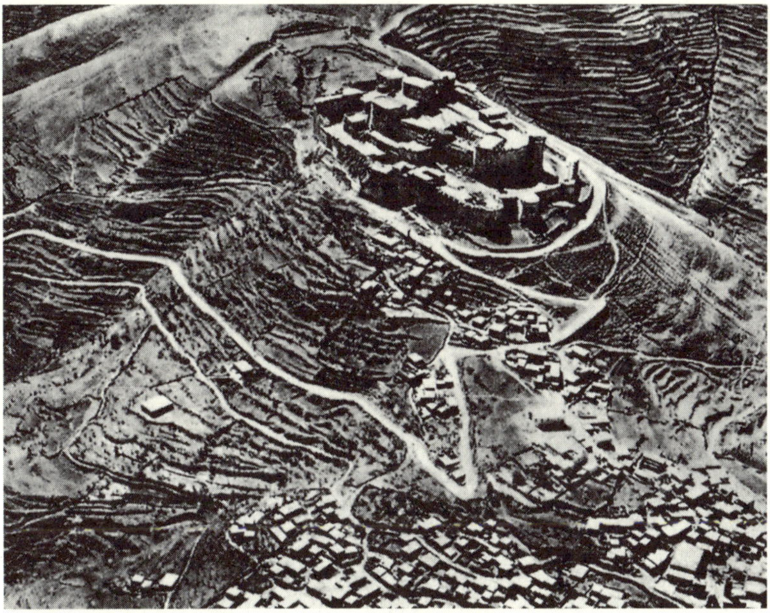

Vue aérienne du krak des Chevaliers, forteresse médiévale à la frontière libano-syrienne.

avant cela, en 1099, Jérusalem avait été prise. Voici le récit d'un croisé, Foucher de Chartres, dans son *Histoire de Jérusalem*, fidèle document d'une illusion surnaturelle et d'une sanglante réalité :

> Et nous, exultant de joie, arrivâmes à la ville de Jérusalem le mardi, huit jours avant les ides de juin, et nous l'assiégeâmes admirablement. Robert de Normandie l'assiégea du côté nord, près de l'église du grand martyr saint Etienne, à l'endroit où il fut lapidé au nom du Christ ; le suivait Robert, comte de Flandre. Les ducs Godefroi et Tancrède l'assiégèrent par l'ouest. Le comte de Saint-Gilles l'assiégea par le midi, dans la montagne de Sion, vers l'église de Sainte-Marie, Mère de Dieu, où le Seigneur célébra la Cène avec ses disciples [...].
>
> Pendant ce siège, nous souffrîmes à tel point du tourment de la soif que nous cousîmes des peaux de bœufs et de buffles dans lesquelles nous transportions de l'eau sur six milles. L'eau que nous donnaient de tels récipients était infecte et le pain d'orge aussi fétide que cette eau, motif quotidien pour nous de gêne et d'affliction. Les Sarrasins, en effet, tendaient secrètement des pièges aux nôtres en infectant les sources et les fontaines, ils tuaient et dépeçaient tous ceux qu'ils rencontraient et cachaient le bétail dans les cavernes et les grottes [...].
>
> Le vendredi matin, nous donnâmes un assaut général à la ville sans pouvoir ouvrir de brèche ; nous étions en stupéfaction et

> grande peur. Puis, alors qu'approchait l'heure où Jésus-Christ consentit à souffrir pour nous le supplice de la Croix, nos chevaliers postés sur le château se battaient avec ardeur, entre autres le duc Godefroi et le comte Eustache, son frère. A ce moment, l'un de nos chevaliers, appelé Lietaldo, escalada le mur de la ville. Bientôt, dès qu'il eut grimpé, tous les défenseurs s'enfuirent des murs à travers la ville, et les nôtres les suivirent et les acculèrent, tailladant et tuant jusqu'à ce qu'ils arrivent au temple de Salomon, où il y eut une telle boucherie que les nôtres avaient du sang jusqu'aux chevilles [...]. Puis, tout heureux et pleurant de joie, les nôtres allèrent adorer le Sépulcre de Jésus notre Sauveur, et soldèrent ainsi leur dette.

Pour comprendre, même physiquement, le formidable effort que représentèrent les croisades, il suffit de contempler et de parcourir le magnifique et gigantesque krak des Chevaliers, l'une des plus belles forteresses médiévales, et sûrement la plus spectaculaire dans le petit univers des croisades, qui se dresse dans le très austère paysage de la frontière libano-syrienne, près du littoral méditerranéen : ses trois enceintes fortifiées, ses superbes couloirs et ses salles où le vent erre comme si traînaient encore les voix de ces guerriers... Deux mille cavaliers, avec leurs montures et leurs serviteurs, pouvaient y loger pendant des mois avec toutes leurs provisions.

La conjonction de plusieurs facteurs explique les croisades. Au cours des siècles précédents, l'islam avait conquis presque toute la péninsule Ibérique, la Sicile, la Sardaigne, la Crète, l'Afrique du Nord, la Syrie. Mais autour de l'an mille, un changement se produit. Les musulmans se divisent en deux califats rivaux, l'asiatique et l'égyptien, tandis que les Almoravides envahissent l'Espagne. Parallèlement, les Saljūqides turcs occupent la Syrie et l'Asie Mineure, toujours au détriment des Arabes...

Dans ce contexte, le redressement chrétien, né du processus de consolidation européenne, peut largement arrêter l'offensive islamique, non seulement avec la reconquête entreprise dans la péninsule Ibérique, mais aussi avec celles de la Crète et de Chypre, le harcèlement de la Syrie par les Byzantins, et la reprise de la Sardaigne par les Génois et les Pisans.

L'accroissement des terres cultivées agit de façon décisive sur le redressement européen, avec l'introduction de l'avoine et d'autres cultures, l'expansion de l'élevage des chevaux ; grâce à l'introduction de l'étrier, celui-ci bénéficie en outre d'un perfectionnement notoire du harnais. Tout cela provoque une croissance de la richesse, donc de la population, en même temps qu'une dynamisation des techniques de guerre.

Des populations plus denses se concentrent dans les villes, le commerce augmente, on commence à construire les cathédrales, symboles de la puissance bourgeoise naissante. Les horizons s'élargissant, on a évidemment besoin de plus d'espace. Les jeunes de la campagne et les cadets des maisons seigneuriales, qui ne se résignent plus à entrer dans les ordres comme le voulait la tradition, exigent plus de terre. Fruit de la solidification européenne, les croisades marquent les débuts de son expansion, comme c'est le cas pour la Sicile agraire avec les Normands.

Un baron normand ne pouvant nourrir ses huit enfants, trois d'entre eux, Robert, Roger et Guillaume, partent vers la Méditerranée, accompagnés d'autres jeunes gens dans la même situation. Bientôt devenus des soldats au service du pape, ils prennent le Sud de l'Italie aux Byzantins, la Sicile aux Sarrasins. Roger sera le premier souverain normand de la grande île. La singulière chapelle de son palais royal de Palerme, parfaitement conservé, combine à la perfection art chrétien et art arabe.

Car en Sicile a eu lieu une rencontre islamique, européenne, byzantine, juive qui ne s'est jamais produite en Terre sainte. Les cent vingt années de la Sicile normande ont été riches, indépendantes, d'une extraordinaire fécondité culturelle. La majestueuse cathédrale de Monreal, qui domine la vallée et la baie de Palerme, constitue probablement l'expression la plus significative de cette geste, que rappellent encore les *pupi*, ces marionnettes typiques et drôles, dans les rues de Sicile.

Le succès de la première croisade fut complet et même surprenant, couronné par l'instauration du royaume latin de Jérusalem et, plus tard, des petits Etats francs de la côte du Levant. Mais Jérusalem ne fut chrétienne que pendant moins de cent cinquante ans, Acre pendant moins de deux cents ans. Et encore, péniblement. Tel un signe de l'au-delà, l'un de ses rois fut Baudoin IV, le Roi lépreux, assis sur le trône de la Ville sainte tandis que le rongeait la maladie spectrale...

Presque toutes les croisades connurent de funestes conséquences. Celle de saint Louis, par exemple. Aigues-Mortes, mélancolique et symétrique, sur la côte provençale de la Méditerranée. Les salines, les marais solitaires et la ville fortifiée forment un quadrilatère parfait. Plus loin, c'est la mer mouvante ou la terre accidentée. Mais dans l'enceinte des "eaux mortes", près de Montpellier, semble planer un rêve d'ordre, une douce tristesse... Le caractère de saint Louis dut être ainsi : solidement structuré,

Combat opposant musulmans et chrétiens, miniature de l'*Histoire de la vie de Saint Louis*, XVIe siècle, Bibliothèque nationale, Paris.

un air désolé. Il fit construire le donjon qui dépasse, pour y loger. C'est la tour de Constance : sa constance, tragique au cours des septième et huitième croisades.

Agé d'une trentaine d'années, encore jeune, Louis était un homme mince et pâle, anémique, mais inflexible sur ses idées et sur sa foi. On loue sa piété, sa religiosité, mais pour les maintenir il attaqua à tort et à travers : les cathares, les mahométans, les juifs, les lépreux, les homosexuels... En même temps, il consolidait l'Etat d'une main de fer. Et puis un jour, atteint de maladie, Louis fit la promesse de partir en croisade s'il guérissait. De plus, le royaume latin de Jérusalem vacillait.

Louis IX partit en 1248. Le bateau s'appelait *Mont joie*, qui était le cri de ralliement des cavaliers francs au combat. Mais la reine, qui l'accompagnait, avait perdu toute sa joie provençale auprès de son triste époux, devenant sèche et autoritaire. Dix mois plus tard, l'expédition débarquait triomphalement dans le delta du Nil. Autre monde de canaux, d'étangs, d'eaux mystérieuses, mais bien plus dangereuses car labyrinthiques et remplies d'ennemis : un an plus tard, saint Louis était malade, vaincu, emprisonné, son armée décimée. Pour racheter ses hommes et lui-même, il dut céder tout ce qu'il avait conquis et payer en plus un demi-million de livres. La reine Marguerite, bien qu'enceinte, fit contre mauvaise fortune bon cœur et joua un rôle décisif pour pallier le désastre. Enfin libéré, Louis arriva péniblement à Saint-Jean-d'Acre.

Il resta quatre ans à la tête du royaume de Jérusalem, de 1250 à 1254 ; il pensait que c'était son devoir devant Dieu. Mais, n'ayant que de faibles ressources, il ne put grand-chose. Pour garder son trône, il dut même pactiser aves la secte islamique des Assassins, la puissante organisation du Vieux de la Montagne, qui droguait ses adeptes avec du haschisch et les envoyait pratiquer le terrorisme le plus sanglant à l'encontre des Maures et des chrétiens…

Les îles d'Hyères – Porquerolles, Port-Cros, Bagaud –, entre Toulon et Saint-Tropez : pêcheurs, tourisme, plages immenses. Ce sont *Les Iles d'or* du poète provençal Frédéric Mistral. Leur paix, au soleil, est vraiment dorée : l'Etat les préserve, y interdisant la pêche et la chasse ; il y a des oiseaux et des papillons, des poissons, un couvert végétal abondant comme on n'en trouve plus à des kilomètres à la ronde. Saint Louis, très affaibli, revint par Hyères tête basse, profondément humilié. C'était l'été. Marguerite dut aussi assurer la bonne fin de la traversée en étouffant un incendie à bord.

Mais en 1270 le roi revenait à Aigues-Mortes, arborant à nouveau la croix pour tenter encore une fois d'écraser l'Egypte. Si sa foi et sa soif de vengeance étaient grandes, sa santé, elle, déclinait : le roi juste était "taciturne, faible, abattu, tenant à peine à cheval", racontent les chroniques. Le bateau portait cette fois le nom de *Paradis* : à peine, en effet, eut-il débarqué à Tunis que la peste et la dysenterie décimèrent son armée et lui ôtèrent la vie ; on peut supposer que son âme alla directement au paradis.

Aigues-Mortes était un port très vivant à l'époque des croisades, le seul que possédait la monarchie des Capétiens sur la Méditerranée, sa voie d'accès aux échanges avec l'Orient.

Un autre roi parti en croisade allait laisser une image bien différente : Richard Cœur de Lion. Roi d'Angleterre, il est probable qu'il ne parlait pas anglais, mais uniquement le français et le provençal ; il ne passa d'ailleurs pas plus de six mois dans son royaume insulaire au cours de son règne. L'Aquitaine, le Languedoc, les chaudes terres françaises avec leurs troubadours voyageant de château en château, leurs tournois, tel était le monde qu'il aimait et que lui avait légué sa mère, Aliénor d'Aquitaine, femme courageuse aussi charmée par la poésie que dangereuse

Richard Cœur de Lion combat Saladin, miniature du *Psautier de Lutrell*, XIIe siècle, Musée britannique, Londres.

dans l'intrigue. Richard mourut en prenant d'assaut un château limousin en 1199, transpercé par une flèche perdue.

Richard était grand, fort, d'un tempérament tantôt chaleureux tantôt extrêmement violent. Il se révolta contre son père, fut accusé d'homosexualité, se montra d'une cupidité effrénée, fit assassiner de sang-froid plusieurs milliers de prisonniers de guerre, s'empara de la Chrypre chrétienne au lieu de prendre la Jérusalem musulmane... La liste de toutes ses fautes serait fort longue. Autant que son charme : beau, il était d'une bravoure et d'une témérité qui galvanisaient ses soldats. La troisième croisade ne fut pas un succès mais permit, grâce à Richard, de renforcer les acquis. Le roi réussit une chose qui paraissait impossible : vaincre par deux fois le grand Saladin.

La guerre, avec sa violence, son improvisation et sa camaraderie inhérentes, était l'élément naturel de Richard Cœur de Lion. Les plus célèbres troubadours de l'époque furent ses amis à certains moments, à d'autres ses ennemis : le gros Languedocien Gaucelm Faidit, le lunatique Catalan Guillem de Bergueda, le prolifique et démoniaque Bertran de Born que Dante décrivit comme un "semeur de discorde". La croisade marqua l'apogée de Richard en tant que prototype du chevalier médiéval.

En route pour la Terre sainte, il choisissait la voie terrestre chaque fois que possible car il souffrait du mal de mer. Déguisé, il essaya un jour, avec un aide de camp, près de Milet, de voler un faucon à des paysans ; ceux-ci lui flanquèrent une raclée qui le laissa presque mort. Au retour, toujours déguisé, pour traverser le Bosphore il prit passage sur un bateau de pirates qui fit naufrage. Puis il continua à cheval, fut reconnu dans une auberge près de Vienne et livré à l'empereur, son ennemi, qu'il n'avait cessé d'insulter. Il resta enfermé un an et ne put recouvrer sa liberté que contre une forte rançon.

La légende raconte un épisode beaucoup plus émouvant, et qui a pu être vrai. Le roi étant prisonnier en Autriche, les siens ne savaient où il se trouvait. Alors, l'un de ses compagnons, Blondel de Nesle, un troubadour, parcourut le pays en chantant les poèmes que tous deux avaient composés. Un jour, d'une tour hermétiquement fermée s'éleva une voix qui chantait les mêmes strophes…

Richard aurait composé, justement pendant sa captivité, l'un des poèmes que l'on a conservés de lui ; dans un provençal harmonieux, il s'y plaint d'être prisonnier et que ses amis et vassaux n'envoient pas d'argent pour le libérer :

Car sai en ben per ver certanament
qu'hom mort ni pres n'amic ni parent ;
e sim laissam per aur ni per argent,
mal m'es per mi, mas pieg m'es per ma gent,
qu'apres ma mort n'auran reprochament
si sai mi laisson pres.

Les historiens arabes eux-mêmes l'admirèrent, comme le fit Bahâ ad-Dîn :

> Le roi d'Angleterre était un homme très puissant chez eux, de grand courage et de cœur élevé […]. Sa venue [en Terre sainte] fit une énorme impression ; il était accompagné de vingt-cinq galères, pleines d'hommes, d'armes et de matériel, et les Francs donnèrent de grands signes de joie : cette nuit-là ils allumèrent de grands feux dans leur camp*.

Un autre homme singulier conduisit la quatrième croisade. Mais il n'avait ni belle prestance ni don pour le chant ; âgé de plus de quatre-vingt-dix ans, il était aveugle, mais d'une vigueur et d'une astuce extraordinaires : le doge vénitien Enrico Dandolo. Manœuvrant habilement entre la cupidité des Européens et la stupidité des Byzantins, le vieux Dandolo conquit presque un empire au nom de Venise et perpétra l'un des plus grands crimes commis au sein de la chrétienté.

Dans la salle d'armes du palais ducal de Venise se trouve l'armure que portait Dandolo lors de la chute de Constantinople. Elle y était demeurée et le peintre Gentile Bellini l'en rapporta en 1480, après y avoir effectué un séjour au cours duquel il réalisa plusieurs tableaux pour le sultan ottoman Mehmet le Conquérant. Mais il décida de s'en aller le jour où, pour lui expliquer comment composer sur un tableau la tête décapitée de saint Jean Baptiste, le brutal conquérant de Constantinople sortit son cimeterre et, d'un coup, trancha la tête d'un esclave qui se trouvait près de lui…

C'est Innocent III, pape ambitieux et pondéré, qui prêcha la quatrième croisade. Elle fut dirigée par le baron Boniface de Montferrat, grand ami du prince Philippe de Souabe, qui se trouvait alors à la tête du Saint Empire romain et avait épousé une séduisante veuve byzantine, Irène Angeline. Celle-ci était la fille d'un vieil empereur de Constantinople détrôné, Isaac II Ange, à qui son frère et usurpateur Alexis III avait fait crever les yeux, suivant la tradition impériale byzantine en matière de succession royale. On enferma ensuite Isaac dans un cachot avec son fils, également prénommé Alexis.

Les croisés progressaient lentement. Ils firent halte à Venise. 1201, 1202… Leur destination était l'Egypte et ils avaient signé un accord avec le doge Enrico Dandolo, selon lequel la Sérénissime République devait transporter par mer quatre mille cinq cents cavaliers avec leurs chevaux, neuf mille écuyers, vingt mille soldats d'infanterie, et leur fournir des vivres pour une année entière. Venise armait en outre, à ses frais, cinquante galères qui se joindraient à l'expédition.

En échange, les croisés paieraient à Venise, d'avance, la somme de vingt mille kilos d'argent en marcs, et lui remettraient plus tard la moitié des profits que rapporterait la pieuse entreprise. Car, en toute logique, les croisades suscitaient d'importants mouvements économiques et commerciaux, et Venise était passée maîtresse dans la ruse et l'art de planifier les négoces, quelle que fût leur nature.

Au point qu'en même temps qu'elle signait son contrat avec les croisés pour attaquer l'Egypte, la Sérénissime renouvelait avec ce pays un traité commercial resté en suspens pendant des années en raison de l'interdiction du Saint-Siège de commercer avec les infidèles. Cela n'empêchait absolument pas, dans la cathédrale de Saint-Marc, la foule en délire d'applaudir le vieux doge pour son contrat avec les croisés… Sage, complexe, rusée, avaricieuse, divine Venise.

A l'été 1202, les croisés se trouvaient sur la barre du Lido, où Venise célèbre aujourd'hui son festival cinématographique, la Mostra. L'argent pour payer les Vénitiens n'arrivait pas… Dandolo leur proposa alors, avant qu'ils se rendent en Egypte, d'attaquer la ville voisine et chrétienne de Zara, sur le littoral adriatique, l'actuelle Zadar, en ex-Yougoslavie, qui s'était soustraite à la tutelle vénitienne pour se soumettre à celle de sa rivale, la Hongrie.

Aussitôt dit, aussitôt fait : les trente mille hommes de la Sainte Croix tombèrent sur leur coreligionnaires et pillèrent Zara. L'argent frais réjouit tous les croisés, qui se contentèrent de hausser les épaules lorsque, horrifié, le pape Innocent III les excommunia.

Et bientôt, à Zara, apparut l'éventualité d'un autre négoce : le jeune prince byzantin Alexis s'était évadé de prison et, appuyé par le puissant Philippe de Souabe, voulait récupérer le trône de Constantinople. Pour cela, il offrait la généreuse somme de vingt mille marcs d'argent, l'union de l'Eglise orthodoxe à celle de Rome – elles étaient séparées depuis un demi-siècle – et dix mille hommes pour la croisade contre les mahométans.

Boniface de Montferrat et les croisés, alléchés par la manière dont les choses s'étaient déroulées à Zara, acceptèrent la proposition. Dandolo, qui ne voulait pas interrompre son commerce avec l'Egypte, accepta aussi. Le pape lui-même ressentit un chatouillement flatteur lorsqu'il sut que pouvait prendre fin le schisme orthodoxe… Pesamment, la sinistre expédition se dirigea vers Constantinople.

Pendant ce temps, là-bas, les événements se succédaient rapidement. Alexis III, l'usurpateur, s'enfuit sans attendre. Le jeune aspirant au trône, un sot en vérité, devint Alexis IV, qui en rechignant dut accepter à ses côtés Isaac Ange, son père, l'aveugle, tiré précipitamment de sa cellule. Mais les Byzantins détestaient ces croisés et ces Vénitiens qui attendaient, menaçants. Et si l'autre aveugle, Dandolo, se trouvait être non voyant, c'était justement parce que, bien des années auparavant, il avait été blessé lors d'une bagarre à Constantinople, dont les autorités avaient favorisé les Génois et les Pisans au détriment des Vénitiens.

La situation se détériorait. Alexis IV tourna le dos aux assiégeants ou occupants, pensant qu'il gagnerait ainsi la sympathie des siens, qui, au contraire, se mutinèrent et le détrônèrent… Montferrat et Dandolo signèrent un nouveau contrat : ils élimineraient simplement Byzance, partageant en trois les possessions du nouveau royaume qu'ils fonderaient, et qui fut le bref Empire latin d'Orient ou Romanie.

Un tableau de Palma le Jeune, également conservé au palais ducal de Venise et intitulé *La Conquête de Constantinople par les croisés*, évoque le tragique épisode sur lequel déboucha fatalement l'énorme imbroglio byzantin. Sur la toile, on peut voir Enrico Dandolo vêtu de sa cuirasse à la tête de ses troupes, devant les remparts. En effet, les 12 et 13 avril 1204, Constantinople fut l'objet d'une mise à sac si monstrueuse que ni la ville ni l'Empire byzantin ne devaient jamais s'en relever. Un chroniqueur,

La Conquête de Constantinople par les croisés, peinture de Palma le Jeune, palais ducal, Venise.

témoin présent, Nicetos Akominates, écrivit dans son *Corpus Scriptorum Historiae Byzantinae* :

> Au son des clairons et brandissant leur épée nue, [les croisés] se jetèrent dans le pillage des maisons et des églises. Je ne sais par où commencer le compte rendu des impiétés que ces scélérats commirent. Ils détruisirent les saintes images adorées des fidèles. Ils lancèrent les reliques des martyrs dans des lieux immondes que j'ai honte de nommer. Ils répandirent le Corps et le Sang du Sauveur. Ces précurseurs de l'Antéchrist, auteurs de profanations qui devaient précéder sa venue, prirent les calices et les ciboires et, ayant arraché les pierres précieuses et autres ornements, s'en servirent pour boire. On ne peut penser sans horreur à la manière dont ils profanèrent la Grande Eglise. Ils cassèrent l'autel entièrement construit de matières précieuses, objet d'admiration de toutes les nations, se partageant ses fragments comme tout ce qui avait le plus de valeur dans l'église. Ils firent entrer sous les

nefs les mulets et les chevaux pour y charger les vases sacrés, l'argent ciselé et l'or qu'ils avaient arrachés de la chaire, du lutrin et des portes, outre une infinité d'autres objets. Et quelques-unes de ces montures étant tombées sur le dallage, ils les piquèrent de leurs épées, souillant l'église de leur sang et de leurs excréments. Une femme publique, vitrine ambulante de charmes et de sortilèges, s'assit sur le siège du patriarche, entonnant une chanson obscène et dansant ensuite dans la nef...

Dandolo emporta à Venise une énorme quantité de ces richesses, qui furent gardées dans le trésor de la basilique Saint-Marc. On peut encore y admirer une icône de saint Michel datant du Xe siècle, une image de la Vierge Nicopea, qu'arboraient les empereurs byzantins à la tête de leur armée... Quant aux quatre fougueux chevaux grecs en cuivre doré, emblématiques, qui règnent dans la *loggia* de Saint-Marc, ils avaient dominé l'hippodrome de Constantinople !

Dandolo se fit en outre accorder l'usage impérial des brodequins de pourpre, la dispense de rendre hommage à l'empereur et le titre de seigneur d'un quart et demi de l'empire de Romanie.

Le personnage le plus respecté de l'histoire chaotique et mythique des croisades fut cependant celui qui dut les combattre jusqu'à l'épuisement : Saladin. Il mourut en 1193, après avoir résisté à l'inlassable attaque de Richard Cœur de Lion. Saladin était kurde, de famille modeste, très croyant et cultivé, et sans doute ne s'est-il jamais rendu coupable de fausseté ou de cruauté gratuite ; il traita même les chrétiens avec une courtoisie et une loyauté que ceux-ci ne manifestèrent jamais à l'égard de leurs ennemis. Simple de sa personne et de caractère mélancolique, il avait un sourire enchanteur. On raconte que, sur le point de mourir, il ordonna à son porte-drapeau de parcourir Damas avec un morceau de son linceul hissé au sommet d'une lance pour montrer que le plus grand monarque d'Orient ne pouvait emmener que son linceul dans la tombe.

Mais il y eut d'autres croisades. Saint-Gilles se trouve à l'intérieur des terres, dans les vertes collines de Provence. Le canal qui du Rhône reliait la ville à Aigues-Mortes, la mettant aux premières loges du commerce avec l'Orient, a été obstrué. Seules ses nobles pierres rappellent le passé. Son abbaye est un précieux témoignage roman, avec sa structure savante, ses reliefs pleins d'imagination et, surtout, les trois arcs de la façade, sa crypte, avec ses ogives longues et basses... Raimond de Saint-Gilles

Chevaux de bronze du Ier siècle de Constantinople, qui dominent la place Saint-Marc à Venise depuis le XIIIe siècle.

était, on s'en souvient, Raimond IV de Toulouse, le héros de la première croisade.

Il est difficile de l'imaginer, parce que les pierres sont stupides et qu'elles ne reçoivent ni ne transmettent rien, mais en 1209 eut lieu dans cette abbaye une scène humiliante. Un descendant de Raimond IV, le comte Raimond VI, protégeait les cathares ou albigeois, contre lesquels Rome fulminait. Un légat du pape, Pierre de Castelnau, ayant été assassiné, le pape excommunia le comte et lança la France du Nord en croisade contre ce Sud rebelle et peut-être hérétique, évidemment chimérique. De nouveau agissait "l'enseignement de Constantinople" : faire de la croix une épée, contre les chrétiens eux-mêmes. Et les villes tombaient : Béziers, Narbonne, Carcassonne…

Raimond se soumit à Rome pour sauver tout ce qui pouvait l'être. La cérémonie se déroula d'abord sur le perron de l'église : sous la présidence du légat pontifical, le comte fut solennellement et publiquement fouetté. Puis, dans la crypte, il dut s'humilier devant les restes de Castelnau assassiné.

Mais bientôt, Raimond fit volte-face et, allié au roi catalan Pierre le Catholique – qui en 1212 s'était distingué par sa bravoure lors de la bataille décisive contre l'islam à Las Navas de Tolosa, dans le Sud de l'Espagne –, Raimond fit face au pape et à son terrible sbire, Simon de Montfort. Mais Pierre mourut à la bataille de Muret. Ayant tout perdu, Raimond dut fuir en Angleterre. Pour revenir, une fois de plus, avec l'aide catalane : il reconquit ses fiefs et Toulouse ; devant ses remparts, Montfort le sanguinaire fut tué par un boulet.

Béziers connut l'un des épisodes les plus sanglants de ces croisades : Simon de Montfort mit la ville à sac, les femmes furent violées et jetées dans les fossés, les enfants égorgés, les hommes eurent les yeux arrachés et ils furent pendus. Il y eut vingt mille morts. Et la ville, qui avait été prospère, fut incendiée ; démolie, elle fut inhabitable pendant un an.

Les cathares avaient une conception exacerbée de la pureté s'opposant radicalement au mal, et ils croyaient tant au mal qu'ils le voyaient partout : pour eux, même le mariage était un péché, parce que toute chair, et en conséquence tout contact charnel, portait atteinte à Dieu. Raison pour laquelle il était impossible que Dieu se fût incarné en Jésus-Christ... La sainte Eglise considérait tout cela comme une hérésie. Mais avec cette croisade, la France du Nord et le pieux saint Louis soumirent les barons occitans indépendants, tandis qu'ils leur enlevaient leurs terres et les partageaient avec l'Eglise. La France actuelle naissait.

Paysage sauvage de Montségur, avec son austère château perché... C'est ici, en 1244, que tomba la dernière place forte cathare, après un siège insensé. D'après la tradition, c'est au pied du piton, dans ce qu'on appelle le champ des Brûlés, que furent jetés au bûcher les deux cents Parfaits cathares qui étaient encore en vie lorsque la forteresse fut prise – des hommes et des femmes vêtus de blanc qui représentaient la plus haute valeur morale de la sévère confession.

Avant de mourir, ils partagèrent calmement leurs biens entre ceux qui n'avaient pas été condamnés : Bertran Mari remit vingt sols, du sel, de l'huile et du poivre à son ami Imbert Salas ; Raimonde de Cug donna un coffre plein de blé à Guilhem Adhémar ; Marquería de Lantar laissa ses vêtements à son petit-neveu Philippe de Mirepoix... Le feu. Le terrible feu.

La question des croisades fut certes complexe. Raimond Lulle, le philosophe et théologue majorquin – ou catalan – si prolifique du XIIIe siècle, en est un bon exemple. Homme d'un tempérament fort, vagabond, têtu et dépressif, il abjura une vie mondaine après avoir eu des visions célestes qui le convertirent à une foi exaltée ; par deux fois, ses serviteurs tentèrent de l'assassiner. Pendant plus de quatre-vingts ans que dura sa vie, il écrivit près de trois cents ouvrages en catalan, en latin, en arabe, qu'il traduisit en italien et en espagnol, fit de nombreux voyages, se rendant à Tunis, Chypre, Rome, Palerme, Montpellier, Barcelone, Paris, Compostelle... Il disait que les musulmans “par leur grand nombre entourent les chrétiens de toutes parts”, exprimant ainsi le sentiment de l'homme du Moyen Age : une profonde crainte de l'islam.

Raimond Lulle sur une miniature du *Breviculum* du monastère bénédictin Saint-Pierre, en Forêt-Noire, bibliothèque de Karlsruhe.

Mais Lulle détestait la guerre et, comme il était foncièrement convaincu de la suprême vérité chrétienne, il voulait absolument convertir les infidèles ; pratiquement tous les voyages qu'il fit en Occident pour s'entretenir avec des rois et des papes, et tout ce qu'il écrivit, fut le fait de cette obsession. Il tenta même d'atteindre cet objectif en appliquant les mathématiques à l'apologétique. Mais tout ce qu'il obtint, ce furent les pierres que les Maures lui jetaient chaque fois qu'il se mettait à les haranguer... Ecrivant un catalan savoureux, il apparaît en réalité comme le créateur littéraire de cette langue, et en même temps comme le type achevé du Méditerranéen.

Marseille, où la Provence atteint la plus exubérante vitalité que connaisse la France méditerranéenne. La Canebière, avec son atmosphère méridionale parfumée, débouche sur les entrailles les plus vigoureuses et les plus turbulentes du *Mare nostrum* : le Vieux Port, destination de tant de bateaux des sept mers, où confluent tant d'espoirs et de tragédies. Espoirs et tragédies qui allaient se rejoindre dans la croisade sans doute la plus insolite, la plus inhumaine en raison de sa chaude humanité : celle des enfants. Sur ces quais, en 1212, des milliers d'enfants dirigèrent le gouvernail de leurs galères vers une contrée totalement inconnue.

Tout avait commencé des mois auparavant, lorsqu'un petit berger de douze ans prénommé Etienne avait affirmé devant le roi de France que Jésus-Christ lui avait remis une lettre dans laquelle il lui ordonnait de mettre en route une croisade. Le roi se contenta de le renvoyer.

Mais, fébrilement, Etienne se mit à prêcher, affirmant haut et fort que la mer s'ouvrirait pour permettre aux croisés d'arriver en Palestine à pied sec, comme l'avait fait la mer Rouge pour laisser passer Moïse. Bientôt, d'après les chroniques, trente mille garçons et filles le suivirent, hypnotisés, flanqués de quelques jeunes prêtres et de la troupe des pèlerins misérables qui accompagna toutes les croisades.

Fascinés par Etienne qui, lui, voyageait dans un char décoré, ils traversèrent la France en direction du sud dans les rigueurs d'un été particulièrement brûlant, se nourrissant de la charité. Beaucoup moururent. A Marseille, Etienne ordonna aux eaux de s'ouvrir, mais la douce houle continua son va-et-vient pensif... Il y eut des bagarres, des défections. Mais Etienne et le gros de l'expédition continuèrent à arpenter le rivage, attendant le miracle.

En guise de miracle se présentèrent deux marchands, surnommés le Fer et le Porc. Ils annoncèrent que, touchés par la grâce du Seigneur, ils transporteraient gratuitement les enfants en Terre sainte. Alors que s'élevaient des cantiques pleins de ferveur, ils les firent tous monter à bord de sept bateaux, qui disparurent à l'horizon... littéralement, et pour toujours.

Dix-huit ans plus tard, un prêtre revint ; ancien compagnon d'Etienne, il avait été retenu captif en Egypte et venait d'être libéré. Il raconta qu'une fois en haute mer ils avaient d'abord essuyé une tempête qui avait coulé deux bateaux, et que les cinq autres avaient été remis par le Fer et le Porc à des pirates sarrasins, lesquels avaient vendu les enfants sur les marchés d'Orient...

A l'horizon de Marseille, sur un îlot battu par les vagues situé à l'embouchure du port, se dresse le château d'If, qui fut le théâtre de ce passionnant roman de la vengeance, *Le Comte de Monte-Cristo.* Ici, d'après ce qu'a imaginé Alexandre Dumas, l'abbé Faria et Edmond Dantès vécurent la prison et bien des cauchemars. Comme en écho aux croisades... Les mots écrits résonnent sur la mer :

> Dantès se leva, jeta naturellement les yeux sur le point où le bateau paraissait se diriger, et à cent toises devant lui il vit s'élever la roche noire et ardue sur laquelle monte, comme une superfétation du silex, le château d'If.
>
> Cette forme étrange, cette prison autour de laquelle règne une si profonde terreur, cette forteresse qui fait vivre depuis trois cents ans Marseille de ses lugubres traditions [...]*.

La lourde botte de la France septentrionale, littérature, ces terres lumineuses du Midi... Le Roussillon, ses champs si bien labourés, ses cerisiers luxuriants qui ombragent les ruisseaux fertiles, ses collines couvertes de vignobles sous les ciels que le vent ouvre et éclaircit, vieille paix amicale. Dans ses villages aux épais murs de pierre, aux grands platanes sur la place, je bois parfois du vin frais en mangeant du fromage et des escargots en compagnie de généreux amis occasionnels, d'une femme mince et silencieuse que j'aurais pu aimer.

Et ici m'attend toujours le livre d'un grand poète aux vers pleins de douceur et d'intensité, qui ont toute la sensualité cachée de la langue catalane :

I jo encara tot sol per recordar
els passos de mos avis tornaria,
seguint la vinya freda i l'alzinar,
ocell perdut, el sol ocell del dia.

Comme le dernier oiseau du jour, le poète marche solitaire, suivant les pas de ses prédécesseurs au milieu de la vigne hivernale, de la chênaie... Josep Sebastià Pons. Il mourut en 1962, il était d'Illa, il chanta la nostalgie, la fuite du temps, sans artifices, avec une musicalité mystérieuse et simple :

Els olius emagrits com la cigala
s'estan negres i clars sense moure l'ala
i la vinya té un aire moridor.
Pels morts aquest repòs de la tardor.
Un vol inacabable d'ocells gira.
Amb un foc de serments la vinya expira
i l'alè de l'estany dispersa el fum.
Pels morts aquesta absència de perfum.

De nouveau, les oiseaux dans leur vol éthéré, les vignes d'automne, la fumée des sarments derrière les âmes de tant de morts... Mais il faut également citer un autre texte "roussillonnais", amer, puissant et vif, visant à étrangler dans leur berceau des poètes comme Pons, à extirper les racines des hommes.

C'est un édit du 2 avril 1700, signé de "Louis par la grâce de Dieu. Roi de France et de Navarre", souverain auquel avait été cédé le Roussillon par le traité des Pyrénées, fruit de la décadence espagnole, de l'implacable ambition française, du XVIIe siècle catalan brisé.

Comme la vie officielle et la paperasserie "continuent à s'écrire en catalan", argumente Louis XIV, le Roi-Soleil qui dans ce cas fut celui des Ténèbres, et comme "cet usage répugne et est en quelque sorte contraire à Notre Autorité et à l'honneur de la Nation française", et qu'en outre il nuit fort à ceux qui "pour instruire leurs enfants dans ladite langue catalane [...] se voient obligés de les envoyer étudier dans les villes sous la domination de l'Espagne", le roi ordonne que "tous les documents et actes publics soient réalisés en langue française", ce qui doit être "chose ferme et stable", sous "peine de nullité". Mais Josep Sebastià Pons vainquit le puissant roi. Ou, du moins, il commença à le vaincre. Pons et les obscurs paysans qui, à l'abri du Canigou, la montagne mère qui se dresse entre le Roussillon et la Catalogne, conservèrent leur langue maternelle, autre richesse méditerranéenne créatrice.

*

Les rochers et la mer hérissés... Tarifa, l'extrême sud de la péninsule Ibérique. En face, le Maroc. La Méditerranée, commence ou s'achève ici... Notre Méditerranée bleue, salée, solaire. Et l'Atlantique gris, immense, qui va et vient, indifférent au monde... Les hommes de l'Antiquité croyaient que cette enclave constituait justement la limite du monde. Seul l'aurait dépassée le divin Hercule lors de son voyage légendaire au jardin des Hespérides, pour lequel il dut séparer de ses bras puissants l'Europe de l'Afrique, créant ainsi le détroit de Gibraltar, le choc de deux mers, les eaux turbulentes, le vent...

Détroit que Tāriq, depuis d'Afrique, traversa prestement et sans encombre en 711 ; il entra probablement par ici, ou alors par le rocher de Gibraltar, avec sept mille hommes, et vainquit celui qui serait le dernier roi des Wisigoths, Rodrigue, lors de la bataille qui eut lieu sur les rives du Guadalete tout proche. Des Wisigoths avaient appelé Tāriq à la rescousse pour en combattre d'autres. Après avoir rapidement et triomphalement conquis l'Arabie, la Perse, la Syrie, l'Arménie, l'Egypte, la Libye et tout le Maghreb, l'islam prenait ainsi pied en Europe.

Les vigoureux Barbares avaient vieilli et perdu leur ancienne fougue. Leur monarchie faisait souvent figure de lourd pendule aux rivalités sanglantes, rivalités que Tāriq mit à profit pour leur enlever jusqu'à leur capitale, Tolède. Les Wisigoths constituaient une orgueilleuse aristocratie féodale, ecclésiastique, qui réduisait la population espagnole indigène – un peu plus de deux millions d'habitants – à l'esclavage et à la misère : au cours des cent dernières années de leur suprématie, leurs monnaies d'or avaient perdu trente grammes de leur poids, et les pièces d'argent autant seulement au cours des vingt-cinq dernières années. Leur dévaluation augmentait l'inflation, comme nous dirions aujourd'hui. La population espagnole s'islamisa donc de bon gré, et en un peu plus de deux ans la Péninsule fut sous la domination arabe.

Arabe ? Islamique ou musulmane, en tout cas. Car une vingtaine d'Arabes seulement accompagnaient Tāriq. Un peu plus tard, avec le nouveau chef Mūsā ibn Nusayr, il en arriva environ cinq mille parmi les dix-huit mille hommes qui formaient la troupe. L'Arabie se trouvait bien loin, de même que le pouvoir arabe suprême, le califat des 'Umayyades, à Damas. Les soldats mauresques étaient en réalité des Berbères, habitant ce que nous appelons aujourd'hui le Maroc, la Tunisie... Nous en avons déjà parlé.

Les Berbères qui passèrent par le détroit étaient des guerriers des montagnes de l'Atlas, du désert du Sahara, habiles et avides. Les Arabes, qui les commandaient, les envoyaient en avant-garde tandis qu'eux restaient à l'arrière, prenant les meilleures terres et jouissant des biens des vaincus.

Un chroniqueur du VIIIe siècle nous décrit l'émir de Cordoue, Muhammad Ier, un Arabe : "Blanc de peau et le teint rose, il était grand, avait le cou trapu, se teignait les cheveux avec des plantes tinctoriales et odorantes ; il eut une centaine de fils dont trente-trois lui survécurent." Qu'on imagine seulement ce que devait coûter son harem en nourriture, vêtements et argent pour les épouses, les gardiens et la marmaille, dans laquelle le chroniqueur oublie les filles, et l'on comprendra qu'Arabes et Berbères vivaient dans des univers diamétralement opposés.

Et ils s'ignoraient souvent : les Berbères se révoltèrent à plusieurs reprises, d'autres fois, déçus, ils rentrèrent en Afrique, laissant le territoire conquis pratiquement dégarni ou sans grande défense, ce qui permit aussi aux rares Wisigoths résistants, réfugiés dans les montagnes des Asturies et de Cantabria, d'organiser une contre-offensive et à l'Empire carolingien d'établir une solide ligne de défense en Catalogne.

Le christianisme résistant était un monde obscur, misérable, oscillant entre la férocité et la peur, presque un monde des cavernes... Dans une grotte justement, ou en face d'elle, à Covadonga, ces chrétiens commandés par un noble Wisigoth, Pelayo ou Pélage, infligèrent en 718 leur première défaite aux musulmans. D'après nos chroniqueurs, la troupe de Pelayo comptait trois cents hommes qui mirent en déroute cent quatre-vingt-sept mille Maures, tuant cinquante-quatre mille d'entre eux. Splendide, non ? Mais l'intérieur primitif de Covadonga ne pouvait contenir qu'à peine cent personnes... En fait de bataille, ce fut probablement une série d'escarmouches entre plusieurs dizaines de guerriers en bande, perdus dans la grandeur des montagnes avoisinantes.

A l'évidence, les musulmans ne pensèrent pas que le noyau résistant possédait une importance particulière, aussi abandonnèrent-ils cette poche rebelle pour continuer leur puissante ascension vers le nord, pénétrant en Gaule, autrement dit en France. Et c'est seulement lorsqu'ils furent arrivés en son centre, à Poitiers, que Charles Martel parvint à les arrêter, en 732. Les Francs commencèrent alors à descendre ; vers 800 ils avaient conquis Barcelone, fondant la Marche hispanique, que l'islam ne franchirait jamais plus.

En même temps, un coup du sort paradoxal et absurde avait unifié la résistance des Asturiens et des Cantabres : Fávila, le fils de Pelayo, ayant été dévoré par un ours, un royaume unique fut créé, celui des Asturies, dirigé par une dynastie qu'inaugurait Alphonse Ier, surnommé le Catholique. Catholicisme bien sûr relatif, ou d'opposition à l'islam : le long de l'Ebre, à travers la province de La Rioja, Alphonse se lançait dans de féroces razzias au cours desquelles il tuait tous les musulmans qui se trouvaient sur son chemin, emmenant aussi vers ses vallées inaccessibles du nord les chrétiens qui étaient restés sur ces terres. Partout où il passa, il créa un véritable désert. C'est-à-dire une muraille face à l'islam.

L'Espagne sauva-t-elle l'Europe ? Telle est la question de fond de toute la querelle péninsulaire et séculaire qui opposa Maures et chrétiens. La Méditerranée fut le fossé qui sépara les deux grandes religions, les deux grandes civilisations. Et la péninsule Ibérique devint le premier grand champ de bataille de ce fabuleux combat : "La pression frontalière espagnole dépassa toutes les autres en intensité et fut d'une puissance irrésistible", a écrit Arnold Toynbee, l'un des premiers historiens contemporains.

En effet, les royaumes chrétiens du Nord de l'Espagne, y compris la Catalogne carolingienne, se dressèrent, telle une muraille de Chine inébranlable. La Reconquête espagnole, sinueuse mais tenace, allait durer jusqu'en 1492, avec la prise de Grenade. Sept longs siècles ! Remontant l'an mille et à l'abri de cette geste, l'Europe sortait de la prostration du premier Moyen Age, elle pouvait renaître et se former sur des bases solides.

Un autre grand historien, Edward Gibbon, a écrit :

> Les Sarrasins s'étaient avancés en triomphe l'espace de plus d'un millier de milles, depuis le rocher de Gibraltar jusqu'aux bords de la Loire ; encore autant, et ils seraient arrivés aux confins de la Pologne et aux montagnes de l'Ecosse [...] Les écoles d'Oxford expliqueraient peut-être aujourd'hui le Coran, et du haut de ses chaires on démontrerait à un peuple circoncis la sainteté et la vérité de la révélation de Mahomet.

Mais nous n'avons pas l'intention de faire de la science-fiction. Au moment où les Arabes étaient définitivement vaincus en Espagne, au XVe siècle, ils s'emparaient enfin de toute la péninsule située à l'autre bout de la Méditerranée, celle d'Anatolie, annihilant la chrétienté byzantine. Leur empire y dura des siècles, solidement installé en Europe orientale : il s'agit de la Turquie d'aujourd'hui ou des musulmans de Bosnie. Et il est révélateur ou fortuit que celui qui dut arrêter leur avancée à Vienne fut un monarque qui régnait également sur l'Espagne : Charles Quint ! Il n'est pas difficile d'imaginer que sans la défense chrétienne de la péninsule Ibérique la vision de Gibbon serait devenue réalité.

En arabe, l'Hispanie des Romains et des Wisigoths porta le nom d'al-Andalus. D'origine obscure et transformé en Andalousie, ce mot a servi à désigner le territoire de la Péninsule sur lequel le croissant a le plus longtemps brillé. Mais, contrairement à ce qu'on dit en général, il subsiste peu de sang maure dans les veines des Andalous. D'abord, et tout au long du VIIIe siècle, il n'a pas dû y avoir plus de cinquante mille Arabes et plus de trois cent cinquante mille Berbères établis en Andalousie. Bien sûr, beaucoup d'autres vinrent par la suite. Mais, je le répète, fatigués de la guerre, de l'exploitation et de la misère, les Berbères retournaient tout aussi facilement en Afrique du Nord.

Ce petit poème datant du XIe siècle, écrit par un Grenadin émigré à Almería, As-Sumaysir, est révélateur de la lutte qui opposa Arabes et Berbères ; il y insulte la dynastie berbère des Zirides qui régnait à Grenade :

> Je vis en songe Adam et je lui dis : Père du genre humain, les gens affirment que les Berbères ont en toi leur origine. Il me répondit : Si ce qu'on dit est vrai, je répudie Eve.

Le XIIIe siècle est celui des grandes conquêtes de Ferdinand III de Castille, le saint, et du jeune et impétueux Jacques Ier d'Aragon, qui enlevèrent aux Maures la basse Andalousie. Valence, Murcie, Majorque, de nombreux musulmans regagnèrent leur patrie et les autres furent expulsés. Plus tard, après la chute de Grenade et la rébellion des Morisques dans les Alpujarras, le double exode se répéta. Ceux qui repeuplèrent l'Andalousie furent dans leur immense majorité des Castillans, et ceux qui s'installèrent à Valence, des Catalans. Le sang arabe de l'Andalousie est surtout culturel.

La rapidité avec laquelle la plupart des Wisigoths embrassèrent l'islam fut tout à fait extraordinaire. Mais comment pouvaient-ils adorer avec tant de zèle les dieux de ceux qui les asservissaient ? Le Coran prêche la tolérance religieuse : "Ne faites pas violence aux hommes en raison de la foi", "Ne discutez avec les juifs ou les chrétiens qu'en termes amicaux et modérés". Au moins dans les premiers temps, les conquérants respectèrent ces consignes. Un siècle plus tard, les choses avaient changé : l'émir al-Hakam Ier, par exemple, fit décapiter des milliers de ses sujets considérés hérétiques, la plus grande partie des habitants d'Algésiras ; les huit mille qui parvinrent à fuir Cordoue édifièrent à Fès la mosquée des Andalous. Et le sage Maimonide, chassé par l'intégrisme, dut presque toujours fuir d'un côté à l'autre.

La mosquée de Cordoue.

Une troisième raison, peut-être décisive, poussait les Wisigoths à adopter le parti d'Allah : un chrétien en terre islamique payait un tribut, mais pas les musulmans ; les esclaves et les serviteurs chrétiens obtenaient automatiquement la liberté s'ils se convertissaient au mahométisme ; et il suffisait aux nobles goths d'accepter Mahomet pour continuer à jouir de leurs privilèges...

Un fugitif d'un terrible massacre interislamique, 'Abd-al-Rahmān Ier, homme grand et mince, cultivé, fort, blond et borgne, fut le fondateur du splendide émirat de Cordoue. La dynastie 'umayyade installée à Damas dominait l'islam. Un descendant d'un oncle de Mahomet, Abū al-'Abbās, les assassina tous, fondant la dynastie des 'Abbāssides. Seul y échappa 'Abd-al-Rahmān ; il traversa l'Afrique du Nord à bride abattue et arriva à Cordoue où il proclama l'indépendance. Cela se passait en 756.

Il est intéressant de souligner que la politique 'umayyade se tourna vers son versant méditerranéen, au détriment de l'oriental.

C'est pourquoi la rébellion 'abbāsside a été considérée comme la revanche de l'Orient...

"Abd-al-Rahmān entreprit la construction de la splendide mosquée de Cordoue : elle pouvait contenir cinq mille cinq cents personnes. Et à l'époque d'al-Mansūr, deux siècles plus tard, elle pouvait en abriter cinquante mille ; selon certaines chroniques, la population de la ville s'élevait alors à un million d'habitants, ce qui est beaucoup. Mais Cordoue était à cette époque, d'un point de vue commercial et culturel, la ville la plus peuplée et la plus importante du continent européen : un recensement du Xe siècle nous précise qu'il y avait 60 300 maisons seigneuriales, 80 455 boutiques et ateliers, 213 077 logements populaires, 3 000 mosquées et autant de bains publics... seulement pour les femmes.

La mosquée possède une particularité peu habituelle : elle est orientée au sud, et non à l'est, c'est-à-dire vers La Mecque, comme le veut le précepte. Les musulmans y ont-ils prié "de façon erronée" ? Peut-être. Mais 'Abd-al-Rahmān venait de Damas : là-bas, La Mecque se trouve au sud... Car, bien qu'il eût créé la magnifique Cordoue, cet 'Umayyade garda toujours une amère nostalgie de sa ville natale : il voulait prier vers le sud, comme il le faisait en Syrie. Il disait : "Voyageur qui va dans ma patrie, emporte là-bas le salut d'une moitié de moi-même à mon autre moitié. Mon corps se trouve dans un endroit, mais mon cœur et mes sentiments se trouvent dans un autre."

Un poète également arrivé d'Orient, Ziryāb, implanta à Cordoue des coutumes très raffinées, telles que l'usage de la pâte dentifrice, le port de vêtements clairs en été et de vêtements ouatés en hiver, les coupes de cristal au lieu de gobelets en métal, l'habitude, dans les banquets, de servir d'abord la soupe, puis la viande et enfin les gâteaux. A Cordoue arrivaient les parfums, les épices, la soie de Mésopotamie, d'Inde, d'Afrique...

Si en théorie l'émir dépendait encore du califat d'Orient, en ce Xe siècle de splendeurs sans égales, 'Abd-al-Rahmān III se déclara aussi calife, c'est-à-dire souverain des corps et des âmes. Son palais, Modinat Al-Zahirā, dont les ruines ont fait l'objet de fouilles patientes et révélatrices, fut une véritable merveille des merveilles. Près de Cordoue, soutenu par 4 312 colonnes de marbre, il s'étendait sur plus de trois kilomètres. Son espace central a été décrit par un chroniqueur émerveillé, al-Maqqari :

> Le salon avait en son centre un grand bassin rempli de mercure. Sur les côtés, huit portes étaient reliées par des arches de marbre et d'ébène incrusté d'or et de diverses pierres précieuses, portées par des colonnes de marbre de couleur et de béryl pur. Le soleil

> entrait par ces portes et ses rayons frappaient le plafond du salon et ses murs, produisant une lumière qui accrochait le regard. Quand ʿAbd-al-Rahmān III voulait effrayer quelqu'un de sa cour, il faisait un signe à l'un des esclaves pour qu'il agitât le mercure ; dans le salon apparaissait alors un éclat semblable à celui d'un éclair qui glaçait les cœurs, au point que tous ceux qui s'y trouvaient avaient l'impression que la pièce se renversait sur eux...

Pour ce qui est des esclaves : ʿAbd-al-Rahmān III en avait 3 750, en plus d'un harem composé de 6 300 femmes. Les esclaves étaient très recherchées. Dans *Le Collier de la colombe*, traité sur l'amour et les amants de l'austère et exceptionnel poète cordouan Ibn Hazm, ce sont les graciles et blondes jeunes filles, venues en général de lointaines contrées slaves, qui volent le cœur des maîtres arabes, et même leurs bourses. Ibn Hazm médite aussi sur les califes : "Je ne sais si leur goût pour les blondes était une préférence récente ou une tradition qu'ils tenaient de leurs aînés." Il n'est pas surprenant que les hauts dignitaires de l'islam soient blonds...

Les caravanes entraient dans la Péninsule par Pampelune et Barcelone... Dans cette ville, des écoles appartenant le plus souvent à des juifs préparaient les captifs chrétiens, soit pour leur enseigner la mystique musulmane soit pour les castrer avant de les exporter sur le marché islamique. Une esclave blanche pouvait valoir mille dinars. Si elle chantait d'une voix douce et jouait du luth, par exemple, elle en valait quatorze mille. En revanche, une Noire de Nubie – les Nubiennes étaient considérées comme les plus précieuses – ne dépassait pas trois cents dinars. Un "manuel d'éducation des esclaves" recommandait aux jeunes filles de "se montrer familières avec les vieux et les timides, et au contraire fières avec les jeunes". Ce qui n'est pas, on en conviendra, une mauvaise tactique de séduction...

Al-Andalus réexportait en Europe l'or du Soudan, unique source de ce métal entre les VIIIe et XIIe siècles, si bien que la monnaie européenne fluctuait au gré des vents cordouans. Mais la science et la culture avaient aussi leurs grands centres occidentaux dans l'Espagne musulmane : l'astronomie, la médecine, l'agriculture, la philosophie, les mathématiques connurent leurs plus profondes manifestations dans les villes d'al-Andalus, qui recueillirent et propagèrent la culture gréco-latine : car l'islam s'était établi sur les territoires de Byzance, donc de la Rome impériale, où il absorba tous les savoirs existants.

Pour preuves de la gloire cordouane, il suffit de nommer Averroès et Maimonide – hébreux celui-ci. Le calife al-Hakam II possédait une bibliothèque de quatre cent mille volumes. Celle du monastère de Ripoll, à Gérone, connue pour être la première des royaumes chrétiens ibériques, en comptait… cent quatre-vingt-douze !

Mais survint l'hécatombe : au XIe siècle, des révoltes éclatèrent, le califat disparut. Al-Andalus se divisa et finit par compter une trentaine d'Etats minuscules, confrontés de plus à un tourbillon de guerres, de trahisons entre roitelets, généraux et ministres.

Une page du *Collier de la colombe* raconte avec tristesse ce qu'est devenue Cordoue après avoir été rageusement mise à sac :

> Ce n'était plus que décombres méconnaissables, emplacements désertiques après avoir été prospères, déserts affreux après avoir été des endroits charmants, ruines horribles après l'élégance de leurs lignes, ravins sinistres après avoir été des lieux sûrs, repaires de loups, espaces où les démons se plaisent à hurler, terrains d'ébats de djinns, antres des fauves, et cela après avoir été habitées par des hommes forts comme des lions et des jeunes vierges belles comme des statues, dont les mains dispensaient d'abondantes délices*.

La Péninsule des années mille et quelque resta divisée à peu près par moitié entre chrétiens et musulmans, selon une ligne qui, partant de Coïmbre sur la côte atlantique et passant par Tolède et Huesca, arrivait à Barcelone, sur la côte méditerranéenne. Frontière toujours mouvante, qui provoquait d'étonnantes interférences : un monarque aragonais, Pierre Ier, apposait toujours sa signature en arabe, et l'un de ses successeurs, Alphonse le Chaste, portait le vêtement musulman. Frontière traversée dans les deux sens par l'une ou l'autre armée, qui donnait lieu à une humanité complexe, transhumante, oscillant entre héroïsme et férocité, éternelle loi frontalière à laquelle ne purent échapper les monarques eux-mêmes.

Alphonse VI et le Cid Campeador, par exemple, seigneur et vassal, amis et ennemis, qui firent fortune sur la division des rois de *taifas*. Le roi Alphonse accumula autant d'ambition que de revers. N'hésitant pas à tuer, il finit par triompher… Fils de Ferdinand Ier de Castille, il hérita du royaume de León et des *parias* – le *paria* est un impôt versé en échange de protection – du royaume mauresque de Tolède. Ses frères étaient Sanche II, qui le précéda sur le trône de Castille, et García, roi de Galice ; ses sœurs, Urraque et Elvire, maîtresses de tous les monastères. Nous sommes au XIe siècle, Alphonse régna de 1065 à 1109. Avec le trône, il avait hérité d'un vague titre impérial, qu'il essaya de réaffirmer quand il le put ; grandiloquent et vaniteux, il se proclamait "empereur des deux religions", "empereur de toute l'Espagne".

Mais il n'était pas le seul à rêver : son contemporain, le pape Grégoire VII, obsédé par l'idée d'imposer au monde une dictature théocratique, comme nous l'avons déjà vu, annonçait altièrement à Alphonse : "Je veux vous faire savoir que le royaume d'Espagne, selon d'antiques constitutions, fut remis à saint Pierre et à la sainte Eglise romaine en droit et propriété."

La grande victoire d'Alphonse fut la reconquête de Tolède, la prestigieuse capitale du royaume wisigothique, aux mains des Arabes depuis l'époque de Tāriq. Ce qu'il faut savoir, sur le plan de la morale, c'est qu'il obtint cette victoire après avoir joui de la protection du roi maure, qui l'avait généreusement accueilli après que son propre frère Sanche II de Castille, aidé par le Cid Campeador, l'eut vaincu au combat.

L'une de ses sœurs, Urraque, joua un rôle prépondérant dans la vie d'Alphonse VI. D'abord, elle aida "fortuitement" un assassin qui tua Sanche, si bien que la couronne de celui-ci revint à Alphonse. Puis elle pria très aimablement son autre frère, le roi García de Galice, de lui rendre visite : dès son arrivée, Alphonse se jeta sur lui, le couvrit de chaînes et le jeta aux oubliettes, s'emparant aussi de son royaume. Cela, certes, sans jamais cesser de le traiter royalement. Dix-sept ans plus tard, García agonisait. Magnanime, Alphonse ordonna alors qu'on lui enlevât ses chaînes. Or non seulement le pauvre diable ne pouvait plus s'en passer pour vivre, mais il n'aurait su mourir sans elles et, dans un râle, il pria qu'on les lui laissât. Comme on s'en doute, Alphonse lui accorda cette faveur...

D'Urraque, on conserve un joli *Livre d'heures*, avec quelques notes de son confesseur, d'où il découle que la dame passa, heureuse, par les voies de l'inceste, du parjure, de l'homicide. Les ménestrels chantaient déjà qu'elle avait l'habitude de fréquenter le lit d'Alphonse... Celui-ci la tint en haute estime jusqu'à ce que ses frères eussent rendu leur âme à Dieu. Puis il la fit enfermer dans un monastère. Alphonse VI faisait en sorte de ne pas se laisser distraire.

Moyennant quoi il régna quarante-quatre ans et unifia le León, la Castille et la Galice. On pourra objecter que son art consista en partie à faire un usage efficace du fratricide. Mais Sanche, il faut le rappeler, avait également tenté de le supprimer. Dans la chrétienté de la Péninsule régnait aussi Raimond Bérenger II, appelé justement le Fratricide, puisqu'il s'était emparé de tout le comté de Barcelone après avoir assassiné son frère, Raimond Bérenger Ier.

Quant au père d'Alphonse, Ferdinand Ier, il avait hérité du royaume de León après avoir vaincu et tué son beau-frère Vermudo III… Tous ces faits n'ont pas de signification particulière. L'époque le voulait ainsi. Quand une société se trouve déstabilisée ou en formation, paradoxalement, la violence, ou la violence exercée par le plus puissant, s'avère indispensable pour fortifier et instaurer l'Etat, le structurer.

Une fois qu'il fut au pouvoir, la grande tactique d'Alphonse consista à rafler tout l'argent qu'il put aux roitelets irréconciliables qui s'étaient partagés l'émirat de Cordoue. Au point que Ramón Menéndez Pidal, aussi grand historien que viscéralement nationaliste, a parlé de "l'action désespérante que produisirent les demandes croissantes d'Alphonse sur les émirats arabes d'Espagne, les obligeant à introduire les Almoravides dans la Péninsule".

Le Cid d'après une sculpture du XVIe siècle, arc de Santa María, Burgos.

L'arrivée de cette fantastique horde berbère allait interrompre la course d'Alphonse et freiner la Reconquête. La bataille de Zallaca prit l'allure de grandes obsèques chrétiennes. Un chroniqueur arabe, Ibn 'Ali Zar, raconte ainsi sa victoire :

> […] autour d'Alphonse, le combat redoublait, et il avait perdu tout espoir de se sauver. La charge menée contre lui dura jusqu'au

> coucher du soleil. Voyant que la nuit tombait sur lui, que la plus grande partie de ses soldats avait péri, et que la conviction des Almoravides dans cette guerre sainte était inébranlable et ferme, il sut qu'il ne pouvait plus continuer de les combattre, et s'enfuit vaincu, sans but, accompagné seulement de cinq cents cavaliers. Les musulmans les poursuivirent par monts et par vaux, les frappant de leurs épées, les tuant, les dévorant comme une bande de pigeons dévore un peu de grain.

Même le nom de Burgos résonne avec sévérité. Et les statues de l'époque du Cid, sur les bords de l'Arlanzón, celle du Cid lui-même au milieu d'une place, donnent la même impression. D'un point de vue sculptural, elles n'ont que peu de valeur ; d'un point de vue théâtral, elles en ont beaucoup. Mais il y a aussi le Burgos aimable et luxuriant de la promenade de l'Espolón. A l'ombre de sa glorieuse cathédrale se dresse l'église Sainte-Agathe. Il ne s'agit pas de l'ancienne, mais ici s'élevait aussi celle où eut lieu le fameux serment de Sainte-Agathe : de sa voix de stentor, le Cid demanda au nouveau roi Alphonse s'il avait participé à l'assassinat de son frère… Evidemment, une certaine inimitié devait toujours subsister entre eux.

Héros chrétien de la Reconquête par antonomase, le Cid Campeador ("le seigneur qui gagne les batailles") montait triomphalement son cheval Babieca, il brandissait ses épées Tizona et Colada. La légende raconte qu'après sa mort, embaumé et mis sur son cheval, il vainquit les Maures qui s'enfuirent épouvantés devant cette silhouette hiératique. C'est fort possible.

Mais le Cid n'avait pas seulement semé, au service de divers princes chrétiens, la panique dans les troupes de l'islam ; au service du Croissant, des rois musulmans de Séville ou de Saragosse, il avait également combattu les chrétiens. En désaccord avec Alphonse VI, il dut s'exiler, prenant – en passant, pourrait-on dire – le royaume de Valence aux Maures.

L'intérêt que Rodrigo Díaz de Bivár, le Cid, portait à l'argent était aussi notoire et infini que celui de son ami-ennemi le roi Alphonse VI. Vers 1090, Valence comptait environ quinze mille habitants, plus une dizaine de châteaux forts qui protégeaient la région. Les impôts dont le Cid les greva, et qu'il réussit à percevoir, s'élevaient annuellement à 144 000 dinars or ; précisons qu'à cette époque l'or valencien était le plus pur de la Péninsule. Cette recette, posée sur une balance, pesait 273 kilos d'or… Et si quelqu'un se révoltait, comme cela arriva au cadi Ibn Yahhaf ou au poète Abū Yafar al-Batti, eh bien on le brûlait vif.

Valence conquise, le Cid nomma comme maire al-Waqqashi qui, s'il obéit, n'en écrivit pas moins une violente élégie qui dénonce la situation :

Tes verts jardins vicieux
ne donnent de joie à personne,
car les bêtes ont rongé
la racine de leurs herbes.
Ce profit honnête
de ta plage et de ta mer
tourne en déshonneur et en tort.
Que cela te fasse mauvais profit !

Mais le Cid ne fut pas non plus épargné par les malheurs. Ses deux filles, Sol et Elvire, épousèrent deux puissants infants de Carrión. D'après *El Cantár de mio Cid*, la chanson de geste qui narre l'épopée de notre héros, les perfides jouirent de leurs épouses :

yazen essa noch
con sus mugieres en braços
demuéstranles amor.

Mais le lendemain, les ayant emmenées dans la forêt, les infants les déshabillèrent et, armés des sangles et des éperons de leurs chevaux, les flagellèrent jusqu'au sang, puis les abandonnèrent.

Cela dit, le Cid ne perdit jamais son élégance : il aimait les chaussures délicatement ouvragées et ses chausses devaient être de bonne étoffe ; il portait des chemises blanches à boutons d'or, des basques brodées de fil d'or, et se couvrait d'un manteau fort coûteux. Il était particulièrement fier de sa barbe, qu'il portait très longue, soignée, et protégeait d'une somptueuse pochette pour que personne ne la lui tirât, ce qui eût été humiliant.

Si, lorsqu'il se promenait, il advenait qu'une corneille s'envolât à sa droite, il en éprouvait une grande joie : c'était de bon augure, croyait-il. En fin de compte, il eut beaucoup de chance et sans doute n'est-ce pas pour rien que les *romances* le nommèrent “celui qui naquit sous une bonne étoile”.

C'est là, à l'ombre du comte Fernán González, de Burgos lui aussi, que fut fondée la Castille – et par conséquent l'Espagne –, il y a mille ans, pour le meilleur ou pour le pire... Je fais un court voyage dans les profondeurs de la montagne de la

Demanda, m'attardant dans les monastères vides où tremble encore le vieil orme délicat, traversant les secrètes vallées ondulées où le vent polit et adoucit les lambeaux barbares et rougeâtres de la glèbe.

Il s'agit précisément du territoire de l'ancien comté de Lara, la rude frontière séparant le Burgos médiéval du glorieux califat de Cordoue. Comme celle du Sahara, ces lentes incursions dans l'espace préméditerranéen composent les bords poreux de notre cadre. La Castille péninsulaire hérita des diverses possessions méditerranéennes catalanes, qui donnèrent naissance à l'empire agité de Charles Quint et de Philippe II dans le *Mare nostrum*. C'est la Castille qui se jette éperdument dans le combat contre l'islam…

Dans d'obscures tavernes au parquet de bois, dans la solitude de pierre des parvis d'église, je bavarde avec des hommes aux épaules larges, souvent de petite taille, qui portent le béret. Dans les ruelles aux pavés inégaux, dans les champs où se pose puis s'envole le corbeau, je regarde des femmes qui m'observent d'un regard insistant et distant, d'une austère beauté brune. Ces gens qui vont respectueusement à la messe, occupés à la garde bucolique et rude des troupeaux, passent chaque instant du jour et de la nuit plongés dans cet univers aujourd'hui marginal, avec ses paysages toujours teintés des plus chaudes couleurs de l'aube et du printemps, où résonnent encore les échos de la guérilla – Jerónimo Merino, le Têtu…

Ces gens ont combattu autrefois… Entre la Navarre et le León du Xe siècle, les rivalités intestines ont été nombreuses : c'est ainsi que Fernán González a établi l'indépendance de ses châteaux et de ses monastères, structurant une ligne de démarcation sauvage entre la chrétienté et l'islam. L'islam que constituera finalement la toute-puissante silhouette cordouane d'al-Mansūr, enveloppée dans son ascétique dignité orientale, qui autorisera même le comte à agir, croyant ainsi contribuer au démembrement du Nord…

Le chef rusé de Modinat Al-Zahirā ne devina pas que l'attaque pugnace et avisée de cette population montagnarde fluctuante, qui d'année en année lui arrachait un clair ruisseau, une pinède fertile, une vallée de ruches et de blé, et l'extraordinaire fraîcheur des cultures maraîchères, finirait par se déverser, irrépressible, sur le Sud. La liberté des privilèges *(fueros)* et les propriétés communales qui faisaient la Castille prenaient appui sur l'élimination du Maure. L'honneur dans une lance dressée.

Et autour de ce comte, jeune, galant et dur, quelle part de mythe et quelle part de réalité ?

Le premier comte eut pour nom Fernán,
jamais au monde il n'y eut chevalier tel que lui,
il fut le mortel ennemi des Maures,
ses combats le firent surnommer le vautour carnassier,

entonne la vieille chanson d'un moine troubadour de San Pedro de Arlanza, qui jamais ne le connut. Mais qui rencontra le vrai don Fernán ? Des légendes de Dionysos, des légendes du Rhin flottent, séduisantes, autour de son insomniaque chevauchée : il est injustement condamné à la prison, habite dans des grottes, un ermite lui révèle son destin, un forgeron ou un charbonnier lui apprennent le maniement de l'épée... Tout y est : la vie occulte, les forgeurs primitifs, le mystérieux enseignement et la route initiatiques.

Mais le rocher de Lara est là devant nous, ruine hautaine et silencieuse, un seul pan de mur, tel le grand spectre d'un arc, avec les confins de la vallée déserte et paisible de Quintanilla de las Viñas. Fernán González naquit ici. Certainement. A côté, à La Muela, plateau rocheux où veille l'aigle royal, se dressent les blocs de pierre muets et vibrants de dolmens celtes, cet héritage hermétique qui semble encore nous signaler quelque chose. Don Fernán a peut-être appris d'eux que ce sont de toute façon les hommes qui font l'histoire.

Les hommes, énigmatiques... De quelle race, de quelles croyances viennent les reliefs et les graphies qui ornent les murs brefs presque cyclopéens de l'ermitage de Santa María de las Viñas ? Des animaux fantastiques et sûrement orientaux côtoient des oiseaux connus – le paon, la perdrix – au milieu de grappes de raisin et de roses en abondance. Le soleil et la lune, des anges et des visages d'un byzantinisme grossier. Que représentent-ils ?

Et plus au nord, dans les restes imposants de l'abbaye de Saint-Quirze, dans la géométrie de son abside, à quoi obéissent les œils-de-bœuf mis à la place de fenêtres, et le relief de la femme nue entourée de lions et donnant le sein à des serpents ? Ici, les animaux symbolisent, à dessein peut-on supposer, des sagesses ésotériques... Le passé est muet, mort. Seule perdure l'esthétique.

Autre château vide, celui de Castrovido, dont subsistent deux imposants murs lézardés au sommet d'une montagne et qui, comme Salas de los Infantes, fut gardien des domaines du comte. Salas est un autre mystère : celui des Sept Infants. Bien sûr, des faits historiques attestent leur existence, mais il y a aussi une grande part de légende dans tout ce que narre la chanson de geste, dans tout ce qu'a répété la faconde versatile des hommes de plume captivés par la figure implacable du vengeur venu d'ailleurs – de l'autre monde ? La liste des ouvrages que le succès a suscités va du *Bâtard de Mudarra et les Sept Infants de Lara*, de Lope de Vega, au *Bâtard maure*, du duc de Rivas.

Salas – mot qui pour les Wisigoths signifiait maison de campagne, ferme – est aujourd'hui une petite ville commerciale qui approvisionne les villages montagnards de la Demanda, blottie au bord de l'Arlanza, la rivière qui, avec l'Arlanzón, arrose la région. L'église paroissiale domine la ville, perchée sur une colline où la cigogne fait son nid, où sont creusées dans la roche des tombes anthropomorphes dont le vide rustique épouvante… Dans le temple, un grand coffre de théâtre contient les têtes coupées des Sept Infants.

La terrible et nébuleuse vendetta a dû aussi se produire dans les tableaux héroïques qui composent le Xe siècle. Doña Lambra de Burueba célèbre par plusieurs jours de festin son mariage avec Ruy Velázquez. Elle est la cousine de Gonzalez Gustios, le seigneur de Lara, père des Sept Infants. Les danses, les jeux, les propos galants vont bon train. Et le vin coule à flots. Doña Lambra, éméchée, farouche, vulgaire, insulte les gens de Lara :

un seul chevalier de Burueba
la plate vaut bien mieux
que vingt ou trente
de la maison de Lara,

et, s'emportant, prend à partie la mère des garçons :

sept fils avez mis bas
comme une truie vautrée dans la boue.

L'affrontement est inévitable. Les Infants tuent un cousin de doña Lambra, puis un domestique. Le sang de l'une des victimes éclabousse la robe immaculée de la dame en colère. Les semaines passent. Ruy, son rusé mari, se creuse la cervelle et trouve le moyen d'envoyer Gonzalo, le père des infants, en territoire mauresque, chez al-Mansūr lui-même, chargé d'un faux message. Et, dans un petit pré idyllique et sauvage, il attire les Sept Infants et leur précepteur, Muño Salido, dans une embuscade : les Sarrasins surgissent de toutes parts et les décapitent.

Puis ils emportent vers la splendide et secrète Cordoue les huit têtes fatidiques, qu'al-Mansūr jettera aux pieds du père. Les nettoyant de la poussière et du sang coagulé, celui-ci pleure et crie son amertume :

Je connais ces têtes,
ce sont celles de mes fils,
cette autre est de Muño Salido
le maître qui les a instruits !
Celui qui les a ainsi réunies
ne leur voulait point grand bien.

Mais voici que le miracle – l'amour – surgit à l'improviste : une infidèle – ah ces belles Mauresques tentatrices de tant de romans ! la propre sœur d'al-Mansūr, capture Gonzales dans ses rets. Et quand le chrétien s'en va et qu'elle reste, un enfant accompagne l'homme : le bâtard Mudarra. Selon une autre version, la musulmane suit aussi l'homme après avoir renié sa foi. Quoi qu'il en soit, Mudarra Gustios grandit et prend conscience de la manière épouvantable dont son sang a été outragé, de ces sept garçons dont il n'a connu que les horribles et chères têtes.

Le cœur rempli de haine, Mudarra revient, tue Ruy Velázquez ; sur sa rencontre avec doña Lambra, la chanson de geste propose deux versions : l'une dit qu'il la brûla vive, l'autre affirme que la femme, devenue folle, marcha sans répit, les yeux hagards, dans les augustes pinèdes et les sévères défilés de chênaie, jusqu'aux hauteurs désolées de Neila ; le lac Noir de Neila, ses eaux calmes d'une irréelle teinte opaline dormant au milieu des rochers nus. Doña Lambra finira par s'y jeter, minuscules vagues en cercles concentriques, succion sous-marine.

La nuit tombe, il fait froid. Je me réfugie dans une grande bâtisse qui sent l'étable, les pommes, le jambon. J'attends la nuit noire, car je veux observer, à la magie du clair de lune, le passage des sangliers brusques et féroces qui, depuis les gros mamelons montagneux qui se découpent sur le ciel du ponant, iront au trot, fouillant la terre de leur groin, vers les lointains monts d'Oca.

Puis je me dirige vers Covarrubias, qui fut le fief d'un infant. J'y arrive par les larges collines, au milieu du murmure secret des ruchers et du faible frisson du vignoble d'automne, par les ravins sauvages où pousse l'austère genévrier, et soudain apparaissent des rochers dorés. Covarrubias est une ville élégante, plantée comme un décor, qui culmine avec la grosse tour de doña Urraca, haute, massive, large. Arrogante.

S'agit-il de cette doña Urraca à laquelle fait allusion le parchemin médiéval qui dit : "La comtesse Urraca fut tuée à Covarrubias en l'an 1039" ? Elle fut emmurée, affirme la voix du peuple, qui n'est pas toujours celle de Dieu. Mais cela me laisse assez indifférent. Celle qui m'émeut est une princesse éternellement pauvre et perdue : Christine, fille du roi de Norvège Haakon IV Haakonarsson, qui périt en mer en 1263, alors qu'il naviguait dans le lointain archipel des Orcades.

Un an auparavant, Christine, la douce épouse de l'infant Philippe, homme aux ambitions inconsidérées, était morte à Séville sans descendance. La nostalgie du Nord – le mariage, donc – de la belle et jeune princesse avait duré cinq ans... Dans la collégiale se trouve son sépulcre, filigranes marmoréens. Avec sa triste et lugubre séquelle : en 1958, la tombe fut ouverte ; on y retrouva, bien disposés, les restes de la princesse, son élégant suaire demeuré substance textile, sa chevelure blonde, ses dents très blanches, ses ongles étonnamment rosés.

Et le sépulcre par excellence : celui de Fernán González, l'ombre éminente. Urne quadrangulaire, austère. Covarrubias, jolie ville, gardienne de la mort. L'Arlanza coule, havre de verdure, de paix. Les noyers dans les prés.

Silos. Le crépuscule se fait de plus en plus dense, profond. Je déambule dans l'église déserte et, ayant passé une petite porte, me retrouve soudain dans le cloître. Un doux éclairage donne à sa galerie, à chaque chapiteau et chaque statue une blancheur céleste. Dans le rectangle central, ouvert, le ciel encore brillant et clair et, dressé, robuste, semblable à une vigoureuse déité, le grand cyprès de Silos. Regorgeant d'oiseaux qui pépient et s'agitent, se préparant pour la nuit, habillant ainsi de façon joyeuse, intime et invisible, le silence enchanté.

A San Pedro de Arlanza, champs et chemins de solitude, les hautes ruines d'aspect étrange. Ce qui reste du monastère sera-t-il englouti par les eaux d'un – nécessaire – marécage en lente gestation ? C'est ici que le romancier Pío Baroja situe et trace ce portrait sévère de Jerónimo Merino, "l'homme mélancolique à la longue redingote et au chapeau de toile cirée" :

> Merino était un homme aux traits durs, aux cheveux noirs semblables à du crin, à la peau hâlée et velue. Si on le regardait bien, il était laid, peu sympathique : il avait les yeux vifs et brillants d'un animal sauvage ; le nez proéminent en forme de patate ; la bouche de paysan, aux commissures tombantes, une bouche de maître d'école ou de professeur de latin tyrannique. Il portait un

collier et des petits favoris aux reflets roux. Il ne regardait jamais en face, mais toujours par terre ou de travers.

Le curé Merino, revêche et prudent, parcourut cette région. Il était de Villoviado, tout près de là. Curé du lieu, il prit le maquis, humilié par les Français qui occupaient l'Espagne lors de l'invasion napoléonienne. Il ne porterait à nouveau la soutane que lorsque Ferdinand VII le nommerait chanoine de Valence, prébende dont il se défit précipitamment après avoir affronté, pistolet au poing, ses frères dans la dignité.

Merino connaissait ce territoire à la perfection. C'est seulement ainsi que put lui venir l'idée de faire de Neila la prison des officiers français : dans une cuvette sombre de la montagne de la Demanda, à laquelle on accède par des chemins périlleux et qu'on ne devine qu'en tombant littéralement dedans, où le village reste caché, grisâtre, bien qu'empreint d'une indiscutable élégance.

Barbadillo del Mercado est presque le centre du roman de Baroja, *L'Escadron du brigand*, dans lequel Jerónimo tient un si grand rôle. Sur la route qui relie Burgos à Salas, Barbadillo a l'air tassé, avec ses grosses maisons basses et nobles dont les armoiries sont taillées dans la pierre. L'une d'elles est celle de doña Mariquita, épouse de don Ramón Saldaña, dont Baroja fait, peut-être avec raison, la coquette et vertueuse espionne du curé Merino, tenant sous son charme des Français ennuyeux et fats qui iront vers la mort : entre la pinède et les rochers, la bande de Jerónimo se tient prête à leur tirer dessus.

Dans l'œuvre de Baroja – que je tiens quant à moi pour le meilleur romancier de langue espagnole, mais peut-être pas l'auteur des meilleurs romans – m'enthousiasme tout particulièrement la vingtaine des tomes historiques que constituent les *Mémoires d'un homme d'action*, et quelques romans de mer, comme *Les Pilotes hauturiers*. Bien que basque, il écrivit penché au-dessus de la Méditerranée, en particulier un roman d'aventure, *Le Labyrinthe des sirènes*. *L'Escadron du brigand* est un prodige d'action : toute la montagne de la Demanda y est parcourue, ressuscitée à travers le naturel barbare des obscurs guérilleros. Je ne résiste pas au plaisir de transcrire les sombres et éloquents paragraphes dans lesquels le curé, méfiant impénitent, se prépare à passer la nuit, chaque nuit ; il se sépare d'abord de la troupe, suivi par Feo, son ordonnance, qu'il abandonne aussi une fois dans la forêt :

> — Eh, toi, Feo !... Reste ici.
>
> — C'est bien, don Jerónimo. Bonne nuit [...].
>
> Merino continuait à avancer dans la montagne, en zigzag, jusqu'à ce qu'il trouvât un endroit qui lui semblait bon et sûr. Il préférait toujours celui où coulait un ruisseau, où jaillissait une source. Lorsqu'il y arrivait, il mettait pied à terre, débridait son cheval, l'attachait avec la longe à un arbre, lui retirait la selle, lui jetait sur le dos une couverture et mettait dans sa musette un demi-boisseau d'orge.
>
> Puis il s'enveloppait dans une écharpe, posait la selle du cheval en guise d'oreiller, et sous la selle mettait une montre à répétition qu'il remontait. Puis il se couchait pour dormir. La montre sonnait à trois heures du matin. Merino, qui avait le sommeil léger, se réveillait et se mettait debout. Si le temps était beau, il sortait de sa besace un petit réchaud à esprit-de-vin et, dans une casserole, faisait du chocolat.
>
> Tandis que le chocolat bouillait, il remettait dans la musette un demi-boisseau d'orge pour le cheval et le laissait manger lentement. Pendant ce temps, il prenait le chocolat avec un morceau de pain, buvait un verre d'eau et fumait un cigare de papier. Si, en raison du mauvais temps, il ne pouvait faire cuire le chocolat, il le mangeait cru.
>
> Il rassemblait ensuite ses affaires, sellait le cheval, lui enlevait la musette, l'emmenait au ruisseau pour qu'il bût et mangeât un peu d'herbe sur la rive, puis le montait et s'approchait de son assistant.
>
> — Eh, toi, Feo ! criait-il.
>
> L'assistant avait intérêt à répondre au premier appel s'il ne voulait pas recevoir quelques coups de fouet.

Jerónimo repose tout près de son village, sur les chemins droits du plateau : à Lerma. La majestueuse Lerma sur le long promontoire ensoleillé, face à la large plaine céréalière. Sur une petite place à l'écart se trouve la tombe du furieux combattant, dont le corps fut rapporté en 1968 d'Alençon, en France où, paradoxalement, il était mort en exil, général bougon de l'inutile prétendant carliste au trône d'Espagne.

Lerma est cependant le fief du duc, cet insolent et prétentieux Francisco de Sandoval y Rojas qui, bien que ministre et favori de Philippe III pendant vingt ans, de 1598 à 1618, fit fort peu de cas de l'Etat, n'hésitant pas à asservir et même à piller, accumulant avec ostentation une énorme fortune. Une espèce de cortège baroque et fou, comme si le royaume de ce monde était une fiction, à laquelle contribua, par les flatteries qu'elle adressa au personnage, la plume merveilleusement esthétique de Quevedo. Seul son habit de cardinal empêcha Sandoval y Rojas d'être pendu par son successeur politique, le dangereux comte-duc d'Olivares. Mais il le paya largement.

Les palais – le sien, vaste, aujourd'hui transformé en droguerie et autres dépendances peu "nobles" –, les églises, les miradors, les rues de Lerma sont ceux que fit construire le duc, qui s'en glorifiait. Tout cela dans un style Renaissance aussi impressionnant dans l'ensemble qu'insipide dans le détail. Monumentalité dynamisée par le commerce qu'a constamment entretenu la cité où vient s'approvisionner toute la région : chaque petite boutique offre des tentations modestes, mais pleines d'attrait.

Je m'assois un long moment dans le temple silencieux d'un monastère. Non pour méditer, mais pour goûter l'instant. J'entends chuchoter les religieuses, voix jeunes, derrière la tour. Par le portail entrouvert j'aperçois le paysage lumineux des vastes champs de Castille.

En route vers le ponant, nous laissons derrière nous les terres à blé, la plaine qui se déroule en de grands quadrillages de toutes les couleurs : le jaune rayonnant, le marron chaud, la profondeur du vert, un violet aux fugues argentées… Mon fils contemple le paysage, ramasse une poignée de thym et, se souvenant des peintures d'Ortega Muñoz, me dit : "On se croirait devant un tableau." Oui.

Et l'Arlanza continue de couler, courant docile, joie contenue de l'eau. Sur ses bords, la frondaison tremblante des peupliers. A chaque instant, un noble et vieil ouvrage, comme ce long pont romain à hauteur de Tordómar, bas, corpulent, à demi noyé. J'aime passer la main sur sa pierre solide et muette. J'aime toutes les choses qui résistent au temps.

Tordómar, ou Torre de Agómar. Ici et là, nous pourrions signaler bien d'autres toponymes mozarabes comme celui-ci, car ces gens furent nombreux sur ce territoire. Le plus spectaculaire, et même le plus insolite : Mahamud. Nous avons l'impression de nous trouver en pays mauresque. Beaucoup de maisons sont vides, le temple volumineux semble n'appartenir qu'au passé.

Mais Mahamud eut son heure de gloire lumineuse. Septembre 1507. Ferdinand d'Aragon est revenu de Naples. On connaît son intelligence, son talent, sa dureté, sa noblesse – sa noblesse, vraiment ?, son habileté. Le "vieux Catalan" – comme l'appellent les Castillans dans leurs moments de rancœur, qui sont nombreux – avait été pratiquement expulsé de Castille un peu plus d'un an auparavant, à l'arrivée de sa fille Jeanne et du mari de celle-ci, Philippe le Beau, flamand, éphémère et avide, tous deux héritiers du trône de Castille par la volonté de la reine Isabelle. Mais bientôt Philippe meurt. Ferdinand est rappelé ; il arrive lentement. Il régnera encore bien des années, Jeanne recluse dans sa folie d'amour, Jeanne la Folle.

A Mahamud les cloches sonnent à toute volée, la musique résonne et les vivats criblent l'air. Ferdinand récompense l'homme qui a manœuvré en sa faveur, qui a tellement tenu et tiendra dans sa main le gouvernement : Francisco Jiménez de Cisneros, rusé en politique, combatif dans la guerre, fidèle à la Bible en religion. C'est ici exactement que lui est remis le chapeau de cardinal.

Car tout près de là se trouve Santa María del Campo. La cour. L'officielle, car Jeanne fut jusqu'à sa mort la reine de Castille. Charles Quint lui-même, l'orgueilleux Castillan, n'aura droit qu'au titre d'"Altesse", avec la révérence qui l'accompagne, le titre de "Majesté" revenant à Jeanne, hagarde et triste.

A l'époque de Mahamud, Philippe, qui avait été si galant, était mort depuis un an. La reine part sur les chemins, noire et seule, traînant le cercueil de son mari de ville en ville. Sur la colline à laquelle on accède par des rues bordées de grosses maisons aristocratiques aux robustes portes fortifiées, Santa María del Campo possède une église extraordinaire : un clocher superbe, une grande nef, de larges perrons ; le style Renaissance, les reliefs de la plateresque, échos de la dignité gothique. L'humidité et la solitude portent atteinte à la grandeur désertique de ce temple, apparition inconcevable au milieu des vastes champs de blé regorgeant de soleil. Jeanne s'y installa pendant un mois, avec son lugubre cortège.

Dans l'église de Santa María, le cercueil de Philippe reposait au milieu des flambeaux ; on célébra les funérailles fastueuses et angoissantes du premier anniversaire de sa mort. Mais la reine refusa que la cérémonie cardinalice de Cisneros eût lieu dans ce temple. De Mahamud, le cardinal et Ferdinand surveillaient la Folle, bavardaient... La reine Jeanne partit ; déjà son inutile déambulation était devenue légendaire. Santa María del Campo ne l'a jamais oubliée. Je marche entre les riches murs ombragés qui tombent en ruine. Pourquoi la vie n'est-elle parfois que la mort ?

Heureusement, l'existence des hommes est faite aussi d'autre chose. Santa María del Campo fut également une ville franche : les paysans n'y étaient pas astreints à des servitudes seigneuriales et pouvaient désigner librement le seigneur de leur choix pour les protéger. Même si en réalité le choix n'était pas très large, cette institution contribua comme peu d'autres à affermir ce que fut la Castille ; à travers l'intérêt du peuple, elle assura une cohésion à son expansion. Des titres officiels de propriété et d'indépendance, tels sont les dons sans doute les plus importants qu'on puisse accorder à l'individu au sein de la collectivité.

Je laisse la plaine et retourne dans la montagne de la Demanda. C'est la nuit noire. A Quintanilla de Urrilla, sur une pente, quatre maisons aux toits d'ardoise. Nous mangeons des tranches de jambon qui ont un arrière-goût douceâtre, buvons un vin rosé à la saveur de terre cachée et agréable. Le vent s'infiltre par la grosse porte rustique en chêne, la fumée refoule dans l'épaisse cheminée pyramidale. Les murs sont en briques crues, le sol en bois.

Ici vécut Bernardo, le boucher, qui parcourait cette partie de la montagne à dos de mule – de Vizcaínos à Huerta de Arriba en passant par les Tolbaños et Cascajares –, les carcasses de moutons, de cochons et de veaux enveloppées dans de la toile cirée, attachées sur la croupe de l'animal. Bernardo était amateur de vieux documents. Voici l'un d'eux :

> Que tous les présents et futurs sachent que moi, Alphonse par la grâce de Dieu roi de Castille et de Tolède, avec ma femme Léonor, la reine, et mon fils Ferdinand, je vends à vous les conseils municipaux de Barbadillo del Pez, Villagimento, Quintanilla de Urrilla et Oyuelos, présents et futurs de ces deux villes, deux villages dépeuplés et déserts qui s'appellent l'un Santa María de Rebollar et l'autre Mosquera, pour deux mille moutons que j'ai reçus de vous, et ainsi vous concède, à vous, vos enfants, vos petits-enfants et tous vos descendants, lesdits villages dépeuplés et déserts pour que vous les ayez par droit héréditaire et les possédiez irrévocablement en limites, pâturages, eaux et montagnes avec tous leurs droits et biens. Si quelqu'un voulait rompre cette lettre ou en restreindre les effets, il encourrait pleinement la colère de Dieu Tout-Puissant, me manderait à moi mille maravédis comptant, et le tort qu'il vous ferait à vous il le paierait double. Cette carte a été faite en l'auberge de Martín Cuendel, en l'an mille deux cent vingt-huit, le dix-neuf février…

De l'obscurité a surgi un vieil édenté à la voix éraillée, qui apporte du fromage conservé dans de l'huile. Nous y goûtons. L'homme parle, et du vide des siècles nous parvient la tradition orale : “… car un phénomène étrange, comme l'œuvre d'un lutin, avait empoisonné les eaux de Rebollar et de Mosquera.

Ou alors, par une méchanceté qu'on ignore, quelqu'un en avait décidé ainsi. De là vient le néant et les murs qui s'écroulent dans ces rochers où le vent souffle si souvent..."

Dans une maison voisine nous entendons s'agiter un troupeau entassé dans l'étable. Quelqu'un se souvient que si l'on était encore à l'ancien temps les grands troupeaux de moutons partiraient maintenant vers l'Estrémadure, à la recherche des chauds pâturages d'hiver. Et ils reviendraient aux premiers jours du printemps, les bergers dormant à la belle étoile ou sous de précaires abris de branchages. Exactement comme dans ces cantiques de Noël pleins de naïveté... La *Mesta* (association des éleveurs de troupeaux transhumants au Moyen Age), la richesse de la terre castillane d'alors – le commerce de la laine de mérinos entre Burgos et Brujas, par la corniche cantabrique de Santander –, fut à l'origine de l'important développement économique de ce royaume.

Mais ce n'est plus que mémoire diluée, à l'instar des histoires des rois et des hommes qui furent. Comme celle de ce berger qui, revenu d'Estrémadure et marié depuis peu grâce à l'argent gagné pendant la saison, se trouvait chez lui, au début du mois de juin, par une nuit semblable à celle-ci. Le heurtoir résonna. Il alla ouvrir la porte. De l'intérieur, sa jeune épouse aperçut seulement une forme aux mouvements vifs, elle entendit des cris et le sang l'éclaboussa. Le berger, poignardé, expira en quelques instants.

La justice ne trouva rien. Mais les autres bergers parlèrent. A l'aller comme au retour d'Estrémadure, sur une étendue désertique de la région de Valladolid, où se dessinait à l'horizon une grosse maison, le défunt disparaissait toujours pendant une nuit, laissant ses compagnons. Personne ne sut jamais où il allait. Il revenait à l'aube, éreinté et heureux. Mais cette année-là, il ne l'avait pas fait. Et il s'était marié... Un étranger d'aspect rébarbatif, entièrement couvert et qui marchait d'un pas léger, avait été aperçu au village au crépuscule, avant l'assassinat. Une amante délaissée ?

La reine Jeanne, le berger, les amours étranges... Le voyage se termine, demain je m'en irai. Il est beau, il est stimulant que tout s'achève et que tout recommence.

Aux Almoravides succédèrent les Almohades. Tout finit et tout recommence, oui. Dans les deux cas, l'ascétisme berbère trempé dans le désert se change en horde impériale dévastatrice, qui finit dans un conservatisme indolent. C'est l'éternelle constante des musulmans. D'abord ils conquièrent le Maghreb, puis s'abattent sur al-Andalus : et c'est alors que, tel un virus, la richesse et le bien-être agissent sur ces guerriers jadis moralistes, les neutralisant ; désormais incapables d'attaquer et de se défendre, ils sont submergés par la nouvelle vague de leurs coreligionnaires.

Alors que ce phénomène bat son plein, Ferdinand III, le saint, arrive à Séville, la splendide capitale almohade, qui a vu la construction de la tour d'or, la Giralda ; c'est l'époque où Jacques Ier le Conquérant se promène victorieux au milieu de la merveilleuse palmeraie d'Elche, la plus grande d'Europe, et arrive sur les douces plages de Majorque... Seule Grenade restera aux mains des Maures, la belle Grenade dont les richesses avaient constitué un spectacle digne des *Mille et Une Nuits* pour le premier chef almoravide, Yūssuf ibn Tāshfīne. Les rois de la dynastie ziride qui régnait alors à Grenade portaient peu d'intérêt à l'art et à ce que nous appellerions aujourd'hui les questions sociales, mais ils avaient une passion pour l'or, les pierres précieuses, les vases de cristal précieux, les tissus richement brodés. Dans l'Albaicín où ils vivaient, ils gardaient jalousement, dans la forteresse de Cadima, les coffres éblouissants qui émerveillèrent l'austère nomade, ancêtre des actuels Touareg.

Yūssuf ibn Tāshfīne montait une superbe jument, au milieu de sa garde noire armée de gigantesques boucliers en peau d'hippopotame. Il commandait un nombre impressionnant de guerriers disposés en rangs serrés qui, galvanisés par le battement du tambour, se jetaient sur les cavaliers chrétiens habitués au combat individuel, les submergeant littéralement.

Mais ces anciens nomades pouvaient de la même façon avoir des réactions émotionnelles d'un idéalisme crédule : lorsqu'ils tentèrent de reprendre Tolède, l'impératrice chrétienne Berenguela, "assise sur un trône royal, entourée de jeunes filles qui chantaient", selon un chroniqueur de l'époque, se présenta devant l'armée mauresque et apostropha l'ennemi : "Ne voyez-vous donc pas que vous combattez contre moi, qui suis une femme ?" Alors "après l'avoir vue, les généraux, les chefs et toute l'armée almoravide, pleins d'admiration et de honte, baissèrent la tête" et s'en allèrent...

Grenade. Le passé est-il mort ? Les hommes, sans doute. En 1492, le dernier roi, le dernier Maure, remettait la ville aux Rois Catholiques. Un écrivain romantique, l'Américain Washington Irving, plongé pour l'éternité dans la mythologie de l'Alhambra, le palais de rêve, se souvient ainsi de Boabdil, ce dernier monarque :

> Jamais surnom ne fut mieux mérité que celui que lui donnèrent ses sujets : *El Zogoybi*, c'est-à-dire, le malchanceux. Ses infortunes commencent presque au berceau [... et] ne cessent pas avec sa mort. [...] Quel est celui qui n'a pas été touché par les malheurs de sa belle et charmante épouse, soumise par lui à une épreuve mortelle, sur une fausse accusation d'infidélité ? Qui n'a été révolté par l'assassinat de sa sœur et de ses deux enfants, qu'il aurait commis dans un accès de colère ? Qui n'a pas senti son sang bouillir dans ses veines au récit de l'odieux massacre des trente-six valeureux Abencérages qu'il aurait fait décapiter dans la cour des Lions ? [...]
>
> En vérité, jamais nom n'a été aussi hideusement noirci*.

Légendes ? Peu importe. Grenade est tout entière une légende. Monde ensorcelé. L'histoire, les hommes se sont incarnés dans l'Alhambra solitaire et céleste, dans les jardins du Generalife remplis d'oiseaux et de fleurs, dans les ruelles pleines de grâce de l'Albaicín ; tout l'esprit du passé s'est ici transformé en une merveilleuse matérialisation de l'esprit. L'Alhambra est la permanence du parfum d'al-Andalus...

Minuit. Il pleuvine. Tout est solitude et rumeur du fleuve sur la promenade des Tristes. Et moi, parfois, je suis là – car Grenade dans la solitude n'a pas son pareil pour qui veut trouver son paysage intérieur le plus sensible – et je me demande où je pourrrais aller trouver refuge, où ces heures obscurément resplendissantes ne finiraient pas.

Les réverbères, rares, se reflètent en tremblant sur les pavés mouillés, sur le lit noir du Darro. Un pont en ruine évoque une gravure du siècle dernier, l'ancienne maison des horreurs de l'Inquisition, le bois profond et touffu de la colline. Et, découpé, élégant sur le ciel rougeâtre et trouble, l'Alhambra. Lointaine forteresse de l'imagination, linéaire, massive.

La pluie redouble. Passe une silhouette emmitouflée, petite énigme. Une bouche d'air violente et brève danse, crispée dans la pénombre vide de l'air des Tristes.

Un géant d'eau sur les montagnes s'affaissa
*et la vallée croula avec des chiens et des iris**.

García Lorca, le brillant poète méditerranéen, naquit tout près de là, à Fuentevaqueros... Je prendrais bien un café très chaud, mais je me contente de cueillir une orange qui pend audessus d'un mur, entre des feuilles qui ont l'air métalliques. Les quartiers d'orange sont gelés. La sierra Nevada s'élève sur l'horizon sombre, blanche malédiction de neige. Grenade apparaît comme une arrière-boutique profonde de la Méditerranée, jardin clos, morbide dans le panorama solaire du *Mare nostrum*.

Son eau m'envoûte. Et il m'arrive parfois de la craindre : profondeur dominée par des reptiles imaginés, ce calme menaçant qu'elle garde au fond des cavernes suspectes... Mais l'eau qui coule, l'eau qui rit, tant de cristal scintillant et insaisissable représente quelque chose comme le triomphe d'une svelte adolescence. Ah, l'eau et le soleil ! Je n'aurais jamais pu écrire ce vers de Manuel Machado sur Grenade :

Eau cachée qui pleure...

La colline où s'assoient l'Alhambra et le Generalife regorge de cours d'eau. Le ruissellement vif qui s'ouvre comme un couteau et refoule la chaleur écrasante me rappelle toutes les mosquées, tous les palais de l'Orient d'Allah... Washington Irving l'a déjà noté dans son livre à la fois enchanteur et véridique, *Contes de l'Alhambra*, lointaine et émouvante lecture de ma jeunesse :

> Une abondante réserve d'eau, amenée des montagnes par les vieux aqueducs maures, circule par tout le palais, alimentant ses bassins et ses bains, étincelant en jets d'eau dans ses salles, ou murmurant dans ses canaux de marbre. Après avoir rendu hommage à la demeure royale et visité ses jardins et ses prés, elle s'écoule le long d'une grande allée vers la ville : friselis de ruisseaux et bouillonnements de fontaines [...]*.

La cour des Lions, la cour de Comares. Le Generalife : des roses, des cyprès et le jeu éternel du jet d'eau. Bruit torrentiel de l'eau, bel instant sonore près du myrte ou de l'arc de stuc piqueté. J'aime ces villes où la vie d'aujourd'hui n'est pas parvenue à écarter – je ne dis pas oublier – tout ce qui a eu lieu dans le passé. Le néant de cette nuit et des salles nues et venteuses du palais royal est pour moi plus peuplé de voix et de contacts chaleureux que toute la trame parfaite et riche de la ville nouvelle. Il y a dans l'histoire, dans le souvenir, une chaleureuse possession du monde, aussi spectrale qu'on voudra, mais libre.

Grenade, la Grenade au passé impérieusement présent, mon royaume, ton royaume : on peut se l'approprier quand on veut par l'imagination, il suffit de se promener au hasard. "Ombres, eau et rossignols", l'a appelée avec justesse un autre écrivain andalou, José María Pemán. Le printemps des petits oiseaux et leur mélodie insistante, gratuite, l'appel plus vivifiant du soleil naissant.

Les belles sultanes ont dû entendre leurs trilles, mon Dieu... Légendes de l'amour tragique, légendes de trésors cachés... Ici, dans tous les coins on entend comme des bouillonnements d'eau. Le harem du Topkapi, la résidence impériale d'Istanbul : galetas immondes, crépusculaires, minuscules, où les épouses et les favorites luttaient contre la névrose de la réclusion, de la cohabitation hystérique. Mais dans l'Alhambra aux miradors dégagés, dans les tours célestes du Generalife, on imagine aisément la belle épouse aux yeux de biche, blanche et intense, enveloppée de ses voiles qui tombent... Je voudrais aimer à Grenade.

Parce que le risque et la douceur s'y trouvent réunis. Boabdil. Les guerres :

Grenade la noble,
avec ses nombreux chevaliers
et tous ses arbalétriers

que chante le *romance* de la frontière. "Dans la vasque de la fontaine des Lions tombèrent les têtes des trente-six Abencérages, que les Zegris avaient attirés dans un guet-apens", évoque l'émouvant roman de Théophile Gautier. Et les échos de chansons passées le répètent :

Dans la plaine de Grenade
passe un cavalier
sur un cheval noir
sellé à la genette,
le bouclier au bras,
la lance ensanglantée...

La plaine fertile et grasse, terre spongieuse. Le Tamarit, son *divan de gacelas y casidas* (recueil de poèmes écrits dans une langue orientale, l'arabe, le persan ou le turc) que Federico García Lorca composa, bouleversé, au milieu des arbres fruitiers et des légumes :

Je veux descendre jusqu'au puits,
je veux grimper aux murs de Grenade,
pour regarder le cœur percé
*par le sombre poinçon des eaux** .

Ils sont tous ici, avec leurs branches gracieuses : le jujube à la pulpe verdâtre, le sobre micocoulier, l'azerole acide, le carmin baroque des grenades, les coings pâteux et coriaces, l'austère châtaigne… Fruits de l'hiver en germe. Et aussi les pommes savoureuses et incisives, cette orange gelée d'autrefois, la trace du citron précieux et pur. Rien ne ressemble à la transformation de l'eau en fruit. La forme. Le goût. La bouche pleine de fruits.

La cour des Lions, Grenade.

La nuit s'avance. Je traverse à présent l'Albaicín, les jardins ciselés des villas, le cyprès, le chèvrefeuille, la treille, la glycine. Tout cela caché entre des hauts murs qui s'écaillent, des ruelles tordues et pavées. Une chapelle blanchie à la chaux, immobile, semble éclairer la nuit sombre. Parfois résonnent des pas. Le frôlement du feuillage, la brise et la pluie fine par rafales. Et, devant, l'Alhambra avec ses murmures d'eau.

*

Jacques le Conquérant…

> Seigneur, tu dois avoir la certitude que cette terre est tienne et que tu la gouverneras ; ma mère me l'a dit et elle m'a prié de venir te le dire. C'est une femme très savante dans l'art de l'astronomie, et elle a vu dans les astres que tu vas conquérir cette terre.

Celui qui parlait ainsi était Ali, un Sarrasin, qui par un jour de 1229, à midi, arriva à la nage de la plage de San Telmo à une galère ancrée près des îlots de la Dragonera et du Pantaleu, à bord de laquelle naviguait un jeune monarque intrépide, Jacques Ier de Catalogne-Aragon. Récemment arrivée à Majorque, son escadre éparpillée mouillait dans les eaux calmes. Jacques, que nous avons déjà rencontré auparavant, était venu conquérir l'île. Il la conquit donc.

C'est avec l'histoire extraordinaire de cette astrologue que commence l'expansion catalane en Méditerranée, expansion qui, comme je l'ai dit, jettera les bases de la domination espagnole sur cette mer. Cette domination dura presque cinq siècles, du début du XIIIe au début du XVIIIe ; s'étendant des Baléares à Naples, cet empire comprenait tout le Sud de l'Italie ainsi que les grandes îles de Sardaigne et de Sicile, et domina même Athènes pendant une brève période. Ajoutons qu'aux XVe et XVIe siècles il constitua la formidable barrière qui contint la non moins formidable poussée turque.

Paradoxalement, en Espagne même tout cela fait figure d'épisode marginal, et lorsqu'on évoque l'Empire espagnol on fait à peu près exclusivement référence à la fabuleuse conquête des Amériques. Tout aussi paradoxalement, le souvenir de cet empire catalan-espagnol reste vif en France, en Italie, en Turquie et en Afrique du Nord, où on le considère comme l'un de ceux qui font date dans l'histoire de notre vieille mer si bouillonnante.

A l'origine, Barcelone fut le fruit prolifère de l'obscure vigueur pyrénéenne, dont la trace subsiste dans l'expressivité de son art roman, noblesse campagnarde que l'on trouve dans l'église de Taüll ou dans la Majesté – le Christ – de Beget, et qu'on peut aussi admirer dans les nombreuses pièces exposées au museu nacional d'Art de Catalogne, à Barcelone. Mais la ville est aussi le fruit de la Méditerranée solaire et extravertie qui exhale largement sa fraîcheur dans les avenues – les Ramblas – et le quartier gothique aux recoins inoubliables. Capitale de la confédération que formaient alors la Catalogne et l'Aragon – à laquelle s'ajoutèrent plus tard Valence et les Baléares –, Barcelone se jeta à la mer dans un esprit plus commercial que politique.

Ses rois, gênés par des Cortes aux droits exorbitants, n'eurent jamais la puissance économique, et par conséquent belliqueuse, qui leur eût permis trop d'ambitions. Jacques Ier lui-même, lorsqu'il entreprit de conquérir Valence, dut vendre sa part de prisonniers maures pour pouvoir payer les troupes qui allaient prendre d'assaut un château. Son trône et le blason royal étaient hypothéqués. Lors de la conquête de Majorque il ne put disposer que de douze ou dix-sept galères, en dehors des bateaux de transport.

Le plus grand amiral catalan, Roger de Llúria – Ruggiero Loira, un Italien, en réalité –, payait aussi son équipage grâce aux captifs qu'il faisait lors de razzias en Afrique du Nord et en Grèce, et qu'il vendait sur les marchés d'esclaves. Le royaume de Catalogne-Aragon réussit une seule fois à réunir cinquante-trois galères : pour la conquête de la Sardaigne, au XIVe siècle. N'oublions pas qu'à la même époque Venise, Gênes et Pise pouvaient en armer jusqu'à quatre-vingts…

Le réseau commercial catalan dans toute la Méditerranée, avec la structure juridique soigneusement élaborée des consulats de mer, fut au contraire d'une extraordinaire efficacité. Il marqua la concrétisation du fameux *seny* – bon sens – catalan, sorte d'équilibre entre pragmatisme et théorie. Entre le XIIe et le XVIe siècle, en comptant ceux de Majorque, il y eut près d'une centaine de consulats, de Tlemcen et Alger à Damas et Famagouste en passant par Alexandrie, Constantinople, Raguse, auxquels il faut en ajouter un bon nombre en Italie, en Sicile, en Provence…

Mais, dans son histoire, la Catalogne a constamment oscillé entre le *seny* et la *rauxa*, autrement dit entre le bon sens et la fureur. Car on peut considérer comme éminemment furieuse la violente épopée qui, née en Catalogne, enflamma pendant plusieurs années toutes les routes de la Méditerranée : celle des *almogàvares*, ces soldats qui s'adonnaient à la razzia.

Almogàvar vient d'un mot arabe qui signifie "dévastateur". En effet, les Grecs et les Byzantins appelaient ces sortes de soldats des "barbares sans pitié", tandis que les Italiens les traitaient de "loups affamés". Ces hommes singuliers, spécialisés dans les opérations difficiles et risquées, en montagne ou de nuit par exemple, formaient en fait une sorte d'infanterie légère ; ils ne portaient pas d'armure afin de ne pas être entravés dans leurs mouvements, vivaient du pillage et de leur solde de mercenaires.

Leur armement consistait en un poignard, une lance et deux javelots, au maniement desquels ils étaient exceptionnellement habiles : faisant irruption à pied au milieu de la cavalerie ennemie, ils transperçaient les cavaliers à travers les fentes des lourdes armures qui les embarrassaient.

Leur chef était un Allemand, Roger Blum. *Blum* veut dire fleur, aussi fut-il connu sous le nom de Roger de Flor. De belle prestance, insolent et téméraire, il fut d'abord templier, mais lorsque la capitale des croisés en Palestine, Saint-Jean-d'Acre, tomba aux mains de l'islam, Roger profita de l'occasion pour s'enfuir avec le trésor de l'ordre. Devenu un pirate plein de sagacité, il se mit au service du roi catalano-aragonais de Sicile. Et il recruta ce qu'on appelait la compagnie catalane, composée d'environ six mille cinq cents *almogávares*, dont le cri de guerre était *Desperta, ferro !*, "Réveile-toi, fer !" : l'acier de leurs armes…

Sa grande épopée commence en 1303, au moment où la compagnie passe au service de l'Empire byzantin vacillant, harcelé par les Turcs, que Roger et ses troupes battent aussitôt en Asie Mineure. Mais il y a des disputes au moment du paiement de la solde : l'inflation dévorait le *perpre*, monnaie de Constantinople, théoriquement en or mais comprenant en fait quatre-vingts pour cent de cuivre. La faiblesse de l'Etat était aussi celle de son économie.

Au bout de deux ans, l'Allemand catalanisé est devenu l'homme fort de Byzance, il s'est fait nommer césar et a obtenu la main de Marie, une jeune princesse. Mais il a également éveillé la rancœur du fils de l'empereur Michel IX ; torturé par la jalousie, il invite Roger à un banquet à Andrinople, l'actuelle Edirne. Celui-ci arrive escorté de mille trois cents hommes. La pompe, les rires, les mets raffinés… Et une épée, qui pénètre jusqu'à la garde dans le dos du brillant césar. Roger Blum meurt et tous ses hommes sont poursuivis dans les rues de la ville. Seuls trois d'entre eux parvinrent à se sauver, après s'être défendus bec et ongles au sommet d'un clocher.

Réduite à mille cinq cents hommes, la compagnie catalane se replia à Gallipoli, aujourd'hui Gelibolu, port de pêche du détroit des Dardanelles. Après avoir coulé leurs bateaux pour ne pas être tentés de fuir, les *almogávares* entreprirent une guerre féroce contre Byzance, dévastant et dominant pratiquement tout son territoire européen à l'exception de Constantinople, pour l'évacuer ensuite. Combattant et massacrant, ils traversèrent la péninsule grecque, établissant à Athènes et à Thèbes de frénétiques duchés indépendants. A la fin du siècle, tout cela sera complètement réduit en miettes.

Le dernier bastion catalan de la région fut une forteresse proche de Delphes, la ville sacrée, où résistèrent la comtesse Hélène, veuve, et sa fille Marie, jusqu'à leur défaite contre les troupes de Bāyazīd, le terrible sultan ottoman. Hélène fut livrée à la soldatesque qui la traîna et la viola pendant des heures. Marie fut assassinée dans le harem de Bāyazīd...

Mais de ces exploits subsiste, dans un ancien manuscrit de Barcelone, un jugement de valeur très important : celui que j'ai déjà évoqué et que dédia le roi catalan Pierre IV le Cérémonieux à l'Acropole d'Athènes, le déclarant, pour la première fois en Europe occidentale, "le joyau le plus précieux au monde".

Rendons-nous à présent à l'autre bout du bassin méditerranéen : dans le paysage âpre et rayonnant de Kalah Iris, au Maroc, près du détroit de Gibraltar. Ce terrain en friche et la dure mer cobalt ont l'air d'avoir été créés par un cataclysme rocheux... Il est significatif, précisément à cet endroit qui il y a cinq cents ans portait le nom de Rocher de Vélez de la Gomera, de parler de Ferdinand le Catholique ; un siècle après la mort d'Hélène et de Marie, ce monarque aragonais allait transformer cet empire naissant et ces possessions dispersées en une vaste et audacieuse réalité politique qui, toujours plus expansive et ambitieuse, constituerait en un peu plus d'un siècle le pivot de la moitié du monde.

Le mariage de Ferdinand, héritier de la couronne qui réunissait la Catalogne et l'Aragon, avec Isabelle de Castille – après falsification d'une dispense papale car ils étaient cousins – transforma le royaume de ce que nous appelons aujourd'hui l'Espagne en une vaste et solide base d'opérations.

Ce mariage marqua la culmination d'arrangements rocambolesques, au milieu d'affrontements et de révolutions en Castille et en Catalogne-Aragon. Le père de Ferdinand, Jean II, roi d'Aragon, souhaitait vivement une union avec la Castille afin de créer un grand Etat fort. La princesse Isabelle subissait l'hostilité du roi de Castille, son frère. Elle aurait pu épouser divers prétendants ; si elle avait choisi le roi du Portugal, veuf et d'âge mûr, la future Espagne se serait probablement tournée vers l'Atlantique. Mais Isabelle avait un tempérament énergique et imprévisible ; elle choisit Ferdinand, qui avait un an de moins qu'elle. Automatiquement, l'option méditerranéenne était prise.

Ils se fiancèrent en secret. Il lui fit présent d'un collier de rubis et d'une petite bourse d'argent ; il accepta en outre de se battre pour les ambitions d'Isabelle et, de ce fait, de ne tenir en Castille qu'un second rôle. Il finira cependant par régner lorsque, après la mort de sa femme, sa fille Jeanne deviendra folle. Le mariage eut lieu à Valladolid, pratiquement en cachette, comme les fiançailles. Les fiancés ne se virent que quelques jours auparavant. L'archevêque avait dû préalablement faire délivrer Isabelle, aux mains de son frère, par un escadron de cavalerie. Ferdinand arriva de Saragosse déguisé en muletier, voyageant de nuit, et il faillit être tué par un jet de pierre à Burgo de Osuna.

Ferdinand devint un stratège et un diplomate d'une intelligence subtile, très lié au monde secret et influent des juifs, auquel il appartenait du côté de sa mère. Un noble castillan, Hernando del Pulgar, le décrivit ainsi : "Homme de taille moyenne, les membres bien proportionnés, les traits du visage réguliers, les yeux rieurs [...]. Bien qu'il aimât beaucoup sa femme, la reine, il se donnait à d'autres femmes."

Ferdinand avait-il le monde entre ses mains ? Du moins l'avait-il dans sa tête. Il conquiert Grenade et annexe la Navarre, lance sur l'Europe l'armée de Castille, aguerrie par tant de siècles de lutte contre l'islam, s'amuse avec le Saint-Siège et la France, s'appuie sur l'Angleterre et l'Autriche, rend possible, avec Isabelle, le voyage de Christophe Colomb sur l'océan inconnu... Il soumet l'Italie, dont Naples est la colonne centrale, et, jetant ses galères à la mer, domine les sites clés de l'Afrique du Nord, créant ainsi une formidable zone de sécurité et d'influence en Méditerranée occidentale : ce Rocher de Vélez, Oran, Melinna, Alger, Mers el-Kébir, Bougie, Tripoli, Tlemcen, Tunis.

Ferdinand était intelligent, dynamique, habile, pragmatique. Fut-il le modèle du *Prince* de Machiavel, comme on l'a prétendu ? Il paraît insidieux de voir une grande stratégie comme un archétype du machiavélisme, encore que Ferdinand fût aussi extrêmement rusé. En tout cas, Machiavel écrivit textuellement ce qui suit :

> Rien ne procure autant d'estime à un prince qu'accomplir de grandes entreprises et donner de soi des exemples rares et mémorables. Considérons quelqu'un de cette espèce : Ferdinand d'Aragon, l'actuel roi d'Espagne. On peut l'appeler justement prince nouveau, car de roi sans puissance il est devenu le plus glorieux des monarques chrétiens*.

Le Sahara, la Castille, continuons avec quelques "arrière-pays" méditerranéens : pour humbles qu'ils paraissent ils n'en sont pas moins générateurs de grandes forces.

En Catalogne, allons à la racine carolingienne, médiévale, à la vigueur de son fond roman, qui s'accroche entre les hautes cimes nues des Pyrénées, vêtues de brillants coups de pinceau neigeux. L'impavide Canigou ferme la perspective. Nous avons, ici, les deux longues vallées qui délimitent deux régions repliées sur elles-mêmes, en pente vers le sud et la côte méditerranéenne : celle du Ripollès et celle de la Garrotxa. Profonde, claire, aimable la première ; anfractueuse, d'une sauvage et vigoureuse solitude la seconde.

Le printemps est arrivé prématurément, donc sans vert tremblant, sans explosion de fleurs, sans insectes ivres. Et chaque nuit il gèle : le givre blanchit et pétrifie l'herbe tendre des prés, puis se défait en une vapeur légère au fur et à mesure que le soleil du matin gagne du terrain.

Et aussitôt retentissent une multitude de trilles, incertains mais soutenus, dans les branches nettes de l'orme, du hêtre, du bouleau. Le merle noir, tel un petit dieu, picore entre des sillons fraîchement ouverts. Et sur le gravier du chemin ensoleillé, tiède, s'étale, paresseuse, la petite vipère, le maudit *escurçó* qui se multiplie ces derniers temps. Autrefois, les faucheurs et les bûcherons devaient mettre des bottes par crainte de sa morsure.

L'eau de Camprodón. Nous sommes près de l'une des nombreuses sources de la vallée, celle de Sant Patllari, fraîche et transparente, qui donne naissance à trois ruisseaux. Sur une stèle, des vers que Joan Maragall dédia à Camprodón, le souffle panthéiste du poète :

A l'heure où le soleil se couche,
buvant l'eau de la source,
j'ai goûté les secrets
de la terre mystérieuse.

Le mystère, c'est celui de saint Patllari, évêque oublié de la ville alpine d'Embrun, au Ve siècle. En cette période obscure du Moyen Age, un bénédictin catalan errait en quête de reliques. D'emblée et de façon assez compliquée, la providence mit entre ses mains les os et le crâne du saint. S'en retournant vers son couvent, le moine passe la nuit à Camprodón. Et voici que sa mule, portant sur son dos le pieux coffret qui contenait les morceaux du squelette, refuse d'avancer, décrit des circonvolutions insolites et obstinées, résiste si bien que, frappant un rocher, elle révèle la source aux trois ruisseaux et pénètre enfin dans l'église Sant Pere, calme espace roman. Il ne fait pas de doute que les restes pieux veulent demeurer dans cette bourgade. Miracle d'outre-tombe. Et Camprodón, touchée, vénère Patllari comme son saint patron.

A la frontière avec la France, le plateau de Molló, fertile en pommes de terre, son temple roman campagnard et solitaire. A Tragurà, impossible de cultiver sur les pentes abruptes de la montagne. Seules pâturent les vaches blanches qui, sous le sombre crépuscule du terrain raviné, beuglent au milieu des rochers escarpés, pareilles à de grosses âmes en peine. En hiver, les hommes de Tragurà, Setcases, Vilallonga, Llanars emmènent paître leurs troupeaux – modeste transhumance d'autrefois – au luxuriant Ampurdán vers lequel fuit toujours le gros débit du Ter, faible ici car né depuis peu, rapide et vif entre ses berges d'ardoise aux scintillements obscurs.

Poésie d'un paysage où coule une rivière. Deux rivières, le Ter et le Ritort, s'accouplent à Camprodón, à l'abri de l'austère silhouette romane, parfaitement dessinée, du pont Nou. En période de fortes pluies, leur confluence se fait turbulente. D'autres ruisseaux, chant perdu, glissent près d'autres ponts.

A Camprodón est né, tout à fait par hasard, Isaac Albeniz, le musicien. Quant à Joan Ponç, le peintre, il fut enterré selon sa volonté dans la vallée, à La Roca, rocher monumental, abrupt, comme celui, surréaliste, du tableau de Magritte, *Le Château des Pyrénées*. Dans la cour de sa maison, sous une pierre tombale, sa dépouille a rejoint l'éternité. Je suis parfois venu ici voir Ponç. Nous avons passé des soirées devant les fenêtres circulaires de son bureau tandis que la musique jouait à plein volume ; lui, le créateur égotiste, faisait des discours pressants, me montrant ses petites boîtes de merveilleux dessins dans lesquels il mélangeait le magique, le grotesque, le lyrique. Dehors, la vallée était plongée dans un silence sidéral.

Entre Camprodón et Beget, la Haute Garrotxa traverse des coteaux. Le sapin fait place à la chênaie, serrée sur les plus hautes pentes. J'aime cet arbre de l'âge noble. J'aime les animaux qui fouillent ici, à la recherche de ses glands : le sanglier sauvage, le chamois agile. Maudit soit le pin stérile.

Le château en ruine de Torrebruna surveille d'un air pathétique Beget, au fond de la vallée. Beget, un ramassis de maisons, de bicoques inhospitalières du Moyen Age, couvertes d'ardoise. Dans la petite rivière nagent les truites.

Beget a été un inflexible bastion carliste. En 1873, Alphonse de Bourbon-Autriche, prétendant au trône d'Espagne, et son épouse, María de las Nieves de Bragance-Bourbon, se cachèrent même pendant quelques semaines dans le mas de Surroca. Conspirant sans cesse, ils entendaient la messe chaque jour et récitaient des chapelets ; ils assistèrent à la mise à mort du cochon… Mais les grandes mises à mort furent humaines : carlistes et libéraux se détruisirent pendant la moitié du XIXe siècle dans ce coin perdu avec la bêtise la plus crasse et la plus féroce.

Lors de la dernière guerre civile espagnole, les habitants de Beget se réarmèrent de fourches et de faucilles. Et ils entourèrent leur église romane, qui abrite le *Christ Majesté* – cette vieille sculpture en bois fort abîmée, aussi expressive et hiératique qu'une idole rustique et primitive –, pour le défendre face aux farouches envoyés de la révolution. Ceux-ci s'en retournèrent la queue entre les jambes. Les habitants de Beget auraient donné leur vie pour défendre l'insolite figure sacrée, symbole ancestral de leurs vies.

Tout cela avait pour cadre les vastes hauteurs ondulées, ouvertes aux mille ciels des grandioses Pyrénées. Là se dresse allongé, veiné de neiges, le Canigou à la sacralité voilée, près du Costabona pointu. Et dans un autre quadrant de l'horizon, le Montseny, plus près le Puigsacalm ; dans une autre direction, Comanegre et Mare de Déu del Mont. Puis la grande Méditerranée, lumineuse.

Les toponymes, les pics se succèdent. Villes et vallées ont disparu, nous sommes prisonniers ou rois des montagnes brumeuses et sereines de l'aube. Avec le vent intermittent et vif qui dirige les vastes figurations exaltées des nuages, qui peuvent être aussi rapides et disloquées que silencieuses et lourdes. Nous avons quitté Camprodón, montant de Molló à Espinavell, puis pendant des heures, à pied, nous avons erré sur les pentes escarpées des Pyrénées, dans les prés perdus et communaux du Bac de la Casassa, de la Solana, de la Fembra Mota, du Pla del Grell… Les pâturages, aridité, pins nains et obscurs.

Depuis des temps lointains a lieu chaque année à Espinavell la *tria dels mulats*, le rassemblement du troupeau dispersé des chevaux d'Espinavell : près de quatre cents chevaux, poulains et juments qui pâturaient sur les hauteurs, gros de bruyère et de graminées, qui buvaient dans les sources glacées cachées dans l'herbe drue sont rassemblés, lors d'une fabuleuse et lente chevauchée, jusqu'aux enclos du village d'Espinavell, au fond de l'étroite vallée où a lieu la foire aux bestiaux. Il y a quelques chevaux de monture, mais les plus nombreux seront sacrifiés pour leur viande : un halo de tristesse, un hurlement silencieux d'injustice plane sur le superbe spectacle des nobles animaux en liberté. L'*eugasser* ou gardian, qui vit pendant des mois sur les sommets déserts, forme peu à peu la manade, la harangue tout en mangeant des tranches de saucisson et se souvient que son chien précédent, Galindo, était vraiment un as.

Les chevaux sont blancs, noirs, surtout bruns, le pelage est soyeux, les yeux sereins, l'agilité suprême. La grâce incertaine des petits, un jouet. Avec les mâles brillants et puissants, crinière claire, queue mousseuse, qui font des courbettes, se menacent, se dispersent, c'est la grande élégance du corps. Chacun commande à plusieurs juments.

Déjà dans la vallée s'étendent les étoffes non ourlées des forêts d'automne, la diversité des verts se liquéfiant dans les rouges, dans les carmins : la peupleraie, le cerisier sauvage, les hêtres. Le lièvre sauvage bondit, la perdrix s'envole au ras du sol. Et sur le courant rapide et menu du Ritort, entre sapins et fougères, volettent, comme folles, les hirondelles qui répètent leur nostalgique émigration.

Trente siècles durant, jusqu'à ce que la brutalité de l'Atlantique imposât le galion haut de bord et résistant à la grosse houle, la galère fut l'embarcation méditerranéenne par excellence. Basse, effilée, elle était idéale pour des mers calmes ; elle naviguait seulement au printemps et en été, et encore, en longeant la côte. Sa voile était fragile, mais les rames des galériens constituaient un moteur aussi puissant que rapide.

Plus que navals, les combats qu'engageait la galère étaient presque des combats d'infanterie : elle balayait le pont ennemi de ses quelques pièces d'artillerie, puis abordait l'autre navire, lançant ses soldats par la brèche ouverte ; sur le tillac pris d'assaut, ceux-ci s'emmêlaient dans un diabolique corps à corps.

L'existence du galérien était épouvantable. Le plus souvent et, surtout, le temps passant, il s'agissait d'un détenu, d'un prisonnier condamné aux galères plutôt qu'à la prison. Mais c'était aussi un métier pour désespérés. La galère n'avait pas de cale à proprement parler, c'est-à-dire un espace intérieur et fermé ; cette partie du bateau, à ciel ouvert, était balayée par les paquets de mer. Le galérien nu, trempé, mangeait, dormait et déféquait dans ces trous, qui exhalaient une puanteur telle que les passagers de la galère, logés sur des plates-formes légèrement supérieures, devaient utiliser des parfums capiteux, puis du tabac pour ne pas vomir continuellement.

Punaises, puces, rats campaient sur ces immondices. Lors du troisième voyage de Colomb, les marins de la caravelle mangeaient la nuit pour ne pas voir les insectes qu'ils avalaient avec leur maigre pitance. Ils s'amusaient à mettre des poux dans un cercle de craie et pariaient leur solde sur celui qui sortirait le premier. Le mot espagnol *mazmorra* aujourd'hui synonyme de cachot, oubliette, définissait en réalité, à l'époque, l'infâme rata fait de galette très dure destiné aux galériens. Et s'il fallait combattre, on leur donnait un verre de vin ou de vinaigre pour les exciter. Fréquemment, le scorbut ou la tuberculose en venait à bout en un ou deux ans. Lorsqu'ils ne disparaissaient pas avec la galère coulée pendant la bataille, car rien ni personne ne venait les libérer de leurs chaînes.

Voilà pourquoi, en 1530, Charles Quint imposa la peine de galères aux simples malfaiteurs et bientôt même aux vagabonds. Les pauvres professionnels avaient disparu et les captifs ne suffisaient pas. Et si le galérien protestait, on le fouettait ou on lui coupait le nez, les oreilles et même les testicules.

Pendant la bataille de Malte se produisit une étrange coïncidence. Le grand maître de l'ordre, Parisot de La Valette, avait subi douze mois de captivité comme galérien d'un corsaire turc. L'un des chefs assaillants, le sinistre corsaire Dragut, avait lui aussi passé quatre ans enchaîné à ramer dans une galère génoise… Tous deux avaient été libérés contre rançon.

Rochers pelés, terre avare, chaleur infernale : nous revoilà sur les îlots de Malte, entre la Sicile et la Tunisie. Palais et églises baroques, les clochers dépassent de toutes parts et, quand les cloches sonnent, la ville entière semble prendre joyeusement son envol. Son port et deux baies profondes remplies de criques, défendues par de nombreuses fortifications, ont été l'œuvre et le tremplin des légendaires chevaliers de Malte. Et, jusqu'à récemment, l'importante base navale de l'Angleterre en Méditerranée.

La flotte des chevaliers, les redoutables et mythiques galères de la religion… n'étaient en réalité qu'au nombre de huit : l'amirale, sombrement peinte en noir, les sept autres en rouge. Mais une règle inflexible les galvanisait, leur interdisant de perdre : quand l'un de leurs capitaines était vaincu mais ne mourait pas dans la bataille, il était jugé par ses frères dans le Seigneur,

Bataille opposant Génois et Pisans, miniature des *Cronache* de G. Villani, XIVe siècle, bibliothèque Vaticane.

étranglé et jeté à la mer. Les chrétiens croyaient que leurs cadavres flottaient sur le dos tandis que ceux des Sarrasins flottaient sur le ventre.

Les chevaliers de Malte portèrent d'abord l'appellation d'hospitaliers de Saint-Jean-de-Jérusalem : l'ordre fut fondé au temps des royaumes croisés pour soigner et protéger les pèlerins qui se rendaient en Palestine. En 1291, expulsés de Saint-Jean-d'Acre par les musulmans, ils s'installèrent à Chypre, puis s'emparèrent de Rhodes en 1309 et devinrent des pirates aguerris, s'en prenant systématiquement à la côte et aux bateaux ottomans. Ils comptèrent jusqu'à sept mille hommes, que Soliman le Magnifique jeta littéralement à la mer en 1522, lorsqu'il attaqua Rhodes avec une armée de quatre cents galères et cent cinquante mille soldats.

Les chevaliers errèrent ensuite en France, en Italie, en Crète, en Sicile, mais aucun de ces pays n'en voulait sur son territoire. Ils étaient comme les *almogávares* : tous craignaient leurs attaques de faucons. Avec le fait aggravant qu'en tant qu'ordre monastique ils devaient obédience au pape et non au roi du pays où ils se trouvaient. Il en fut ainsi jusqu'à ce que Charles Quint leur cédât Malte, en 1530, afin d'en faire l'avant-garde permanente de sa lutte acharnée contre l'islam.

Chaque année, les chevaliers devaient remettre à Charles Quint un faucon, avec chaperon de soie, grelots et anneaux d'or, en paiement symbolique de l'île. Ce thème est l'argument terrifiant d'un des romans noirs les plus célèbres : *Le Faucon maltais*, de

Dashiell Hammett, et du film qui en fut tiré, interprété par Humphrey Bogart. Les chevaliers restèrent à Malte jusqu'à ce que Napoléon les en délogeât.

Les chevaliers portaient un habit noir, à leur poitrine brillait une croix blanche à huit pointes, symbolisant les huit règles de l'ordre : vivre dans la vérité, avoir la foi, se repentir de ses fautes, faire preuve d'humilité, aimer la justice, être miséricordieux, sincère et pur de cœur, supporter la persécution. Ils faisaient en outre vœu de chasteté, d'obéissance et de pauvreté. Au combat, ils portaient une grosse armure et brandissaient une épée si grande qu'il leur fallait la porter à deux mains. Et quand leur grand maître mourait, ils élisaient son successeur dans les trois jours, afin qu'aucun souverain, y compris le pape, ne pût les influencer.

Malte ne fut pas seulement le centre corsaire le plus actif contre l'Empire ottoman – il y en avait beaucoup d'autres : Livourne, Pise, Naples, Messine, Palerme, Trapani, Majorque, Almería, Valence… grâce aux Turcs, toujours, les revenus des chevaliers étaient importants et variés.

Voici un exemple. Le prince Djem, ou Zizim, fils de Mehmet II le Conquérant, s'enfuit d'Istanbul pour ne pas être assassiné par son frère, le sultan Bāyazīd II. Il se réfugia à Rhodes. Les chevaliers l'accueillirent chaleureusement… En réalité, ils recevaient, de Bāyazīd lui-même, une pension annuelle de quarante-cinq mille ducats vénitiens, soit plus de dix millions de francs d'aujourd'hui, pour le neutraliser. En plus, le sultan offrit à l'ordre deux précieuses reliques : une des huit cents épines de la couronne du Christ et la main droite de Jean Baptiste, celle qui avait baptisé Jésus, dont l'index était encore tendu, indiquant l'esprit du Seigneur. Le prince mangeait sans mâcher, comme les chiens, il mettait des épices dans son vin, composait des poèmes et, au grand scandale des chrétiens, se baignait nu dans la mer. Il était au septième ciel. Mais, le temps passant, il se mit à se plaindre de plus en plus amèrement, surtout parce que la nourriture était maigre et mauvaise. Car les chevaliers économisaient…

Alonso de Contreras, ce pittoresque et dangereux Espagnol qui parcourut la Méditerranée d'un côté à l'autre, occupé aux sanglants et curieux négoces qu'il raconta dans ses Mémoires, fut un chevalier de Malte :

> Je m'embusquai dans la pinède et tombai sur un Turc, un véritable colosse, qui tenait à la main une pique au bout de laquelle flottait une bannière orange et blanche. Appelant les autres, je m'adressai à lui et lui dis : "Assis, chien." Le Turc me regarda et

> en riant me dit : *"Bremaneur casaca cocomiz"*, ce qui veut dire : "Pédé, tu as le cul qui pue aussi fort qu'un chien mort." Fou de rage, je passai la rondache à mon bras et m'adressai à lui, puis, prenant la pointe de sa pique, je lui en donnai une estocade dans la poitrine, ce qui le fit tomber par terre, et, lui quittant la bannière, je me la ceignis. J'étais en train de le dépouiller quand survinrent deux soldats français : "On partage", dirent-ils ; je me relevai de dessus le Turc et, passant ma rondache à mon bras, je leur dis qu'il était à moi et que je les tuerais s'ils tentaient de me le prendre.

L'épisode maltais le plus célèbre est sans doute celui du siège que subit l'île en 1565. Un chevalier particulièrement intrépide en mer, Mathurin Romegas, avait pris une galère ottomane qui transportait une cargaison d'articles de luxe évaluée à quatre-vingt mille ducats, capturant en outre plusieurs notables, parmi lesquels la gouvernante de Mihermah, la fille préférée de Soliman le Magnifique. La galère avait été affrétée par le harem ; Kustir Aga, l'eunuque en chef, Mihermah et d'autres femmes avaient mis de l'argent dans l'affaire. Fous de rage, en pleurs, eunuques et favorites entourèrent Soliman pour exprimer leurs récriminations et faire pression… La conquête de Malte fut décidée.

La flotte ottomane se composait de cent quatre-vingts galères et de quarante mille soldats, dont six mille sept cents janissaires. Ils débarquèrent dans la baie de Marsa-Siroco. Piyale Pacha, très engagé auprès du harem et marié à une petite-fille de Soliman, commandait la flotte. Mustafa Pacha, général du sultan, se trouvait à la tête de la troupe. Etant tous deux de piètres chefs, ils comptaient sur la fabuleuse et cruelle expérience du vieux Dragut, qui arriva avec ses bateaux et mille cinq cents hommes. Il avait quatre-vingts ans et son corps, véritable paquet de nerfs, était couvert de cicatrices. Il se mit en fureur quand il vit que Piyale et Mustafa avaient commencé le siège du château de Sant Elmo, forteresse encore en construction. En vérité, ils avaient été trompés par un chevalier qu'ils avaient capturé et torturé en lui appliquant la *bastinada* : des coups répétés de façon rythmique sur la plante des pieds et le ventre, qui provoquaient une hémorragie interne. Dragut, lui, aurait encerclé toute l'île pour l'affamer.

Mais c'étaient les Turcs qui souffraient de la faim, car ils manquaient de riz et de haricots pour la troupe. Malgré les six mille boulets de canon tirés chaque jour, Sant Elmo ne tombait pas. La défense de l'île incombait à environ sept cents chevaliers et cinq mille soldats. Le "feu grec", inventé des siècles auparavant par les Byzantins et qui avait fait ses preuves, était une de leurs armes préférées.

On l'utilisait de différentes manières. L'une d'elles consistait à remplir une marmite avec du soufre, de la résine, de la térébenthine et de la poix, puis à y ajouter une mèche allumée ; quand la marmite heurtait son objectif, elle se brisait et la mèche enflammait le contenu, qui restait collé sur les hommes et le bois des navires. Une autre consistait à gainer des cerceaux de coton qu'on imprégnait ensuite d'alcool et de poudre : après y avoir mis le feu, on les lâchait sur les hommes qui grimpaient aux remparts et ils se retrouvaient pris dans les cercles de flammes... Même ivres de haschisch, les "infidèles" ne réussissaient pas à faire tomber Sant Elmo. C'est Dragut qui tomba, frappé à la tête par la pierre d'un mur qu'un coup de canon avait abattu.

Mais au bout d'un mois, Sant Elmo succombait, tas de ruines et de morts. Les Ottomans rassemblèrent alors les cadavres des défenseurs, les décapitèrent, leur arrachèrent le cœur, leur gravèrent au couteau une croix sur la poitrine, les clouèrent sur des croix de bois et les jetèrent à la mer : les vagues les portèrent au pied du château de Sant'Angelo, invaincu... Les chevaliers ripostèrent sans tarder : ils coupèrent le cou de leurs prisonniers turcs et se servirent de leurs têtes en guise de boulets de canon.

On était en été, la chaleur était suffocante, les cadavres pourrissaient... Les épidémies et la faim sapaient le moral des assaillants. Des renforts espagnols arrivèrent enfin de Naples. Au bout de trois mois, les Ottomans durent se retirer, ayant perdu trente mille soldats. Quant aux autres, ils étaient malades. Parmi les chrétiens, la moitié des chevaliers avaient péri et il ne restait que six cents soldats sur pied. C'était la première grande défaite de la Sublime Porte. Sa monnaie d'or fut dévaluée d'un tiers.

Autre bataille. Les batailles de la petite Méditerranée paraissent grandioses ; celle de Lépante le fut vraiment, comme toutes celles qui la précédèrent. Nous pouvons personnifier la fastueuse turbulence de l'époque par le déclin d'un personnage extraordinaire : sans être encore un vieillard, il était déjà mortellement fatigué, perclus de rhumatisme – ce qui ne l'empêchait pas de s'empiffrer –, de plus accablé de dettes colossales. Il s'agit bien sûr de Charles de Gand, Charles V d'Allemagne, Charles Ier d'Espagne.

S'étant finalement retiré au monastère de Yuste, en Estrémadure, Charles contemplait mélancoliquement la lumière tamisée de son cloître gothique, après avoir abdiqué une extraordinaire litanie de dignités : grand maître de la Toison d'or, duc de Bourgogne, roi de Castille et d'Aragon, comte de Barcelone, empereur du Saint Empire romain....

Lorsqu'il conquit le Mexique, Hernán Cortés, également originaire d'Estrémadure, écrivit à l'empereur qu'avec ces territoires infinis il pourrait s'adjuger une autre couronne impériale. Mais Charles ne comprit pas l'importance que pouvaient avoir des régions si lointaines, pas même avec l'aide des idées universalistes d'Erasme de Rotterdam, qui prirent si bien dans sa cour. Préoccupé et pressé par les guerres contre la France, par Luther, par les révoltes en Allemagne et aux Pays-Bas, par le Croissant turc qui l'enfermait dans un étau, assiégeant l'Europe de Vienne à Gibraltar, l'empereur s'intéressa bien davantage à la conquête de Milan.

"Foudre de guerre", tel est le surnom que Cervantes donna à Charles Quint : comme Soliman le Magnifique, son contemporain et rival, autre géant, il fut presque exclusivement un homme à cheval, ou en bateau, au milieu de ses vastes possessions dispersées.

Celles-ci exigeaient de lui les coûteuses et constantes campagnes militaires dans lesquelles il mit tous ses efforts. Lorsqu'il se retira à Yuste, il devait trente-neuf millions de ducats aux banquiers de la moitié de l'Europe, et il avait déjà dépensé ses revenus annuels, s'élevant à un million et demi de ducats. Peut-être le Nouveau Monde le laissait-il indifférent parce qu'il en tirait tout au plus trois cent mille ducats par an...

Son fils et héritier Philippe lui écrivait, angoissé : "Les gens ordinaires, à qui il revient de payer les services, sont réduits à une détresse et une misère si extrêmes que beaucoup d'entre eux vont nus et n'ont rien pour se couvrir." A peine l'empereur soufflait-il, enfin tranquille à Yuste, que Philippe II, le roi, devait déclarer l'Etat en suspension de paiement.

C'est pourquoi Philippe, chaque fois que ses amiraux lui proposaient d'entamer telle ou telle action, recommandait la prudence, le calme : si l'ennemi lui coulait une galère, c'est lui qui devrait la payer, exposait-il dans ses lettres. D'Amérique, enfin, il réussit à tirer jusqu'à deux millions de ducats par an. Après l'extrême prodigalité de son père, le contrôle et la sécurité furent ses obsessions. Le monastère de l'Escurial, son œuvre, sa demeure préférée, représente avec fidélité la grandeur froide, sévèrement structurée, de son caractère.

Ce n'était pourtant pas un homme tout d'une pièce : il adorait aussi les peintures délirantes, parfois blasphématoires de Jérôme Bosch, dont il fut un excellent client… Certains soutiennent que l'Escurial fut en réalité conçu selon les postulats philosophiques du Majorquin Raimond Lulle, car l'architecte Juan Bautista de Herrera, qui fut chargé de sa construction, était un disciple convaincu des théories théologiques de ce dernier, fondées sur les mathématiques.

Philippe ferma donc le pays au débat idéologique, prospectif, de l'époque. Il tenta de contenir les graves problèmes de son empire en Europe centrale, ceux de la Réforme, et il le fit en se retirant en Espagne, où il obtint l'annexion – éphémère – du Portugal et celle de ses immenses possessions au-delà des mers.

Désireux d'unifier dans la mesure du possible toutes les nations qu'il possédait, Philippe II imposa un système bureaucratique qui devait tout contrôler, mais qui s'avéra souvent paralysant et l'ensevelit presque sous les tonnes de papier qui arrivaient dans son bureau austère. Ne parlons pas de la force qu'acquit l'Inquisition en terrorisant les esprits.

Philippe organisa néanmoins une administration "à la chinoise", une bureaucratie qui structura l'Espagne telle qu'elle existe aujourd'hui. Charles et Philippe furent des titans : le premier par son impétuosité ; le second par sa prudence, vertu qui ne l'empêcha pas d'être l'homme qui rendit possible la bataille de Lépante. Lépante, en grec Naupaktos (Naupacte), se trouve dans le golfe de Patras, au nord du Péloponnèse, au fond du grand golfe de Corinthe. Superbe espace fermé formant presque une mer intérieure, il couvre près de cent cinquante kilomètres de long sur une largeur de trente-six kilomètres. Au nord, la côte dangereuse, brutale, de l'Attique, avec ses hautes montagnes nues et les merveilleuses vallées plantées d'oliviers, les petits ports et les criques solitaires où gisent parfois de vieux pétroliers abandonnés, gigantesques et rouillés, dans un calme menaçant et silencieux.

Au sud du golfe, le littoral bruyant et animé du Péloponnèse : c'est comme si les ruches de ses collines s'étaient faites barques, personnes, lumières, voitures, maisons. La mer Ionienne – autrement dit la Méditerranée libre –, dont l'embouchure s'ouvre tout près de Naupaktos, se trouve au ponant : c'est un canal de deux kilomètres de large, entre les petits ports d'Andirhion et de Rhion.

Dans l'un et l'autre ports, la silhouette d'une solide forteresse domine le détroit. Celle du Péloponnèse, au sud, est une formidable construction militaire, lourde, émoussée, épaisse. Abandonnée. Toutes deux sont l'œuvre de Bāyazīd II, lors de sa campagne de Morée. Mais tant de force pétrée n'empêcha pas, finalement, les échecs de ce sultan à la tête de la Sublime Porte.

La région est d'ailleurs prodigue en épisodes illustres. Tout près de là, à Missolonghi, lord Byron, cet homme bizarre, mourut de la peste au milieu des cris et des coups de feu pour la liberté grecque ; là aussi eut lieu la bataille d'Actium. Oui, c'est ici que Marc Antoine fut vaincu par Octave Auguste.

A l'automne 1571, la flotte turque hivernait à Lépante. Son amiral était 'Ali Pacha, jeune homme impulsif, brillant et charitable que protégeait l'épouse du sultan Sélim II, un ivrogne. *Sultane*, s'appelait justement la galère d''Ali Pacha. Parmi ses capitaines se trouvaient Ochiali, le corsaire sadique, et Hassan, fils du mythique Barberousse, toujours méfiant et tellement obèse que pour ne pas éclater il ne faisait un gros repas que tous les cinq jours.

La flotte chrétienne, bien qu'en majorité espagnole, constituait une alliance, la Sainte Ligue. Les jésuites, les capucins, les théatins, les dominicains, qui incarnaient pleinement l'esprit du sévère et rigoureux concile de Trente, fulminaient dans les églises espagnoles et italiennes en faveur d'une autre croisade contre le Croissant. A Lépante, tous les soldats portaient un chapelet et déliraient de foi catholique.

Don Juan d'Autriche, fils naturel de Charles Quint, jeune, généreux comme 'Ali, et pieux, commandait l'escadre à bord de la galère *Real*, conseillé par Luis de Recasens, un marin catalan vétéran. Parmi ses capitaines figuraient Andrea Doria, d'un âge avancé et sournois, qui dirigeait les galères louées à Gênes, et Marcantonio Colonna, le chef des navires pontificaux, à l'embonpoint fort prononcé, neveu de cette belle Julia Colonna que Kharedin Barberousse avait voulu faire prisonnière quarante ans plus tôt. Au total, la Ligue comptait deux cents galères et cinquante mille hommes.

Le triomphe de la Sainte Ligue est dû à plusieurs facteurs. D'abord, la flamme religieuse de la troupe chrétienne, qui la lança hurlante de foi et de courage contre les Ottomans, qui, comme tous les soldats, se contentaient d'attendre, apeurés. Ensuite, les galères chrétiennes étaient remplies d'arquebusiers dont les tirs fauchaient les ponts des bateaux turcs, alors que ceux-ci n'avaient que des archers, dont les flèches ne pouvaient traverser les cuirasses des chevaliers de la Ligue. Autres facteurs : les filets d'abordage qu'utilisaient les chrétiens constituaient presque une innovation, et les galères de don Juan avaient remplacé

La Bataille de Lépante, d'après une peinture anonyme de la fin du XVIe siècle, monastère de l'Escurial, Madrid.

leurs éperons de proue par des pièces d'artillerie, si bien qu'au lieu d'aller s'encastrer dans les bateaux ennemis et de s'immobiliser, elles se déplaçaient librement, transformant l'autre bateau en véritable passoire.

Ensuite, la flotte de Juan d'Autriche resta disposée en croix au milieu de l'armada turque, tandis que celle-ci conservait son habituelle formation en croissant, qui lui permettait, en se refermant, d'encercler l'ennemi. Mais, cette fois, la croix de la Ligue divisa le demi-cercle de l'escadre ottomane, le brisant en plusieurs endroits.

Enfin, le hasard fut décisif pour la victoire alliée : ce 7 octobre, le vent se mit soudain à souffler de l'ouest, arrêtant pratiquement les bateaux turcs qui venaient du levant alors qu'il poussait la flotte chrétienne.

Une arbalète à la main, l'amiral 'Ali Pacha se trouvait sur le pont de la *Sultane* quand il fut abattu par un coup d'arquebuse. Juan se lança bravement à l'abordage, suivi de Titi, son petit singe qui courait partout, très excité. En fait, il semble que le premier chrétien qui bondit sur une galère turque fût une chrétienne : María la Bailaora, une Espagnole passionnément amoureuse d'un soldat avec lequel elle s'était enrôlée, déguisée en homme.

Les Ottomans ne furent pas écrasés à Lépante, loin s'en faut. Ils se refirent très vite. Mais la chrétienté reprit confiance en elle et retrouva un esprit qu'elle avait presque perdu ; implicitement, une frontière maritime fut fixée, qui a maintenu dans les grandes lignes, pratiquement jusqu'à nos jours, la situation établie à cette date.

Les Ottomans ne sauvèrent que treize galères, celles du vieux renard Ochiali. Vingt-cinq mille musulmans perdirent la vie... La Sainte Ligue perdit seulement sept mille hommes, elle libéra douze mille galériens chrétiens enchaînés à l'islam et obtint un énorme butin, dont la fortune du malheureux 'Ali Pacha, cent cinquante mille sequins d'or qu'il transportait à son bord, de peur qu'en son absence le sultan Sélim II, ivre et tortueux, ne les lui confisquât.

Miguel de Cervantes, homme d'équipage de la galère *Marquesa* et soldat avide de gloire, évoquant les grands jours de Lépante écrivit plus tard qu'ils furent "la plus mémorable et plus haute occasion que virent les siècles passés et que puissent espérer voir les siècles futurs". Mais il dit aussi que lorsqu'un homme tombe pendant l'abordage "il ne pourra se lever jusqu'à la fin du monde".

*

Quand on traverse l'âpre solitude de l'Anatolie, on perçoit encore les martèlements de sabots des puissants chevaux des guerriers ottomans. Vieille terre de passage, de razzias, haut plateau rude et torride avec ses lacs salés, ses villages misérables et noirs que le froid engourdit en hiver. Seuls les caravansérails – grandes auberges flanquées de vastes étables servant au repos des caravanes et les protégeant des bandits – jalonnaient, tous les vingt kilomètres, les chemins interminables de l'Anatolie.

Yachar Kemal, le premier romancier turc – le peuple, la justice, la vivacité, l'enchantement du paysage –, la décrit ainsi :

> Elle est une péninsule ; les marins ont également contribué à enrichir le vocabulaire anatolien. L'histoire passionnante de l'Anatolie témoigne des grandes civilisations, Sumer à la frontière du pays, les Assyriens, les Ourartiens, les Hittites, les Grecs, les Hourrites... C'est un lieu de sédimentation culturelle. Et religieuse : d'abord le chamanisme, puis l'islam, le judaïsme. Saint Paul est un Anatolien, et la première Eglise chrétienne a pris forme en Anatolie*.

Kemal naquit dans l'antique Cilicie aux tombes de style nabatéen ou, disons, néoclassique creusées dans le rocher, près des amphithéâtres romains et de la mer si bleue. Sa famille, kurde, était originaire du lac de Van. “La Çukurova, mon pays, est toute la Méditerranée”, ajoute-t-il.

L'Anatolie s'achève sur la Méditerranée en un éblouissant déploiement de paysages unissant falaises désertiques et criques souriantes. Quelques images prises au vol : la cascade immobile de Pamukkale, “château de coton” étincelant de mille couleurs, une falaise fluviale pétrifiée de deux cents mètres de long, près de Smyrne. Antalya, ses plages ; entre ses grandes murailles on peut manger des *lakerdas*, tranches de poisson conservé dans du sel, ou un *asure*, gâteau de blé aux figues et aux noix... Dans le port de Mersin, en hiver, se trouvent les campements de Yürük : les bergers nomades, fuyant le froid du Taurus et de l'Anatolie, s'installent près de la mer tempérée avec leurs troupeaux et leurs tentes en peau de chèvres. L'île de Korigos et son château de la Jeune Fille, Kizkelesis, forteresse étrange et oubliée, les vieilles vagues toujours aussi jeunes...

Tombe de Mawlanā Djalāl al-Dīn al-Rūmī, à Konya.

Un autre Anatolien, un autre écrivain, bien que ces deux caractéristiques ne constituent pas l'essentiel de sa véritable personnalité : Mawlanā Djalāl al-Dīn al-Rūmī. Il vécut au XIIIe siècle. Originaire d'Afghānistān, il enseigna la théologie à Konya, à la *madrasa*. Un jour, il fit la connaissance d'un étrange derviche qui lui révéla les chemins de la mystique, de Dieu et de l'homme. Il écrivit plus de quarante mille distiques, pensées exprimées en deux vers. L'un des livres qui les rassemble, le *Masnavi*, est considéré comme l'œuvre islamique la plus importante après le Coran et les hadiths, recueil des actes et des paroles du Prophète.

L'enseignement de Mawlanā se fonde sur l'amour, la charité, l'humilité, le travail, ce qui le rend original et, pourrait-on dire, très moderne au sein de l'islam. Il prône la quête du bien, la tolérance vis-à-vis des autres, la pratique de la monogamie, recommande de gagner son pain à la sueur de son front… Il condamne l'esclavage et reconnaît l'égalité des sexes. Sa tombe est un grand piédestal avec des degrés d'argent, au sommet duquel est posé le turban dont le mystique se coiffait.

Le sultan Veled, son fils, structura la secte, dont les *mevlevi* ou derviches tourneurs ont été la manifestation la plus expressive. Mawlanā préconise la musique et la danse pour se fondre dans l'amour divin. La rotation vertigineuse des derviches représente à la fois le mouvement de la planète et celui de l'âme dans son bouillonnement. Cette danse s'étend à trois sphères : dans la première on connaît Allah, dans la deuxième on le voit, dans la troisième est consommée l'union avec lui.

Konya, un des centres de l'Anatolie, est la porte de la Turquie ayant survécu jusqu'à nos jours. Nomades de tribus d'Asie centrale, les Tur-Kin – nom dont dérivera plus tard celui de Turc – se sont islamisés : ils croient en le Prophète et ont un fort penchant pour l'action militaire. C'est alors qu'apparurent en Anatolie les principautés saljūqides ; le chef de l'une d'entre elles, Osman, se distingua des autres et ne cessa de conquérir des terres. En arabe, Osman se dit Othman, mot qui a donné *ottoman*… C'est à Konya qu'il dressa son étendard face à celui de Byzance. Il mourut en 1326.

Le fils d'Osman, Orkhan, étendit encore ses territoires, arrivant à Smyrne, sur la mer Egée. Après avoir conquis Brousse, il en fit sa capitale, qui devint la rivale de Byzance, déjà décadente. Brousse fut l'antichambre ottomane de Constantinople ; trente ans après sa conquête, les Turcs traversèrent le détroit des Dardanelles et entrèrent en Europe.

Incendiée plusieurs fois et victime de plusieurs tremblements de terre, Brousse est pourtant restée la grande ville ottomane, vraiment islamique, de Turquie. Avec son paysage urbain étagé et planté d'arbres, ses petites rues et ses paisibles cimetières négligés, elle porte en turc le nom de Yesil Bursa, Brousse la Verte, surtout à cause de la belle mosquée, mausolée de Mehmet Ier, dont les coupoles et les carreaux de faïence sont de couleur verte. Son air tranquille, ses tisseurs de soie…

En effet, les tapis peuvent être en soie, ce qui les rend précieux et donc chers, mais le plus souvent ils sont en laine, matière qui pemet d'obtenir des merveilles de couleurs irisées et une disposition géométrique compliquée. Car un tapis est toujours bien plus qu'un tapis. C'est aussi un mythe, un symbole, un artisanat dont la peinture abstraite ou cubiste a indirectement fait un art. Le légendaire calife Hārūn al-Rashīd posséda jusqu'à vingt-deux mille tapis.

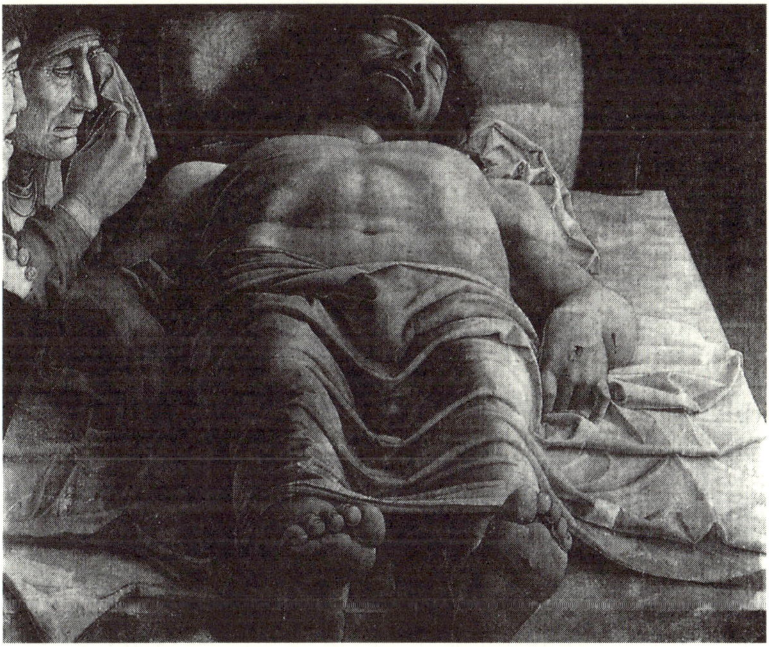

Christ mort de Mantegna, pinacothèque de Brera, Milan.

Les femmes anatoliennes commencent à tisser des tapis à l'âge de cinq ans et en général, dans leur jeunesse, elles en possèdent une quinzaine, qui constituent leur dot. Autrefois, ces jeunes filles portaient un voile qui cachait leur visage. Dans l'intérieur du pays il reste encore des réminiscences de cette coutume, que le mouvement intégriste islamique reprend à son compte. Avant Atatürk, qui interdit le voile, les jeunes gens ne savaient pas si les jeunes filles étaient belles ou non et choisissaient donc leur fiancée en fonction de la qualité et de la beauté de leurs tapis. Dans toutes les maisons, les tapis sont un signe de richesse, de chaleur familiale et, en périodes de crise économique, on les vend pour pouvoir manger, en les apportant la nuit chez le marchand : s'en défaire représente une déchéance sociale.

Ces tapis sont fabriqués dans toute l'Anatolie depuis le VIIe siècle de notre ère : on compte soixante régions tapissières. Deux types de points, ou de nœuds, caractérisent le tapis musulman : le turc et le persan, le turc étant plus solide et moins fin que le persan ; plus le nombre de nœuds est grand, meilleure est la qualité. Certains tapis exceptionnels comptent jusqu'à cinquante nœuds au centimètre carré et les meilleurs tisserands turcs peuvent en nouer neuf cents à l'heure, soit un toutes les quatre secondes. Pierre le Grand de Russie possédait un tapis qui comptait cent vingt-deux nœuds au centimètre carré.

Le tapis turc, avec son large déploiement linéaire et ses médaillons, est spectaculaire, chaud, envoûtant ; ses couleurs, obtenues avec des matières animales ou végétales, sont toujours naturelles : le thé et le vin pour le jaune, la cochenille pour le rouge... L'univers des tapis est d'une noblesse rustique et rayonnante.

L'Empire ottoman se caractérise sans doute essentiellement par son armée toujours à cheval. Il ne correspond pas à un territoire précis, même si la Turquie le délimite. Son ascendance nomade a perduré tout au long de son histoire, mais au lieu de vivre de ses troupeaux il a tiré ses richesses des populations conquises.

L'Ottoman n'a pas créé un Etat proprement dit. C'est une famille, celle d'Osman, avec ses étranges mélanges, qui a constitué son pilier central à travers les siècles. La même chose allait se produire avec la maison d'Autriche. A l'apogée des deux empires, au XVIe siècle, quelques familles, quelques noms, ceux de Charles Quint et de Soliman le Magnifique, unirent l'immensité de leurs possessions respectives. Toutes, dans le cas ottoman – comme, bien sûr, dans le cas chrétien –, devaient payer un impôt au sultan, le monarque le plus riche du monde en dehors de la Chine. On a calculé que Soliman devait avoir le double des revenus de Charles Quint.

La principale force militaire turque révélait au plus haut point la singularité impériale : les janissaires. Tous les cinq ans, les pays soumis à la Sublime Porte devaient payer un tribut humain que les envoyés du sultan allaient chercher de village en village, comme s'il s'était agi d'acheter des animaux, évaluant les biceps, mesurant les tailles, examinant les dentures : de chaque localité, ils emmenaient vingt pour cent des jeunes gens.

Madone aux petits arbres de G. Bellini, Accademia de Venise.

On les entraînait durement, en leur inculquant l'orgueil d'être les cavaliers d'élite du sultan. Ils ne pouvaient ni se marier ni faire du commerce. Ils n'avaient que le droit de combattre. Une plume d'autruche dans un tube doré, qu'ils mettaient dans leur turban, récompensait leur travail. A cheval ou sur le pont d'une galère, ils se montraient redoutables. En majorité d'origine chrétienne, ils finissaient par embrasser la foi de l'islam : en réalité, ils devaient se trouver beaucoup mieux auprès du sultan que dans les misérables villages d'où ils venaient.

Mais, comme la garde prétorienne romaine, ils assassinèrent un sultan – au début du XVIIe siècle. Leur intervention était souvent décisive dans les sanglantes successions impériales.

Par un jour clair et doux de mai 1453, Constantinople et l'empire byzantin tombent devant le sultan Mehmet le Conquérant, alors âgé de vingt-deux ans. Le grand historien Steven Runciman a raconté cette journée dans *La Chute de Constantinople* d'après des écrits laissés par des témoins oculaires :

> Le sultan en personne entra à Constantinople alors que l'après-midi était déjà avancé. Escorté par les janissaires les plus aguerris de sa garde et ses ministres, il chevaucha lentement à travers les

> rues jusqu'à l'église Sainte-Sophie. Il mit pied à terre devant ses portes et se pencha pour prendre une poignée de terre qu'il jeta sur son turban en signe d'humilité devant son Dieu.
>
> Ayant pénétré dans le temple, il se recueillit quelques instants en silence. Puis, alors qu'il s'avançait vers l'autel, il s'aperçut qu'un soldat turc tentait d'arracher un morceau du dallage. Furieux, il se tourna vers lui : la permission de piller n'implique pas la destruction des édifices ! Ceux-là, il se les réservait. Il y avait encore quelques Grecs accroupis dans les coins, que les Turcs n'avaient pas attachés ou fait sortir. Le sultan ordonna qu'on les laissât rentrer en paix dans leurs foyers. Aussitôt, quelques prêtres sortirent des passages secrets qui se trouvaient derrière l'autel et implorèrent la clémence du sultan. Eux aussi purent partir sous sa protection. Mais il insista : le temple devait être immédiatement transformé en mosquée. L'un de ses ulémas monta à la chaire et proclama qu'il n'y avait d'autre Dieu qu'Allah. Puis il se prosterna sur l'autel et rendit hommage à son Dieu victorieux.

Mais avant la rhétorique des autels, il y eut la réalité des arguties et du Croissant se refermant comme une tenaille. Lorsqu'il prépara son assaut, Mehmet s'installa d'abord en face de Constantinople, sur la côte asiatique, construisant la forteresse d'Anadolu Hisar à l'endroit le plus étroit du Bosphore, là où il n'a que cinq cent cinquante mètres de large. Puis, de façon imprévisible, il s'élança en Europe, violant le pacte signé avec l'empereur Constantin XI et dressant une autre forteresse sur le côté opposé du Bosphore, à Rumeli Hisar. Mille maçons la construisirent en trois mois.

Les galères de Mehmet vont et viennent en un instant entre les deux forts. Inquiet, l'empereur lui demande ce que signifie tout cela. Le sultan le tranquillise : "C'est pour en finir avec les pirates catalans qui infestent la Méditerranée et la mer Rouge."

Alors que Constantinople est déjà assiégée par les Ottomans, l'empereur scrute la mer de Marmara, confiant : une énorme chaîne ferme son port, la Corne d'Or, empêchant le passage de tout bateau. Mais, de nuit, Mehmet fait sortir ses galères de la mer à Rumeli Hisar, les transporte en contournant la ville par la montagne, les jette de nouveau au fond de la Corne d'Or et, à l'aube, sa flotte apparaît par l'arrière, dans Constantinople même, l'épaisse chaîne étant toujours intacte à l'embouchure.

Ce fut la seule chose qui resta indemne, car le nom même de la ville disparut ; elle devint Istanbul, déformation d'une expression grecque, *eis thiepolo*, "aller à la ville". La mûre exubérance d'Istanbul…

Istanbul et l'Empire ottoman sont essentiellement l'œuvre de Soliman le Magnifique qui porta la puissance de la Sublime Porte à son apogée. Il commençait ses lettres ainsi : "Moi, sultan des sultans, souverain des souverains, dispensateur de sceptres et ombre d'Allah sur la terre..." Sa mosquée, la Süleymaniye Camii, est la plus vaste d'Istanbul et, techniquement parlant, la plus parfaite.

Ce n'est pas sans raison que son créateur fut Sinan, architecte de génie doublé d'un urbaniste efficace. Toute la mosquée de Soliman le Magnifique est un éclatant triomphe de l'audace et de la juste proportion architectoniques. S'inspirant de la coupole de Sainte-Sophie, Sinan créa les plus grandes mosquées musulmanes, jalonnant le nouvel empire de dizaines d'ouvrages. D'un âge déjà fort avancé, à quatre-vingt-quatre ans, il édifia son chef-d'œuvre : la mosquée Selemiye, à Edirne. Son harmonieuse et superbe coupole semble flotter sur des piliers et des contreforts, gardée par quatre minarets d'une finesse extraordinaire. Construction époustouflante, délicate, elle évoque une ascension vers la lumière.

Soliman – Süleyman en turc, Sulayman en arabe – était un homme grand, svelte, pâle. Il portait un grand turban blanc et d'amples vêtements de coton, brillants et colorés. Pieux, sérieux, il travaillait sans répit, et, à la tête de ses armées, effectua trois campagnes victorieuses.

Si en Occident nous l'appelons le Magnifique, pour le monde islamique il est le Législateur, Kanuni. Il promulga des règlements militaires, mit à jour des préceptes coraniques – en particulier ceux relatifs aux châtiments –, édicta des ordonnances fiscales... Né en 1494 dans la légendaire Trébizonde, au bord de la mer Noire, il monta sur le trône en 1520 et mourut de dysenterie en 1566, en Hongrie, seul sous sa tente, tandis que ses trois cent mille hommes prenaient d'assaut la petite et orgueilleuse forteresse de Szeged, persuadés que leur seigneur vivait encore. Après avoir étranglé le médecin pour qu'il ne parle pas, son grand vizir haranguait et dirigeait la troupe, faisant croire qu'il transmettait les ordres du sultan.

Le père de Soliman avait conquis la Syrie et l'Egypte, se déclarant calife à la tête des croyants. Le Législateur avança en Afrique du Nord jusqu'en Algérie et créa les puissantes bases corsaires qui tinrent en échec l'Empire espagnol. S'emparant de Rhodes dont il expulsa les chevaliers, il étendit sa domination sur la Méditerranée orientale, asservit l'Iran, entra à Bagdad, conquit le Yémen et Aden... Soliman régna pratiquement sur tout le monde arabe et musulman, contrôla les chemins de l'Orient et l'entrée de l'Inde ; ayant vaincu la Hongrie, il arriva à Vienne en 1529 et l'assiégea. Le Croissant s'était déployé, barbare et magnifique, laissant derrière lui une chrétienté apeurée et timide.

Il nous faut insister sur les deux empires et les deux hommes qui se font face et dont les destins parallèles atteignent une splendeur sans commune mesure : celui des Habsbourg, avec Charles Quint, et l'ottoman, avec Soliman. Et ajouter ce détail important : Soliman établit une solide alliance avec la France, réduisant ainsi de moitié la sécurité de l'empire des Habsbourg.

Le Magnifique ouvrit Constantinople aux étrangers : juifs fuyant l'Espagne, chrétiens de toutes nationalités, marchands de Gênes, de Venise, de Raguse... Tous pouvaient travailler librement autour de Soliman, qui attirait les poètes – les grands Fuzuli et Bakī – tout autant qu'il encourageait la fabrication des belles faïences rouge vif de Nicée...

Soliman et tous les sultans vécurent dans le palais du Topkapi, face à la mer de Marmara, à partir de la conquête et jusqu'au milieu du XIXe siècle. C'est de là qu'ils administrèrent avec éclat la Sublime Porte et exécutèrent leurs adversaires.

S'inscrivant dans l'accueillant modèle architectonique oriental, le Topkapi est constitué d'une série d'édifices, pavillons et jardins de taille réduite – disons à l'échelle humaine – au milieu d'un bois touffu et autour de trois cours spacieuses. Dans ses musées sont conservés les restes éblouissants, absolument exceptionnels, de l'immense trésor que les siècles, la dignité et le pillage avaient accumulé, à commencer par le trône ottoman lui-même. Chaque objet provoque une extase baroque. Les anciennes cuisines, qui ont toujours leurs cheminées d'origine, sont également l'œuvre de Sinan : les jours ordinaires, on cuisinait pour cinq mille personnes ; les jours solennels, pour quinze mille.

Les porcelaines japonaises exposées au Topkapi et, surtout, les chinoises, expressément fabriquées pour les Turcs et apportées à dos de chameau depuis le lointain Orient, sont d'une délicatesse de facture, d'une richesse de motifs et de nuances absolument exceptionnelles. Tang, Ming, le vert, le jaune. Cette collection de céramique chinoise, la plus riche qui existe hors de Chine et d'Extrême-Orient, compte environ huit mille pièces.

Et les bijoux ! Des pierres précieuses aussi grosses que des œufs de pigeon ou de poule. L'un des diamants pèse quatre-vingt-six carats et a cinquante-huit faces ; serti dans de l'argent, il est entouré de quarante-neuf brillants. Fauteuils de cérémonie,

Soliman Ier recevant le roi de Hongrie, miniature ottomane du XVIe siècle, bibliothèque du Topkapi Sarayi, Istanbul.

colliers, tout est prétexte à exhiber la plus grande quantité de pierres précieuses qui se puisse contempler : par exemple la dague aux trois émeraudes, dont le vol supposé a inspiré un film surprenant avec Peter Ustinov et Melina Mercouri, ou encore les belles armes à feu, l'éléphant d'or… Dans la salle des calligraphies, les signatures surchargées des sultans ressemblent à des serpenteaux, ou aux partitions d'une musique fuyante. Dans le Topkapi flotte un halo de poésie, de sensualité.

Le grand sérail évoque en Occident des images de plaisirs et de langueurs sans fin. Mais la réalité était souvent bien différente. Celle de l'espace physique d'abord. Hormis les dépendances de la sultane mère, véritable reine du harem – mot qui signifie "lieu sacré" –, ou les salons qu'occupait le sultan pendant ses visites, le reste du sérail est constitué d'un dédale de petites pièces sombres et froides où s'entassaient les femmes recluses dans une éternelle et hystérique cohabitation. Epouses, concubines, enfants, esclaves, servantes grouillaient autour des gardiens eunuques, volumineux et flasques.

Le contact sexuel avec le maître et seigneur pouvait s'avérer si problématique qu'à vingt-cinq ans, si une femme n'avait pas réussi à attirer son attention et coucher avec lui, elle était exclue du harem et mariée à un membre de sa garde. Précisons que la sultane mère enseignait à chacune l'art de s'habiller, de se parfumer, d'attiser la passion.

Les porcelaines chinoises du Topkapi ont justement un rapport étroit avec le harem. Un commerçant turc qui voyagea en Chine au siècle de Soliman affirmait que "manger et boire dans cette céramique accroît la vitalité", la si nécessaire vitalité des sultans : on acheta donc ces porcelaines.

C'était la sultane mère qui commandait et conspirait dans le harem ; quant aux autres femmes, elles se divisaient en factions dirigées par celles qui avaient donné le jour à des enfants mâles. Le Coran n'établit pas de distinctions entre eux : nés d'une concubine ou d'une esclave, ils ont tous les mêmes droits. D'après la loi, le sultan pouvait jouir de sept épouses légitimes, les *kadin*, et de toutes les *odalik* – odalisques, esclaves au service des femmes du harem – qu'il voulait.

Naturellement, le lesbianisme allait bon train entre les femmes du harem qui, dans leur majorité, se voyaient contraintes à une chasteté à peu près permanente. Ajoutons que de nombreux sultans éprouvaient en outre une certaine attirance pour les splendides et vigoureux adolescents enlevés aux chrétiens pour en faire des janissaires, à qui on défendait de se marier. A l'époque de Soliman – autre preuve de l'"intégrité" de sa personnalité – le sérail fut "modeste" : il n'abritait qu'une centaine de femmes, surveillées et servies par quarante eunuques noirs.

Dans ce contexte, le harem finit par devenir un épouvantable foyer de corruption, de commerces, d'assassinats, de dégénérescence. L'accession au trône ne devant se faire qu'en ligne masculine, les filles du sultan ne pouvaient avoir de fils mâles, si bien que lorsque l'une d'elles donnait le jour à un garçon, on ne nouait pas son cordon ombilical et il mourait. Les mères et leurs fils s'adonnaient à un jeu d'intrigues si compliqué qu'avant comme après l'élection d'un sultan la mort de ses rivaux représentait la seule façon d'assurer la sécurité du trône. Soliman nous fournira lui aussi l'exemple déchirant de telles tempêtes.

Soliman eut trois fils légitimes. D'une chrétienne circassienne nommée Gulbahar, Rose de Printemps, lui naquit

Le palais de Dolmabache qui se reflète dans les eaux indolentes et contaminées du Bosphore, d'une somptuosité européanisante au style fin de siècle lourd et prétentieux, fut le dernier palais des sultans ottomans. A la décadence intérieure de l'empire – provoquée par la combinaison de la mollesse sinueuse du harem et de la lourde charge de la guerre – vint s'ajouter l'ultime menace extérieure : l'ascension de la Russie, qui accédait à la mer Noire, et les puissances européennes qui, tout en faisant pression sur la Sublime Porte, la considéraient comme "l'homme malade de l'Europe" et rêvaient de se partager sa dépouille.

Atatürk.

Plusieurs sultans tentèrent de réformer ce système ankylosé, par exemple Sélim III, que ses janissaires assassinèrent en 1826. Plus tard, Abdül-Medjid Ier imposa l'égalité de tous devant la loi et un système d'impôt sur la richesse... Mais l'empire mourra comme il était né, les armes à la main. On lui arrachera peu à peu l'Egypte, la Grèce, l'Albanie. Un autre cimeterre, mais symbolique celui ci, d'un militaire moderne, avec des fusils et des canons bien réels, lui assénera le coup fatal, provoquant la naissance de la Turquie moderne : Mustafa Kemal Atatürk.

Un personnage du roman *La Grotte*, de Yachar Kemal, le bey Arif Saïm, présenté comme un vieux compagnon d'Atatürk, ne cesse de répéter : "Mes trois fils sont partis à la guerre et ils ne sont jamais revenus. L'un est mort aux Dardanelles, le deuxième à Sarikamiş, le troisième à Doumloupinar."

Atatürk mourut dans le Dolmabache en 1938. Les horloges furent arrêtées à l'heure exacte de sa mort : neuf heures cinq. A Ankara, le gigantisme fascisant de son mausolée surprend.

En 1922, Mustafa Kemal précipitait la chute du sultanat ottoman – le qualificatif ottoman représentait à ses yeux tout ce qui était corrompu, imposé, étranger, et il l'opposait avec fierté à celui de turc, symbolisant tout ce qui était noble, autochtone et populaire. Il se fit appeler Atatürk, "Père des Turcs"... Un an plus tard, la république était proclamée et il était élu président.

Istanbul – la Turquie européenne – lui servit de modèle pour occidentaliser le pays, en faire un Etat laïque et unitaire, octroyer des droits aux femmes en même temps qu'il créait un nouvel alphabet pour remplacer l'arabe. A cette fin, Atatürk broya tout sur son passage, n'hésitant pas, par exemple, à tuer deux millions d'Arméniens, l'une des minorités du pays. Et aujourd'hui encore, on essaie d'exterminer les Kurdes. Mais, comme dans l'Empire ottoman, l'influence militaire est puissante dans la nation turque. Se considérant comme le fer de lance de la patrie, dès qu'ils se sentent brimés ou en désaccord avec la politique menée par une démocratie bancale et "sous tutelle", les militaires recourent sans scrupules au coup d'Etat.

L'ambassade britannique à Istanbul, qui avait évacué le dernier sultan lorsqu'il tomba, reçut peu de temps après le télégramme suivant : "Cirque de New York pourrait employer épouses ex-sultan. Prière me mettre en contact avec personne pouvant me les procurer." Quant à Mustafa Kemal, il apparaît comme l'incarnation d'un de ces anciens sultans : autoritaire, alcoolique, débauché, il sut aussi mettre sa volonté de fer au service de la Turquie.

L'un des épisodes les plus dramatiques de la renaissance turque sous l'autorité despotique d'Atatürk fut la bataille de Smyrne. A la fin de la Première Guerre mondiale, profitant de l'étiolement de l'Empire ottoman, les Grecs, victimes permanentes des Turcs au cours de l'histoire, occupèrent Smyrne et une partie de l'Anatolie. Mais en 1922, Atatürk attaqua cette ville avec ses troupes, remportant la victoire après un massacre épouvantable et la destruction de la ville. Smyrne se rétablit pourtant, et le grouillement de cette ville en bord de mer présente aujourd'hui tous les traits qui caractérisent la riante Turquie méditerranéenne.

Autre petite enclave reculée de la Méditerranée, l'Albanie – Shqipëria en albanais – donne une bonne idée de l'expansion du formidable Empire ottoman, de sa brutale machine de guerre et des résistances qu'elle pouvait susciter. Une côte déserte, une succession vertigineuse de vallées et de montagnes constituent l'étroit territoire albanais, qui couvre vingt-neuf mille kilomètres carrés et compte environ trois millions d'habitants. Du fait de l'influence turque, c'est un pays majoritairement musulman, bien que le communisme le plus dictatorial et le plus fou en ait fait un fief de son orthodoxie. Les mosquées se dressent à côté des *kulla*, tours fortifiées qui regroupaient des tribus entières.

Mais son monument de la patrie est la forteresse de Skanderbeg, surnom de celui qui fut son héros national invaincu. Il s'appelait en réalité Georges Castriota. Les Ottomans envahirent le pays en 1431, avant de prendre Constantinople. Georges était le fils d'un prince soumis : enfant, il fut emmené avec ses frères à la cour du sultan, où il fut éduqué dans le luxe et entraîné pour la guerre. A vingt-deux ans il était déjà l'un des généraux favoris de Murat II, qui aimait s'entourer de poètes et mena ses troupes dans de grandes offensives sur l'Anatolie et les Balkans. Mais le jeune homme était obsédé par la nostalgie et l'orgueil blessé de son minuscule pays natal. Abandonnant brusquement l'armée ottomane, en 1443, il se dressa contre elle en tant que chef albanais.

Murat lui envoyait des missives de réconciliation dans lesquelles il l'appelait "mon fils", mais Georges avait hissé le drapeau de l'aigle bicéphale et proclamé devant son peuple plein d'allégresse : "Ce n'est pas moi qui vous ai apporté la liberté, je l'ai trouvée parmi vous." S'ensuivirent vingt-quatre années de batailles : chaque printemps, les hordes islamiques arrivaient, traînant dans leurs campements d'occupation ou guerroyant et répandant inutilement le sang jusqu'à l'automne. Murat lui-même les dirigea en vain – lors du long siège de Kroya, la capitale, il perdit des milliers de soldats –, de même que son fils Mehmet II, qui conquit plus tard Constantinople.

Skanderbeg mourut en 1468, mais ses capitaines continuèrent à résister pendant onze ans. L'aura de cette geste populaire fut aussi vaste que la destruction qui en résulta pour le pays : sa population, son économie, ses villes, tout fut ravagé. L'orgueil national n'abdiqua pourtant pas et, bien qu'elle eût sans conteste appartenu à l'Empire ottoman jusqu'en 1912, date à laquelle elle obtint son indépendance, l'Albanie fomenta une série de révoltes, toujours réprimées avec la plus grande férocité.

Cependant, l'Albanie participa aussi à la majesté de la Sublime Porte et au XVIe siècle, par exemple, la famille Keuprulu donna au sultan plusieurs grands vizirs, en plus du poète Yahya, dont les vers sensibles et élégiaques chantèrent la mort de ce prince Mustafa qu'assassina Soliman le Magnifique. Dans les faubourgs d'Istanbul, près du Bosphore, se trouve encore le quartier des Albanais.

Dans un esprit sarcastique, la geste de Skanderbeg fut adoptée comme symbole national de la capitulation albanaise la plus rapide et la plus totale lorsque, après la Seconde Guerre mondiale, le pays tomba aux mains du communisme et d'un leader dément, accablant et mégalomane, Enver Hodja. *Hodja* est le nom que les Turcs donnent aux maîtres coraniques : Enver pondit également des dizaines de traités prétendument philosophiques, bien sûr marxistes, sur tous les thèmes qui lui passèrent par la tête.

En 1960, Hodja, staliniste délirant, rompit avec la Russie et les pays de l'Est alors qu'il s'était déjà isolé de l'Europe démocratique. Il lui resta un seul ami, la lointaine Chine. Pour la propagande officielle, le monde était donc l'Empire ottoman et Hodja, un nouveau Georges Castriota… Quand le personnage et son régime tombèrent, avec le bloc communiste européen, l'Albanie se trouvait aussi misérable et dévastée qu'après les campagnes ottomanes contre Skanderbeg : les Albanais, affamés, fuyaient en masse le pays, traversant l'Adriatique à bord de bateaux et de radeaux à destination de l'Italie, que la télévision leur présentait comme une "corne d'abondance".

Istanbul. Son seul nom, comme ceux de Byzance et de Constantinople, suggère une longue et large image, une masse lente et majestueuse se déplaçant avec une lenteur morose, telle une grosse vague solitaire et fatiguée à la tombée du jour, ou l'un de ces vieux tapis – des rideaux en réalité – bordés de cuir, solides, qui couvrent les accès de tant de temples et palais orientaux.

Image d'un lyrisme onirique. Souvent, en effet, la ville apparaît enveloppée de brumes épaisses, ses coupoles et minarets semblant émerger, imprécis, d'un tableau impressionniste. Image dont le fond dilaté, fastueux, se noie dans le passé, confondant histoire et fantasmagorie, tel un imposant cétacé plongé dans un profond sommeil.

Istanbul, l'Istanbul authentique des sultans et de l'Empire byzantin, agglomération de couleurs et de puanteurs, de saleté et de délicates mosaïques, de taudis surpeuplés et de mosquées élancées, immenses, à peu près vides, est l'endroit où la péninsule européenne, bordée par la mer de Marmara et le Haliç, ou Corne d'Or, s'achève sur le Bogaziçi, le détroit du Bosphore.

Dans cet espace entouré, comme la Rome antique, de douces rives et de sept collines sont concentrées les présences grandioses et exotiques de Sainte-Sophie, du Grand Bazar, de la mosquée du sultan Ahmet, de la place Eminönü, du musée Topkapi, de la mosquée de Soliman…

Mais Istanbul est aussi une atmosphère : poreuse jusqu'au délire, lourde, omniprésente. Elle se profile, nette et brillante sous le soleil, revêtue du halo orangé de la luminosité méridionale la plus gaie. Par temps nuageux, au crépuscule et à l'aube, elle exhale une sombre humidité qui monte des pavés et des façades, évoquant la suppuration d'une gangrène cachée qui contraste fortement avec les coupoles aplaties, luisantes, avec la verticalité tranchante des minarets qui s'élèvent, aussi minces que des crayons taillés, contre le ciel dégagé.

A Istanbul, il y a environ six cents mosquées… Le matin, le soir, mille fois, leurs haut-parleurs répandent la mélopée nasillarde et monotone du muezzin, qui répète inlassablement qu'Allah est Dieu et Mahomet son prophète. La voix pleine fend la brume, s'affaiblissant au fur et à mesure qu'elle s'éloigne du minaret, et, quand il semble qu'elle va s'estomper, elle se mêle mollement à une voix qui vient d'une autre mosquée, les grosses tours tissant sur Istanbul un voile oral traînant à l'infini.

Sur la rive asiatique du Bosphore s'étend un autre secteur caractéristique de la ville : Usküdar, à l'origine simple expansion de maisons de bois, au milieu desquelles se sont élevés de nombreux immeubles modernes de plusieurs étages. Un air de désolation plane sur de grandes portions de ce faubourg, celles de Büyük Mezaristan, immense cimetière délabré, le plus vaste d'Orient affirme-t-on, accumulation désordonnée de tombes oubliées avec leurs stèles de marbre livides, que traverse parfois un ruisseau, ponctué de cyprès faiblement bercés par la brise ou, les jours de brouillard, transformés en ombres hautes et tristes.

Avant la prise de Constantinople, les Turcs s'établirent à Usküdar : des centaines de milliers d'entre eux, y compris des sultans et leurs chevaux, ont été enterrés ici, sacralisant par cette dévastation des corps et de la vie les portes de l'Asie Mineure. Ce n'est pas sans raison que l'Empire ottoman s'est aussi appelé l'empire de la Sublime Porte, Bab-I Ali.

Mais, avant cela, le site connut la fin d'une superbe épopée : la retraite des Dix Mille commandés par Xénophon, qui fut aussi celui qui la raconta : "Le sixième jour, ils arrivèrent à Chrysopolis, en Chalcédoine, et ils y restèrent sept jours à vendre leur butin*." Disciple de Socrate, Xénophon accompagna trois mille mercenaires grecs qui partirent en Perse, engagés par Cyrus le Jeune pour combattre son frère Artaxerxès. Ils furent vaincus et Xénophon devint le chef des Grecs survivants lors d'un retour semé d'embûches qu'il raconta dans une œuvre importante, *L'Anabase*. En route pour la Thrace, ils traversèrent le détroit : le danger était derrière eux.

Géographiquement, Istanbul est un site stratégique, à la charnière de l'Europe et de l'Asie. Dans l'histoire, sa possession est allée de pair avec la domination de l'un ou l'autre continent sur la région. Sous le nom de Constantinople, base de l'Empire byzantin, d'un côté elle recueillit l'héritage grec, de l'autre elle projeta le christianisme vers la Russie, et fut pendant des siècles la barrière retenant les Arabes et les Turcs. Mais une fois Constantinople tombée, la plate-forme changea de signe : c'est l'Occident qui, de là, subit l'assaut asiatique, lorsque la caste militaire turque se jeta sur l'Europe. Napoléon fut obsédé par Istanbul : il pensait qu'elle était le "siège de la domination universelle".

Contrôlant les Détroits, Istanbul fait également office de porte entre l'est et l'ouest. D'abord celui des Dardanelles, qui sur un peu plus de soixante kilomètres unit la mer Egée – donc la Méditerranée – à la mer de Marmara, entre deux rives très hautes et presque uniformément découpées. C'est un couloir inhospitalier d'une largeur moyenne de quatre kilomètres, qui à la hauteur de Çanakkale – sur la rive asiatique, avec ses massives tours de garde –, se resserre pour ne mesurer que mille deux cent soixante-dix mètres. Çanakkale et Gelibolu, sur la côte européenne, constituent les deux seuls ports du détroit qui soient vraiment utilisables.

Le détroit des Dardanelles est l'Hellespont de la Grèce classique ; à son embouchure occidentale, sur la côte asiatique, se trouvent les ruines de la ville qui possède la plus extraordinaire image littéraire, Troie. Les légendes poétiques sont fort belles ; cependant, plus que les charmes de la belle Hélène, officiellement responsables du déclenchement de la guerre, on peut supposer que c'est la domination militaire et commerciale des Dardanelles qui poussa les roitelets du Péloponnèse à prendre les armes contre Troie. La flatulente décadence de leur empire n'empêcha pas les Ottomans, pendant la Première Guerre mondiale, de défendre cette brèche avec acharnement et succès contre les Anglais, les Français, les Australiens et les Néo-Zélandais.

La vaste mer fermée de Marmara, onze mille cinq cents kilomètres carrés, est encaissée entre les Dardanelles et le Bosphore. Toutes ces eaux sont alimentées par deux courants opposés : de la mer Noire, où affluent les fleuves russes de gros débit et dont la salinité est inférieure à celle de la Méditerranée, un courant de surface coule vers l'ouest, donc vers la Méditerranée ; celle-ci, subissant une évaporation plus intense, envoie en profondeur un contre-courant vers le nord-est, c'est-à-dire vers la mer Noire. L'eau des Détroits et de Marmara est donc riche, variée, d'où l'abondance et la diversité de ses poissons.

La côte européenne de la mer de Marmara est plus haute et plus régulière que la rive asiatique, accidentée de golfes profonds et de lacs à proximité du littoral. Dans la rade d'Izmit se trouve une importante base navale turque – à Gölcük – et une autre américaine – tout près, à Karamürsel. Leurs grandes baraques et leurs installations militaires se dessinent sur les terres basses qui se confondent parfois avec la mer, lorsque celle-ci les inonde. Sous le nom de Nicomédie, Izmit fut la capitale du royaume de Bithynie et Dioclétien y signa son premier édit ordonnant l'élimination du christianisme... A chaque pas, dans chaque coin de ce pays surgissent du labyrinthe des spectres historiques, hier éblouissants. Izmit est aujourd'hui une ville qui se développe rapidement, avec une industrie assez importante et des petites maisons neuves disséminées sur les collines environnantes, coniques et pelées.

Par un crépuscule humide et froid, je m'embarquai sur un transbordeur dans le port de Yalova, presque désert, au milieu duquel se dresse une imposante statue de Mustafa Kemal Atatürk : impérieuse, taciturne, sa face de Dracula se découpe, menaçante, sur le crépuscule d'un rouge uniforme, éteint. Les eaux grisâtres de la mer de Marmara avaient l'aspect d'une pâte solide, luisante. Une brume immobile prenait corps peu à peu. On avait l'impression de naviguer au milieu des nuages. Le brouillard nimbait la luminosité du bateau qui avançait, tel un incendie statique, gelé.

A bord, quelques personnes jouaient aux cartes, des vieux caressaient les grains de leur *gombolai*, cette sorte de chapelet que l'on voit souvent chez les Grecs et les Turcs ; les autres groupes bavardaient avec entrain en buvant du raki – de l'eau-de-vie –, des petits verres de thé brûlant ou du *khave*, l'épais café du pays, bouilli avec le sucre. Je demandai un *az sekerle*, peu sucré.

Le transbordeur traversait la mer de Marmara en faisant escale dans les îles Kizil Adalar. Il y en a neuf : cinq sont des rochers insignifiants ; la plus grande, Büyük Ada, a huit kilomètres de périmètre et moins de quatre mille habitants, des cultivateurs et des pêcheurs. Elles abritent encore des monastères grecs escarpés et ont tenu lieu de résidences surveillées pour les notables, d'ambassadeurs et de princes de l'empire. J'ai déjà parlé de l'impératrice Irène... A Büyük Ada, le gouvernement a interdit l'usage privé des véhicules à moteur et la construction est soigneusement contrôlée. Il en résulte une vie archaïque, calme, plongée dans la méditation de la nature.

Nous abordâmes aux embarcadères précaires des îles à la nuit tombée ; dans la brume, on aurait dit des feux follets. Seul le moteur du petit bateau à vapeur troublait le silence. L'eau, morte, renvoyait de pâles reflets. Nous naviguions de petit port en petit port, enveloppés dans notre propre irréalité, comme si le voyage ne devait jamais s'achever...

Jusqu'à ce que nous arrivions dans le secteur correspondant à l'entonnoir du Bosphore : les lumières de nombreux bateaux allaient et venaient, flottant, rapides et solitaires. Car la mer de Marmara et les Détroits sont une zone de trafic constant entre la mer Noire et la mer Egée. Nuit et jour des dizaines de bateaux de toutes tailles et de toutes nationalités font la navette, croisant les *kayik* ou mahonnes, bateaux de pêche à la coque robuste en forme de croissant et à la proue audacieusement cintrée, peints de couleurs vives. Embarcations lentes qui naviguent solidement, l'oriflamme turque – la lune décroissante et l'étoile blanche sur fond rouge – ondoyant au sommet de leur mât.

Naviguer dans le Bosphore, que les troupeaux de bovins traversaient autrefois à la nage, tels des animaux mythologiques, est un régal. Il serpente entre la mer de Marmara et la mer Noire – Karadeniz en turc ; la Méditerranée s'appelle Akdeniz, la mer Blanche, à cause de l'écume neigeuse de ses vagues – sur vingt-six kilomètres, sa largeur moyenne n'étant que de mille cinq cents mètres et se réduisant à six cents mètres à la hauteur de Rumeli Hisar. Sur ses bords sinueux parsemés d'anses abritées, de petits ports et de stations estivales se succèdent des collines à la végétation obscure, parfois boisée, des cyprès piquetant l'horizon céleste en leurs sommets.

Lorsqu'on quitte Istanbul, des palais décrépis rappelant Venise se lèvent à fleur d'eau, avec leurs jardins abandonnés, émaciés. Les mouettes montent la garde sur les corniches sculptées et brisées. On a peine à imaginer qu'il n'y a pas si longtemps encore vivaient ici des vizirs et des hauts dignitaires dont les chairs flasques étaient revêtues de magnifiques tuniques où scintillaient de fabuleuses pierres précieuses ; que derrière les jalousies guettait la beauté des femmes du harem. Tout, absolument tout, a été englouti par le piège… J'ai beaucoup parlé de l'empire et des Turcs, mais le premier ne signifie rien pour les seconds, ce qui est ottoman appartient à une autre époque de l'histoire ; aujourd'hui ne demeure que le turc. C'est là une prémisse qu'il ne faut pas oublier.

On passe ensuite sous le long pont qui traverse le détroit, colossal ouvrage d'ingénierie. Des barques de pêche donnent du piston en suivant le littoral. Hôtels, chalets, vieilles ambassades, buvettes offrent une animation fourmillante. Rumeli Hisar dresse ses trois superbes tours octogonales, six autres moins grandes marquent ses remparts. La felouque mugit avec force, avance. Et à l'horizon, après une dernière et large crique, apparaît la mer Noire, gardée par une forteresse en pierre perchée sur un sommet inhospitalier. Une autre porte, les mille portes d'Istanbul…

Istanbul : sortir le matin au soleil de la place Taksim et déjeuner de deux jus de fruits – oranges, bananes, pommes se mélangeant dans des mixeurs effervescents – et d'une assiette de tranches de *döner kebab*, la viande rôtie sur d'énormes broches verticales, coupée finement au fur et à mesure que l'imprègnent le feu et la graisse, procure des sensations très proches de l'euphorie. Il faut ensuite déambuler près des cireurs de chaussures qui plaisantent tout en collant la photographie d'une artiste aux seins généreux, une de plus, dans leur caisse couverte de broderies et de garnitures de laiton brillant.

Après avoir acheté un journal dans l'un des nombreux kiosques de la rue Istiqlal remplie de commerces, de cinémas et de cabarets, il faut monter dans un autobus bondé et rapide qui descend vers Eminönü en longeant le Bosphore et traversant la Corne d'Or par le pont de Galata. Derrière, en grappes sur la colline, s'étale Beyoğlu, le quartier des Européens. Il s'agit des antiques Galata et Péra ; ce dernier était le puissant fief génois qui put même se payer le luxe de se déclarer neutre au moment

La Navigation dans le Bosphore, d'après une gravure du XIXe siècle.

du siège de Constantinople et de sa chute entre les mains des Ottomans. La tour du XIVe siècle, malgré les changements et reconstructions dus aux incendies, se dresse, conique, entre les toits.

La nuit, le pont s'ouvre pour laisser passer les navires de gros tonnage. Il fut, pendant des siècles, le seul reliant les deux rives de la Corne d'Or. Aujourd'hui, il y en a un autre, plus haut, celui d'Atatürk, mais le pont de Galata continue d'être "le pont". Sur ses bords se serrent d'innombrables embarcadères, parfois minuscules labyrinthes aux passerelles précaires et aux énormes pivots de bois polis par les eaux. Des felouques sales, couvertes de l'épaisse patine portuaire, ne cessent de s'amarrer et de partir, avec cargaison et passagers.

La Corne d'Or est animée du mouvement glorieusement anarchique, dans toutes les directions, de petits bateaux que survolent continuellement de majestueuses bandes de mouettes. Les couleurs sont vives, le rayonnement lumineux étincelant.

Eminönü est le centre de la partie ouest d'Istanbul, qu'on appelle Stanbul pour la différencier de l'ensemble urbain, et qui fut en fait la capitale des Empires byzantin et turc. C'est là, dans l'imagination désinvolte de Johanot Martorell, que Tirant le

Blanc débarqua de ses joyeuses galères après une traversée sans histoire, et qu'il honora l'empereur vêtu de rouge :

> *E, recollida tota la gent, donaren les veles al pròsper vent e navegaren ab bon temps e la mar tranquilla, que un matí se trobaren davant la ciutat de Constantinoble... Les onze galeres vengueren ab tants de son e d'alegria que tota la ciutat feien ressonar.*

Son auteur, Johanot Martorell, l'écrivit dans la plaine fertile de Valence, bien après l'effondrement de Byzance, et l'on peut raisonnablement conjecturer que Tirant, son héros, est inspiré du lointain Roger de Flor. Cervantes fait l'éloge de *Tirant le Blanc*, car c'est le seul roman de chevalerie dont les héros meurent dans leur lit. Ecrit en catalan au XVe siècle, c'est le premier ouvrage de la littérature occidentale dont l'imagination délirante ait été maîtrisée par le pragmatisme du quotidien. Un roman d'aventures méditerranéen, passionné et ironique.

La Yeni Camii, ou Nouvelle Mosquée, domine Eminönü de ses deux minarets altiers et de sa façade grisâtre, aux tons parfois bleutés. Les fidèles entrent après avoir déposé leurs chaussures à la porte, tandis que des centaines de pigeons tournent en vols serrés devant la vieille façade. A côté se trouve le bazar égyptien, couvert, qui vend des drogues et des parfums. Passer par ses tunnels est une expérience étourdissante, parfois teintée d'une certaine hallucination : les arômes se succèdent, ici affilés comme une lame de couteau, là-bas épais et lourds, prégnants.

Au-dessus du bazar se trouve un restaurant tranquille – les murs de ses petites salles voûtées sont couverts de beaux carreaux de vieille faïence – qui sert une nourriture typiquement turque, avec des viandes merveilleusement épicées, des mixtures de lait épais et crémeux, des friandises fines et écœurantes. La cuisine turque va, pratiquement sans intermédiaire, du quartier de viande rôti à la broche, guerrier, au sucré mou, courtisan.

Dans un coin de la place Eminönü, près d'une façade décrépie, est exposée une locomotive ancienne, celle qui effectua le premier voyage de l'Orient-Express entre Londres et Istanbul, voyage qui s'achève ou commence ici, dans la gare de Sirkeci. Combien de romans, d'Agatha Christie à Graham Greene, et combien de films ce chemin de fer a-t-il inspirés ? Ses wagons ont transporté tant de personnes fascinées par l'exotisme. Tout près, un marché, véritable cordon ombilical, relie la ville à la campagne turque, avec ses éventaires pittoresques au milieu desquels pullulent, apathiques, superbes, veloutés, les chats angoras du pays.

Sur le quai, ce sont les larges corbeilles plates débordant de poissons encore frétillant, à côté de plusieurs étalages de fruits où exulte le rouge des oranges disposées en minutieuses pyramides. Vers l'intérieur se perd un quartier en pente incroyablement sale et boueux, où l'on brûle les ordures au milieu d'une ruelle. Entre la crasse et l'atmosphère dense de saleté, la flamme a quelque chose de spectral, qui évoque une sombre estampe médiévale.

Les vendeurs de cassettes d'Eminönü proposent une musique qu'on ne trouve nulle part ailleurs : chansons qui pleurent la pauvreté du sans travail, l'enfant malade et le manque d'argent pour l'emmener chez le médecin, l'amour perdu... Le Turc de la rue écoute, ému. A Eminönü, parfois, un homme, quel qu'il soit, pleure en silence près du transistor qui bêle de toute son âme des malheurs sans fin.

Les Turcs se doivent d'émigrer. Venant d'Anatolie, en bandes, ils arrivent d'abord à Istanbul ; puis, s'ils le peuvent, ils partent vers l'Europe, en particulier vers l'Allemagne. Aux moments les plus forts de cet exode, l'argent que les émigrés nostalgiques et rudes envoyaient à leurs familles équivalait presque au produit des exportations turques. Sur Eminönü, sur ses chansons, règnent le souffle et la sublimation des amertumes ataviques...

A Eminönü arrivent tous ceux qui n'ont rien à faire ou ne peuvent rien faire, tous ceux qui veulent vendre une chose ou l'acheter, si invraisemblable soit-elle... Poissons, sandwiches, épices, sorbets, montres, vêtements, télévisions, oiseaux, fleurs, pommes, verres d'eau, jeux d'échecs, lampes, chaussures.

Eminönü est une place irrégulière et humide, assourdissante et chaotique, où les vieillards silencieux, assis sur des tapis encore plus usés qu'eux, restent absorbés dans leurs pensées. Bien qu'ils aient tout perdu dans cette vie, ils sont persuadés que personne ne pourra leur voler la seule chose qui leur reste, la couleur et le brouhaha d'Eminönü... Quand je serai moi aussi bien vieux et très pauvre, je réaliserai mon dernier rêve : m'asseoir sur un tapis râpé au soleil clément d'Eminönü.

Mais je raconte des histoires : c'était possible au moment où j'écrivais, et je l'ai vécu des années durant au cours de différents voyages ; mais ce ne pourra plus être et je n'irai pas à Istanbul dans mon ultime vieillesse, car Eminönü a disparu. Il y a peu, son espace a été détruit, déchiré par des autoroutes, des tunnels, des périphériques, des passages souterrains et des ponts qui traversent la ville entière, la ravagent de leurs affreuses constructions de mauvaise qualité, rasant des quartiers – celui des tisserands !, des quais, des ambiances, des singularités.

Istanbul a-t-elle aujourd'hui quinze millions d'habitants ? Au moins. Et elle en reçoit chaque année un demi-million de plus qui arrivent de l'intérieur du pays. Le désastre urbain est pratiquement total, les faubourgs bourbeux se multiplient à l'infini, absurdes et délabrés : au sommet d'une colline déserte se dressent une douzaine d'édifices de dix étages, sans eau, sans électricité, sans rues asphaltées, sans téléphone. Aucun plan urbanistique ne réglemente quoi que ce soit, la spéculation règne. Le seul endroit propre, peint, est le dédale du Grand Bazar.

Mais tout cela importe peu : ce que chacun veut, c'est avoir une voiture. Les énormes tas d'ordures et les automobiles campent partout, et la moitié de la ville utilise le chauffage au charbon. Aussi la pollution suspendue dans l'air est-elle épaisse ; si la journée est humide, l'Istanbul autrefois lumineuse, avec ses crépuscules dorés, son rêve de gloire, se transforme en un labyrinthe figé par le brouillard, l'invisibilité est totale à courte distance, la crasse inouïe.

Istanbul fut – avec Rome – la ville la plus merveilleusement belle, la plus monumentale du bassin méditerranéen. Il est difficile de comprendre comment on a pu la ravager de la sorte, pourquoi on continue à le faire de façon aussi insensée.

Mais tranquillisons-nous. Les monuments sont toujours là. Du promontoire que constitue l'immense place Sultan-Ahmet, avec son grand jardin discret, on domine la mer de Marmara, le passage des bateaux et, de l'autre côté, la côte asiatique. A l'une des extrémités de la place, la mosquée du sultan Ahmet ; à l'autre, Sainte-Sophie, Sainte-Irène, le Musée archéologique, le sérail du Topkapi.

Vue de l'extérieur, avec ses épais contreforts et la série de pavillons et de dépendances qui s'entassent autour du grand cube central, Sainte-Sophie déçoit. Elle a en outre été recouverte d'une sorte de ciment ocre, terne, qui lui donne l'air d'un gros mur de faubourg. Lorsqu'on y entre, on est, d'un coup, saisi par son charme : nous l'avons déjà constaté lorsque nous avons évoqué Justinien. Le temple devait être le symbole de son empire, de l'empire, car Rome était déjà au pouvoir des Barbares. Dieu, la Sagesse, la dignité impériale, tout cela devait trouver son unité symbolique, sa copie royale, dans cet édifice dont la magnificence, au moment de sa construction, provoqua vraiment la stupeur.

Le temple est aujourd'hui pratiquement nu, seules subsistent quelques mosaïques de l'époque byzantine. Les mosquées ne contiennent aucune image. Pourtant, Sainte-Sophie n'est plus une mosquée : Mustafa Kemal Atatürk l'a sécularisée. C'est un musée. Mais après la mort du fondateur de la Turquie moderne, l'Etat adopta une politique de tolérance religieuse, et de nouveau furent accrochés sur les murs de la basilique de grands panneaux gravés de phrases coraniques.

Peu importe en vérité, car la magnificence de la nef dépasse les excroissances que forment les panneaux, le mihrab, le *nimber*, les estrades et les autels du culte musulman. On lui doit les deux splendides urnes d'albâtre, dans les eaux stagnantes desquelles les fidèles d'Allah devaient faire leurs ablutions rituelles. Elles sont là, près des colonnades, en harmonie avec l'immensité nue du temple, avec ses hautes galeries latérales vides, où dans les temps passés empereurs et sultans hiératiques rendaient un pieux hommage à Dieu et à eux-mêmes.

Il est ahurissant de penser que par le porche impérial aux grandes portes de bronze entra un jour le cortège fantastique et grave de Justinien et Théodora, acteurs suprêmes de l'âge d'or byzantin. Sur une mosaïque détériorée, on peut voir l'effigie de l'empereur, et sur les monogrammes des chapiteaux se trouve celle de Théodora. Ils personnifièrent ce qu'on appelle communément la majesté.

L'immobilité didactique de l'art byzantin fixe les catégories dans la terre et dans le ciel, et l'empereur entre les deux. Tout, figures, étiquette et tuniques, semble avoir été frappé par et pour l'éternité. Seules l'inégalité des pièces et la combinaison de différentes couleurs pour atténuer les éclats d'or sacralisés leur communiquent une relative mobilité, par une illusion d'optique en quelque sorte…

Illusion qui permet de percevoir l'écho sépulcral et fastueux de Constantinople dans la poussière et l'abandon de Sainte-Sophie. Cet écho, nous le retrouvons dans le Topkapi voisin – nous l'avons déjà évoqué à propos de Soliman le Législateur.

Près de Sainte-Sophie, l'harmonieuse mosquée du sultan Ahmet. Son image, d'un gris chaud très subtil, est parfaite : ses

La Ahmet Camii ou Mosquée bleue, à Istanbul.

coupoles demi-circulaires s'élèvent de façon équilibrée jusqu'à culminer dans la coupole centrale – vingt-deux mètres de diamètre sur quarante-trois de hauteur : grandiose, mais plus petite que celle de Sainte-Sophie. A partir de la prise de Constantinople, les architectes turcs furent obsédés par l'audace, proche de la témérité, de la coupole de Sainte-Sophie. Six minarets très élancés – c'est la seule mosquée qui en ait autant – flanquent le naturel protubérant du bâtiment du sultan Ahmet. On y accède par une vaste cour dallée fermée par des galeries. Sobre, elle atteint toute la grâce austère de la pierre nue.

On a beau savoir que la Ahmet Camii est aussi connue comme la Mosquée bleue, la réalité dépasse l'imagination : il y règne une incroyable symphonie de bleus, qui nuance l'enceinte de ses délicates tonalités. Le fond marin offre en été une atmosphère semblable. C'est que des carreaux bleus, de facture raffinée et de couleurs extraordinairement vives, recouvrent ses murs où se répand la lumière des grandes fenêtres et s'accrochent les reflets célestes. Un seul reflet en réalité, total, limpide... Plongés dans son atmosphère, plusieurs dizaines de musulmans prient ou méditent, assis sur l'épais tapis de laine qui couvre le sol. Certains hochent la tête avec ferveur, ruminant des versets coraniques en direction de La Mecque.

Le Grand Bazar ou Bazar couvert d'Istanbul, le plus populeux et le plus inextricable de l'Orient musulman, celui qui contient la plus grande variété de marchandises, couvre deux cent mille mètres carrés. Les constructions actuelles que dessinent ses tunnels, ses cours, ses ruelles appartiennent à la fin du siècle dernier, bien que persistent des vestiges byzantins et ottomans. Mais si l'antiquité du bazar est séculaire, sa structure a cependant été plusieurs fois ravagée par des incendies et des tremblements de terre.

La force du Bazar va bien au-delà du labyrinthe que l'on voit au premier abord. Il y a un quart de siècle environ, le gouvernement de Bulen Ecevit, mi-progressiste mi-confus, voulut imposer aux vendeurs du Bazar des impôts très élevés, en se fondant sur le fait qu'une grande partie de ce qui s'y vend provient de la contrebande. Mais les commerçants protestèrent et fermèrent les portes du Bazar : deux mois plus tard, le gouvernement dut céder. A Téhéran aussi, la fermeture du bazar en signe de protestation précipita la chute du schah et de son régime, qui sera remplacé par l'intégrisme des ayatollahs.

Comme dans le cas de l'iceberg, la partie cachée du Bazar, celle qui se meut derrière les babioles, les vêtements, la merveille des tapis, des meubles, de la vaisselle, des bijoux... est la plus puissante. Les ateliers minuscules où les orfèvres travaillent dans une chaude pénombre, les cagibis dont l'espace est aussi restreint qu'est illimitée la possibilité de réaliser des transactions commerciales, y compris internationales.

La légende raconte qu'avant de s'enfuir les Byzantins ont enterré de nombreux coffres pleins de trésors au fond de la Corne d'Or. A plusieurs reprises, des groupes allemands et japonais ont projeté de draguer cette baie profonde, mais ils n'ont pas obtenu de permis officiel : la légende dorée constitue le dernier mystère d'Istanbul. Avec le lointain parfum romantique et mélancolique de Pierre Loti, dont le souvenir perdure dans un café pittoresque de la Corne d'Or, qui rêvait à Istanbul d'une magie doucereuse d'Orient où flottaient de belles odalisques aux yeux tristes...

Istanbul dorée, le soleil qui disparaît, un brouillard subtil et blafard enveloppe toute la ville : on ne sait si les siècles des empereurs et des sultans sont morts ou s'ils nous attendent, rampant dans un futur de l'âme, du rêve.

*

Le doge ou *dux*, "Roi des rois", "Correcteur des lois", "Terreur des Grecs", "Désespoir de la Hongrie", comme l'appellent pompeusement les inscriptions officielles. Il se coiffe du *corno* mythique, le bonnet dont il a été couronné dans l'escalier des Géants du palais ducal.

Le portrait du doge Leonardo Loredan, exécuté par Giovanni Bellini, montre un personnage d'une altière majesté : broderies précieuses d'or et d'argent, cape d'hermine, soies écarlates... les vêtements de sa haute fonction, empreints d'une rare dignité, sont les plus riches que puisse concevoir l'imagination.

Portrait du doge Loredan par G. Bellini, National Gallery, Londres.

Les jours de grande procession, le patriarche, les sénateurs, les chanoines, les ambassadeurs, les juges, les chefs militaires précédaient et suivaient le doge, tandis qu'à la tête du cortège avançaient les insignes illustres inspirés de ceux de Byzance : l'épée emblématique sortie de son fourreau, les trompettes d'argent, le fauteuil pliant de cérémonie, l'ombrelle de damas, les huit étendards de soie portant le lion de saint Marc, blason de la sérénissime république de Venise – les deux blancs représentant la guerre, les deux rouges la paix, les deux violets la trêve et les deux bleus l'alliance. Au doigt du doge brillait un anneau : le sceau avec lequel il apposait son paraphe, gravé de cette inscription : *Voluntas ducis*, la volonté du doge.

Une fois l'an, le jour de l'Ascension, sur le *Bucentaure*, son fabuleux navire pourpre et or, le doge voguait de Saint-Marc jusqu'à la barre du Lido, face à l'Adriatique, entouré de centaines de gondoles et de vaisseaux. Les cloches carillonnaient, les canons tiraient des salves. Arrivé à destination, le doge jetait à la mer un anneau nuptial tout en récitant : *"Desponsamus te, mare nostrum, in signum veri perpetuique domini"*, nous t'épousons, notre mer, en signe de réelle et perpétuelle possession.

Cette cérémonie était célébrée en souvenir de l'effroyable tempête déchaînée sur Venise par Satan, finalement conjurée grâce à l'anneau qu'avait remis Marc l'Evangéliste à un pauvre pêcheur.

Le doge était élu à vie. Lorsqu'il mourait, les notables et le peuple honoraient d'abord le somptueux catafalque, puis ils escortaient le fastueux cortège funèbre. Le dignitaire défunt apparaissait vêtu de ses plus beaux habits, avec son épée et ses éperons ; les marins levaient le cercueil en criant : "Miséricorde !"

Mais les plis et replis de l'univers vénitien sont infinis. Le personnage officiellement enterré était en réalité un mannequin portant un masque mortuaire en soie ; le doge lui-même était inhumé en toute simplicité par sa famille. Car à Venise, on plaçait la dignité de doge et tout ce qui l'entourait au-dessus des personnes. L'inscription de l'anneau ducal devait d'ailleurs changer au fil du temps pour devenir : *Voluntas senatus*, volonté du Sénat.

Dès l'instant où il était élu, le doge devait renoncer à toutes les affaires dont il s'occupait jusque-là et refuser les présents ; ses fils et les membres de sa famille se voyaient désormais interdire les charges ecclésiastiques et le vote aux assemblées constitutionnelles. Il ne pouvait abandonner le palais que pour des motifs officiels et n'avait droit à aucun divertissement – par exemple assister à une représentation théâtrale. Il ne pouvait permettre qu'on s'agenouillât devant lui ou qu'on lui baisât la main, n'avait le droit de recevoir des ambassadeurs étrangers ou d'ouvrir une lettre, fût-elle de sa famille, qu'en présence de ses conseillers. Le doge était en fait le centre d'un labyrinthe aussi exaltant qu'astreignant.

Accéder à une telle dignité constituait l'hypothèse d'une vie, mais aussi la fusion du citoyen et de l'Etat, c'est pourquoi on empêchait par tous les moyens cette magistrature suprême de se transformer en monarchie absolue. L'ambition personnelle devait se dépasser, se projeter dans la communauté.

Le *Bucentaure*, galère d'apparat du doge, détail du tableau de L. da Ponte Bassano, *La Riva degli Schiavoni en Venecia*, academia de Bellas Artes de San Fernando, Madrid.

Venise fut l'œuvre d'une oligarchie de commerçants et d'aristocrates qui s'établirent en République de façon à obtenir la pleine participation de tous dans la *res publica.* Bien particulier et bien collectif ne faisaient donc qu'un, devoir et honneur se complétaient. D'où la méticuleuse structuration gouvernementale, l'élection de ses dignitaires, l'extravagante fiscalisation à laquelle étaient soumises charges et procédures.

Le doge était élu par le Grand Conseil constitué de tous les patriciens, soit environ deux mille personnes – ils étaient par exemple douze cents au XIVe siècle, alors que Venise comptait cent vingt mille habitants. On déposait dans une urne autant de boules qu'il y avait d'assistants à l'assemblée et un enfant, les yeux bandés, en remettait une à chaque patricien, trente d'entre elles étant dorées. Le nombre des patriciens qui les avaient reçues était porté à neuf par tirage au sort. Ces derniers choisissaient par vote quarante noms, réduits à douze après un nouveau tirage au sort. A leur tour, ceux-ci désignaient vingt-cinq autres patriciens, que le sort éliminait progressivement jusqu'à ce qu'il en restât neuf. Ces neuf votaient une nouvelle série de quarante-cinq, que le hasard portait à onze, lesquels désignaient enfin quarante et un patriciens. Réunis en conclave, ces derniers élisaient le nouveau *dux* par une majorité d'au moins vingt-cinq bulletins de vote. Procédé sage, fou, d'une extrême subtilité, fastidieux ? Probablement tout cela à la fois.

Le doge était assisté de six conseillers et des trois premiers magistrats des cours de justice. Ensemble, ils constituaient le tout-puissant Conseil des Dix. Il y avait ensuite le Sénat – deux cent soixante-quinze membres –, auquel incombaient les tâches législatives aussi bien qu'exécutives. Enfin venait une kyrielle d'organes : les Sages du Commerce, les Sages des Métiers, les Inquisiteurs de l'Etat, les Censeurs...

Venise fut d'abord un village de pêcheurs ; des raisons de sécurité la firent se déplacer de la rive vers l'intérieur de la lagune et les îlots du Rialto. Plus tard, dans le cadre de l'Empire byzantin, elle se mit à exercer des activités commerciales, servant de lien entre la plaine italienne du Pô, puis l'Europe du Nord, et les routes d'Orient, et elle s'étendit finalement à toute la Méditerranée.

Venise eut beaucoup de mal à maîtriser les eaux. Il lui fallut construire des digues pour stabiliser celles de la lagune et se défendre de la mer tout en canalisant les rivières venues de la terre ferme. Ce travail de coopération, de surveillance et d'ingéniosité aiguisa les esprits des Vénitiens, leur inculquant un sentiment d'unité et de responsabilité. Le commerce stimula leur perspicacité et leur âpreté au gain. C'est ainsi qu'au lieu de s'enfermer comme il aurait pu le faire, conditionné par le milieu ambiant et les contraintes du cadre géographique – n'oublions pas que la ville se trouve tout au fond de l'Adriatique –, le citoyen vénitien devint l'un des archétypes du pragmatisme et de l'intelligence que l'on pouvait trouver dans les ports méditerranéens. Attentif à l'ambition des Vénitiens, Machiavel leur attribuait même le désir d'"instaurer une monarchie semblable à celle de Rome".

C'était à la fois vrai et faux. Sans doute s'inspirèrent-ils de l'Empire romain pour édifier leur appareil législatif, système rigide capable d'assurer la subsistance et la croissance au-delà des hommes et des avatars. Sur Athènes, en revanche, ils calquèrent la proportion réduite de leurs possessions extérieures, afin que le cadre oligarchique – l'ethnocentrisme traditionnel – ne fût pas débordé.

Car même dans ses périodes les plus fastes, au XVe siècle, au moment de son expansion, ou pendant la prise et la répartition de l'Empire byzantin, Venise ne constitua jamais qu'une petite union de villes italiennes ou un chapelet de territoires limités, petites îles ou simples forteresses – les fameux "yeux de Venise" –, de l'Adriatique au Bosphore en passant par la mer Ionienne et la mer Egée. Venise n'a jamais vraiment dépassé le stade de la ville-Etat, même si la république, active, pourvue d'un talent infini, a prodigieusement étendu son influence.

Dans le temps, la permanence de Venise a quelque chose de stupéfiant : le premier doge est élu en 697, le dernier est balayé par Napoléon en 1797. Onze siècles d'existence exactement, dont cinq, du bas Moyen Age à la Renaissance, de vigoureuse indépendance et de grande puissance, période pendant laquelle le ducat vénitien a conservé une valeur et un poids constants, devenant l'une des monnaies les plus stables, sinon la plus stable, de tout le bassin méditerranéen.

Grâce à cette continuité, Venise connut une qualité de vie extraordinaire, et ce malgré les lois qui réprimaient le luxe. Penchons-nous sur un détail : la "Salomé" d'une mosaïque de Saint-Marc. Bien que l'art de la mosaïque soit généralement peu expressif, cette figure est empreinte d'une volupté et même d'une modernité saisissantes, hors du temps, essentielles.

Valeureuse à la guerre, Venise eut pourtant presque toujours à la tête de ses armées des soldats de fortune, tel le fier Bartolomeo Colleoni, triomphalement représenté en bronze par Verrocchio sur une place peu fréquentée et lumineuse de la ville. Mais la république a toujours craint qu'un chef militaire ne s'érige en dictateur, comme à Rome. Quelques-uns le tentèrent : en 1310, ce fut Bajamonte Tiepolo, appelé "le Beau Chevalier", aristocrate de belle prestance et orgueilleux. Il fut condamné à l'exil et on rasa son palais.

En revanche, les Vénitiens furent les diplomates les plus habiles au monde. Deux qualités essentielles caractérisaient leurs ambassadeurs : leur aptitude à intercepter les renseignements, qu'ils envoyaient sous forme de communications détaillées à Venise, et leur longue pratique de la négociation. Au XVIIIe siècle par exemple, l'un d'eux, Alvise Contarini, obtint en grande partie la difficile paix de Westphalie, qui mit fin à la guerre de Trente Ans : emprisonné par le sultan de Constantinople à cause d'un grave problème de piraterie algérienne provoqué par Venise, il continua à négocier depuis son cachot jusqu'à la résolution du conflit.

La Sérénissime République savait très exactement tout ce qui se passait dans les cours avec lesquelles elle était en relation.

Pour les historiens, ces documents constituent une source de connaissance des plus précieuses.

Autour des petites îles de la lagune, avec leurs pincées de maisons peintes de couleurs chaudes, les tons pâles de l'eau et du ciel s'unissent dans un embrassement uniforme… L'une de ces îles, San Michele, est le cimetière de Venise : les morts arrivent en barque, comme dans un délire onirique, mythologique. Igor Stravinski y est enterré. Autre île, Murano. Le raffinement y a établi ses quartiers grâce à un artisanat fascinant : la verrerie d'art, qui produit de véritables joyaux. La musique semble avoir pris corps dans le cristal des quatre mille pièces qu'abrite le musée, et il est bien dommage qu'une série d'ateliers aient été abandonnés.

Au XIe siècle on mentionne déjà un Petrus Flabianus, *phiolarius*, fabricant de flacons. Au XVIIIe siècle, un bon millier de maîtres et d'apprentis entretenaient le feu, soufflaient, créant les formes et couleurs qui marquent l'histoire de cette qualité de vie que nous évoquions. La loi interdisait de communiquer à un étranger le moindre renseignement concernant les secrets du cristal vénitien, considéré comme un bien de l'Etat ; le coupable d'un tel délit était condamné à mort et les membres de sa famille emprisonnés.

Une fabuleuse machinerie, source d'une activité prodigieuse, animait aussi Venise : l'Arsenal, que le Sénat appelait "le cœur de l'Etat". Au XVe siècle, seize mille travailleurs s'y affairaient sans relâche : des calfats, des charpentiers, des cordeliers, des pilotes… Ils formaient la plus grosse concentration ouvrière connue en Occident avant la révolution industrielle. Ils jouissaient même de prérogatives sociales qui ne se répandraient que des siècles plus tard, par exemple des logements gratuits.

Au XVIe siècle, l'Arsenal était capable de fournir pour la guerre cinquante galères par mois, neuves ou réparées. Dante, qui fut ambassadeur à Venise et fréquenta assidûment cette ville, évoque dans *La Divine Comédie* l'activité incessante de l'Arsenal :

Dans l'arsenal des Vénitiens, l'hiver,
telle bout et rebout la poix tenace
pour calfater leurs navires malades
(car temps n'est point de nager ; et en place,
l'un fait son vaisseau neuf, et l'autre étoupe
les flancs à ceux qui ont fait maints voyages ;
tel rive clous en poupe et tel en proue ;
qui taille un aviron, ou tord des drisses,

qui rhabille hunier ou artimon),
telle – mais non par feu : par divin art –
bouillait céans une poix noire, épaisse,
qui engluait de toutes parts la rive.

Marco Polo est la plus illustre incarnation de ce mélange de sens commercial et de courage qui caractérise les Vénitiens. Long fut son voyage et pérenne sa notoriété depuis des siècles.

Dans ce livre, voyage historique – ou historiciste et vitaliste – à la fois capricieux et orthodoxe, nous n'avons évidemment prêté que fort peu d'attention aux grands mouvements qui ont eu lieu en dehors de l'aire méditerranéenne, et ce malgré l'influence qu'ils purent avoir dans le *Mare nostrum*. En fait, des centaines de milliers de livres seraient nécessaires – l'ont été – pour exprimer de façon approximative la multitude des épisodes et des créations de la seule grande aventure méditerranéenne. Toujours est-il qu'au XIIIe siècle eut lieu un événement extérieur déterminant : les conquêtes mongoles. Ces habiles et féroces cavaliers des steppes sauvages dominèrent pratiquement toute l'Asie et une partie de l'Europe, de la mer de Chine à la Hongrie et de Moscou au Tibet.

Leur grande expansion dura un siècle, qui aurait pu être impérial, et leur division en khanats ou divers royaumes un autre siècle. Leurs pillages furent accablants : ils éliminèrent le califat de Bagdad, laissant derrière eux un million de morts, et portèrent contre Byzance une attaque décisive ; ils sont les seuls à avoir envahi avec succès la Russie en hiver… Ils provoquèrent des phénomènes nouveaux et déterminants, comme l'unification du Nord et du Sud de la Chine, ou posèrent les jalons de l'irrésistible avancée ottomane. L'invasion mongole fut la dernière des invasions "barbares". Ils engloutirent des mondes et en élevèrent d'autres.

Sous leur domination, les frontières tombèrent et les routes de l'Asie, très difficiles et même fermées depuis un millier d'années, s'ouvrirent. C'est ainsi que le turc et le persan devinrent une *lengua franca* parlée de la Palestine à Pékin. Les Mongols, de religion chamaniste, se montrèrent réceptifs à la foi des chrétiens, et les anciens hérétiques nestoriens, qui depuis Byzance s'étaient dispersés en Asie, en convertirent certains ; la propre mère de Kublai Khān, qui régnait en Chine, était nestorienne.

Il n'est donc pas étonnant que des commerçants et des missionnaires européens se fussent mêlés à eux et aventurés dans l'immense continent oriental pour des périples de plusieurs années. Parmi eux, les frères Niccolo et Matteo Polo. Marchands vénitiens prospères, ils avaient des établissements à Constantinople et sur la mer Noire. En 1260, alors qu'ils voyageaient en Crimée pour des raisons commerciales, les circonstances les poussèrent vers l'est sur la légendaire route de la soie, dans les steppes d'Asie centrale. Ils arrivèrent à Pékin où Kublai Khān, qui n'avait jamais vu un Européen, les reçut avec une grande curiosité et leur remit une lettre pour le pape. En 1269, ils étaient de retour.

Ils repartirent deux ans plus tard, avec une lettre du Saint-Père pour le Grand Khān, emmenant avec eux le fils de Niccolo, Marco, qui devait avoir dix-sept ans. Il leur fallut quatre ans pour regagner Pékin, ayant suivi un chemin sinueux qui passait par l'Arménie, le détroit d'Ormuz, la Perse, le Jurasan, le Pamir et le désert de Gobi. Ils ne revirent Venise que vingt-quatre ans plus tard, en 1295... Ils rentrèrent par bateau jusqu'à Ormuz, longeant le Viêt-nam, Ceylan, l'Inde.

En Chine, le jeune Marco entra au service de Kublai. S'exprimant uniquement en persan, il ne parla jamais le chinois. Il voyagea dans le vaste pays, qui lui procura bien des surprises. Habitué au monde des petites unités européennes ne connaissant qu'une seule religion, il fut fortement impressionné par la grandeur de l'Empire mongol, les nombreuses religions qui y cohabitaient et l'organisation administrative, s'étonnant de tout, du papier-monnaie au luxe de la cour en passant par les corps de pompiers dans les villes, les voies de communication, le service postal, les recensements démographiques ou l'énorme taille des armées.

En 1298, au cours d'un combat naval opposant Vénitiens et Génois, Marco fut capturé par ces derniers. En prison, il fit la connaissance d'un écrivain, plus exactement un expert en récits de chevalerie, Rusticien de Pise. Il lui dicta ses souvenirs, que Rusticien rédigea en français, y ajoutant probablement des ornements de son cru ; lorsque *Le Livre de Marco Polo ou le Devisement du monde* fut publié, sa lecture provoqua la stupeur et la moquerie générale, car pour la mentalité de l'époque, faite comme nous le disions à l'échelle de la division européenne, des merveilles aussi gigantesques, qu'elles fussent réelles ou "retouchées", paraissaient incroyables.

Prenons par exemple cette description de la guerre :

> Le Grand Khān arriva sur cette colline et fit élever une grande tour de bois sur quatre éléphants bien conjugués, avec son enseigne si haute qu'elle pouvait être vue de toutes parts. Ses gens étaient échelonnés par trente mille hommes, et la plus grande partie de

Marco Polo quitte Venise avec son père et son oncle, miniature d'un manuscrit français, bibliothèque Bodléienne, Oxford.

> ceux à cheval avait en croupe un fantassin qui tenait une lance. Et tous les gens à pied étaient armés de lances en cette manière, si nombreux que tout le champ de bataille en était couvert. Et en cette manière était préparée l'armée du Grand Khān pour combattre*.

Ou cette autre :

> [Le Grand Khān] entretient un très grand haras de juments toutes blanches, sans nulle autre tache [...]. Personne ne peut boire le lait de ces juments, si ce n'est lui et tous ceux de son lignage [...]. Quand ces juments blanches passent à travers le pays, si quelque grand seigneur, si grand soit-il, les rencontre, il n'ose traverser la route jusques à tant qu'elles soient passées ; il préfère faire un détour d'une demi-journée ; car il convient de leur faire très grand honneur, et nul n'oserait s'en approcher*.

Les Vénitiens surnommèrent Marco Messire Millione, M. Million, et son livre, *Le Million*. Rêveur de millions... Lorsqu'il mourut, en 1324, Marco Polo était un honorable membre du Grand Conseil de Venise. Mais dans toute l'Europe on percevait la Chine – Catay, comme l'appelait Marco en mongol – d'après le modèle idéalisé et exagéré de son livre.

Son influence fut si grande qu'en 1492, lorsque les Rois Catholiques firent leurs adieux à Colomb – il partait vers la Chine à la recherche d'une route maritime des épices, la route terrestre ayant été fermée par les Turcs lorsqu'ils s'étaient emparés de Byzance –, ils lui remirent une lettre pour le Grand Khān, autrement dit l'empereur mongol qui gouvernait là-bas. Mais en Chine la dynastie des Yüan avait disparu depuis 1368, remplacée par celle des Ming. Les informations fournies par Marco Polo, vieilles d'exactement deux siècles, étaient donc les dernières existantes dans une cour européenne de l'importance de celle d'Isabelle et de Ferdinand.

Mais de nouveau, comme de son temps, l'ouvrage est remis en question. Une historienne du British Museum affirme que Marco Polo n'a pas dépassé Jérusalem, qu'il est tout au plus arrivé en Perse : en effet, à aucun moment son texte ne mentionne la Grande Muraille, les femmes aux pieds bandés, la cérémonie du thé, et son nom n'apparaît nulle part dans les archives chinoises, vaticanes ou françaises, lesquelles rendent compte, dans des lettres et rapports, des étrangers qui se rendirent dans les territoires de Kublai Khān, dont Marco se désigne comme le grand conseiller… Mais au début du livre, que Rusticien rédigea en y apportant toutes sortes d'altérations, Polo avertit qu'il n'a pas vu tout ce dont il parle, que beaucoup de choses lui ont été racontées.

Quoi qu'il en soit, le parfum de ces lignes reste intact : "[Les Polo] décidèrent d'embarquer sur la grande mer pour faire prospérer leurs affaires, et après avoir acheté des bijoux de grande valeur, partirent de Constantinople en bateau […]*."

La promenade de Placa, le vieux port. Une ville ouverte aux vents et à la mer, entièrement fortifiée : tableau méditerranéen traditionnel que nous trouvons ici dans l'Adriatique. Ce long bras de la vieille mer s'enfonce entre la péninsule italienne et la côte balkanique, cette dernière affligée par une honteuse lutte fratricide, des siècles de haines, de massacres, de vengeances, conséquence de l'expansion ottomane dans les Balkans – nous l'avons évoquée à propos de l'Albanie. La mer Adriatique s'étend sur 131 500 kilomètres carrés, mais sa profondeur est relativement faible puisqu'elle ne dépasse pas 111 mètres. L'Adriatique et l'enchanteresse Dubrovnik, qui offre le spectacle de ses toits rouges entre le bleu des eaux et le vert des pinèdes…

Car Venise n'était pas seule dans cette sorte de monde à part que constitue le couloir adriatique. Dubrovnik aussi était une cité-Etat libre et prospère, celle de Raguse, comme on l'appelait alors, république aristocrate de marchands. Malheureusement, le tremblement de terre qui la dévasta en 1667 détruisit non seulement ses anciens monuments mais ruina une bonne partie de sa prospérité et annihila la moitié de sa population. Aujourd'hui, les hommes sont seuls responsables du désastre que perpétra autrefois la nature… Je n'insisterai pas sur la tragédie que nous ont décrite jour après jour les médias.

Beaucoup plus modeste que Venise, et pour cette raison même, Raguse incarne plus encore peut-être les qualités qui caractérisent l'esprit méditerranéen : la résistance et l'adaptation. Sans presque jamais cesser d'être indépendante, elle s'adapta toujours à l'énorme pression que lui firent subir des voisins trop puissants.

Née de l'établissement de quelques colons grecs d'Epidaure, Raguse fut ensuite intégrée à l'Empire byzantin tant de fois vacillant. Quand Venise domina ces mers, à partir du XIIIe siècle, la ville se livra aux doges. Au cours de la seconde moitié du XIVe siècle cependant, elle dut avoir recours à la protection de l'incertaine couronne hongroise, dont elle s'émancipa en 1403 avec une subtile habileté. C'est alors que commence sa grande époque.

Les Turcs ont pénétré dans les Balkans, ils prennent Constantinople : Raguse devient alors l'antichambre de l'Empire ottoman ; les puissances qui ont fui le Bosphore, comme Florence ou Barcelone, y établissent leurs colonies, si bien qu'elle assume pratiquement tout le commerce des esclaves, de l'argent, du sel, du cuivre, du plomb, du cinabre entre les Balkans et l'Occident.

A partir de 1526 elle obéit à la souveraineté turque et accroît ainsi son rôle d'intermédiaire entre la chrétienté et l'islam oriental : de grandes fortunes s'entassent dans ses coffres grâce, surtout, au trafic de l'or et du blé. La flotte de Raguse est nombreuse, et ceux qui louent ses services lui reconnaissent le plus grand professionnalisme.

Cette côte émaillée de ravissantes îles figure aussi, à la perfection, le paysage méditerranéen. L'île de Korčula par exemple, la plus grande de l'archipel dalmate avec 274 kilomètres carrés, nous offre l'image de la volupté. Ses vignobles, ses bosquets où s'insinue le chacal, le noble bastion de pierre de la ville où rivalisent le gothique et le style Renaissance… Et, à un kilomètre, la côte sensuelle de la péninsule de Pelješac.

La mer Adriatique d'un bleu céleste immaculé ; ses eaux très salées, mais pauvres en plancton, et d'une extraordinaire transparence, permettent de distinguer les poissons à une grande profondeur, irréels dans leur glissement silencieux...

Autre décor adriatique : la tranquille piazza degli Specchi, officiellement piazza dell'Unità d'Italia, ouverte de part en part, telle une large porte sur l'espace, avec quelques édifices néoclassiques et toujours baroques. Mais si Trieste a voulu être italienne, elle ne l'a été que de 1918 à 1943, puis à partir de 1954. Les guerres et les traités. Auparavant, pendant cinq siècles, elle avait appartenu à l'Empire austro-hongrois. Dans les cafés triestins empreints d'une élégance surannée subsiste une Vienne en miniature, mais le sensualisme italien adoucit la sérieuse planimétrie urbaine de cette ville dessinée selon des critères d'Europe centrale.

Au fond de l'Adriatique, Trieste ressemble à une ville qui flotterait entre ciel et terre, avec sa mer calme et vide, perdue, sillonnée seulement de temps à autre par un énorme bateau lent et silencieux, semblable à celui du film de Fellini, surréaliste ; la courbe ample et paisible de sa baie, où tout mouvement semble absent... Les quais, une inconnue, une attente. La ville fut vitale pour cet empire, pont avec Venise d'abord, escale sur la route du canal de Suez ensuite.

Dans ce coin étiré de la Méditerranée, l'Adriatique a l'air d'une mer voilée. Dessus se reflète le château de Miramar, pierre blanche autour de laquelle les mouettes tournoient en criant. Ses ombres... Des personnages au destin tragique s'accoudèrent à la balustrade de ses terrasses et contemplèrent, mélancoliques, l'Adriatique. Le jardin planté de cèdres, de pins, de yeuses et de cyprès. Un château qui ressemble à un jouet, avec son petit port que fit construire Maximilien de Habsbourg, frère de l'empereur François Joseph, donc beau-fère d'Elisabeth, Sissi. Et son neveu l'archiduc Louis Sauveur, qui fréquenta beaucoup Majorque et dont l'une des propriétés était contiguë à celle de ma famille. Mon grand-père le saluait : *"Bon dia, senyor s'Arxiduc."* Bonjour. Le prince, replet et flegmatique, qui parlait et écrivait le catalan, hochait la tête : *"Bon dia, l'amo en Baltasar."* L'histoire...

L'histoire qui s'acharna sur Maximilien. Comme le Mexique ne payait pas sa dette extérieure, Napoléon III poussa le pays à devenir un empire français. Maximilien fut l'empereur choisi. Les troupes françaises le soutenaient, mais Maximilien devait les payer, avec l'aide du clergé et de la société créole conservatrice. Il arriva à Mexico en 1864, et en 1867 Benito Juárez, l'Indien enragé, le fusillait à Querétaro. L'éphémère empereur avait trente-cinq ans. Son épouse Charlotte, une femme joufflue qui peignait des aquarelles, rentra en Europe pour demander de l'aide – celle-ci lui fut refusée parce que les Etats-Unis appuyaient le mouvement mexicain – et fut violée par le capitaine du bateau. Elle mourut folle soixante ans plus tard. Le dernier vœu de l'empereur, avant son exécution, consista à écouter la chanson populaire qui est pour moi, sentimentalement, la plus émouvante :

Si une colombe
vient à ta fenêtre,
sois gentille avec elle
car ce sera moi !

Miramar, meubles hollandais et potiches chinoises ; les grandes fenêtres ouvrent sur l'horizon vide de l'Adriatique, peut-être celui de la vie…

*

Aux alentours de 1400, l'Europe s'éveille à cette aventure humaine passionnée qu'est la Renaissance, souffle heureux et profond qui fait naître des projets, des voyages, le commerce, un sens esthétique, une attention scientifique, et qui est essentiellement l'œuvre des rives italiennes de la Méditerranée.

Le monde médiéval, éternisé dans l'immobilisme par les règles théocratiques, se divise. L'Eglise s'agite entre papes et antipapes. Le puritanisme agace les réformistes. Le Saint Empire romain et celui de Byzance craquent de toutes parts. Les révoltes sociales éclatent. L'islam renaît avec les Ottomans…

Mais voici que les humanistes, à travers la langue latine, redécouvrent la culture antique, qu'ils introduisent dans les chancelleries d'Etat où ils se trouvent installés. L'invention de l'imprimerie répand rapidement les textes : la *Bible latine* imprimée par Gutenberg date de 1468. Le ferment classiciste fait ainsi lever une véritable révolution culturelle. Partout prolifèrent la culture – ébullition, variété, stimulation – et l'art, fruit d'une imagination et d'une habileté exaltées. La crise des structures est corrigée par la redécouverte – la renaissance, le *rinascimento* – de l'homme comme épicentre universel, de la Terre comme son espace naturel, à la manière de la Grèce et de la Rome antiques et en opposition au ciel et à l'enfer ultraterrestres du Moyen Age. Ce mouvement aiguise l'attention à la réalité et, en conséquence, excite les positions scientifiques, ce qui aboutit à une autre formidable révolution, la technique.

Démêler les facteurs qui furent à l'origine de la Renaissance conduit bien sûr à analyser une multitude d'influences, souvent insoupçonnées, comme celle du climat. Les glaciologues nous apprennent qu'entre 1450 et 1480 s'installa une période chaude, à laquelle succédèrent cinquante années très froides, mais qu'ensuite le XVIe siècle bénéficia d'un climat doux, qui permit de meilleures récoltes, une augmentation de la population, et exacerba la sensibilité de l'homme. Les magnifiques paysages qui apparaissent dans l'art de la Renaissance correspondent donc strictement à la réalité de cette époque.

On vient justement d'établir, grâce à l'informatique, le lieu exact, réel, qui servit de fond au portrait de la Joconde de Léonard de Vinci : c'est Ponte, à Bariano, un village proche d'Arezzo, où le peintre passa dix jours en 1502, l'année où il exécuta le célèbre tableau.

Au XVe siècle, malgré l'agitation politique, il semble qu'on ait atteint un véritable état de grâce culturel et sociologique. L'élan de jeunesse assimile et dépasse les conflits. Un nom suffit à le résumer : Florence. Et à Florence, un autre nom, celui des Médicis. Leur palais. L'église San Lorenzo. Ou la place de tous les Florentins, celle de la Signoria...

A Florence, dans les villes exultantes de la péninsule italienne à son apogée commerciale, avec les luttes et la gloire de ses princes et de son pontife romain, despotes éclairés, le *Quattrocento* apparaît comme le grand saut en avant d'une culture et d'une civilisation humanisées et sensuelles, universalisées à travers des concepts tels que la proportion idéale, en bref une structure harmonique et invisible qui devait présider à toute création de l'homme, qu'elle fût politique ou artistique.

Insérée dans le monde particulier de sa lagune et de son histoire, et bien qu'elle participe pleinement à ce mouvement, Venise tire peut-être davantage sa force de sa propre évolution ; elle est un corps dont le développement constant se produit essentiellement dans l'isolement. Elle ne se réveille pas brusquement, comme tant d'autres centres de la Renaissance, mais grandit en accord avec son passé.

La rigide composition gothique, par exemple, durera beaucoup plus longtemps dans l'architecture vénitienne que dans celle de la péninsule italienne. Mais ce sera un gothique encombré d'éléments orientaux, précieux, polychromes, qui sur tant de façades du Grand Canal se résume avec une singulière insistance dans les espaces vides – grandes fenêtres, arcades, galeries –, ce qui en fait des sortes de voies de communication alambiquées entre les intérieurs et le milieu ambiant, entre l'individuel et le collectif.

A Venise, en raison des fonds bourbeux fluctuants qui imposent pour chaque construction de solides appuis verticaux, la hauteur des édifices sera nécessairement limitée. Ceux-ci ne dépassent donc jamais une sorte de mesure d'or qui les fait paraître suspendus dans un équilibre aérien... Dans la galerie de l'Académie se trouvent les peintures de Gentile Bellini, de Vittore Carpaccio, de Francesco Guardi, baroque bien plus récent... Elles montrent toujours une ville pleine de monde, fourmillante, d'une vitalité aristocratique, inscrite dans un espace de dimension magique, que Canaletto, avec ses perspectives nettes, captera admirablement au XVIIIe siècle. Mais, bien avant cela, le *Quattrocento* prendra à Venise une dimension sereine et profuse, soigneusement élaborée.

Parmi les luxueuses manifestations culturelles de l'état de grâce de la Renaissance, nous nous arrêterons sur la peinture, finalement plus chaleureuse et plus intime, non sans avoir évoqué l'architecture, cet art majeur de la Renaissance, et ses grands noms : Brunelleschi, Bramante, Sangallo, Palladio... Ils ont emprunté à l'Antiquité ses concepts culturels – la symétrie proportionnelle, les coupoles, les colonnes – pour créer un style nouveau.

Ce que l'Italie a le plus apporté à la Renaissance, ce furent les villas et les places publiques, car palais et églises furent édifiés dans la moitié de l'Europe selon cette formulation. L'homme chez lui, dans son intimité, et dans la bruyante compagnie des autres, sur la place : une véritable renaissance humaine.

A Sienne ou à Rome, partout on retrouve la merveilleuse place italienne. Mais pour être émerveillé par les villas les plus extraordinaires, il faut aller à Vicence et Venise voir les résidences champêtres dessinées par Andrea Palladio. S'inspirant des canons grecs – colonnes, frontons, baies – qui exaltent la construction, elles sont ordonnées au milieu d'espaces verts aménagés qui semblent synthétiser la secrète harmonie de l'environnement et en même temps s'y opposer par une éclosion lumineuse.

Une première grande fournée picturale culmine vers 1450, où domine encore la disposition élégante et hiératique d'influence gothique, plate, qui débouchera ensuite sur un naturel expressif, dont les racines sont nettement grecques et romaines, et sur une richesse de pinceaux exceptionnelle dans l'histoire. Encore que les signes précurseurs d'une telle explosion aient été remarquables. Celui de Giotto d'abord, qui travaille aux alentours de 1300 et dont le réalisme et la douceur éloquente, extraordinaires en eux-mêmes, sont miraculeux pour l'époque. Près de trois siècles plus tard, Vasari écrira à propos de Giotto des mots restés dans le souvenir culturel florentin : qu'il fut le premier à savoir – à savoir de nouveau – dessiner des moutons d'après nature. Giotto "palpait" le monde, il ne le "créait" pas…

Il ne faut pas oublier non plus que le XVe siècle flamand, allemand, donne des artistes capables d'un très grand réalisme. Ce qui les séparera cependant des Italiens – des Méditerranéens par conséquent –, c'est par exemple que ces derniers transcendent rapidement le portrait personnel pour s'inscrire dans une atmosphère spirituelle de joie et dans un cadre où la nature, royaume de ce monde, est de plus en plus présente. Au même moment, et bien qu'ils soient aussi des artistes exceptionnels, les Flamands se limitent au personnage dont ils font le portrait, à sa froide solitude.

Florence, la Toscane, l'Ombrie semblent vivre un éternel printemps… semblable au *Printemps* de Sandro Botticelli exposé à la galerie des Offices de Florence, allégorie mythique empreinte d'une délicatesse éthérée, d'une sensualité, d'un amour qu'exhalent les personnages et les arbres. Avec Botticelli, l'humanisme se répand dans deux directions, toujours dans une fuite échevelée : celle de l'imaginaire esthétique, platonique, et celle de la tension charnelle, coupable selon Savonarole qui la condamne. Et, toujours, avec des couleurs ébouissantes.

Une autre pérennisation de l'idéal est celle qui prend forme dans les fresques de Piero della Francesca, à Arezzo, où les mathématiques se font poésie, extase d'équilibres. Dans ces fresques, la découverte de la Croix par sainte Hélène est exprimée par des nuances chromatiques et une précision du dessin créant un espace d'idéalisation embaumée, unique. Piero réussit en outre à établir une relation subtile, mais très présente, entre cet espace et une religiosité également transcendée, expurgée de toute violence théologique ou dramatique.

Chez Paolo Uccello, la *Bataille de San Romano* – composée de plusieurs tableaux exposés à la National Gallery de Londres, et aux Offices de Florence – ne paraît même pas avoir lieu, transformée qu'elle est en un engrenage géométrique radieux et immobile dont l'intensité finit par acquérir une dimension visionnaire. Uccello fut-il cubiste, surréaliste ? Sa plus grande

Bataille de San Romano, de Paolo Uccello, National Gallery, Londres.

fierté était d'avoir dessiné sur papier un polyèdre de soixante-deux faces. Dans sa peinture, le monde est un jeu, le jeu d'un enfant qui serait roi.

Ebauchons l'école vénitienne, plus exactement l'atelier du maître Jacopo Bellini, mort en 1470, peintre encore gothique mais déjà attentif aux problèmes d'espace, où se retrouve une exceptionnelle pépinière d'artistes : Antonello de Messine, Carpaccio, Andrea Mantegna et les fils de Jacopo, héritiers de l'atelier, Gentile et Giovanni, auxquels viendront s'ajouter Giorgione, Palma le Vieux, Lorenzo Lotto, Sebastiano del Piombo, Titien… Peut-être la plus impressionnante constellation rassemblée dans le contexte de l'époque.

Antonello a laissé une trace fugace là où il est passé, une interrogation constante sur son existence, mais aussi quelques rares tableaux qui ont compté : il assimila probablement la technique de la peinture à l'huile inventée par les Flamands, et imprima sur ses toiles, dans ses personnages, une détermination impérieuse, où la couleur, la lumière, l'ombre se concentrent avec intensité, comme dans *L'Annonciation* exposée à la galerie nationale de Palerme.

Andrea Mantegna, fils d'un paysan padouan, épouse Nicolasseta, la fille de Jacopo. Artiste très doué, il évolue vers un minutieux réalisme d'influence marmoréenne – il acquiert une solide formation classique –, par exemple dans la *Crucifixion* qui se trouve au Louvre ainsi que dans d'autres toiles, comme son *Christ mort* (pinacothèque de Brera, à Milan), entre dans une perspective fascinante et tragique. Mais il se déchaîne aussi dans des scènes fastueuses typiquement vénitiennes – *Le Triomphe de César*, collection spectaculaire qui appartient à la reine d'Angleterre.

Gentile Bellini fait de ses grandes toiles des scènes de mœurs poussées, comme sa *Procession sur la piazza San Marco* (Accademia de Venise) et sa *Prédication de saint Marc à Alexandrie* (pinacothèque de Brera, Milan). Anecdotique, mais d'un réalisme et d'une habileté plastique absolus, Gentile donne parfois le frisson, par exemple avec son cruel portrait du sultan Mehmet le Conquérant, qu'il fait ressembler à une belette, tableau invisible la plupart du temps, car inhumé dans les caves de la National Gallery londonienne.

Dürer reconnaissait en Giovanni Bellini le premier peintre de son temps. Ce Bellini avait en tout cas le don d'exalter le visage humain et de le refléter de façon extrêmement émouvante ; sans doute fut-il le premier à conjuguer sans rupture paysage et personnage, établissant ainsi la plus solide des passerelles entre la raideur du gothique et l'explosion charnue des palettes. Utilisant la luminosité avec une science et une tendresse profondément harmonieuses, Giovanni ne détonne jamais, bien que sa vie eût été affligée de nombreux chagrins : très jeune, sa famille paternelle l'humilia, il perdit sa femme et son fils. La première information écrite qui le mentionne est pleine de mélancolie : "Il habite seul dans le quartier de San Lio", certifie un notaire.

Carpaccio est un astre bref et compact, sa touche dense fait naître une gravité rêveuse aussi physique que morale. Ses neuf toiles représentant la *Légende de sainte Ursule* (Accademia de Venise) sont peut-être inégales, mais elles constituent l'une des œuvres les plus majestueuses et les plus évocatrices de l'histoire de la peinture.

La couleur atteindra de nouveaux sommets avec deux autres Vénitiens remarquables dénotant un épanouissement maximum : Giorgione et Titien. Du premier, tout juste savons-nous qu'il mourut jeune, sans-doute de la peste, et que sa palette est intimiste. Du second, qu'il a été l'un des maîtres les plus renommés de tous les temps par sa maîtrise vraiment extraordinaire de la toile et de toutes les ressources picturales. De Giorgione on ne connaît de façon certaine que trois tableaux, l'un d'eux étant la fameuse et énigmatique *Tempête* (Accademia de Venise), étrange scène panthéiste, idyllique, peut-être préromantique, qui nous absorbe par sa muette capacité de séduction... Cela étant dit,

Giorgione a suscité dans l'histoire une dévotion extrême qu'il est difficile de comprendre aujourd'hui.

Titien a vécu jusqu'en 1576, date à laquelle il avait probablement plus de quatre-vingt-dix ans. De nombreuses œuvres nous sont parvenues, parmi lesquelles la série des magnifiques portraits de Charles Quint, comme celui de la bataille de Mühlberg (Le Prado), qui le représente à cheval, emblème de grandeur. L'empereur honora le peintre du titre de comte. Titien, c'est l'opulence de la couleur, l'arc-en-ciel matérialisé dans des tonalités chaudes et profondes. Ah *La Vénus d'Urbin* et *Flora* (Offices, Florence) ! Dans son art, les damas veloutés semblent habiller et faire naître des catégories humaines pleines, tel le *Portrait du cardinal Hippolyte de Médicis* (galerie Pitti, Florence). Chaque visage de Titien révèle une forte personnalité. Titien est seigneurial, il est parfait, et capable aussi de donner à la toile une touche large et turbulente, qui saisit.

Trois autres artistes, qui travaillèrent à Florence et à Rome – mais aussi à Milan, Padoue, Mantoue et dans toute l'Italie –, symbolisent encore davantage la grandeur de la Renaissance, l'intronisation de l'homme dans la gloire de ce monde : Léonard de Vinci, Raphaël et Michel-Ange. Dans son *Traité de peinture,* Léonard écrivit :

> Elles me paraissent vaines et plongées dans l'erreur ces sciences qui ne naissent pas de l'expérience, source de toute certitude, qui ne débouchent pas sur la vérité expérimentale, si bien que, pour ainsi dire, le début, le milieu et la fin ne dépendent d'aucun des cinq sens. Et si nous doutons de tout ce qui nous vient des sens, nous devons bien davantage douter de ces choses qui ne peuvent faire l'objet d'une vérification des sens, comme la nature de Dieu, l'âme et d'autres choses semblables.

Né en 1452, Léonard est le fils d'un notaire. Dans sa jeunesse, il est inculpé pour sodomie, puis acquitté ; on ne s'étonnera pas que les visages de certains de ses personnages soient androgynes. Mais Michel-Ange et Raphaël eurent les mêmes penchants. Vasari raconte que ce dernier mourut à la suite de certains excès amoureux…

Pour Léonard, le monde formait une merveilleuse unité d'esprit et de matière, de savoir et de sentiment. Ses dessins du corps humain, ses projets de machines volantes, ses esquisses nerveuses de têtes de cheval font partie d'un tout vital, ambitieux, analytique. Il fut mathématicien, ingénieur, musicien, botaniste…

Paradoxalement, son aspiration à la plénitude l'empêchait souvent d'aller au bout de ce qu'il entreprenait. Pour être universellement connue, la *Joconde* (musée du Louvre) n'en reste pas moins l'une de ses grandes œuvres. Les contours du personnage et du paysage se fondent dans une atmosphère où prime la porosité chromatique. C'est le fameux *sfumato*, l'estompement des contours et des plans dans l'évanescence pour nous introduire dans un habile mystère crépusculaire, accentué par le sourire tangentiel du personnage. A la National Gallery de Washington est exposé le petit portrait qu'il fit d'une jeune dame, Ginevra di Benci, aussi explicite physiquement qu'intériorisé par une pâleur et une lumière diffuse qui éblouissent.

Raphaël ne croit à aucun mystère : lumière, couleur, dessin, composition (*Madone*, Offices, palais Pitti ; *Ange*, pinacothèque Tosio Martinengo, à Brescia) se conjuguent dans une harmonie, une diaphanéité tout à fait singulières. A travers le figuratif, Raphaël nous conduit à une sorte de pureté abstraite. La perfection de sa peinture, comme dans *Le Mariage de la Vierge* (Milan, pinacothèque de Brera), élève tout à un rang en quelque sorte mystique. Si la grâce de Dieu existe, si elle s'est posée sur terre, elle habite plusieurs madones de Raphaël et de Giovanni Bellini. L'homme n'a jamais été aussi beau – dans sa sublimation matérielle et morale – que dans les tableaux de ces artistes.

Mais bientôt, la suprême joie humaine et esthétique de la Renaissance se fendille, s'évapore même, dans des éclatements critiques comme celui de la religion. La chrétienté subit une division catastrophique : au nord de l'Europe, le protestantisme lutte, angoissé, punitif et austère, tandis qu'au sud, avec le concile de Trente, avec les jésuites, la Contre-Réforme construit un hémisphère clos, inflexible. L'homme est encore un dieu, oui, mais tourmenté par le doute métaphysique et la misère physique. Un poète de l'époque, le Tasse, a recueilli la conscience de cette frustration dans un vers dont les échos accablent :

L'apra tragedia dello stato umano...

Qui, sinon Michel-Ange, avec son génie titanesque, a compris cette dualité ? Laid, avare, petit, irascible, tourmenté par les exigences religieuses, même si jamais il ne douta du catholicisme. Avec sa sculpture il passa du naturalisme lyrique de la *Pietà* (Rome, Saint-Pierre) et de l'élévation de l'homme (*David*, Accademia de Florence) à l'angoissant *non finito*, aux œuvres inachevées, effrayants embryons humains qui s'efforcent en vain de s'extraire du marbre (*Saint Matthieu* et les *Esclaves*, Accademia de Florence).

Michel-Ange, qui a âprement discuté avec Léonard, magnifie ses créatures au point de leur donner une dimension surnaturelle : le relief de ses musculatures exprime un processus articulé qui se crée lui-même. Laurent le Magnifique s'érigea en son protecteur et l'artiste lui-même fut un fervent partisan du puritanisme fébrile de Savonarole. Dans la Florence révolutionnaire, il exerça les fonctions de magistrat et de gouverneur général des fortifications.

Vasari est absolument dithyrambique quand il parle de Michel-Ange, avec qui il termine en outre son irremplaçable livre *Le vite de' più eccellenti architetti, pittori et scultori italiani, da Cimabue insino a' tempi nostri (Vies des plus excellents peintres, sculpteurs et architectes italiens, de Cimabue à nos jours)* :

> Le très bienveillant Recteur du Ciel, clément, tourna les yeux vers la terre et, ayant constaté l'infinie vanité de tant d'efforts [...], résolut d'envoyer sur la terre un esprit qui serait universellement habile en chacun des arts et des métiers [...].

Conclusion : Michel-Ange est le génie sans égal que le Seigneur envoie aux hommes aveugles ; Vasari précise ensuite, et cela a de quoi surprendre, que lorsque l'énergique pontife Jules II s'obstina à vouloir lui faire exécuter la chapelle Sixtine, Michel-Ange n'avait encore jamais peint à fresque.

Jules II fut aussi un pape d'une impétueuse vigueur, cette vigueur caractéristique de la Renaissance. Il partit en guerre, brida la noblesse, emprisonna César Borgia et fit de Rome un superbe vecteur artistique. Quand il avait besoin d'argent, il fabriquait de nouvelles indulgences afin que le Seigneur, dans l'éternité, soulageât de leurs fautes commises en ce monde les âmes des mortels prêts à payer rubis sur l'ongle.

“La révolution qu'il a menée à bien dans l'art de la peinture est si grande qu'à elle seule elle a éclairé le monde entier”, écrivait Vasari du vivant de Michel-Ange, mais il devina juste pour les siècles des siècles. Et sans doute dit-il vrai quand il raconte qu'après avoir terminé la chapelle Sixtine l'artiste était très affaibli, ne pouvant ni lire ni peindre autrement qu'allongé, tant il lui avait été pénible de devoir travailler couché sur l'échafaudage.

Grâce à la restauration de ces dernières années, les peintures de la Sixtine ont retrouvé leurs couleurs présumées d'origine. Lors de son voyage en Italie, Goethe avait déjà constaté que les fresques étaient fort sombres, attribuant cela à la fumée des cierges ; mais la raison était plus complexe : afin de leur restituer leur éclat original, on avait autrefois recouvert les peintures d'un vernis, mais avec le temps celui-ci les avait obscurcies. Dès lors, la critique n'avait cessé de parler de la monotonie chromatique de Michel-Ange ; or non seulement on retrouve dans ces fresques la vigueur habituelle de ses dessins, mais il a obtenu ces tons qui combinent l'allégresse fruitière d'un vert pomme et les nuances opaques du terre de Sienne, transformant les perceptions visuelles en perceptions tactiles, chaudes et diaphanes. Dans la Sixtine se fondent en outre le classique et le contemporain, fraternisent l'hébreu, le romain, le chrétien. L'œuvre de Michel-Ange est auréolée d'une sombre puissance.

A Florence aussi, après quinze ans de restauration, la fresque de la grande coupole octogonale de Brunelleschi, dans l'église Santa Maria dei Fiori, a enfin été tirée de son sommeil ; couvrant trois mille six cents mètres carrés, elle est considérée comme la plus grande peinture murale du monde chrétien. Vasari dit de Brunelleschi que lui aussi avait un corps chétif, mais *"di ingegno tanto elevato, che ben si può dire que e' ci fu donato dal cielo per dar nuova forma alla architettura"* (d'un esprit si élevé qu'on peut bel et bien dire qu'il nous fut envoyé du ciel pour donner une nouvelle forme à l'architecture).

Il s'agit d'un *Jugement universel* mouvementé, pittoresque, cruel, qui associe les directives dogmatiques du concile de Trente à une prémonition baroque débordante. Commencé par Giorgio Vasari, justement, il fut achevé par Federico Zuccari. Quarante ans plus tôt, ayant quitté Florence après la chute de la république révolutionnaire, Michel-Ange, plein d'admiration pour la coupole de Brunelleschi, avait entrepris le *Jugement dernier* de la chapelle Sixtine. Vasari et Zuccari tentèrent de le dépasser, mais sans y parvenir ; le talent tragiquement titanesque du petit sculpteur leur faisait défaut.

Un fait historique est particulièrement intéressant. Dès que la république prend fin, en 1530, les ardeurs vitales et artistiques de Florence s'engourdissent. Au lieu d'un Laurent le Magnifique, modèle du prince éclairé de la Renaissance, gouverne désormais un Cosme Ier ; il met sur pied un Etat bureaucrate fort, toujours aussi riche d'un point de vue artistique, mais placé sous le signe du conservatisme, d'un classicisme non pas vital mais historiciste.

Giorgio Vasari constitua la clé de voûte du nouveau système. La première partie de son livre date de 1550 et chante les gloires défuntes. D'une certaine façon il "légalisa" cette réaction, car lui aussi était un conservateur ; en même temps, en tant qu'architecte, il réalisa la galerie qui reliait les palais de la Signoria Pitti

Prisonnier ou *Esclave barbu* de Michel-Ange, Accademia, Florence.

en traversant l'Arno, axe du pouvoir bureaucratique absolu instauré par Cosme, qu'il servit de façon inconditionnelle, avec une complaisance pleine de dévotion. Dans la deuxième partie du livre, qui date de 1568, il parle davantage de ses contemporains et avoue plus nettement sa méfiance à l'égard de l'art "moderne", plus libre et plus versé dans la couleur, comme le vénitien, car Vasari considérait le dessin comme l'essence de la peinture.

Cette conviction correspond à celle qu'exprime Federico Zuccari dans un ouvrage peut-être plus important, datant de 1607, *La Idea de los escultores, pintores y arquitectos*, dans lequel l'auteur insiste sur le dessin en tant que base de la création, mais de façon plus complexe : un dessin interne, intellectuel et de souffle divin, et un autre externe, la réalisation. Partant de tels présupposés, tous deux limitaient leur vol. La partie du *Jugement* due à Zuccari, parfois caricaturale, rappelle le joyeux Benozzo Gozzoli de l'insolite San Gimignano. Mais celui-ci peignait un siècle plus tôt.

Le Tintoret, qui meurt en 1594 et clôt probablement l'univers de la Renaissance, se situe déjà dans une autre époque historique. Bien que disciple de Titien, son art est tout agitation, et même turbulence : vent, hommes et animaux, les eaux et les nuages, les passions et les révélations divines bousculent la rude impétuosité de son maniérisme résolu à travers une étourdissante théâtralisation luminescente. L'homme n'est plus que le centre de son propre drame, de sa condamnation métaphysique. Il faut absolument voir les cinquante-six œuvres spectaculaires qu'il a mis plus de vingt ans à réaliser, à Venise précisément, à la Scuola de San Rocco.

La Renaissance ne peut s'expliquer, je le répète bien que ce soit une évidence, à travers une ou même dix tendances. Revenons aux fleurs qui remplissaient les paysages réels et par conséquent les œuvres d'art – l'angélique céramique de Della Robbia !, mais qui furent aussi l'objet de généreuses et luxueuses compositions végétales, comme celles des jardins de Boboli, du palais Pitti de Florence, où les Médicis célébraient leurs fêtes les plus solennelles. La beauté et l'élégance de ce déploiement floral confirment l'unité existant entre la réalité et la chose imaginée qui guidait un Léonard de Vinci.

Un autre jardin du XVIe siècle, celui de la grande famille des Orsini, nous montre le dernier visage – le visage "tintorétien" dirons-nous – du jardin de la Renaissance : celui qui exprime la conscience de la souffrance. Dans l'amphithéâtre naturel du vieux château de Bomarzo, près de Viterbe, les rochers ont été taillés, comme pour témoigner, par une symbologie démoniaque, que le grotesque et l'érotique sont l'essence de l'homme et de la planète, qu'ils peuplent la fusion végétale et minérale régnant ici. Animaux, ogres, dieux… toute la troublante monstruosité de Bomarzo ensorcelle le paysage.

Les Médicis, les Orsini, tant d'œuvres d'art, de palais, de jardins : mais derrière le plaisir esthétique il doit forcément y avoir des coffres remplis d'argent. Au XIIIe siècle, outre son industrie textile, Florence dirigeait déjà la Banque, et donc les finances, avec une habileté sans égale. Le prêt, surtout aux monarques, fut sa spécialité. Le capitalisme n'est pas né dans le Nord protestant, comme on l'a si souvent répété, mais au centre même du catholicisme : à Venise, Florence, Gênes, Milan, Pise…

Gênes, une vallée montagneuse comme tournée sur elle-même, demi-cercle abrupt qui contient le mouvement incessant du port, les palais échelonnés, les vignes en terrasse, une superposition d'étages agglutinés, la corniche radieuse qui lui valut le surnom de Gênes la Superbe. Il faut parcourir ses rues étroites, la via Balbi ou, surtout, la via Garibaldi, pour admirer la magnificence de ses palais : le Royal, devant Durazzo ; celui de l'université, devant Balbi ; le Parodi, le Podestá, le Tursi, le Bianco, le Rosso… La via Garibaldi impressionna tellement Rubens qu'il en fit le cadre d'une série de tableaux. Gênes la guerrière. Andrea Doria était génois. Mais, surtout, Gênes Société anonyme, comme on l'a également surnommée : des banquiers, des marchands habitaient ces demeures, guettant depuis les hautes baies vitrées les richesses qui arrivaient par la mer ; on peut admirer leurs portraits, de très fins Van Dyck, dans la galerie du palais Rosso.

Les réseaux financiers génois enserraient l'économie de l'Europe de leurs tentacules. Il suffit de considérer le poids décisif qu'ils eurent en Espagne. Au milieu du XVIe siècle, les Génois établis à Séville gèrent le flux de l'argent américain et sa contrebande. Plus tard, comme Gênes contrôle aussi une bonne partie du trafic de l'or, dont l'une des routes passe par la Sicile, ce sont ses banquiers, installés désormais à Madrid, qui, avec Philippe II, paieront les salaires des troupes espagnoles en Europe.

En 1575, le roi Philippe veut échapper à l'étau génois. Gênes réussit à lui couper tous les canaux économiques possibles : l'année suivante les régiments d'infanterie se mutinent, pillent Anvers, et Philippe doit céder à ces hommes des palais génois, discrets, efficaces, implacables. Plus tard, la Banque d'Italie sera substantiellement leur œuvre.

A l'opposé de l'opulente Gênes, l'humble pays intérieur n'est pas moins caractéristique : San Gimignano, que nous avons déjà évoquée, qui fut de surcroît la première à s'avancer sur ces chemins d'illusion qui se trouvent en nous et qu'édifia la Renaissance.

A l'horizon, sur une haute colline, se découpe le profil singulier de San Gimignano : des gratte-ciel sur le ciel dégagé, mirage de New York. Mais ici, c'est le ciel de la Toscane la plus profonde, sa lumière dorée, ses coteaux accentués et gracieux couverts de vignobles duveteux d'une verdeur tonique, ses cyprès luisants, presque noirs, se dressant près d'une vieille maison, une courte et élégante galerie sur la façade ocre. Ce qu'il y a d'incroyable dans San Gimignano, c'est que son éclatante et absurde modernité lui vient de son intrépide médiévisme : si elle n'a évidemment plus aujourd'hui, comme aux XIIIe et XIVe siècles, le sang chaud, elle est constituée de ce qu'il en reste, un solide réduit fortifié, la pierre obscure sans une brèche, et les hautes tours.

San Gimignano delle Alte Torre. Il reste treize tours disposées en grappe autour de la piazza del Duomo. Mais elles ont été soixante-douze ! Dante vint ici comme ambassadeur de Florence en 1300. On l'imagine grimpant lentement ces sentiers de solitude au milieu des pampres et des papillons, assis sur le dos d'une mule lustrée, plongé dans sa grandiloquence et son amertume, découvrant brusquement, stupéfait, toutes ces tours gigantesques – la plus haute, la Grossa, atteint cinquante-quatre mètres –, serrées et dressées sur le dôme de la colline, semblables à un cauchemar ou à la présence de Dieu.

Certaines familles étaient guelfes, tels les Ardinghelli, comme le clame encore leur affreuse tour, les autres gibelines, comme les Salvucci, délirants d'orgueil : ils érigèrent non pas une tour, mais deux, toujours debout elles aussi, barbares et jumelles. Tous vivaient dans les tours où ils gardaient aussi le grain, guerroyant des unes aux autres : entre deux tours ils tendaient des passerelles pour l'amour ou lançaient d'horribles gibets. Ces luttes ruinèrent San Gimignano, qui finit sous le joug de Florence. Mais San Gimignano avait dominé l'air.

La Toscane et le chianti, ce vin rouge léger, mi-râpeux mi-doux – en bonbonne il est jeune ; en bouteille, vieux, et mieux vaut qu'un coq soit imprimé sur l'étiquette –, à San Gimignano

San Gimignano delle Alte Torre.

on l'appelle *vernaccia* : blanc et pâle, il a peu de goût et une rudesse intérieure notable. Buvons-le.

Et perdons-nous dans le duomo et Sant' Agostino, pour y rêver des plus belles peintures de San Gimignano, celles de Ghirlandajo et Benozzo Gozzoli : les deux fresques de sainte Fina et les dix-sept de la vie de saint Augustin. La sainte, vivante et morte, est présentée avec une simplicité radieuse, au point que la composition semble être un effet de l'esprit. Ghirlandajo est d'un inimitable aristocratisme. Gozzoli, lui, par des œuvres empreintes de réalisme et de couleur, d'une dimension plus populaire, met en scène une multitude de personnages et donne l'image d'une vie stable et agréable. San Gimignano, avec ses tours obsédantes, apparaît en fond des tableaux de Ghirlandajo ; d'autres tours, à moins que ce ne soient les mêmes, figurent dans le Milan que reproduit Gozzoli.

Pourquoi a-t-on réussi à faire de la Toscane le paysage le plus civilisé, le plus naturel et le plus agréable au monde ? Je suppose que cela vient de ce qu'il fut travaillé, essentiellement, par la Renaissance.

Mais l'esprit et le modèle de la Renaissance ont continué à se manifester çà et là. L'architecture anglaise et nord-américaine des XVIIIe et XIXe siècles, de froide inspiration grecque, appartient à cet héritage méditerranéen. Et le baroque, qui clôt la Renaissance, deviendra l'art majeur de l'Amérique espagnole et de l'Europe centrale. Quant à la philosophie allemande, de Kant à Nietzsche, qu'elle raisonne ou qu'elle hurle, elle s'articule à partir de la pensée socratique, platonicienne, et du concept de tragédie, l'un et l'autre réapparus grâce à la Renaissance.

*

L'Italie en ses îles. Alghero, en Sardaigne, ville dorée, aimable : d'épaisses murailles soutiennent au-dessus de l'eau l'amoncellement des toits, des murs, des clochers, le tout construit avec le grès poreux et granuleux de Méditerranée. Quand le soleil l'effleure, un doré adolescent enflamme ses murs, donnant l'impression que la lumière s'est matérialisée en un large sourire.

Mais ces pierres de taille, mal agencées, ont été implacablement rongées par l'humidité, le temps, les vents. Murs vermoulus, porches ornés de bas-reliefs gothiques qui se délitent dans un délabrement spectaculaire, remparts émaillés de trous et d'éboulis ; on respire un air de dévastation tenace dans des rues entières du vieux quartier de la forteresse antique. Tout un monde médiéval s'écroule, squelette d'une vie qui fut. Debout, esseulées, les tours robustes et héroïques.

Dans les ruelles décrépies, avec leurs palais abandonnés et leur linge suspendu qui s'égoutte, courent plus qu'ils ne marchent de tout jeunes gens qui se sont aménagés un local dans un sordide souterrain voûté. Telle une avalanche d'énergie, le soleil s'accumule sur une petite place, dans un coin, sur les auvents des grandes bâtisses. J'entre dans une église aux murs corrodés par l'humidité où il fait un froid terrible. Je sors, et dehors une femme plume un poulet à côté d'une gamine qui se cure le nez. Près d'elle, un lourd blason dont on distingue à peine les armoiries éraflées, effacées…

Je précise qu'il s'agit du vieil Alghero, car il y a aussi le nouveau et l'antique, mais parfaitement conservé, charnière entre le quartier du bord de mer et le nouveau quartier. La bourgade prend alors un air ouvert, dynamique, qui lui donne souvent l'allure d'une petite ville prospère. On y voit de nombreux chiens, et de races très différentes, allant du lévrier russe à l'épagneul par exemple. L'horrible image de la misère méditerranéenne que résume le chien famélique a ici fait place à la conception aristocratique et aimable de l'existence, qui suppose un chien en parfaite santé, propre, bien nourri, d'un caractère aimable.

Alghero possède une usine pétrochimique, et un bon nombre d'hôtels qui travaillent beaucoup en été. La dure précarité de la mer et de la pêche est un fantôme du passé, et la relative industrialisation fait moins sentir la parcimonie du sol insulaire. Imaginer l'ancienne population de pêcheurs entassée intra-muros, affamée, a de quoi donner froid dans le dos. En plus des guerres, la ville a subi trois brutales épidémies de peste entre la fin du XVIe siècle et une bonne partie du XVIIe, qui réduisirent une population de dix mille habitants à un millier.

Du passé subsiste une étrange empreinte : un certain type de fille – la jeune fille du village marin, mince, élancée, avec un visage à l'expression aiguisée, aux yeux curieux et avides, d'un bleu virant au vert. Une inquiétude venue du fond des âges, la pauvreté et une volonté inflexible de subsistance ont créé ces traits physiques, que le confort contemporain atténue peu à peu. Quand l'une de ces jeunes filles se promenant fièrement avec son chien vous regarde, vous percevez en elle quelque chose d'ancestralement sauvage, une sorte de promesse nerveuse, impalpable, vibratile…

La Sardaigne fut catalane et à partir de 1372, sous le nom d'Alguer, Alghero fut repeuplée par des Catalans, prisonniers de droit commun pour la plupart. Aujourd'hui encore, la moitié de ses habitants parle le catalan, beaucoup aussi le sarde, tous l'italien. Multiplicité ancestrale de l'unité méditerranéenne.

Je marche dans le parc d'yeuses qui se trouve au centre de la ville. Il souffle une brise agréable, l'herbe fine couvre la terre, l'ombre des arbres est compacte sous le soleil écrasant de midi. La jeune fille au regard vert disparaît derrière une arcade qui semble donner directement sur les vagues, sur le vacarme bleu.

Alghero ou les entrailles étalées au soleil de l'été. Et, dans cette Sicile viscérale, une Palerme hivernale contemplée à travers le prisme culturel, entre le froid et les spectres. Car dans le Sud on a du mal à se protéger quand souffle la bise glaciale, et voici qu'arrive de Grèce – c'est du moins ce qu'affirment les personnes qui scrutent, maussades, l'impavide horizon marin – une perturbation glacée. Palerme sans soleil est d'une humidité gris sale, que seuls parviennent à vaincre l'exubérant orgueil des façades gothiques, le pointillisme des édifices arabo-normands, le déploiement nonchalant des palmiers.

Beaucoup d'émigrants sont venus passer les fêtes de Noël. Un demi-million de Siciliens vivent à l'extérieur : en Allemagne, en Suisse, à Milan, à New York, à Buenos Aires… Ce qui signifie qu'au moins la moitié de la population insulaire – au total six millions d'âmes – a un parent proche à l'étranger. Les montagnes sèches, hautes et rudes comme des défis qui entourent la ville et sa Conca d'Oro – le verger fertile, terre d'alluvions déposée dans la vallée, bénie soit la mandarine acide –, constituent une sorte d'affiche prémonitoire de l'âpre Sicile. Aujourd'hui il y a des barricades dans les quartiers pauvres et assoiffés de la ville : il n'a pas plu depuis huit mois, si nous exceptons ce semblant de crachin qui tombe aujourd'hui.

Je me souviens de *Cavalleria rusticana*, de Giovanni Verga, dont le réalisme sentimental capta si bien, il y a un siècle, l'affreuse misère qui afflige une partie de ce monde agreste, solaire. L'un de ses récits, qui évoque l'exploitation d'un humble garçon, est absolument désespérant. A l'aéroport, une barrière confuse de personnes attendait les émigrants : bousculades, baisers pleins de passion contenue, petit tumulte d'où l'on peut déduire que seule l'affection permet de supporter les inclémences diverses que fait naître l'obligation d'aller gagner son pain loin de ceux qu'on aime.

Verga. Et Quasimodo, Pirandello, Lampedusa… La Sicile a donné à la littérature italienne une inquiète et inquiétante constellation de grands noms. Comme si sa force fibreuse, douloureuse, avait choisi le véhicule de la littérature pour s'exprimer et se résumer. Ou celui de la mafia et du banditisme. Toutes formes de protestation, de rébellion en définitive.

Je connais le dernier de ces hommes de lettres, Leonardo Sciascia, et nous avons parlé toute une matinée. Petit de taille, il a un geste de suffisance fatiguée. Impeccablement habillé d'un costume gris opalin, il parle peu et regarde beaucoup, les yeux mi-clos. Sa critique de ceux qui paralysent politiquement et économiquement la Sicile, surtout à droite mais aussi un peu à gauche, est aussi aigre que celle de Verga. Mais il y a chez Sciascia une cérébralité excessive.

Mme la baronne… Nous dînons dans une salle scintillante de stucs dorés et de lustres de cristal. Bien sûr, il fait froid. Aimable et sans doute fragile des nerfs, la baronne est en outre la cousine de Giuseppe Tomasi di Lampedusa, l'auteur du *Guépard* : "Giuseppe était un homme très renfermé. En réalité, il ne s'extériorisait un peu qu'en famille. Mais nous-mêmes, qui connaissions pourtant son goût pour la littérature, ne soupçonnions pas qu'il avait en tête un projet sérieux. Chaque jour il s'installait dans un café du centre, et il passait ses matinées à écrire, nous ne savions quoi…" Il écrivait son grand roman.

En fait, le lettré officiel de la famille était le baron Lucio Piccolo, le cousin de Lampedusa. "Une étrange famille…" me murmure un voisin de table, un industriel. Un jour, le baron Piccolo envoya, de la campagne, un télégramme à un cousin qu'il n'avait pas vu depuis une vingtaine d'années : "Viens me voir", disait-il. Le cousin prend le train, arrive à la gare où l'attend le chauffeur du baron, avec la voiture. Le cousin monte, ils partent. A un kilomètre de la maison du baron, le chauffeur arrête la voiture, prie le cousin de descendre pour se dégourdir les jambes sur un petit promontoire. Le cousin fait ce qu'on lui dit, puis le chauffeur le fait remonter en voiture, ferme la portière… et le reconduit à la gare. "Mais nous n'allons pas à la maison ?" demande le visiteur fort étonné. "Oh, monsieur le baron vous a déjà vu : il vous observait avec des jumelles pendant que vous vous dégourdissiez les jambes", répond le domestique.

Palerme s'agrandit beaucoup. Elle compte déjà un million d'habitants, et dans les nouveaux quartiers s'entassent les affreuses constructions dont notre époque est coutumière. Je pense à Goethe, qui dans son *Voyage en Italie* parle du délicieux Palerme décadent dont Lampedusa décrirait les derniers instants. Me trouvant dans les ruelles labyrinthiques du Palerme populaire par un jour de vent, je vois s'envoler, paresseux, des bouts de papiers : Goethe décrit une scène semblable.

Puis il parle de Cagliostro, qu'il connut ici, dans un taudis. Cagliostro, mystificateur de la médecine, de la franc-maçonnerie, de la luxure, de l'argent…, était de Palerme : autre preuve que la faim aiguise le génie. Cagliostro désirait vivre, et par là même s'employait à pourrir le milieu social et idéologique qu'il fréquentait, ce qui est aussi une forme de protestation, de nihilisme.

Au cours de ma promenade, je m'arrête aux Quattro Canti, les quatre coins concaves, baroques, avec leurs niches, les statues, l'auvent minutieusement travaillé. Cette accumulation de matrones, d'anges et de condottieri qui apparaissent sur les nobles édifices méditerranéens fatigués est un enchantement. Et j'arrive à la plus vieille auberge de la ville, le "Grand Hôtel et des Palmes", avec des sculptures qui datent sans doute de la Renaissance, de grands miroirs, de vastes salons rococo… et le buste de Wagner, avec son petit bassin. Car ce personnage tourmenté, doté d'un génie grandiloquent et original, composa ici même la plus grande partie de sa dernière œuvre colossale,

Parsifal. La beauté plantureuse de Kundry, la lance sacrée, le Saint-Graal et ses chevaliers dans le Monsalvat brumeux et agreste. N'est-il pas fantastique que Wagner ait trouvé un cadre à son inspiration dans cette atmosphère sicilienne dévastée et diaphane ?

Cela se passa aussi il y a une centaine d'années... Je lis un poète local :

... Cent'anni di vita un sogno.
Tarda è la nota ormai,
la lampada si spegne,
a noi non resta che fermarci
al limite dell'ombra.

Cent années de vie sont un rêve.
La nuit est désormais avancée,
la lampe s'éteint,
il ne nous reste qu'à nous arrêter
à la limite de l'ombre.

Cent ans, un rêve. Rêve interminable, qui se situe au-delà de tout : en 1933, dans la chambre n° 224 du "Grand Hôtel et des Palmes", l'écrivain français Raymond Roussel se suicida, rêvant de l'Afrique proche. L'auteur de *Locus solus,* le roman des chimères démentielles néoclassiques et solitaires... Je sors de ma chambre en toute hâte et vais au bar où je demande un quinquina chaud.

*

C'est un Génois, Christophe Colomb, un Méditerranéen par conséquent, qui réalisa la plus grande découverte géographique de l'histoire de l'homme, ou celle qui donna lieu au plus grand nombre de documents. Un peu plus tard, avec un autre Génois, Jean Cabot, l'Europe posa aussi, pour la première fois, le pied en Amérique du Nord.

La Méditerranée "créa" le Nouveau Monde. Personne ne pouvait cependant imaginer que cela entraînerait pour le *Mare nostrum* une décadence qui durerait trois siècles. En fermant routes et continents, l'islam, qui étendait sa domination de l'Afrique du Nord à toute la côte orientale de la Méditerranée, projeta davantage encore l'activité de la Méditerranée vers l'ouest et l'Europe du Nord, c'est-à-dire vers l'Atlantique. Le nouvel espace mis en orbite était immense : tout le continent américain et l'Asie, par la route du cap de Bonne-Espérance découverte à son tour par Vasco de Gama. Alors, entre le XVIe et le XVIIIe siècle, les nations européennes de l'Atlantique – l'Angleterre, la Hollande, le Portugal, mais aussi l'Espagne et la France – connurent alternativement un essor inaccoutumé. Le "schème" méditerranéen, plus petit que le schème atlantique, se trouva relégué et finalement absorbé par son "rival".

Un autre facteur décisif de la décadence méditerranéenne fut, il faut le répéter, l'isolement intellectuel imposé par le catholicisme après le concile de Trente, par crainte du protestantisme et des dérives doctrinales. C'est ainsi que persista dans les pays catholiques, c'est-à-dire dans la Méditerranée latine, une partie de la mentalité médiévale statique, plus rétive aux innovations et se tenant sur la défensive à mesure que les pays atlantiques prenaient le dessus. La décadence espagnole, celle de l'Empire ottoman – autre orthodoxie refusant l'évolution –, la division italienne diminuèrent la vitalité de notre bassin, le cantonnant dans le rite et le souvenir.

Aux XIVe et XVe siècles, et même encore au XVIe siècle, non seulement la Méditerranée gouvernait le monde, mais elle l'inventoriait. Littéralement. Voyons cela à travers une œuvre exceptionnelle, l'*Atlas catalan*. Conservé à la Bibliothèque nationale de Paris sous le code Espagnol 30, il date de 1375. Il s'agit sans doute du plus beau spécimen cartographique de l'Europe médiévale.

Catalan en raison de l'orbite culturelle, mais assurément majorquin, de ce monde que constitua l'active école cartographique de Majorque pendant plus de deux siècles, monde réaliste, terre à terre, et en même temps d'une imagination incroyablement audacieuse.

Comment l'une des activités les plus décisives pour la navigation de l'époque et les grandes découvertes de la Renaissance a-t-elle pu naître et se développer, au XIVe siècle, dans cette petite île méditerranéenne de moins de cinquante mille habitants ? Sa population allait en outre être réduite du tiers lors de l'épidémie de peste de 1348, des deux tiers lors de celle de 1375 – l'année de l'*Atlas* ; en 1384, la peste fit tant de morts qu'il fallut amener de nouveaux colons.

Mais à l'époque Majorque était un *cap de creus*, un carrefour entre l'Atlantique européen et la Méditerranée, entre la Barbarie et les pays au nord du *Mare nostrum*. Il y avait à Palma une flotte importante, le marché des esclaves était lucratif, la consignation des bateaux d'un bon rapport.

Dans leurs taudis obscurs et surpeuplés, avec une frustration et un messianisme qui les poussaient à détruire le système établi et à chercher de nouvelles aurores – ils n'y réussiront que bien plus tard, avec Marx, Freud, Einstein, Kafka…, les juifs se mirent à recueillir les vieux papiers et les informations de vive voix rapportées par les marins, les transformant en portulans et mappemondes qui élargissaient le monde connu, incitaient à l'aventure et au commerce.

Le plus ancien portulan majorquin qu'on ait conservé date de 1327. La mappemonde de Juan de la Cosa, avec laquelle commence la géographie moderne, dirons-nous pour simplifier, fut réalisée en 1500. Entre ces deux dates, y compris avant et après, il y a les Dalorto, Dulcert, Soler, les frères Viladestes, Vallseca, Rosell, Bertrán, Domènec, Olives, Oliva, Salvat de Pilastrina, les six Prunes, etc., tous culminant avec les Cresques père et fils. Sans oublier le mystérieux "maître Jacome de Majorque". D'abord cantonnée dans l'île, avec des escapades à Barcelone ou Valence, cette école informelle s'éparpilla dans toute l'Europe au cours du XVe siècle, imprégnant la navigation de ses techniques et de son expérience.

L'*Atlas catalan* a été attribué aux Cresques. A juste titre sans doute, car Abraham, le père, fut un maître dans l'art de la boussole, de l'horlogerie et de la peinture miniaturiste ; son fils Jafudá le secondait pour le tracé des cartes, métier où il se montrait moins habile. Quoi qu'il en soit, tous deux montèrent un commerce prospère en enluminant de couleurs vives et de jolies figurines les mappemondes qu'ils réalisaient dans leur atelier ou qu'ils se procuraient dans ceux de leurs collègues.

De Pierre III à Martin l'Humain, les rois de Catalogne-Aragon les protégèrent et les nommèrent *familiares*, "familiers", sorte de charge – dans leur spécialité – qui leur rapportait de substantiels avantages juridiques et fiscaux. Abraham Cresques fut même dispensé de porter l'insigne en forme de roue – Hitler n'a rien inventé – qui le distinguait en tant que juif.

Mais une énigme entoure l'*Atlas catalan*. Réalisé en 1375, il figure en 1380 dans un inventaire de la bibliothèque du roi de France, Charles V ; or en 1381 l'infant Jean, plus tard Jean Ier de Catalogne-Aragon, adresse une lettre à Charles dans laquelle il dit lui faire présent d'une mappemonde de "Cresques le juif". Y eut-il donc deux cartes différentes ? Les Cresques étaient-ils aussi les auteurs de la première, ou est-ce une autre mappemonde, et non l'*Atlas*, qui apparaît dans l'inventaire du roi de France ?

Mais le principal est que cet atlas existe, avec ses trois mètres de long et soixante-cinq centimètres de haut, ses douze planches représentant le monde de l'époque, de l'Atlantique à la mer de Chine, et ses deux mille trois cents noms géographiques – en catalan – parfaitement lisibles, outre les tables astrologiques, la description de vents et de pays, les beaux et capricieux dessins.

On a cependant dénié à Jafudá toute paternité de l'atlas. Des deux Cresques, c'est lui qui a bénéficié d'une telle renommée qu'on est allé jusqu'à affirmer, à tort, qu'il était le Jacome de Majorque auquel nous avons déjà fait allusion, qu'Henri le Navigateur mit à la tête de l'école navale de Sagres, qui permit au Portugal de s'ouvrir au monde en réalisant ses extraordinaires conquêtes et découvertes.

Fragment de l'*Atlas catalan* ou *Atlas Cresques*, 1375.

On pourrait justifier ainsi la raison de cette prétendue identification : après la terrible attaque du quartier juif de Palma, en 1391, Jafudá se fait baptiser, adoptant le nom chrétien de Jaume Ribes, celui-là même que portait maître Jacome, peut-être juif lui aussi. Mais en 1410, date supposée de la mort de Jafudá, Henri n'avait que quinze ans… D'ailleurs, en 1375, lorsque l'atlas fut réalisé, Jafudá devait avoir tout juste vingt ans. Mais, malgré sa jeunesse, rien ne s'oppose à ce qu'il ait pu aider son père de façon déterminante. En outre, certains ont mis en doute la date de la mort de Jafudá.

Nous savons pourtant, par des documents officiels, qu'en février 1410 Anna, la mère de Jafudá, et Dolça, sa veuve, se disputaient âprement son héritage devant les tribunaux : la première alléguait qu'elle en avait besoin pour vivre, la seconde qu'elle voulait récupérer la dot qu'elle avait apportée au patrimoine familial à son mariage. Mais les querelles domestiques étaient courantes dans la famille : Abraham Cresques avait dû demander un mandat à l'infant Jean pour que le gouverneur de Majorque intervînt et empêchât Haniní, la belle-mère de Jafudá, de vilipender les Cresques et d'exprimer en public et à grands cris les griefs qu'elle avait contre eux.

A juste titre d'ailleurs : en 1381, au bout de cinq ans de mariage, Jafudá sollicitait une licence l'autorisant à être bigame : sa femme ne lui ayant pas donné d'enfants, il souhaitait en épouser une autre. Un an plus tard, le père et le fils adressaient une nouvelle supplique au roi, Pierre le Cérémonieux cette fois, dans laquelle ils expliquaient qu'ils ne pourraient terminer les cartes que celui-ci leur avait commandées, et auxquelles ils travaillaient, si les bouchers ne leur fournissaient pas de viande pour se nourrir.

Mais on ne consacrait pas exclusivement son temps au travail chez les Cresques : dans les ventes de livres aux enchères, ils avaient l'habitude d'acquérir des ouvrages d'études et des romans afin d'accroître leurs connaissances et d'agrémenter leurs digestions carnivores. Jafudá aimait particulièrement un récit fleuri, en vers, sur la vie de Bouddha, prodige ventru, bien que végétarien, de l'autre bout du monde.

On intenta aux Cresques d'innombrables procès, soit pour la vente de leurs biens lors du pillage de la synagogue, soit pour des contrats non remplis, comme ce fut le cas pour Jafudá, plusieurs fois poursuivi par le joaillier Baldassare Ubriachi : notre homme n'avait jamais terminé des cartes pour lesquelles il avait reçu un important acompte en florins.

Je me permettrai d'avancer une hypothèse : la vie si obscure de Jafudá ne peut-elle laisser supposer qu'il a disparu volontairement, par ruse, pour aller couler des jours heureux dans l'Algarve portugais, captivant de ses descriptions exotiques le jeune Henri qui, la tête échauffée par ces récits, lancerait ses navires vers l'inconnu, bousculant ainsi l'équilibre de l'univers connu ? Le rêve juif, capricieusement réalisé…

Christophe Colomb, dont on conjecture qu'il était peut-être juif, s'intéressait aussi à cette science de tout premier plan dans la Gênes de son époque : la cartographie ; cet intérêt fut déterminant puisque Colomb, lui, se donna les moyens de la mettre en pratique, grâce à la technique marine atlantique acquise durant son séjour portugais.

Tout cela s'inscrit, évidemment, dans le contexte de l'évolution que connaissaient alors les moyens de transport. D'abord, le transport terrestre. Vers le XIIe siècle, il devient pratique courante de ferrer les chevaux et de leur faire porter un collier, ce qui leur donne une plus grande puissance de traction. Cent ans plus tard, la charrette à deux roues est remplacée par celle à quatre roues, évidemment plus robuste et pouvant transporter un plus gros chargement. Au XVIe siècle, on lui ajoutera des jantes en fer.

Peu à peu, une autre révolution se fait jour sur mer. Depuis l'Antiquité, comme nous l'avons dit, on naviguait en Méditerranée sur la longue et étroite galère, avec sa voile latine, ses rameurs, son timon latéral. En temps de guerre, ces rameurs permettaient à la galère une enviable rapidité de mouvements et pouvaient même se convertir en soldats s'ils n'étaient pas des galériens enchaînés. Pour le commerce, les rameurs représentaient en revanche un gros inconvénient en raison de l'espace qu'ils occupaient, des problèmes qu'ils suscitaient, de la nourriture dont ils avaient besoin. Ajoutons à cela que les plus grandes galères jaugeaient à peine cent tonneaux.

Ce bateau avait cependant connu, déjà, quelques changements, comme l'emplacement du timon, qu'on plaça en poupe. Auparavant situé sur le côté, il restait souvent hors de l'eau en cas de mauvais temps. On commença aussi à utiliser timidement des voiles nordiques, carrées, qui prenaient mieux le vent que les triangulaires. Mais pour une navigation hauturière, dans une houle moutonnante, la galère restait fragile, impuissante.

L'Atlantique perfectionna peu à peu le bateau rond, haut de bord, robuste, gréé d'une voile carrée pour une plus grande stabilité de l'impulsion et d'une voile triangulaire pour assouplir la manœuvre. Ce bateau était lourd, mais avec du vent et un habile maniement de la voilure il acquérait une grande vitesse. De plus, sa capacité de cargaison et de stockage des vivres permettait d'entreprendre de longues traversées. Il y avait la caraque, énorme, jaugeant facilement mille tonneaux ; la nef, moyenne, qui pouvait en jauger trois cents, et la caravelle, qu'utiliserait

Colomb, le plus petit des navires, jaugeant à peine une centaine de tonneaux, mais plus rapide et le plus maniable.

Les origines de Christophe Colomb, entourées d'énigmes, ont été débattues jusqu'à satiété. Son fils et biographe, Fernando, lui attribua même une vague ascendance aristocratique. Mais les preuves contenues dans la *Racolta colombiana* et le "document Aseretto", qui concordent en outre avec le testament de l'amiral, situent sa naissance à Gênes en 1451, au sein d'une modeste famille ligure, dont le père fut tisserand, fromager, tavernier.

Fernando raconte aussi que Colomb "étudia les lettres et en apprit suffisamment, à Pavie, pour comprendre les cosmographes". Ce qui est sûr en tout cas, c'est que Colomb ne savait pas écrire l'italien, mais qu'en revanche il se manifesta tardivement dans un castillan déficient truffé de portugais et de quelques mots catalans. Quant à la culture qu'on lui reconnaît, elle s'avère inégale, confuse, résiduelle et par conséquent éloignée des milieux humanistes de l'époque. Le plus probable est qu'à l'âge d'au moins vingt-cinq ans il s'est rendu au Portugal, où il a appris à écrire, ou du moins a pris l'habitude de le faire, et s'est plongé dans les livres. Plus tard, il citera certains de ces livres d'une manière obsédante.

Il semble cependant avoir possédé une piété vraiment fervente, imprégnée d'un purisme populiste d'influence franciscaine. Sans doute a-t-il beaucoup lu certains passages de la Bible, car il les rapporte souvent.

Il est probable que Colomb fut marin très tôt et qu'il se consacra alors au cabotage méditerranéen. Il se souviendra être arrivé à l'île de Chio, celle d'Homère, avec une expédition génoise. "J'ai voyagé sur mer pendant vingt-trois ans [...]. J'ai visité tout le Levant et le Ponant*", dira-t-il plus tard. Il a sans doute débarqué au Portugal en 1476, peut-être à la suite d'un naufrage, mais plus probablement mandaté par une entreprise commerciale génoise, la Centurione, pour laquelle il se rendait en 1478 à Madère afin d'y charger du sucre.

Auparavant, il avait épousé Felipa Moniz de Perestrello, fille d'un feu colonisateur de l'île Porto Santo, de l'archipel de Madère, où il s'installa dans la maison de sa belle-mère et où naîtrait son premier fils, Diego. A plusieurs reprises, il affirmera par la suite avoir navigué vers la côte africaine : "[...] j'ai fait aussi le voyage de Guinée", "J'ai séjourné dans le château de São Jorge da Mina, qui appartient au roi du Portugal et se trouve au-dessous de la ligne équinoxiale". Il se remémorera aussi un voyage vers le

Christophe Colomb, portrait attribué à Ghirlandajo, Musée naval, Pegli.

nord : "Nous avons vu beaucoup de choses remarquables, surtout à Salway, en Irlande*..." Puis il perdit sa femme. Et nous le trouvons enfin à Lisbonne, travaillant comme cartographe dans un atelier qu'y avait son frère Bartolomé.

Mais, avant cela, plusieurs événements s'étaient produits, certains obscurs et d'autres tout à fait limpides. Ces derniers concernent la navigation portugaise, qui avançait systématiquement et prudemment le long du littoral africain, vers le sud, à la recherche d'un passage vers l'Inde, la terre des épices. Pour revenir de la Guinée à Lisbonne, les navires décrivaient un ample demi-cercle qu'on appelait la *Volta da Mina*, en quelque sorte la reproduction, au large, du renflement occidental de l'Afrique, très à l'ouest des îles du Cap-Vert, des Canaries et de Madère. Colomb eut donc une connaissance directe et répétée de ce qui constituait alors la route atlantique la plus hasardeuse.

Or entre cette zone et l'Amérique centrale se produit une constante rotation de vents, entre autres les alizés, et de courants marins, comme le courant nord-équatorial, décrivant tout autour de l'océan une large ellipse qui à l'est passe, précisons-le, par les Açores, Madère, les Canaries et les îles du Cap-Vert. La *Volta* croisait ces courants de l'Atlantique face à l'Afrique et à la péninsule Ibérique.

Il arrivait donc, ou il a pu arriver, que pour une raison ou une autre un navire qui suivait la *Volta* perdît son gouvernail et se vît entraîné par les courants et les alizés vers l'Atlantique inconnu et ténébreux, et même qu'il abordât à des rivages occidentaux inconnus… Mais il pouvait aussi arriver que, sous les mêmes effets, le bateau revînt sur sa route. Il semble que Colomb ait connu à Madère des marins qui avaient vécu cette inimaginable expérience, aussi réelle qu'inconnue, à cette époque, sur le plan scientifique et culturel.

Mais Colomb a aussi beaucoup lu. Son fils Fernando a conservé sa bibliothèque, qui constitue le fonds de l'actuelle bibliothèque Colombine, dans la cathédrale de Séville : Colomb posséda plus de quinze mille livres et manuscrits (la bibliothèque en contient soixante mille), chiffre exceptionnel, incroyable pour l'époque. Mais n'oublions pas que Colomb est né avec l'imprimerie, cet extraordinaire diffuseur des idées et de la culture qui fit la Renaissance. Le livre, véritable catapulte mentale pour des foules de gens, bouleversa la société.

Parmi les auteurs les plus consultés par Colomb, d'après ce que reflète sa bibliothèque, se trouvent Aristote, Ptolémée, Marin de Tyr, Pline, Strabon, Alfayran, Averroès, Enea Silvio Piccolomini, Marco Polo, Mandeville, Toscanelli, Pierre d'Ailly… Colomb entretint même une correspondance avec le médecin et astronome Paolo de Pozza Toscanelli, Florentin, qui lui offrit une mappemonde qu'il avait lui-même dessinée.

Ce savant eut une grande influence sur Christophe Colomb, influence qui accentua peu à peu la confusion dans l'esprit de ce dernier. Colomb fut, sans l'ombre d'un doute, un navigateur expérimenté et d'une grande audace. Son exploit, qu'il explique de façon extrêmement détaillée dans les documents qu'il rédige et qui ont subsisté ou ont été transcrits, montre avec quelle sensibilité et quelle connaissance il percevait les voix de la mer, des vents, des navires… Mais, en même temps, l'échafaudage théorique sur lequel il fonda son projet de route vers les Indes par l'ouest était arbitraire et erroné. Humboldt alla jusqu'à le qualifier de "désordre d'érudition et de théologie mystique".

Toujours selon Fernando, "alors qu'il séjournait au Portugal il commença à penser que si les Portugais pouvaient s'aventurer si loin vers le sud il serait possible de faire de même vers l'ouest, et qu'il était logique d'espérer découvrir des terres dans cette direction". Toscanelli, Roger Bacon, de nombreux spécialistes avaient déjà exposé cette idée. Au XIIe siècle, on avait commencé à redécouvrir Ptolémée et, cent ans plus tard, les milieux universitaires et scientifiques acceptaient déjà la notion aristotélicienne de la rotondité de la terre. Cependant, Colomb ne disposa pas des chiffres et données de plus en plus proches de la réalité que manipulait l'avant-garde scientifique. S'il en avait eu connaissance, sans doute n'eût-il jamais réalisé une telle "découverte".

C'était donc l'intuition qui le guidait, cautionnée non seulement par les marins de Madère dont nous avons parlé, mais aussi par une autre expérience vécue au cours de l'un de ses voyages vers le nord, probablement pour le compte de la maison Centurione. Colomb nota en marge d'un livre de l'humaniste Enea Silvio Piccolomini, qui devint le pape Pie II : "Des hommes de Catay, qui se trouve à l'est, sont arrivés jusqu'ici. Nous avons vu beaucoup de choses remarquables, surtout à Salway, en Irlande, un homme et une femme d'aspect étrange dans deux canots à la dérive." Etaient-ils des Finnois, des Slaves ?

Pour lui, c'étaient incontestablement des Chinois. Colomb donna toujours le nom de Catay à la Chine, et celui de Cipango au Japon, suivant en cela Marco Polo dont le livre l'avait émerveillé. Polo décrivait une Chine qui, déjà au XVe siècle, était idyllique et sans rapport avec la réalité, celle de l'Empire mongol qui avait existé deux cents ans plus tôt et que la dynastie Ming avait remplacé depuis plus d'un siècle.

Cette littérature, disons populaire, éblouissait Colomb. Quant aux *Voyages* de John de Mandeville, ils lui tournaient la tête : plagiant d'autres auteurs, Mandeville composait ses propres voyages, truffés d'événements invraisemblables, où les hommes avaient une tête de chien, où le prêtre Jean régnait sur des contrées fabuleuses. Dans un autre périple, il décrivait un monde plein de richesses, au point que Colomb nota dans l'exemplaire d'*Imago mundi*, de Pierre d'Ailly, qu'il devait être en train de lire : "En Inde il y a beaucoup de choses désirables, des épices aromatiques, des pierres précieuses en abondance et des montagnes d'or."

Car, outre son évangélisme fervent et son obstination aventurière, une autre des caractéristiques de l'amiral Colomb fut son avidité. L'or, les perles, les esclaves, les propriétés le subjuguaient. Il les rechercha ou les exigea sans répit jusqu'aux portes mêmes de la mort : son dernier écrit fut un *Livre de privilèges* récapitulant tout ce qu'on lui devait et un *Livre des prophéties* dans lequel il transcrivit les passages de littérature religieuse qui lui étaient les plus chers et qui rendaient patente, à ses yeux, sa mission de récupérer la Jérusalem terrestre grâce à la diffusion de l'Evangile et de l'or que contenait le Catay.

Ces lectures, ajoutées à l'influence de Toscanelli, lui feront répéter les mêmes erreurs. Par exemple : Marin de Tyr – Ier siècle –, Marco Polo et Toscanelli concevaient un continent eurasiatique beaucoup plus grand que dans la réalité. Marin attribuait 225° à la terre et 135° aux mers. Colomb les suivit, se fiant en outre à l'autorité de la Bible. Et toujours contre Ptolémée, même si celui-ci se trompa aussi, mais dans une moindre mesure. Lors de son troisième voyage, Christophe écrivit :

> Pour confirmer ce qu'il avance (qu'il y a peu d'eau et qu'elle ne couvre qu'une petite partie de la surface du monde, et ceci, contrairement à ce qu'on disait généralement en se fondant sur l'autorité de Ptolémée et de ses émules), [le cardinal d'Ailly] cite à l'appui l'autorité d'Esdras, dans son troisième livre. Il y est dit que les six septièmes de la surface de la terre se composent de continents et que la septième partie seulement est couverte d'eau*.

Mais, outre son absurdité, ce texte du prophète Esdras est apocryphe... En résumé : 10 600 milles séparent les Canaries du Japon, alors que Toscanelli pensait qu'il y en avait 3 000 et que pour Colomb, qui accumulait obstinément les erreurs, il n'y en avait que 2 400.

Devant un océan qu'il concevait aussi petit que celui d'Esdras, la Chine et les Indes se trouvaient tout près. Lorsqu'il présenta ces conclusions au roi Jean II du Portugal, un chroniqueur consigna :

> Quand le roi vit que ce Christovão Colom était très orgueilleux et montrait son talent avec grande jactance, qu'il parlait de son île de Cipango avec plus de fantaisie et d'imagination que de connaissances, il n'eut que peu de foi en lui.

Engagé comme il l'était dans la prudente et solide entreprise qui allait lui permettre d'atteindre le cap de Bonne-Espérance, le Portugal n'avait aucune intention de prêter l'oreille à des balivernes. Alors, en 1484, Colomb partit pour la Castille avec Diego, son petit garçon. Mais Isabelle et Ferdinand étaient occupés par la guerre de Grenade, et les autorités scientifiques qui examinèrent le projet de Colomb jugèrent à nouveau qu'il reposait "sur de trop faibles bases". Colomb fit donc des démarches dans d'autres cours européennes, revint au Portugal, toujours en vain.

Mais au début de l'année 1491 un événement va déterminer l'acceptation du projet de Colomb par les Rois Catholiques.

Celui-ci fit halte au monastère franciscain de La Rábida à Huelva, ville du sud de l'Espagne proche du Portugal, au confluent du río Tinto et de l'Oriel. Dans le monastère, des fresques d'inspiration cubiste peintes par Vázquez Díaz rappellent son passage. Son prieur, frère Juan Pérez, était aussi le confesseur de la reine. Colomb lui parla de ses projets et le moine fut dès lors son protecteur le plus ardent, avec la souveraine, y compris après la découverte.

Il paraît évident que le franciscanisme exalté et apostolique de Colomb, d'une conception religieuse fort pauvre sur le plan culturel, déjà dépassée à l'époque ou du moins marginalisée, assez proche de l'illuminisme et des révélations intérieures, dut s'accorder au vieil esprit puriste des *fraticelli* dont l'écho régnait sans doute encore à La Rábida et qui semble toujours présent dans la simplicité stylisée du couvent. Conception par nature sensible à la fabulation biblique qui parsemait les projets colombins.

Ceux-ci seraient finalement adoptés par Isabelle la Catholique, dont les connaissances et la piété devaient faire la paire avec celles de notre homme et de ses moines. Le cliché, tenace, veut que la reine ait engagé ses bijoux pour financer l'expédition. Mais c'est faux : le texte de Fernando Colomb dit textuellement qu'Isabelle "était disposée à ce que ses bijoux fussent mis en gage pour obtenir la quantité d'argent nécessaire à une telle flotte. Mais Santángelo, vu la faveur que lui faisait la reine d'accepter sur son conseil ce qu'elle avait refusé sur celui d'autres, répondit qu'il n'était point besoin d'engager les bijoux, car lui-même rendrait à Son Altesse cet infime service et lui prêterait l'argent nécessaire." De plus, Isabelle avait déjà mis ses bijoux en gage trois ans plus tôt pour payer les troupes qui assiégeaient Baza...

Santángelo appartenait à une famille de juifs valenciens convertis, ce qui nous ramène aux énigmes : Colomb était-il vraiment d'ascendance juive ? Cela expliquerait ses dissimulations. Outre les moines, il eut d'autres protecteurs, les convertis qui, comme Santángelo, entouraient Ferdinand le Catholique, dont la mère était juive... Salvador de Madariaga suppose que Colomb descendait d'une famille de juifs catalans, peut-être majorquins, établie à Gênes. Les successeurs des Cresques en quelque sorte, ce qui n'a rien d'invraisemblable.

Si, dans le domaine de la science et de la religion, Christophe Colomb appartient encore fondamentalement à l'univers médiéval, en revanche son pragmatisme, son audace, son intérêt pour la technique appartiennent entièrement à la Renaissance. Personne, pas même lui, ne pouvait imaginer qu'à l'ouest, entre l'Asie et l'Europe, s'étendait un autre continent, même si les marins de la *Volta* avaient connu ces terres. Colomb s'est toujours trompé en matière scientifique, il faut insister sur ce fait. Mais la Terre reste la Terre : c'est la Renaissance, en poussant l'homme à connaître, à devenir le centre du monde tout en ne faisant qu'un avec lui, qui a vu juste. Colomb a vu juste en se déplaçant au ras de l'écorce terrestre.

Lorsqu'on évoque tout cela, il faut considérer un détail poétique qui, niché dans le subconscient, a peut-être impulsé Colomb et aussi les franciscains. Le franciscanisme s'était nourri d'une nudité évangélique, bien sûr, mais saint François – Giotto l'a représenté sur les fresques d'Assise, vaste narration – a aussi tracé une cosmovision "géographique" : il a célébré le Soleil, fraternisé avec les animaux, c'est-à-dire qu'il a inclus tout cela dans sa conceptualisation religieuse et humaine, éloignée par conséquent du triste réductionnisme théologique médiéval.

Après avoir conclu son contrat avec la Couronne, Colomb partit des rivages de Palos le 3 août 1492, avec ses trois caravelles, la *Pinta*, la *Niña* et la *Santa María*, manœuvrées par quatre-vingt-dix hommes. Le 6 septembre il quittait La Gomera, aux Canaries. Trente-six jours plus tard il débarquait dans l'île de Guanahani, qu'il baptisa du nom de San Salvador. Mais certaines sources affirment qu'il s'agissait en réalité d'une autre île, portant aujourd'hui le nom de Cayo Samana, aux Bahamas, à soixante-cinq milles.

La veille de l'accostage, le 11 octobre, alors que les navires étaient plongés dans l'obscurité et les murmures de la mer, les hommes avaient aperçu une "clarté", une mystérieuse lumière, sur l'horizon fermé, "comme une petite chandelle de cire qui s'élevait et s'abaissait*", selon Colomb. Les mystères, les intuitions, le sens du prodige qui animèrent la vie du grand amiral gonflaient heureusement les voiles de ses caravelles au même titre que les alizés...

Dans ses derniers voyages encore, malade et plein d'illusions, Colomb croyait que son navire approchait du Paradis terrestre, comme cela lui arriva dans le golfe de Paria, à l'embouchure de l'Orénoque :

> Tout ceci nous fournit des indices très clairs sur la proximité du Paradis terrestre. En effet, sa situation est en accord avec l'opinion de tous ces saints et bons théologiens. Les signes qu'on en aperçoit sont aussi concordants. Je n'ai jamais lu ni entendu dire qu'une aussi grande quantité d'eau douce pouvait se maintenir

La caravelle *Santa María*, d'après une gravure d'un incunable.

ainsi, au milieu de l'eau salée et en contact avec elle. La température extrêmement douce contribue aussi à le faire croire*.

Colomb exposa ses projets aux Rois Catholiques pour la première fois en 1486, à Cordoue. Les chroniqueurs qui consignaient ponctuellement les allées et venues dans le palais n'en prirent aucune note. Colomb n'était personne... Lorsqu'il mourut vingt ans plus tard, à Valladolid où résidait aussi la cour à cette époque, les écrivains royaux ne l'enregistrèrent pas non plus, bien qu'il eût été le grand amiral, le Découvreur...

Car la mauvaise administration exercée par Colomb dans le Nouveau Monde, son avarice, la violence dont il avait fait preuve – et il n'était même pas arrivé au Catay ou à Cipango, à quoi il s'était engagé par contrat ! – l'avaient plongé dans les procès, les prisons, les destitutions, la pauvreté... La gloire de Christophe Colomb est aussi grande que contradictoire et fatale.

Oui, la Méditerranée a commencé de décliner après avoir découvert le Nouveau Monde... De la Turquie à l'Espagne, les XVIIe et XVIIIe siècles sont déjà ceux de la décadence. Naples, le vieux Naples populaire et aristocratique, avec ses ruelles et ses palais à l'abandon rongés par le salpêtre, représente bien cette époque où subsiste un orgueil suranné à côté d'un présent famélique. Même les pays riverains de la vieille mer qui s'élevèrent à plus de hauteur, comme la France, le firent à travers leur versant septentrional, océanique.

L'Europe et l'Atlantique nord, avec leurs empires maritimes et coloniaux, deviennent les plus développés de la planète. L'ère industrielle qui y naît et s'y épanouit de façon prodigieuse crée des richesses, entraîne l'expansion démographique, l'arrivée au pouvoir de la bourgeoisie, la démocratie, la grande éclosion scientifique...

Quant à nous, pendant ce temps, ayant perdu notre ancienne fougue commerciale et occupés à faire les seigneurs dans nos campagnes solaires et archaïques, nous végétions. Le temps semble avoir suspendu son vol dans les jachères assoiffées, pleine de crissements, de Campinado et Desuelo, en Sardaigne... Enfants du mythe grec et des hiérarchies romaine et catholique, nous avons préféré les valeurs telluriques pyramidales de la propriété rurale aux carrières compétitives et égalitaires haletantes de la production en série.

Le sociologue Max Weber affirme que l'éthique protestante est à l'origine du capitalisme, disons du monde contemporain. Le catholique, le Méditerranéen en général, ne lit pas individuellement la Bible – du moins ne la lisait-il pas à l'époque où il aurait dû le faire, car de nos jours la religion ne joue pratiquement plus aucun rôle en Europe en tant que force sociale –, il ne médite pas sur son contenu comme le fait le protestant, l'Européen essentiellement nordique, atlantique, car cela lui est formellement interdit ; il doit révérencieusement écouter le sermon que le prêtre égrène depuis sa chaire. L'un pense librement, ou du moins individuellement, tandis que l'autre obéit avec respect. L'explication est peut-être simpliste, mais elle reflète une partie de la réalité.

Parallèlement au faste avec lequel il s'est manifesté dans ses églises, le catholicisme a de surcroît adopté la pauvreté comme vertu théorique, suivant en cela l'un des préceptes évangéliques les plus célèbres, alors que la dimension biblique, judaïque, du protestantisme récompense la richesse comme un don de Dieu : Jéhovah aime le prospère Abel et déteste au contraire l'infortuné Caïn.

Les facteurs de décadence entrant en jeu ont été beaucoup plus nombreux. Nous avons longuement parlé de la fermeture de la Méditerranée orientale par l'islam : elle oblige l'expansion et les contacts européens avec l'Extrême-Orient à se faire à travers l'Atlantique. Mentalement et culturellement fermés, l'Espagne contre-réformiste et l'Empire ottoman s'ankylosent. La formidable Italie de la Renaissance évolue de la même façon que la Grèce classique : la fragmentation et la dispersion sont un atout, mais l'absence d'une puissance globalement unitaire finit par affaiblir. Au XIXe siècle, la Méditerranée ne sera plus que "le lac de l'Europe" : stratégiquement parlant, une mare subsidiaire...

Gibraltar, le rocher tranquille et altier d'où semble émaner une sécurité cyclopéenne, se dresse dans le paysage déprimé qui l'entoure, face au panorama inquiétant du détroit que les gros bateaux sillonnent sans cesse, matérialisations désertes et silencieuses d'une fuite perpétuelle... Ce passage et celui de Suez focaliseront plus tard l'intérêt méditerranéen de la Grande-Bretagne, qui au XIXe siècle, et dans la première moitié du XXe siècle, sera la grande puissance du *Mare nostrum* avec, entre Gibraltar et Suez, l'occupation de Malte et de Chypre, plates-formes de réparation et de surveillance fortement équipées. Nelson, l'amiral anglais, avait vaincu les flottes française et espagnole près de Gibraltar, à Trafalgar. Disraeli, le Premier ministre, avait fait acquérir quarante pour cent des actions du canal de Suez.

En occupant le *Mare nostrum*, la Grande Bretagne, véritable empire maritime, maîtresse de l'Atlantique, obtenait l'une des clés indispensables pour une domination pratiquement universelle, qui se limitait finalement à deux objectifs de taille : le passage par la Méditerranée vers l'Inde, la "perle de la Couronne", et vers les gisements de pétrole du golfe Persique. Gibraltar constitue d'ailleurs l'un des rares anachronismes coloniaux existant dans le *Mare nostrum*, puisqu'il se trouve encore sous souveraineté britannique.

Il ne fait pas de doute qu'au moment de son inauguration, en 1869, le canal de Suez fut regardé avec une incroyable méfiance que reflète le journaliste anglais Alexandre Russell :

> Il y a ici une vaste flotte de bateaux grands mais déchargés, à mi-chemin en travers du grand canal, qui prendra fin quand toutes les craintes et méfiances se seront apaisées. Le voyage s'est assez bien passé, mais on ne doit pas encore en conclure que de semblables voyages auront toujours autant de succès.

Un autre sentiment se fait jour chez Russell, la supériorité méprisante avec laquelle l'Europe regardait le monde méditerranéen, dans ce cas égyptien, l'ancien islam dévastateur :

> Il y a une grande absence de discipline à bord des bateaux égyptiens, bien que les officiers soient assez despotiques et l'équipage plus que servile. Si les ordres et les malédictions, prononcés à haute voix en arabe, pouvaient assurer l'ordre nécessaire, on ne connaîtrait pas l'anarchie ; mais, dans ce cas comme dans d'autres, il est clair que plus on crie moins on travaillait. Les passagers souffrent aussi considérablement de la difficulté de communiquer avec les domestiques, qui parlent principalement l'arabe, un peu l'italien et rarement plus d'une douzaine de mots anglais, qu'ils sont cependant fiers d'exiber en toute occasion, même hors de propos. Cela arrive tous les matins. Le passager au valet de chambre : "Apportez-moi donc un peu de cognac." Réponse : *"All right, very good, yeez, yeez, good night"* (Très bien, très bon, oui, oui, bonne nuit). Puis le valet de chambre disparaît. Les Egyptiens ont la réputation d'être d'excellents marins, et nous ne sommes pas en mesure de le nier.

La France, rivale de l'Angleterre, n'eut qu'une influence mineure en Méditerranée, qui se limita finalement à la possession ou à l'occupation coloniale du Maghreb, du reste importante. Mais il ne s'agissait pas d'une action de force de son versant méditerranéen. Marseille n'était que le port de Paris : le violent centralisme français a toujours été dirigé par une mentalité du Nord. Le Sud faisait systématiquement tapisserie pendant que la France dansait le rigodon européen.

Puis les Etats-Unis font leur apparition sur la scène. Détail pittoresque : la première guerre extérieure que mena ce pays l'opposa à la Libye, en riposte à une attaque navale des pirates de Tripoli contre la flotte américaine. Pour les Etats-Unis aussi, le *Mare nostrum* sera, définitivement, le couloir d'accès aux puits de pétrole du Moyen-Orient – Saddam Hussein, dégradation vivante du militarisme, de l'arabisme et du nationalisme, fut attaqué pour cette seule raison – et pour la défense d'Israël, Etat problématique et pugnace.

Deux révolutions mythiques ont lieu en Occident dans le dernier quart du XVIIIe siècle, une sur chaque rive de l'Atlantique : la révolution nord-américaine en 1776 et la Révolution française en 1789. Le fait qu'elles n'aient pas voulu changer seulement les conditions de vie mais l'homme tout entier a été déterminant : philosophiquement, elles le situent de nouveau – comme en Grèce et à la Renaissance – au centre des droits et des pouvoirs du système dans son ensemble. Ainsi deviendront-elles des modèles et des emblèmes de la nouvelle Europe, du reste de l'Amérique et finalement de plus de la moitié du monde. Allant en outre de pair avec l'ère industrielle, toutes deux bâtiront la société la plus avancée, la plus libre, la plus opulente et la plus équitable qu'on n'ait jamais connue en dépit de toutes ses servitudes, celle que nous vivons.

De ces révolutions partira le feu qui au XXe siècle enflammera l'autre moitié du monde : les révolutions russe et chinoise. Le fait est contradictoire, mais réel : en ne pouvant appliquer son idéalisme à l'ensemble hétérogène et complexe de la société, le principe même d'égalité des révolutions américaine et française provoquera le mouvement marxiste, si paradoxalement totalitaire alors qu'il se prétendait justicier.

Les révolutions du XXe siècle, comme celles du XVIIIe siècle, bâtiront des échafaudages extraordinaires, mais au lieu d'être fonctionnels, générateurs de richesse et respectueux d'un individualisme toujours turbulent, comme ceux qui caractérisent le système démocratique et le mercantilisme, ce seront des échafaudages doctrinaux, qui déchaîneront une nouvelle pratique coercitive dévastatrice, qui étoufferont leurs sociétés vues comme des masses, en brisant leurs initiatives et appauvrissant leur production.

Qu'apporte la Méditerranée de substantiel et de spécifique face à ce double processus, indépendamment du fait qu'elle le vit dans une mesure plus ou moins grande ? Car elle se contente le plus souvent d'enfanter une saga de révolutionnaires aussi fougueux qu'éphémères, un peu comme les fusées des *Fallas* de Valence – ville elle aussi méditerranéenne – la nuit de la Saint-Joseph, fête populaire exubérante, baroque, pyrotechnie aussi brillante et retentissante que fugace... Si ces révolutionnaires méditerranéens fiers et agressifs réussissent finalement à instaurer un nouveau régime, il sera impuissant, simplement circonscrit à la nation et même à une personne, dépourvu de l'essentialisme idéologique ou viscéral susceptible d'être universalisé, caractéristique de toute révolution qui dépasse les peuples et les frontières. Rappelons-nous aussi le christianisme.

Personnages exclusivistes et dépourvus de tout esprit de solidarité, ces Méditerranéens trouveront leur pierre angulaire dans l'autoritarisme sentencieux et non dans l'abstraction idéologique et idéale capable d'entraîner le monde entier, comme cela s'est produit avec la Révolution française et la Constitution américaine. Ce sont Napoléon, Garibaldi, Atatürk, Mussolini, Enver Hodja, Nasser, Franco, Tito, Kadhafi, les colonels grecs…

Curieusement, les deux pays méditerranéens qui ont été communistes, l'Albanie et la Yougoslavie, avec leurs leaders Hodja et Tito, ont produit les seuls régimes de l'Est qui aient réussi à triompher de l'URSS lors des affrontements, et à rester indépendants vis-à-vis d'elle, mais au prix d'un total isolement. Comme si, en fin de compte, leur hétérodoxie s'était inspirée de l'idiosyncrasie méditerranéenne, faite d'un mélange d'intuition, de vitalité, d'anarchisme.

Rhodes est l'île typique de la Méditerranée orientale. Celle qu'occupa l'ordre des chevaliers croisés de Saint-Jean – de Malte – après la chute de Saint-Jean-d'Acre. Ils y séjournèrent jusqu'en 1522, s'adonnant énergiquement à la piraterie au détriment de l'islam, au nom de la Croix. Il peut paraître surprenant que nous choisissions justement Rhodes pour évoquer Mussolini, le dictateur le plus infatué de la Méditerranée du XXe siècle, fondateur du fascisme, personnage dévotement admiré par Hitler – ce sentiment n'était pas réciproque –, d'autant qu'il ne se rendit jamais à Rhodes.

Mais l'Italie a occupé l'île de 1912 à la fin de la Seconde Guerre mondiale, en 1945. Et elle réédifia presque entièrement, à partir des plans originaux, l'antique citadelle ainsi que plusieurs palais médiévaux des anciens chevaliers croisés. A côté de la Rhodes délabrée par le temps se trouve celle reconstruite à coups de milliard par le fascisme. Rue des Chevaliers, palais des Grands Maîtres… Car cette Rhodes italienne fut conçue comme une formidable opération de propagande politique. Dans le vestibule du palais des Grands Maîtres reconstruit, une énorme plaque révèle toute la résonance, tout le vide qui nourrissait l'esprit mussolinien :

> Sous le règne de Sa Majesté Victor-Emmanuel III, roi d'Italie et d'Albanie, empereur d'Ethiopie, et sous le gouvernement du Duce du fascisme Benito Mussolini, cette ancienne forteresse édifiée par les chevaliers de Saint-Jean sur les bastions romains inviolés […], défense de la civilisation occidentale, du droit et de la religion et de la restauration de Rome, et, une fois reconstruits, rendant sa puissance et sa splendeur à son histoire rénovée. En l'année 1940 de Notre-Seigneur, XVIIIe de l'ère fasciste.

Puéril et néfaste Mussolini… Chaque soir on lui amenait une femme, avec laquelle il faisait hâtivement l'amour sur un banc de pierre, dans la somptueuse salle de la Mappemonde du glorieux palazzo Venezia romain, tandis que dans sa tête, ou dans sa bouche, résonnait une phraséologie encore plus ronflante :

> Nous, qui détestons profondément tous les christianismes, aussi bien celui de Jésus que celui de Marx, éprouvons une extraordinaire sympathie pour le nouveau développement que prend la vie moderne, pour le culte païen de la force et du courage… Fausses promesses assez insidieuses d'un paradis que nous ne connaîtrons jamais, théologiens rouges et noirs de toutes les églises ! Assez, ridicules sauveurs d'un genre humain qui se moque de vos infaillibles recettes pour atteindre au bonheur ! Laissez la voie libre aux forces élémentaires de l'individu, car il n'existe d'autre réalité humaine que l'individu.

Réalité qu'il se garderait bien de respecter : dans la pratique, la prétendue philosophie fasciste se réduisit à une impudente vantardise. Et à sa mort, avec Clara Petacci, une femme qui l'adorait, Mussolini fut conspué, traité avec autant de vilénie qu'il en avait imposé.

Les Grecs donnèrent à la Corse le nom de Kallisté, "la plus belle". Elle se caractérise en effet par une beauté sauvage, pensive, anfractueuse – avec son littoral accidenté, ses hautes montagnes, ses vallées boisées ombragées. L'île couvre 8 682 kilomètres carrés, un peu plus du double de Majorque, mais compte la moitié moins d'habitants que cette dernière : à peine trois cent mille.

La Corse, l'île de celui qu'on a surnommé le Grand Corse : Napoléon Bonaparte. Il naquit à Ajaccio, dans une maison devenue un petit musée à sa mémoire. L'île a subi de constantes dominations étrangères ; à la fin du XVIIIe siècle, face à Gênes et à la France, Pasquale Paoli a été le héros d'une indépendance insulaire éphémère, se réclamant d'une idéologie que nous appellerions aujourd'hui progressiste, qui ne l'a cependant pas empêché d'appliquer la peine de mort avec une certaine désinvolture. Comme son père, Napoléon était paoliste… jusqu'au jour où il cessât de l'être, ce qui l'obligea à fuir tandis que sa maison était saccagée. Il serait plus tard le véritable catalyseur de la Corse française et du nationalisme gaulois le plus dur, négligeant d'ailleurs de retourner dans son île ou de faire quoi que ce soit pour elle.

Mais le caractère de Napoléon s'est formé au milieu des paysages de la Corse et de son peuple, dur à la lutte pour sa subsistance dans cette Méditerranée sèche et endémique, avec ses clans familiaux, sa capacité de résistance, son audace dans les pillages, son indigence… L'empereur a en effet agi avec une célérité déprédatrice fulgurante dans le contexte de l'extraordinaire tournant politique que fut la Révolution française, à l'image de ses aïeux qui avaient survécu grâce aux razzias parmi les envahisseurs romains et arabes.

Cela étant dit, Napoléon agissait – et cela fut probablement décisif – en terrain favorable : au début du XIXe siècle, au moment où démarre son ascension définitive et divinisée, la France et les pays alliés ou annexés s'étendent de Cadix à la mer du Nord et de l'Atlantique aux confins italiens. La France regroupe en somme le tiers de l'Europe, face à la désunion du reste.

Napoléon à Sainte-Hélène, d'après une gravure anonyme, Bibliothèque nationale, Paris.

Bonaparte empereur impose partout où il passe une dictature qui est aussi, bien sûr, celle de sa famille, la famille méditerranéenne classique, aussi bruyante et agitée que soudée. Dans aucun pays l'empereur ne supprime la censure de la presse et des théâtres établie sous l'Ancien Régime, dans tous il rappelle les hommes sous les drapeaux, réquisitionne les ressources, provoque la guerre. Mais de façon instinctive et obsessionnelle, non pas intellectuelle, il sait se situer dans l'œil d'un cyclone tumultueux et romantique, celui des idéaux de la Révolution française et de Paoli ; devant leur poussée irrésistible, la noblesse, l'Ancien Régime, les privilèges battent en retraite tandis que la bourgeoisie, les classes moyennes, le libéralisme, le divorce, la tolérance religieuse prospèrent…

Napoléon avait choisi la carrière militaire. Il a mis son impétuosité et sa passion au service de la milice et de la guerre. L'armée l'a toujours soutenu, elle a été la clé de son succès. Sur le champ de bataille, sa tactique était simple : lancer rapidement sur l'ennemi de grandes quantités de soldats appuyés par une artillerie nombreuse qui l'écrasait, des masses galvanisées par le culte de l'honneur que symbolisait indéniablement l'empereur. Cet honneur qui, dégradé, finit par être le code de la mafia, de la Camorra...

Cette rapidité de mouvements reposait sur une innovation d'une extraordinaire simplicité : la cadence de marche de la troupe était de cent vingt pas à la minute alors que les autres armées n'avançaient pas à plus de soixante-dix pas. Napoléon avait en outre organisé ses effectifs militaires en divisions, chacune fonctionnant de façon totalement autonome, y compris en ce qui concernait l'approvisionnement : elles ne transportaient presque pas de vivres et vivaient sur le pays. Un demi-million d'hommes participèrent à la campagne de Russie ! On imagine les déprédations cyclopéennes qui purent être commises...

Mais au fur et à mesure que l'éventail napoléonien s'ouvre, ces forces ou impulsions perdent de leur efficacité en Espagne, en Russie : l'empereur veut s'occuper de trop de choses à la fois et il n'a pas assez de bras. Son brusque impérialisme, logiquement transformé en colonialisme, l'a confronté sur le terrain économique aux Anglais : en Europe, le thé, le sucre, le café, les épices s'achètent en Angleterre, et c'est pourquoi Napoléon veut avoir son propre marché. Mais l'escadre de Nelson l'annihile sur mer, tandis que sur terre la contrebande anglaise envahit la France : en 1810, malgré le blocus français, la Grande-Bretagne atteint son chiffre d'exportations le plus élevé, aux dépens des pays dominés par le Corse.

Mais il y a peu de sens à essayer de comprendre les chefs, les génies, les criminels en marge de la société dans laquelle ils s'épanouissent. Vaincu une première fois, Napoléon fut confiné dans l'île d'Elbe, petite île italienne retirée – sa plus grande longueur est de dix kilomètres. Elle compte aujourd'hui trente mille habitants, mais se réduisait alors à un petit village, où il devait "régner", mais dont il s'échappa au bout de neuf mois pour envahir à nouveau la France. Ce furent les Cent Jours, au terme desquels, à la bataille de Waterloo, on verrait l'anéantissement définitif de ce Corse exceptionnel. Il faut cependant tenir compte du contexte dans lequel agissait Napoléon.

Voilà comment le *Journal des débats* de Paris annonçait la nouvelle du retour de Bonaparte, le 6 mars 1815 :

> Bonaparte s'est évadé de l'île d'Elbe où l'imprudente magnanimité des souverains alliés lui avait octroyé une souveraineté

> comme prix de la désolation qu'il avait apportée à leurs Etats. Cet homme qui en renonçant au pouvoir n'a jamais renoncé à son ambition et à ses fureurs, cet homme couvert du sang de générations vient, au bout d'un an, d'essayer de disputer, au nom de l'usurpation, la légitime autorité de la France.

Et le vingt du même mois, le même journal proclamait :

> Les boulevards sont couverts d'une foule immense impatiente de voir le héros qui lui a été rendu. Les quelques troupes qui s'étaient rassemblées dans l'espoir insensé de s'opposer à lui sont passées aux aigles impériaux. Sa Majesté l'empereur a traversé douze cents lieues de territoire avec la rapidité de l'éclair, au milieu d'une population saisie d'admiration et de respect…

Les guerres napoléoniennes et les terribles dévastations qu'elles provoquèrent firent de la Méditerranée le théâtre de l'un de ses événements les plus effrayants, qui mit également en scène un des vieux mythes terrifiants de la mer : celui de l'être humain – une multitude dans ce cas – abandonné sur une île déserte.

Nous avons évoqué l'île de Cabrera, dans l'archipel des Baléares, ses montagnes de pins et de sabines, ses petites anses semblables à des miroirs. L'armée de Napoléon ayant été vaincue à Bailén en juillet 1808 par les Espagnols, il fut convenu que les soldats prisonniers seraient conduits à Sanlúcar de Barrameda, en Andalousie, d'où on les embarquerait pour leur pays. En réalité, de juillet à décembre on leur imposa une marche lente et éprouvante de Bailén jusqu'à Puerto de Santa María, où ils furent détenus sur de vieux bateaux désarmés, ancrés dans les eaux de Puerto Real, la baie atlantique de Cadix.

Ils y vivaient entassés, ayant à peine de quoi se nourrir et boire, ce qui les poussa même à manger des chiens. Le typhus, le scorbut, la gale commencèrent à faire des ravages parmi eux. Certains jours on compta jusqu'à trois cents morts. Les ponts des bateaux furent affectés à l'infirmerie. Les cadavres étaient jetés à la mer et flottaient pendant des jours, car on ne disposait pas de sacs ou de fers pour les envoyer par le fond. La houle les poussait contre les remparts de Cadix, ce qui provoqua la colère des habitants.

On décida de transporter les prisonniers aux Baléares. Les chefs et les généraux français furent laissés à Majorque. De leur captivité dans le château de Bellver restent sur les murs des inscriptions qui glorifient Napoléon et calomnient Ferdinand VII, le roi espagnol. Entre le 7 et le 10 mai 1809, quatre mille sept cent quarante-cinq prisonniers furent débarqués à Cabrera. L'îlot était totalement désert et on ne leur fit parvenir des vivres que deux jours plus tard.

Ces hommes, plus les quatre mille autres prisonniers de guerre capturés au cours des mois suivants qui vinrent les rejoindre, restèrent cinq ans à Cabrera, jusqu'à mai 1814, excepté quelques-uns qui purent s'évader ou furent libérés. Seulement trois mille six cents survécurent à la captivité. Les autres moururent de faim, de la peste, de folie ; le rocher devint un véritable enfer.

La soif fut peut-être le pire des maux. Sur l'île il y n'avait qu'une petite fontaine et un puits de faible débit, saumâtre. Philippe Giulle, prisonnier qui écrivit plus tard un récit sur cet épisode, raconte les premières scènes qui eurent lieu devant la fontaine :

> [...] la fontaine fut littéralement assiégée par une foule assoiffée [...] dans la file qui s'était formée ils se virent obligés d'user de leurs poings : il s'en fallut de peu qu'ils s'étranglent les uns les autres. Une quantité infime d'eau pour près de six mille hommes ! Manquer d'eau sur un rocher nu sous un ciel de feu !

La fontaine se tarit et on dut se résoudre à recourir au puits saumâtre, à manger des clovisses, à mastiquer des mauvaises herbes. On demanda de l'eau à Majorque, mais le troisième et parcimonieux envoi fut pris d'assaut par une foule que la soif avait rendue furieuse, aussi les envois furent-ils suspendus.

Le nombre des hommes touchés par le typhus et la dysenterie augmentait. On ne leur distribuait des vivres que tous les quatre jours en moyenne, qui souvent s'élevaient à six ou dix jours. La ration de chaque homme consistait en une livre de pain et quelques poignées de fèves – qu'ils ne pouvaient faire cuire en raison du manque d'eau. Malades, affamés, désespérés, quelques captifs se jetèrent à la mer, l'un d'eux pratiqua même l'anthropophagie. Ils habitaient dans des grottes ou dans des huttes qu'ils avaient eux-mêmes construites.

Devant l'ampleur des épidémies, on entreprit la construction de trente grandes baraques. Le budget prévu pour chacune était de cinq cent trente et un réaux. L'aumônier majorquin en charge des âmes françaises recevait un salaire mensuel de huit cents réaux, le délégué du gouvernement qui commandait les prisonniers touchait mille réaux. Bien sûr, les baraques s'écroulèrent avant même d'être terminées.

Cependant, tous les prisonniers ne succombèrent pas à la catastrophe. Certains se regroupèrent et s'organisèrent sommairement. Ils plantèrent quelques légumes mais, la nuit, d'autres captifs les déterrèrent et les dévorèrent ; ils improvisèrent des jardins plantés de quelques fleurs et d'arbustes sylvestres, levèrent des plans de l'île, étudièrent sa flore, s'ingénièrent à faire, avec des branches et du feuillage, un théâtre dans lequel ils représentèrent des pièces qu'ils avaient eux-mêmes écrites, parlant de la faim, de la soif, des rats, des lézards, d'un âne appelé Martin. Ils rédigèrent même une sorte de journal fantastique annonçant des nouvelles imaginaires et agréables : ils imaginaient ce qu'ils n'avaient pas.

Une industrie manuelle, misérable mais diversifiée, s'établit à la pointe du couteau : tabatières de genévrier et jeux d'échecs, fourchettes et cuillers de buis, bâtons de sabine, qu'ils vendaient pour une misère – pour eux précieuse, le seul argent leur permettant de se procurer un peu d'huile, un médicament, du vin – aux marins qui effectuaient l'approvisionnement depuis Majorque, et les revendaient un bon prix. Les prisonniers donnèrent beaucoup de travail à l'aumônier ; pour des raisons "morales", il fit expulser les femmes célibataires qui avaient suivi l'armée vaincue, mais il ne rapatria pas les femmes mariées…

En 1810, on parvint à libérer de nombreux officiers et sous-officiers, qui furent conduits en Angleterre. En 1814, quand se termina la captivité de la troupe, l'étoile napoléonienne subissait une éclipse. S'embarquant pour la liberté, de nombreux survivants pleuraient la chute du héros, criant qu'ils auraient volontiers consenti à rester prisonniers à Cabrera si cela avait pu permettre le retour de Bonaparte. Avant de partir pour le port de Toulon, les derniers survivants mirent le feu aux huttes, à la chapelle, à tout ce qu'ils avaient possédé sur l'îlot. Celui-ci retrouva sa solitude au milieu de la Méditerranée où se reflétaient les flammes joyeuses.

Sur le bateau qui s'éloignait, un prisonnier chanta un émouvant adieu :

Adieu, rochers ; adieu, montagnes,
grottes, déserts, antres affreux ;
nous laissons vos tristes campagnes
pour revoir un séjour heureux.
Nous pouvons chanter à la ronde
que la paix nous ressuscita ;
car on revient de l'autre monde
quand on revient de Cabrera…

Je suppose que par association d'idée, aussi bien que par souffrance personnelle et nationale, je dois faire référence au général Franco, qui, après avoir gagné la dernière guerre civile espagnole (1936-1939), imposa sa dictature au pays jusqu'en 1975, date de sa mort. Franco n'était pas à strictement parler un Méditerranéen, car il était né en Galice, sur l'Atlantique ; en bon Galicien, c'était un homme de petite taille, grassouillet, très rusé. Mais l'Espagne est, surtout, méditerranéenne...

On a dit que Franco fut un bon stratège militaire, mais cela paraît douteux : il mena au Maroc, dans les possessions alors espagnoles, une guerre désastreuse. Dans le conflit civil espagnol, il agit surtout avec prudence et dureté, mais sans hâte et avec un farouche bon sens, face à l'armée républicaine qui, comme la république elle-même, constituait un mélange de désordre, d'espoir et de charlatanerie.

L'Espagne sortit de la guerre civile éreintée, exsangue, et Franco lui imposa une réglementation militariste qui la privait de toute liberté, de tout idéal. Son régime représentait l'énorme assommoir d'un immobilisme médiocre. Il agissait sans agir, jouant dans un calcul inhumain, et toujours selon les circonstances, une carte ou une autre, soit devant les événements ou les personnes, et sans permettre à aucun moment à l'ennemi, ou même au simple opposant, de s'intégrer ou de se ressaisir.

Il fut un peintre amateur médiocre et sans talent. Un de ses cousins, qu'il eut à ses côtés pendant des années comme assistant, le général Franco Salgado-Araujo, prenait chaque jour des notes de ce qu'il voyait et de ce dont ils parlaient, et il laissa, peut-être sans bien se rendre compte de sa valeur, une chronique intime qui dresse un tableau peu flatteur du dictateur, dont je tire au hasard une annotation, datée au 6 mars 1956 :

> Aujourd'hui j'ai déjeuné au Prado avec le Caudillo et sa famille. Ces repas sont en général d'un suprême ennui, car aucun d'eux ne prend la peine de trouver un sujet de conversation. S'il est préoccupé, il ouvre à peine la bouche, passe son temps à mordiller des bâtonnets dont il laisse les bouts sur la table. Il a un regard triste qu'il ne pose nulle part. Un ange passe, suivi de toute la cour céleste.

Quand Francisco Franco mourut, son régime s'effondra tranquillement car ce n'était qu'une carapace, certes dure mais dont l'intérieur était absolument vide. En Italie existe un parti politique d'ascendance mussolinienne ; en France, Napoléon continue à susciter la dévotion de certains ; mais en Espagne, à mesure que ceux qui ont soutenu le dictateur disparaissent de mort naturelle, la figure de ce dernier s'estompe sans rien laisser derrière elle.

Mussolini et Napoléon, mais aussi Nasser dans sa démesure verbale et spirituelle, ou un Garibaldi errant en compagnie de son chien : plutôt que des révolutionnaires, ces caudillos méditerranéens ont été des dictateurs, des aventuriers personnalistes. Et baroques, c'est-à-dire encombrés de gesticulation, de rêves, de sentimentalisme, d'une foi sévère dans les vertus militaires les plus typiques, réceptifs à l'idéologie seulement de façon superficielle. La forme l'a emporté sur le contenu, comme si l'incapacité des peuples méditerranéens à sortir de leur période de marasme et à adapter leur pas à celui du Nord et de l'Atlantique s'était traduit en politique, au cours d'une longue époque, en simples explosions émotionnelles, ce qui ne les a pas empêchées d'être tonitruantes...

*

Au cours du dernier tiers du XXe siècle, la Méditerranée apparaît de nouveau, mais de façon inégale, comme un espace émergent, soit en raison des graves problèmes qu'elle connaît, soit comme vecteur de civilisation, soit comme foyer de développement économique dans l'arc latin qui comprend les littoraux de l'Espagne, de la France et de l'Italie du Nord. De plus, les problèmes n'ont pas toujours, ou pas seulement, un aspect négatif : ils peuvent entraîner le naufrage, si leur processus est chaotique, mais aussi représenter un tremplin si on parvient finalement à les surmonter.

Qu'apporte la grande révolution industrielle ? Au début, un homme qui fait partie d'une masse. Mais, une fois qu'il se sent en sécurité, il s'individualise. Chaque individu est et veut être lui-même. D'ailleurs, l'essence labyrinthique du phénomène démocratique n'est pas autre chose. Une fois qu'ils ont dépassé l'état de survie, l'homme, la femme, l'enfant aspirent à devenir uniques, à devenir les protagonistes confiants et libres de leur propre existence, le centre de l'univers. Ici encore, nous revenons en quelque sorte aux pôles de la Grèce classique et de la Renaissance : l'homme est l'axe et la mesure de toutes choses. Il s'agit, en définitive, du contenu de la Déclaration des droits de l'homme.

C'est pourquoi il importe peu aujourd'hui, ou beaucoup moins, que le pouvoir – en tant que principe ou concept fondamental, en tant que but de civilisation – soit le pouvoir de l'Etat ou celui des idéologies. Ce qui compte, en définitive, c'est l'homme au milieu de paysages agréables, s'élançant dans une rue humanisée où l'individualisme n'a nul besoin d'appuis extérieurs pour vivre. Un homme actif, comblé, solide, investigateur. Assistons-nous à une nouvelle Renaissance qui de nouveau a lieu en Méditerranée ?

A l'heure actuelle, l'une des caractéristiques les plus importantes de notre mer est sa prodigieuse capacité d'avenir. Aux Etats-Unis, par exemple, on a observé un phénomène significatif, celui du déplacement de l'activité de pointe, créatrice d'un haut niveau de richesse, de l'Est industriel autrefois puissant à l'Ouest ouvert, sans expérience il y a encore peu. Le climat agréable de la Californie offre à l'homme une meilleure qualité d'environnement que les rigueurs du climat new-yorkais.

Si l'homme d'aujourd'hui considère que ces sujets le concernent personnellement, si la préoccupation écologique ou la société du bien-être font déjà partie de son existence, l'homme de demain les réclamera encore davantage. Le tourisme, la grande conquête de notre époque – le loisir comme patrimoine commun et non comme privilège de classe –, va de pair avec trois demandes, ou trois offres : le soleil, l'art, le confort. Or non seulement la Méditerranée bénéficie de la plus grosse concentration d'art au monde, de monuments qui ennoblissent ses paysages variés et lumineux, mais elle possède aussi des plages dotées de somptueux complexes hôteliers, dans une atmosphère réconfortante.

En 1963, il y avait quatre-vingt-dix millions de touristes dans le monde. En 1993, cinq cents millions. Le tiers d'entre eux choisit la Méditerranée comme lieu de destination, alors que géographiquement elle ne représente qu'un "petit coin" de la planète... Et il faut en outre tenir compte des problèmes politiques et des guerres qui interdisent ou troublent certaines côtes de la mer du classicisme.

Mais cette multitude de séjours ne concernera pas seulement les périodes de vacances. Les toutes nouvelles technologies, en progrès constant, influencent deux aspects de la vie sociale : elles accroissent le temps libre de l'individu – grâce à la réduction du temps de travail et de l'âge de la retraite – et son indépendance dans le travail – grâce à l'ordinateur, à la puce électronique, aux autoroutes de l'information qui permettent à beaucoup plus de gens de travailler chez eux, reliés à un central par le réseau informatique. Le travail obligeait l'homme à se déplacer, mais c'est à présent le travail qui va à la rencontre de l'homme, ce qui constitue un tournant radical. Les "personnages en quête d'auteur", comme disait l'impétueux dramaturge sicilien

Luigi Pirandello, qui naquit dans la "blonde Agrigente" chantée par Empédocle.

Le loisir et l'individualité, peut-être aussi les cellules familiales et les petites communautés de voisinage, retrouvent la prépondérance qu'ils avaient autrefois et semblaient avoir perdu depuis un siècle ou un demi-siècle, à cause d'une modernité dont on juge aujourd'hui qu'elle noie dans la masse et déshumanise, tandis que s'impose de nouveau la dimension personnaliste, celle de l'individu considéré comme ce qu'il y a de mieux dans le système social.

Si le machinisme a entraîné la robotisation, la technologie suscite un nouvel humanisme. On pensait que les moyens audiovisuels feraient disparaître l'écriture, mais les ordinateurs et Internet la récupèrent et la multiplient. La télévision diffuse autant de téléfilms insipides que de reportages fascinants sur la vie des animaux ou sur n'importe quelle contrée de la Terre. Les musées, les grandes expositions de peinture et les concerts sont devenus quant à eux de véritables événements sociaux, ce que seul le sport avait réussi à faire avant cela à l'époque moderne.

Qui, pouvant travailler sur les rives de la Méditerranée, le fera dans une ville brumeuse et froide de l'Europe du Nord ou du Centre ? Voilà pourquoi le parc Disney de la région parisienne est un échec, alors qu'à Tarragone Port Aventure triomphe… la douceur du climat.

Personnifions la question dans la cité, la métropole méditerranéenne, prodigieux espace de convivialité ordonné par l'esthétique. Et faisons-le dans une ville éloignée, non pas à Florence mais dans la petite ville d'Orihuela, sur la côte de Valence : l'extraordinaire valeur de chaque recoin de la Méditerranée, l'efficacité avec laquelle ses habitants communiquent entre eux. Et personnifions davantage encore avec un architecte créateur, apôtre de la ville du *Mare nostrum* : le Catalan et cosmopolite Ricardo Bofill.

Monde intense et endormi d'Orihuela. La vallée, très fertile, regorge d'humidités souterraines avec le Segura, petite rivière qui traverse les sombres orangeraies aux fruits de feu. Les oliviers gris perle, les figuiers, les caroubiers, les amandiers, les vignes. La grâce du palmier svelte, arcatures au vent, avec ses régimes de dattes jaunes.

Et le mont San Miguel et la sierra, rochers pelés et agressifs, clameur d'une étincelante nudité. L'érosion, ce long et dur châtiment biblique qui frappe la Méditerranée. Image d'une beauté sauvage, celle de la pluie torrentielle qui déverse des trombes d'eau, atrocité de la mort sur la plaine.

Je marche dans les rues, ébahi à la vue de ses édifices, hautes et énormes bâtisses des XVIe, XVIIe et même XVIIIe siècles : la vieille université de Saint-Dominique, le palais épiscopal, la cathédrale, le palais de Rocamora... Immenses façades Renaissance, mais surtout baroques, surchargées, hautaines, et les sculptures opulentes de Vierges impavides et de fleurs stratifiées.

Le contraste est grand entre la vallée luxuriante, solaire, et l'imposante magnificence de la pierre. Peu de villes reflètent autant que les cités méditerranéennes une fusion aussi complète entre l'ecclésial et le populaire. Nous ne savons pas si nous avons été pauvres ou riches, mais à l'évidence nous avons été opulents. Y a-t-il une différence entre l'apparence et la réalité, entre le rite et l'amour ? Dans le baroque, très peu.

A Orihuela, bien que statique et extatique le passé continue à dessiner le présent, comme si l'air était une voix architecturale. Pourtant, la pression maraîchère est toute-puissante : Orihuela ne serait rien non plus sans les sillons grumeleux de terre grasse. Sans la littérature qui a jailli de tout cela, comme si la vallée sensuelle et la montagne vibrante s'étaient transformées en création : baroque et voluptueux Gabriel Miró, baroque et retentissant Miguel Hernández.

> Grifol baisa une main gantée de soie violette, une main qui ne portait pas de bague. Et il se dit : "Je viens de prodiguer mon baiser de courtoisie, ou de révérence, ou de je ne sais quoi ; je n'ai pas à y revenir en lui prenant l'autre main. Et qu'il les a grosses ! Sous ses gants on ne sent pas la peau, mais une mollesse de boyaux imbibés d'huile*..."

Il s'agit de *L'Evêque lépreux*, roman de Gabriel Miró. Son prélat eut un corps et un nom réels : Juan Maura y Gelabert, évêque d'Orihuela de 1886 à 1910, cousin germain d'Antonio Maura, le premier homme politique conservateur de l'Espagne du XXe siècle. Tous deux majorquins : Antonio obtenant une prébende pour Juan... Je marche dans la cathédrale sans lumière au milieu d'une vapeur d'humidité. Il y a un Vélasquez, mains livides dans la pénombre...

La maison de Miguel Hernández. La très humble maison où il naquit. Celle, bien plus humble, où il vécut, accolée à la base du mont San Miguel, et qui a été modeste mais excessivement arrangée pour en faire un pauvre musée. Mais il y a toujours la cour où se trouvait le figuier sous lequel le jeune poète écrivait, l'enclos où il enfermait le troupeau de chèvres qu'il emmenait matin et soir paître l'herbe rare et savoureuse du terrain rocailleux. Puis il les trayait et distribuait le lait dans le village.

Une petite cuvette, une valise en carton, des photos passées. Et, dans un coin, quatre planches en pin, misérables et déclouées, un morceau de toile noire bon marché, un petit tas de pourriture avec un petit os, un morceau de peau parcheminée : le cercueil de Miguel, auroral et tragique, imagerie sonore, un des grands poètes de la Méditerranée moderne :

Je m'appelle boue bien qu'on m'appelle Miguel.
Boue est ma profession et mon destin
qui tache avec sa langue quand il lèche.

Et son "Elégie", dans *La Foudre perpétuelle* :

Je veux être en pleurant le cultivateur
de la terre que tu occupes et que tu fumes,
compagnon de l'âme, si tôt.
Les pluies, les escargots et les organes
nourrissant ma douleur sans instrument,
aux coquelicots abattus…

Bofill devant Orihuela, devant la Méditerranée : "D'un point de vue architectonique et urbanistique, la Méditerranée est le lieu le plus important au monde jusqu'aux XVIIIe et XIXe siècles, lorsque la révolution industrielle met la technologie au centre de la construction, car elle situe l'homme face aux choses, comme centre de composition, et atteint cet objectif ou cette dimension extraordinaire que nous appelons le classicisme."

Milet ou n'importe quelle cité grecque de cette époque sont conçues comme des espaces de cohabitation ; car la ville méditerranéenne est formée d'un ensemble de rues et de places disposées de façon à favoriser le contact et l'écoulement humains, mêlant tous leurs usages pour en faire un lieu de vie collective. Mais le Moyen Age règle la question en instaurant la ségrégation : les maisons sont dans un rapport de soumission au château et à l'église, qui les dominent. On a là un antécédent de l'univers urbain contemporain, la ville américaine étant l'exemple même d'une planification et d'une ségrégation écrasantes : le *down town*, centre commercial, administrateur et fournisseur, avec son imposante et vertigineuse verticalité, comme à Houston ou Chicago, puis l'immense planimétrie réservée à l'utilisation individuelle par classes sociales. Il n'y a plus ni places ni système de communication, tout est zonage réglementé sans espaces communs. Un gratte-ciel satisfait la technique et l'orgueil. C'est un diktat. La maison du Corbusier imaginée comme une "machine à habiter", fait remarquer Bofill, sarcastique, qui poursuit : "La Renaissance a essayé de revenir au classicisme – la cité italienne –, mais il s'agissait d'une volonté, c'était un dessin, autrement dit une utopie, laquelle fonctionne jusqu'à ce qu'elle ne devienne plus qu'une pensée fermée, sans capacité de transformation. C'est ainsi qu'on débouche sur le baroque. Que l'on songe à Borromini, dans la prodigieuse ville de Rome, dans laquelle l'ensemble s'adapte à la réalité du terrain, de l'utilisation qu'on peut en faire, et de ses exigences. Le baroque est l'art du mouvement : le concave, le convexe, les volutes, les formes gestuelles, tout se nourrit de tout. Son ultime dérive, les grands tracés français, Paris rationalisant le baroque. A l'inverse de l'Angleterre, où l'on invoque un Palladium, une néo-Renaissance, cette ville utopique qui sera exportée aux Etats-Unis."

Bofill rejette tout ce qui n'est pas une conséquence humaine et historique, il rejette le monstre architectonique de notre époque. La question qui reste en suspens est le réveil de l'Orihuela endormie à travers la modernité humanisée. La Méditerranée actuelle, réintroduite dans l'histoire déterminante, constitue à nouveau un des axes de civilisation.

Architecture ou art. L'art, d'ailleurs, ne limite évidemment pas sa fonction au contemplatif et au décoratif, et il n'est même pas fonctionnel. La création, par sa nature même, stimule l'imagination, conquiert pour l'être humain de nouveaux espaces mentaux, multipliant ainsi ses possibilités vitales. Nous avons évoqué l'incomparable héritage artistique de la Méditerranée, mais si nous regardons notre époque nous nous apercevrons que la capacité de fabulation du *Mare nostrum* reste intacte : dans la peinture contemporaine, par exemple, nombre des expositions les plus surprenantes, aux couleurs ensorcelantes et aux formes insolites exprimant une exploration des forces de la création, proviennent d'artistes méditerranéens ou installés sur ses rives, de l'éblouissant Van Gogh de la Provence – un battement de chair et de terre – à De Chirico avec sa révision classiciste onirique.

La méditerranéité en vient à se dresser dans l'art tel un chromatisme joyeux et orgiaque, humanisé et plein de fantaisie. Arrêtons-nous sur trois grands noms : Picasso, Miró et Dalí, le premier formé à Barcelone, les deux autres catalans.

Son Abrines, l'atelier de Joan Miró, à Palma de Majorque, dû à l'architecte Sert, auquel s'ajoute maintenant un musée à la mémoire du peintre. Miró, né à Barcelone, avait un grand-père majorquin ; il se maria dans l'île et il y retourna après le début de la Seconde Guerre mondiale, tournant le dos au régime du général Franco, qui régnait alors en Espagne. Et il mourut dans la grande île des Baléares en 1983. Méditerranéité complète.

Aujourd'hui, de nombreux immeubles neufs s'élèvent aux abords de Son Abrines, produits du boom touristique dont Majorque constitue l'un des premiers centres méditerranéens et mondiaux. Mais il y a quarante ans, Son Abrines formait un champ bucolique planté d'amandiers, une pente de collines couverte de coquelicots face au paysage marin désert. Autre maison-atelier de Miró, Son Boter – vieille ferme du voisinage dont les murs badigeonnés à la chaux portent des graffiti de Miró – évoque la rusticité encore récente de ce lieu majorquin typique.

On a souvent vu Joan Miró comme le poète angélique de la couleur pure, des formes infantilisées. Une lecture superficielle de son œuvre nous le montre effectivement ainsi, et de plus fasciné par la musique silencieuse des constellations astrales qu'il imagine si essentiellement. Mais ses cercles rouges, une intronisation de la fulguration, mènent directement à la furie solaire, à l'obsession du feu, au sang et à l'énergie si chers à la Méditerranée. Sur la toile règne également le noir, la terrible couleur de la tragédie sous le soleil. Et si nous scrutons ses tableaux, nous sommes constamment assaillis par des signes phalliques stylisés et barbares, les monstres de la destruction, les visages déchirés, les oiseaux assassins... C'est un affrontement brutal et rayonnant entre la vie et la mort, entre la joie et l'horreur que Miró concrétise dans son art. La tragédie grecque n'oscille-t-elle pas aussi entre ces deux extrêmes ? "Je peins la terre", répétait Miró.

Les dernières résidences de Pablo Picasso, qui était né à Malaga et avait fait ses études à Barcelone, ne seront plus dans le Paris de ses succès. Dans sa maturité et sa vieillesse, l'artiste retournera en effet vers la Méditerranée, dans les environs de Cannes, l'aristocratique cité devenue synonyme de qualité de vie : *La Californie*, cette belle propriété avec son jardin de palmiers et d'eucalyptus d'où Picasso dominait la côte, et *Notre-Dame-de-Vie*, le mas de Mougins où il s'éteindra. Dans la Provence boisée d'Aix, il acquerra le château de Vauvenargues ; un coin du jardin abrite sa tombe, sur laquelle Jacqueline, sa dernière épouse, a déposé l'une de ses sculptures, *La Femme au vase*...

Deux femmes courant sur la plage, de Picasso, musée Picasso, Paris.

Picasso travailla dans ces trois demeures. Au musée Picasso de Paris sont exposés de nombreux tableaux, ceux qui lui plaisaient et qui constituaient sa collection particulière, comme l'extraordinaire série de portraits féminins : *Nu dans un jardin*, *Portrait de Dora Maar*, *Portrait de Marie-Thérèse*... La volupté, la tendresse, l'agressivité, symphonies vitales résolues à travers les créations constantes et expressives de nouvelles formes.

Toutes les toiles semblent plongées dans le miracle Picasso, celui de la lumière et de la couleur musicalisées par la ligne, dynamisme et optimisme méditerranéens davantage mis en relief par le découpage auquel se voit soumise la figuration, intensifiée lorsque explose l'essentiel : jamais, à notre époque, un peintre n'avait atteint une expressivité si faustienne, une aisance si gracieuse, aisance qui érige ses dessins en exemple ludique sur le modèle de la mythologie grecque ; leur fraîcheur est telle qu'ils donnent l'impression de jaillir d'une connaissance primitive. Puis il y a cette étape italianisante des années vingt, aux formes humaines rondes, d'un toucher chromatique qui évoque l'artisanat potier.

La maison de Dalí, à Port Lligat, sur la Costa Brava catalane, une série d'humbles baraques de pêcheurs liées et magnifiées par le tempérament contradictoire, provocateur et audacieux de Salvador Dalí. Le peintre, très affaibli par la maladie mais lucide, passa ses derniers jours dans le château proche du village de Púbol. Il a construit un musée délirant, sorte de mélange confus qui va du sublime au ridicule, dans sa ville natale de Figueras, également proche.

Aucun autre peintre contemporain n'a sans doute interprété la Méditerranée de façon aussi explicite que Salvador Dalí sur ses toiles : les champs de l'Ampurdán et, de manière accablante, la baie de Port Lligat constituent le théâtre ou le fond d'une infinité de ses tableaux. Avec précision, l'artiste transforme la plage, l'îlot, les montagnes qu'il a devant lui en matière de son rêve hypnotique et aberrant... Le subconscient du peintre absorbe l'air irréel et vibratile de ces journées translucides où la tramontane fouette l'Ampurdán et il les transfigure en un univers surréaliste, trompeur et poreux, dont il faut également chercher la paternité dans les paysages embaumés qui constituent la toile de fond de nombreuses peintures de la Renaissance.

Puis viennent les artistes issus d'environnements brumeux et fermés, qui se sont "méditerranéisés" : Turner, Van Gogh, Paul Klee... Turner pousse la peinture au rythme où avança celle de son pays du XVIIIe au XIXe siècle ; il en sortira l'un des germes les plus nourrissants de l'expressionnisme – il suffit de lire la correspondance qu'échangèrent Pissarro et Monet. Et la grande explosion thaumaturgique se produit à partir de son premier voyage en Italie, à Venise, en 1819 : la lumière et l'épaisseur humide de Venise se révèlent à lui comme un miracle. Après cela, il travaillera la matière jusqu'à presque atteindre l'abstraction : en lui, tout sera liquéfaction luminescente.

Van Gogh était en Hollande un peintre obscur, maladroit. Il arrive à Paris et reçoit un choc terrible en découvrant ce qui commençait à être l'impressionnisme ; mais c'est seulement lorsqu'il s'installera à Saint-Rémy, en Arles, que ce choc deviendra véritable furie de la couleur et de la lumière, autonomies visionnaires : en deux ans, les derniers de sa vie, il peignit près de deux cents tableaux, justement ceux qui le consacrent comme génie ; chacun permet de mesurer, semaine après semaine, l'évolution de son art au contact de la Provence et du Languedoc. Son musée d'Amsterdam offre une occasion unique de connaître ce processus. On parle de la folie de Van Gogh à cause de ses toiles enflammées de champs de blé et de cyprès convulsés : la campagne de Saint-Rémy par un jour de soleil et de mistral offre une image exactement semblable.

Dans une lettre écrite d'Arles à sa sœur Wilhelmine en 1888, Van Gogh écrit : "Tu dois comprendre qu'on ne peut justement pas soumettre la nature de ce pays méridional à la palette d'un Mauve, par exemple, qui appartient au nord, et qui est un maître dans le gris. La palette se voit maintenant absolument colorée, bleu ciel, orange, rose, rougeâtre, jaune très vif, vert clair, le rouge pâle du vin, violet."

J'ai déjà évoqué le choc que reçoit Paul Klee à Tunis, en 1914. On peut retrouver ce phénomène chez beaucoup d'autres grands maîtres : Chagall, Matisse, Bonnard...

Qu'est-ce que l'imaginaire méditerranéen ? Qu'est-ce que la littérature méditerranéenne ? Qu'est-ce qui caractérise la création en Méditerranée ? On trouve dans ce domaine les mêmes conditionnements que dans tout domaine similaire, sous n'importe quelle latitude. Mais, dans ce cas, la complexité du sujet est si vaste dans le temps et dans l'espace que bien souvent et extraordinairement, malgré sa forte caractérisation, elle a eu un résultat conceptuel – non pas réel – inexistant ou négatif.

Au XVIIIe siècle, et dans une partie du XIXe, on aurait même pu répondre à cette question avec ardeur : le "voyage méditerranéen" constituait sans doute l'objectif le plus prisé des peintres, des penseurs, des lettrés – nous pensons à Goethe ou à Delacroix, à Byron ou à Nietzsche. Mais ensuite, la culture européenne se forme autour de paramètres de cérébralité intellectuelle régis par l'Europe du centre, celle des brumes : Paris, Vienne, Berlin, le marxisme, la Bauhaus, la psychanalyse, toute une avalanche multipliée et acérée, sans aucun doute extraordinairement précieuse, créative, accélératrice... et d'une vigilance insomnieuse et glacée. Il n'est donc pas étonnant qu'à partir de telles instances on nie à l'œuvre née en Méditerranée – celle du chromatisme et de la vitalité à fleur de peau – une caractéristique conceptuelle propre. Il existe une "école de Vienne" et l'on ne reconnaît pas une substance méditerrannéenne déterminante !

Si la réponse artistique et architectonique de la Méditerranée est puissante, cela ne doit pas nous empêcher de nous pencher sur la littérature. Celle de l'Espagne par exemple, très typique, mais nous pourrions tout aussi bien nous intéresser à la littérature de la France avec un Jean Giono, à celle de Italie avec un Gabriele D'Annunzio ou à celle de la Turquie avec un Yachar Kemal, pour ne citer que trois écrivains. Selon les érudits, la poésie produite dans la péninsule Ibérique, après l'invasion arabe, dans un premier temps figée, devient plus sensuelle : de l'austérité de l'Arabie aux vallées fertiles d'al-Andalus, elle a évolué vers la sensualité et la couleur, au rythme du changement des coutumes des musulmanes, comme nous l'avons vu.

Et si nous observons la grande poésie espagnole contemporaine, nous découvrirons qu'une bonne partie de ses représentants les plus éminents se trouvent précisément en Andalousie et dans le Levant, autrement dit dans la "méditerranéité" ; ce qui les caractérise, dans l'ensemble, c'est une iconographie d'une exceptionnelle vivacité de tons, un jeu de la vie et de la mort, une extraordinaire et double domination du cultisme et du populisme : García Lorca, Antonio Machado, Miguel Hernández, les prix Nobel Juan Ramón Jiménez et Vicente Aleixandre... Et dans la littérature catalane nous trouvons également plusieurs écrivains, des prosateurs comme Pla, des poètes comme Foix ou Verdaguer, dont les mots s'exaltent aussi de la couleur, de l'odeur et de la saveur méditerranéennes. L'imagerie de J. V. Foix, ses pistes vitales :

Pistes désertes, avenues mortes,
ombres sans ombre dans les criques et sur les plages,
collines de cendres dans les courbes les plus folles,
trophées d'amour sur les portes et les fenêtres.
Vers quel endroit, oh ma folie, portes-tu
mon corps qui ne craint pas les tempêtes
et que n'étonnent ni les parages mobiles
ni mille spectres de villes mortes ?

Et je ne résiste pas à l'envie de transcrire comme modèle global, d'hier sans doute mais de toujours, émouvant et mystérieux déchargement de battements et de routes du cœur, le grand poème de saint Jean de la Croix, essence sans fond, absorbante, de méditerranéité, de l'Europe du Sud, de son esthétique intuitive et sensorielle.

Saint Jean était un homme au corps chétif et à l'âme passionnée. La prison inquisitoriale le broya, le garda presque emmuré. Il était né à Avila, dans cette Castille de Cervantes et de tant d'autres créateurs qui se nourrissait beaucoup plus de Méditerranée que d'Amérique. Saint Jean mourut en outre à Ubeda, dans l'Andalousie proche de Grenade, une des clés de la méditerranéité occidentale. Lisons :

Dans une nuit obscure,
brûlante d'amour anxieux,
oh, l'heureuse fortune,
je sortis sans être remarquée,
alors que ma maison était déjà paisible.
Dans le noir et assurée,

par l'échelle secrète, déguisée,
oh, l'heureuse fortune,
dans le noir et en cachette,
alors que ma maison était déjà paisible.
Dans la nuit bienheureuse,
en secret, car nul ne me voyait,
moi, je ne regardais rien non plus,
sans autre guide ni lumière
que celle qui dans le cœur brûlait.
Elle me conduisait
plus sûrement que la lumière de midi
là-bas où m'attendait
un que je savais bien,
en un pays où nul ne paraissait.
O nuit qui conduisis,
ô nuit aimable plus que l'aube,
ô nuit qui réunis
l'Aimé avec l'Aimée,
l'Aimée en l'Aimé transformé !
Sur mon sein fleuri,
que je gardais tout entier pour lui seul,
là il s'est endormi,
moi je le caressais,
l'air était agité par l'éventail des cèdres.
La brise du créneau,
lorsque avec ses cheveux je jouais,
de sa main sereine
au cou me blessait
et suspendait tous mes sens.
Je demeurai et m'oubliai,
je posai sur l'Aimé mon visage,
tout cessa, je m'abandonnai,
abandonnant mon souci
oublié parmi les lis.*

Le phénomène débouche naturellement sur cette dimension de plénitude humaine, que ce soit dans la gloire ou dans la souffrance, dont l'homme se revêt dans la littérature méditerranéenne. Dans la poésie et dans le récit chinois, dans l'art du conte de l'Inde ou dans le Proche-Orient des *Mille et Une Nuits* – bien que cette anthologie ne soit pas non plus étrangère à la Méditerranée –, l'homme peut être mouvement ou personnage dans le paysage, il peut arriver à des moments existentiels nostalgiques – Li Po – ou tragiques – Du Fu –, mais il n'atteint jamais ces hauts vols humains qu'il atteint dans l'écriture méditerranéenne, où il est aussi important que les dieux et beaucoup plus que l'idéologie, où ses passions et sa mort en font, insistons encore, l'épicentre du monde : Sophocle le dramatique, Sappho la sensuelle, Homère l'épique, la Bible elle-même avec ses personnages démesurés et implorants.

Cette caractéristique affecte également la pensée : c'est Socrate, avec son personnalisme, qui domine la "vérité" ; c'est l'acuité du cerveau de Platon qui "reconstruit" l'univers. Tout, en définitive, pourrait culminer ou commencer chez un Héraclite, qui avec son verbe magique et clairvoyant transforme l'énigme de l'univers en un éclair dans la main de l'homme. Au bout du compte, le *verum* et le *factum* jumelés, à travers lesquels l'homme est ce qu'il fait, les faits, une raison "physique" opposée au simple cartésianisme, à la cérébralité : Giambattista Vico le préconisait dans le Naples du XVIIIe siècle. La tangibilité sensitive de la Méditerranée.

Comme nous l'avons vu pour la peinture, ce sont des hommes venus de paysages de brumes et envoûtés par la Méditerranée – laquelle a fécondé tout leur travail ou une partie essentielle de celui-ci – qui donnent le meilleur exemple de l'influence méditerranéenne dans la littérature et la philosophie. Si la philosophie médiévale chrétienne se nourrit d'Aristote, l'idéalisme allemand, moteur de la pensée moderne, jaillit d'une Athènes retrouvée, de Platon. Et l'édifice intellectuel de celui-ci inspire la machine théorique déjà débridée et casuistique de Karl Marx : l'homme doit être ce que son cerveau décide qu'il sera, ce qui va à l'encontre du postulat méditerranéen.

De nombreux écrivains allemands ont été absorbés par la Méditerranée, par le "voyage méditerranéen" : Goethe, voyageur sensible, réfléchi ; Nietzsche, dont le courage va de pair avec la folie inscrite dans son génie ; Rilke, dans le château triestin de Duino – ou en Andalousie –, guettant dans son ciel acéré les clairons profonds des anges…

Des écrivains anglais : Shakespeare, qui a puisé tant de sujets vibrants dans l'histoire méditerranéenne ; les romans subtils de Huxley ou Forster, au fond psychologique troublant, voile ironique ; Lawrence Durrell, entièrement méditerranéen, l'écrivain contemporain sans doute le plus résolument et le plus joyeusement versé dans la Méditerranée et ses mythologies, s'immergeant dans Alexandrie, les îles grecques, Istanbul.

Trois autres noms, américains : Ernest Hemingway, sa Venise des automnes de l'esprit et sa sauvage Espagne de la guerre et des taureaux ; Ezra Pound, ses chansons visionnaires de Pise et son univers ; William Styron, qui a si bien rendu l'atmosphère

Photogramme du film *Amarcord* de Federico Fellini.

du Sud italien, toile de fond de son roman, *La Proie des flammes*…

Quant à la filmographie latine, sa qualité et sa singularité lui confèrent une solide envergure. D'un côté, il y a la filmographie baroque, tragique ou aigre-douce mais toujours pléthorique, la vie et le masque. Ses plus grands représentants sont les Italiens Luchino Visconti et Federico Fellini, *Mort à Venise*, *Le Guépard*, *Les Nuits de Cabiria*, *Rome*, poésie pleine d'oripeaux, de sensualité, poésie ironique, la nostalgie du temps perdu, la passion du présent.

De l'autre côté, la parodie mêlée de tragédie – le grotesque par dégénération du sublime – a été particulièrement interprétée par deux Espagnols : Luis García Berlanga, *Le Bourreau*, la comédie pure, et Pedro Almodóvar, *Femmes au bord de la crise de nerfs*, la comédie sarcastique. N'oublions pas que c'est un autre Italien, Sergio Leone, qui transforma les westerns en savoureux opéras bouffes… ni que c'est probablement un autre Espagnol, Luis Buñuel, qui a cinématographiquement le plus apporté au surréalisme, réveillant d'insolites épouvantails derrière les façades très chic de la bourgeoisie et de la religion.

Il s'agit d'un cinéma empreint à la fois de véhémence et de pureté latines qui, dans des cas comme celui de Fellini, s'inscrit dans le génie et intègre une énorme complexité sociale, personnelle, qui l'enrichit humainement, impulsivement, comme cela se produit avec peu d'autres cinémas. Sans les films de ces auteurs on ne peut comprendre de façon critique l'Espagne authentique, l'Italie fébrile, morbide et populaire, ni les rêves mythiques de gens instinctifs à l'espoir irrationnel.

Le microscope dévoile un univers bactériologique dans une seule goutte de sang. L'île de Majorque, sur laquelle tant et tant d'écrivains étrangers se sont jetés comme les abeilles sur la ruche : de langue catalane, Santiago Rusiñol, Salvador Espriu, Jacint Verdaguer, Josep Pla ou Josep Carner ; de langue espagnole, Unamuno, Azorín, Rubén Darío, Camilo José Cela ou Vicente Blasco Ibáñez ; de langue française, George Sand, Francis de Miomandre, Paul Morand, Jules Verne ou Albert Camus ; de langue anglaise, Robert Graves – qui vécut la plus grande partie de sa vie à Deià, sur la côte sauvage de Majorque –, D. H. Lawrence, Agatha Christie, Gertrude Stein ou John Galsworthy.

Mais focalisons encore davantage le microscope sur la cartographie littéraire internationale, choisissons une seule "bactérie" : un écrivain unique au XXe siècle par sa personnalité, le sortilège de son jeu de miroirs, le paradoxe conceptuel comme le fil d'une lame, une langue aussi cristalline qu'une pierre précieuse. L'Argentin Jorge Luis Borges. Le charme de Majorque dans sa jeunesse remplie d'illusions…

Nous sommes en 1920, la réunion entre amis commence à la tombée du jour au *Café des Artistes*, à l'abri des platanes de la promenade du Born, au centre de Palma, la capitale de l'île. Le ciel est d'un bleu suggéré, seule une faible ampoule éclaire les cours pavées des maisons élégantes avec leur haute galerie à portique. La large baie est déserte, la mer semblable à une abstraction : les nuits de pleine lune, les Majorquins se promènent sur la Riba, la longue jetée… L'île possède un bois d'amandiers prolifique, on y élève beaucoup de porcs pour la charcuterie, les filles brodent à merveille.

Majorque n'a pas de problèmes graves, il ne s'y passe rien d'extraordinaire ; seuls la troublent les quelque vingt mille touristes qu'elle reçoit chaque année. A Palma réside une colonie étrangère stable, extravagante et endogamique, qui rend un culte à Freud et à l'hédonisme. Parfois débarque le célèbre écrivain et il écrit un livre ou quelques poèmes. Bien qu'elle ne compte que trois cent mille habitants environ, l'île abrite une école importante littéraire, en langue catalane, la langue native : deux grands poètes sont toujours vivants, Joan Alcover et Miquel Costa Llobera ; d'autres voix notables leur font chorus : Llorenç Riber, Maria Antònia Salvà, Gabriel Alomar, Antoni Maria Alcover, Salvador Galmés… Tous possèdent une langue riche et une bonne formation classique : ce sont des Méditerranéens, et plusieurs sont des prêtres. Aucun ne doute du système établi, de la séculaire monarchie hispanique. A l'exception d'Alomar, qui est athée et républicain.

Amandiers à Ibiza.

Mais les habitués du *Café des Artistes* sont différents. Très jeunes et avant-gardistes, ils écrivent en castillan, la langue de l'Espagne, bien qu'ils la parlent rarement dans leur vie quotidienne : Miquel Angel Colomar, qui quarante ans plus tard – quand je fis sa connaissance – était passé par la prison politique en raison de la guerre civile et n'était plus qu'un obscur journaliste sans armes ; Jacobo Sureda, qui mourut phtisique en 1935 et laissa en souvenir quelques peintures, quelques vers élégants et décadents ; Fortunio Bonanova, qui émigra et devint à Hollywood un acteur de second ordre, encensé par Orson Welles ; Juan Alomar, de la famille de Gabriel, que la guerre civile disperserait aussi…

En 1920, tous sont déjà plus ou moins des poètes, l'un d'eux même un peu peintre, et ils s'enthousiasment pour un jeune

Argentin nouveau venu, Jorge Luis Borges, qui leur parle de l'ultraïsme, école littéraire qui vient de naître en Espagne et qui disparaîtra bientôt, mais qui pour l'instant tentait confusément, suivant les pas démolisseurs du mouvement dada, de détruire toute poésie antérieure, de regrouper les nombreux mouvements d'avant-garde, de jongler à chaque vers avec les métaphores et les images. Bien sûr, Borges et ses amis publient un manifeste ultraïste : "Notre credo est de ne pas en avoir. Nous ne prétendons pas rectifier l'âme, ni même la nature. Ce que nous rénovons, ce sont les modes d'expression."

Et comme à Palma existe une écrasante cathédrale gothique, couleur de pain grillé, qui domine les maisons agglutinées et, tremblante, se reflète dans la mer, Jorge Luis lui dédiera un poème sans doute ultraïste :

Les vagues à genou
les cuisses du vent
les tours verticales comme des cris
la cathédrale suspendue à une étoile brillante
la cathédrale qui est un immense tas
avec des épis de prières
Loin.
Au loin les mâts bâtissaient des horizons
et sur les plages ingénues
les vagues nouvelles chantaient les matines.
La cathédrale est un avion de pierre
qui tente de rompre les mille amarres
qui l'emprisonnent
la cathédrale sonore comme un aplaudissement
ou comme un baiser.

Ces poèmes provoquent "un énorme scandale" – selon Borges – dans le milieu littéraire classiciste, et vont même jusqu'à exalter "un troupeau de fossiles qui promettaient de nous achever à coups de bâton".

Borges arrive à Majorque avec sa famille au cours du printemps 1920 et reste dans l'île jusqu'au mois de janvier de l'année suivante, date à laquelle il retourne en Argentine. Ses parents l'accompagnent – dans l'île, son père éditera même un roman, *Le Caudillo* –, ainsi que sa sœur Norah, artiste peintre. Jorge Luis a vingt et un ans, il a passé plusieurs années dans un collège de Genève où il a beaucoup lu en français et en anglais et découvert l'expressionnisme allemand. Il a expliqué la raison de son séjour à Majorque dans *The New Yorker* : "Nous sommes allés à Majorque parce que la vie y était bon marché, que l'île était belle et qu'il y avait peu de chance d'y rencontrer d'autres touristes. Nous avons vécu près d'un an à Palma et à Valldemossa, un village en hauteur, sur les collines."

Le grand écrivain que fut Borges a eu un style épuré, bref, essentialiste, il n'a presque jamais fait allusion à l'amour et s'est idéologiquement situé à droite. Soit. Car non seulement le Borges d'avant Borges qui se manifeste à Majorque se range au côté de l'avant-garde, mais il dit à Sureda que *Crime et Châtiment*, roman plein de convulsions, est "le meilleur qui ait jamais été écrit" ; il s'enthousiasme pour la révolution bolchevique, célébrant ainsi les armées russes :

Dans la corne sauvage d'un arc-en-ciel
nous clamerons leur geste
baïonnettes
*qui portent sur leur pointe les matins**.

et il parle de sexe sans retenue. Car après être resté au *Café des Artistes* jusqu'à l'heure de la fermeture, les jeunes gens marchent dans la ville noire et déserte, passent par la paisible fontaine des Tortues, devant le monument à Antonio Maura, homme politique ; sans doute à cet endroit mangent-ils un gâteau en forme de spirale, tout chaud sorti du four de Plaça – le fournier est de mon village –, ils montent les escaliers qui vont du Théâtre principal au marché bruyant de l'Olivar, et dans une impasse plongent jusqu'à l'aube dans le bordel le plus célèbre de la ville, *Casa Elena*. Borges le décrira avec des fulgurations ultraïstes et des concepts maximalistes :

LA MAISON ELENA
(Pour une esthétique du lupanar en Espagne)

Les murs pétrifiés nous lapident dans un geste de la plus grande sévérité. Les affiches ivres sautent des balcons. Mais, près d'un rectangle illuminé qui susurre CAFÉ, il y a un porche et un escalier véhément, puis une porte qui cède avec la soumission de ces livres ouverts à la première page malmenée et archiépuisée par l'étude. Ensuite : le bordel.

Un bouge où sur les patères quelques chapeaux semblent saigner. Quelques filles. Un enroulement tropical de rires. Autour d'un guéridon où se pluralise le carnaval menteur d'une partie de cartes, s'étire notre ennui. Les femmes – l'échantillonnage équanime et plein d'espoir d'un bordel de province – s'offrent avec l'intermittente insistance d'un écriteau placé trop haut.

Il règne une atmosphère de sérénité puérile. Une atmosphère de *nursery* et de patio avec jet d'eau, complètement primitive, antichrétienne, antipaïenne, antimaximaliste et antipathétique.

Ici achoppent toutes les religions. Les conceptions judaïques achoppent parce qu'on a taillé l'arche de la Genèse à coups de phallus et parce que Adam et Eve se voient réduits à leur activité la plus lamentable de marchandise et d'acheteur. Les conceptions hédonistes échouent également, parce qu'on a mutilé le plaisir en lui dérobant les prestigieuses tiares de la vision romantique et en soulignant sa tonalité de rude fatalisme. [...]

Ensuite, l'acte charnel. Ces trois mots me suffisent parce que le plaisir qui n'existe pas dans le souvenir ne saurait, de la même façon, être enfermé dans une formule. [...]

Nous sortons. Le bloc d'air quadrangulaire qui pesait sur nos épaules s'effondre, tout comme s'éloigne l'échafaudage de guirlandes de bras et de propos tout sucre tout miel. Le ciel s'est rempli d'astronomie. Une étoile hors d'haleine tremble au-dessus des toits du marché. Nos yeux font vibrer de nombreuses étoiles. Comme des rails experts, les rues nous poussent on ne sait où.

Nos pas rebondissent sur le silence d'acier de la ville, comme si nous étions l'avant-garde d'une armée qui viendrait conquérir la cité démantelée et dénudée. Une heure tombe mollement, qui vient de percuter une horloge. Le vent escamote les lumières ou les suspend. Le petit matin monstrueux et chétif rôde avec traîtrise dans les faubourgs du monde*.

Ce Jorge Luis, que ses intimes appellent Georgie, n'était pas une crapule, mais un jeune homme courtois et timide – à Majorque, il y eut aussi "une jeune fille rose et dorée dont je fus peut-être amoureux et à qui je ne l'ai jamais dit" – et, autre surprise, un excellent nageur sur les immenses plages des environs de Palma, alors désertes, aujourd'hui saturées de touristes : "Je me souviens avoir surpris les Majorquins par mes talents de nageur. J'ai appris à nager dans des fleuves rapides comme l'Uruguay et le Rhône, alors que les Majorquins sont habitués à une mer calme et sans vagues." Et il étudie le latin avec un prêtre.

Valldemossa est un village important dans la vie culturelle majorquine. Avec sa vieille chartreuse, ses toits de majolique verte, ses pins et ses cyprès qui se dressent avec vigueur, le hameau s'étale dans un amphithéâtre montagneux de la cordillère de Tramuntana, entre le gris prodigieux de vastes oliveraies aux troncs tordus, Palma perdue au loin dans la brume. Sur l'autre versant de la cordillère, le superbe littoral sauvage escarpé...

Tout près de là, Raimond Lulle, le grand philosophe du XIIIe siècle, fonda ce fameux collège de langues orientales en vue de la conversion des infidèles ; à Valldemossa séjourna

Jeroni Nadal, l'un des collaborateurs les plus proches de saint Ignace de Loyola ; c'est dans la chartreuse que George Sand et Frédéric Chopin passèrent l'hiver agité et enchanté de 1838 ; par ici se promena Rubén Darío, splendide de verbosité, ivre de vin…

C'est précisément dans la grande maison élégante qui avait accueilli Darío – où il écrivit sa prodigieuse ou retentissante *Epître à la dame de Leopoldo Lugones* –, celle des Sureda-Montaner, que Jorge Luis Borges fut invité pendant des mois par Jacobo Sureda, auquel le lia une vive amitié qui dura jusqu'à la mort du Majorquin.

A Palma, Borges vécut à l'hôtel *Continental*, dans l'étroite rue Sant Miquel, face à l'église du même nom ; de cette dernière, Borges garda toujours le souvenir d'un Christ vénéré à la longue chevelure, mais il ne remarqua pas la singulière sculpture gothique, en pierre, de Raimond Lulle, que conserve son portail.

Valldemossa, les promenades :

Aujourd'hui je suis descendu de la montagne à la vallée
et de la vallée jusqu'à la mer.
Le chemin fut long comme un baiser.
*Les amandiers lançaient des fuseaux bleutés d'ombre sur la route**.

Deux ans plus tard, Borges retourna brièvement dans l'île, profitant de ce que son père se faisait opérer de la cataracte en Suisse, et il résuma ainsi la saveur de son expérience majorquine : "Majorque est un lieu pareil au bonheur, fait pour y être heureux, fait pour être le théâtre du bonheur, et moi – comme tant d'îliens et d'étrangers – je n'ai presque jamais possédé le capital de bonheur qu'on doit avoir en soi pour se sentir spectateur digne (et non pas honteux) de tant de clarté et de beauté."

Cette œuvre de jeunesse fut pourtant reniée, et même violemment, par Borges, qui de retour en Argentine oublia aussi le premier livre dont il avait le projet, au titre éloquent *Psaumes rouges*, pour faire publier *Ferveur de Buenos Aires* (1923). Les *Colère. Anarchisme. Faim sexuelle* qu'il annonçait dans son poème *Insomnie*, également de 1920, ont disparu pour faire place au Borges qui restera pour l'éternité.

Déjà aveugle, célèbre, en compagnie de sa secrétaire María Kodama, qu'il épousa à la fin de sa vie, Jorge Luis Borges retourna à Majorque en 1980 pour parcourir les scènes de sa jeunesse. Je le vis alors à Madrid, petit vieux chétif à l'expression mi-désolée mi-impertinente. Dans l'île, il étonna les habitués de son cercle par ses envies de mouvement et les nombreux détails majorquins qu'il gardait en mémoire. Dans une librairie, il tomba sur un petit recueil de poèmes justement écrits pendant son séjour dans l'île : irrité, il demanda qu'on le déchirât ; mais quand sa secrétaire lui eut dit que sur la couverture figurait une jolie photo de lui dans sa jeunesse, il répondit : "Alors, gardez la couverture et déchirez le reste."

Son œuvre de débutant avait disparu, mais à l'intérieur persistait sa propre image majorquine : le Borges définitif, profondément conceptuel, est nourri de mythologies méditerranéennes, qui bien des fois ont surgi, comme dans ce poème magistral sur Héraclite, écrit un demi-siècle plus tard, à propos duquel il convient d'apporter une précision : l'"homme gris sur les rives du Red Rider", c'est lui, qui séjournait alors aux Etats-Unis ; quant au visage absent, c'est celui de sa mère, qui venait de disparaître :

Héraclite marche dans le soir
D'Ephèse. Le soir l'a laissé,
Sans que sa volonté l'eût décidé,
Sur la berge d'un fleuve silencieux
Dont il ignore le destin et le nom.
Il y a un Janus de pierre et des peupliers.
Il se regarde dans le miroir furtif
Et découvre et travaille la phrase
Que les générations des hommes
Ne laisseront pas tomber. Sa voix déclare :
Personne ne descend deux fois aux eaux
Du même fleuve. Il s'arrête. Il sent
Avec l'étonnement d'une horreur sacrée
Que lui aussi est un fleuve et une fuite.
Il veut retrouver ce matin
Et sa nuit et la veille. Il ne peut.
Il répète la phrase. Il la voit imprimée
En de futurs et clairs caractères
Sur une des pages de Burnet.
Héraclite ne sait pas le grec. Janus,
Dieu des portes, est un dieu latin.
Héraclite n'a ni passé ni présent.
C'est un simple artifice qu'a rêvé
Un homme gris sur les rives du Red Rider,
Un homme qui entrelace des hendécasyllabes
Pour ne pas autant penser à Buenos Aires
Et aux visages aimés. L'un d'eux est absent.

Tous ces chemins sont ceux de la création et de l'expression ludique, méditerranéennes… La cuisine de la Méditerranée va de la sophistication à la simplicité, de la richesse à la pauvreté, avec une variété de registres accentuée et savoureuse, souvent impressionnante. Il n'y a qu'en Chine, dans l'hémisphère oriental, que nous pourrions trouver une gastronomie parallèle, bien que totalement différente.

Il est clair que j'inclus la cuisine française dans la méditerranéenne. Je veux dire la partie de cette cuisine née en bordure de notre mer. Le soin exquis dans la préparation, les nuances des sauces, la délicatesse qu'acquièrent ses saveurs pourraient, si nous parlions tissus, être repésentés autant par la finesse de la soie que par la caresse ferme du velours. Un plat de gibier dégusté dans l'atmosphère stimulante du printemps provençal devient une éphéméride.

Les saisons de l'année sont très contrastées en Méditerranée et chacune apporte son ardeur, ses produits : la qualité originelle de la matière première constitue la véritable base de notre cuisine. C'est si vrai qu'une préparation sommaire, mais très minutieuse, résultat du patient savoir ancestral, suffit en général. En Méditerranée, l'excellent produit naturel doit être renforcé, non pas camouflé. Dans la gastronomie de la France du Nord et de la Chine, au contraire, existe une tendance opposée, celle du savant mélange.

Et quel pays – avec la Chine encore probablement – est-il parvenu à extraire des champs de blé dorés et âpres comme, par exemple, ceux de la Sicile, terres de cultures sèches, pleines de dureté et de misère pour l'homme, l'incroyable prouesse de la *pasta asciuta* italienne ? Il existe près d'un millier de recettes pour la préparer et l'accommoder… La manière dont le génie et l'imagination ont apprêté une humble poignée de farine a de quoi émerveiller. Mais ce qui est encore plus incroyable, c'est que de simples spaghettis auxquels on a sommairement ajouté quelques végétaux puissent atteindre la qualité culinaire de n'importe quel plat très élaboré.

Avec le blé pétri en pain, avec le pain, on prépare à Majorque un autre plat exceptionnel, humble et solennel, les *sopes*, qui n'ont rien à voir avec la soupe, comme leur nom pourrait le laisser croire : il s'agit de très fines tranches de pain rassis, sur lesquelles on verse un bouillon de légumes. On peut y ajouter des champignons et même du poisson, au goût de chacun.

Avec le vin et l'huile, le blé compose la trilogie classique de la cuisine méditerranéenne. Plus exactement, de la culture rurale du *Mare nostrum*, parce qu'il y a aussi la véritable vedette, le poisson – le meilleur du monde ? Un des meilleurs… Mais pas les fruits de mer, à une exception près, la langouste, qui en général doit venir de l'Atlantique, galicien si possible.

Avec le poisson, il peut se passer bien des choses. Notre mer est saline, avec d'abondants fonds rocheux ; ses poissons aux chairs blanches étonnamment variées sont savoureux. Ils donnent des bouillons subtils, aussi capiteux qu'une aube parfumée ; cuits à la braise, ils acquièrent une robustesse insolite et légère, au four et avec des herbes ils semblent répéter une symphonie sensorielle... Manger du poisson dans une de nos îles, midi qui explose, la mer qui se perd dans un lointain majestueux et somnolent, nous ramène à cet âge d'or dont nous conservons les vestiges au fond de nos instincts, de nos viscères.

L'écrivain catalan Josep Pla écrivit de nombreuses pages sur la cuisine catalane, autre forme de condiment méditerranéen. Pla est un baroque sensuel. Ses opinions sur le poisson sont intéressantes en elles-mêmes et parce que, opposées à celle de Majorque par exemple, à cent milles de distances, elles révèlent une fois de plus la grande variété de la Méditerranée.

Pla donne une liste de quatre poissons qu'il considère comme les meilleurs. Ce sont le *corball* (corvallo), le *llobarro* (bar ou loup de mer), la *rascassa* (rascasse) et le *nero* (mérou). Cette estimation a de quoi surprendre un Majorquin pour qui le *corball* ou *escorbai* n'est peut-être même pas un poisson de deuxième catégorie – catégorie dans laquelle le *sard* (sargue) est plus apprécié. Pla ajoute qu'on le pêche surtout en mai ou juin, mais il y en a toute l'année, et il est particulièrement abondant en octobre, quand il s'approche du rivage.

A Majorque, les poissons blancs plus appréciés que le *corball* sont le *llobarro*, l'*anfós* – le mérou de Pla –, le *dentol* (denté), la *dorada* (daurade) et d'autres plus petits, comme le *raó*, tenu pour excellent, mais que j'aime moins parce qu'il se défait dans la bouche. Le *cap roig*, je suppose qu'il s'agit de la *rascassa* de Pla, est délicat, solide, ivoirin ; on ne le mangeait autrefois que bouilli, mais aujourd'hui on le consomme surtout à la braise. Comme le *gall* (limande), succulent à la poêle, accompagné d'oignons frits.

Le poisson est un phénomène purement local. Par exemple, on ne consomme jamais de *llíssera* (muge ou mulet) à Majorque, car elle prolifère dans les fonds portuaires troubles, alors qu'elle est très prisée à Valence ou à Cadix, et qu'à Marseille elle fait partie des ingrédients de la bouillabaisse. Les *serrans* (petits mérous), et non les impériaux, sont notablement plus grands aux Canaries que sur notre côte, où ils ne sont pas plus gros que le *peix roquer* (poisson de roche). Au Brésil on trouve des mérous de près de trois cents kilos, alors qu'ils pèsent rarement trente kilos chez nous.

Et pourquoi Pla est-il contre le *rap* (la baudroie) ? Mystère. Coupé en rondelles très fines et soumis à une braise juste à point, ce poisson au corps ferme, dense, est excellent. Pla considère également la sardine, la passagère et printanière, comme le morceau de choix de notre mer. Elle est excellente, certes, mais avec des réserves, comme le vin doux, et à condition de ne pas en abuser, ce que Pla recommande aussi, car elle rassasie...

L'exubérant jardin tropical de la principauté de Monaco résulte de l'agréable conjonction de l'humidité marine et de la chaleur solaire. Devant la falaise vertigineuse au sommet de laquelle il s'étale, se déploie l'un des paysages les plus civilisés de toute la Méditerranée, et de dimension cosmique : Monte-Carlo, avec ses stations balnéaires, son casino légendaire, le volume échelonné de la cité, tout cela conjugué avec la large mer qui se ride et se déride dans le lointain.

"Comme ce petit est grand !" s'exclama l'écrivain Marcel Pagnol à propos de Monaco. Sur son territoire d'à peine un kilomètre carré et demi – avec moins de vingt-cinq mille habitants dont le sixième seulement a la nationalité monégasque – se concentre en effet une activité économique mouvementée et substantielle de portée universelle, que les roulettes de son casino rendent anecdotique. L'indépendance de cet Etat remonte au XVIIIe siècle ; depuis, il incarne cet esprit entrepreneur inhérent à l'individualisme le plus pur des côtes méditerranéennes.

Monaco abrite la représentation la plus intime des entrailles de notre mer qu'on ait réalisée sur terre : le très intéressant aquarium, son Musée océanographique, trésor sous-marin accumulé au cours de voyages et d'investigations à partir du début du siècle par le prince Albert Ier et jusqu'à nos jours par le commandant Cousteau. Mais il aurait besoin d'être rénové, car sa présentation est un peu dépassée. A Barcelone vient d'être inauguré un autre aquarium, qui peut beaucoup apporter.

Cette danse silencieuse et harmonieuse des poissons, des fleurs, des algues que nous montre le musée monégasque constitue l'autre Méditerranée, celle que nous ne voyons pas, celle qui bat, source germinale, occulte et divine de toute vie, de nous tous, les enfants des eaux et de leur magie...

Quant à la viande du *Mare nostrum*, elle est discutable, à quelques exceptions près. Le gibier, par exemple : sa qualité est parfaite, avec un mordant sauvage, produit d'un milieu ambiant pauvre en feuillage. Voilà pourquoi la viande dont la constitution exige des pâturages verts, à l'humidité fertile, pose le plus de problèmes sur les rivages de notre mer. Elle peut même parfois s'avérer exécrable. A l'exception du jambon ibérique, celui de Jabugo en particulier, fait à partir d'animaux qui vivent en liberté dans les bois de chênes verts… Le jambon est à la fois soyeux et rêche, somptueusement savoureux, unique au monde. Sans comparaison possible.

Et l'insurpassable fruit méditerranéen. Celui de culture sèche autant que possible, bien qu'il puisse parfois présenter un aspect assez sauvage. Et il faut constater que le fruit du littoral nord, moins soumis à l'extrême sécheresse de l'atmosphère qui sévit au sud, à l'ensoleillement plus gradué, accumule des proportions de douceur et de fraîcheur vraiment insurpassables, car savoureusement équilibrées. L'orange – la valencienne –, la poire, la nèfle…

Le vin. Nos vins ont tendance à avoir un titre d'alcool trop élevé, cela ne fait pas de doute, car le raisin absorbe trop de soleil. Mais on les dompte peu à peu pour les rendre veloutés sans qu'ils perdent leur épaisseur ailée, leur profonde inspiration sanguine. Les collines catalanes du Penedés, la poésie du vignoble provençal, la Toscane !, soleil, iode marin, terres sèches… Sans parler des fines, de la manzanilla produite dans les calcaires livides d'Andalousie. Le xérès. Ici, on a vraiment l'impression qu'une minéralisation aiguë, qu'un bijou s'est changé en liquide. Quant aux blancs italiens, très faibles en alcool, incolores, ayant seulement une pointe de goût, ils méritent un curieux commentaire. Ils semblent fondre dans la bouche, telle une brise.

Et la pâtisserie des pays orientaux, de l'islam, à commencer par la turque, molle et douce ? Elle évoque des effluves aux voluptés élaborées… Aux antipodes de cette sophistication, les légumes. En Méditerranée, le jardin potager se matérialise sous forme de riches épices qui excitent juvénilement le goût. Salade *al dente*, toujours. L'huile, extraordinaire sécrétion de l'olivier, d'une noblesse séculaire… Ce qui est certain, c'est que l'alimentation méditerranéenne s'impose en Europe et en Amérique parce qu'elle est saine, colorée, pleine des échos du mythe éternel qu'incarne notre vieille mer.

La cuisine et la fête. Dans les deux cas, le cérémonial exalte les sens, unit solidairement les personnes, car le Méditerranéen a le désir inné de participer à la vie des autres : ici on a aussi un rapport à l'être d'autrui. Le Méditerranéen est individualiste et, pour cette raison, il aime la compagnie des autres. Ce qu'il refuse, c'est la soumission, la rigueur, l'anonymat de l'espèce.

De quelles régions du monde, de quelle viscéralité naît le chant flamenco ? Nuits sévillanes parfumées de fleur d'oranger, la chevelure brune des jeunes filles au regard intense, le cabaret et les chanteurs... Voix de l'ancêtre, de l'âme : lamentations orientales, puissance de la voix rauque, merveille de modulation abstraite. La fête est l'une des créations méditerranéennes les plus authentiques : la passion et la joie de la latinité mêlée au ludisme de l'ancienne Tartesse et au polythéisme grec.

Les carnavals aussi sont des fêtes. Celui de Nice, classique et luxueux, comme sa promenade des Anglais. En février, avant la Semaine sainte, les chars et les masques sortent dans la rue. C'est le moment où le grain germe dans la terre, faisant naître la vie de la mort. Le mot masque vient du lombard *maska*, qui désignait les âmes des défunts, les habitants du royaume invisible. Le carnaval les rend à la vie, par leur intermédiaire le grain enterré fructifiera en abondance dans les plantes... Promesse du masque : que cache-t-il, l'amour ou l'horreur ?

Mort et vie aussi dans la fête des taureaux. Ronda, dans la province de Málaga, ville escarpée, l'une des plus vieilles places existantes. A Çatal Höyük, en Turquie, ou en Crète, avec le roi Minos, on adorait déjà le taureau, on jouait avec lui, il était au centre de la vie et de la mort. La beauté si resplendissante qui afflue dans les paysages, dans la soif de vivre et dans l'art méditerranéens rappelle forcément, par opposition, la décrépitude : un jour, tout disparaîtra... La tauromachie est la danse dangereuse qui exalte les limites de l'homme méditerranéen. La cruauté envoûtante des taureaux : l'animal mourra, mais l'homme aussi peut-être.

L'animal peut aussi porter l'homme vers la gloire : les festivités du *moussems*, à Marrakech, qui unissent le cheval et le guerrier dans une symbiose impétueuse, dans un vertige poudreux de formes et de couleurs à la mémoire de temps passés héroïques et primitifs. Temps du cheval aussi que ceux d'al-Andalus, chevaux qui caracolent, majestueux et graciles dans le paysage de Xérès, entre les façades baroques cuites par le soleil.

La mode aussi est fête, art, sens, allégresse élégante et exquise. Picasso, la Grèce, l'Egypte, le tapis de l'islam, tout cela et bien d'autres choses devaient irrémédiablement s'exprimer dans la mode du XXe siècle. L'italienne, avec Milan en tête, a un dessin ambitieux, elle met l'accent sur la ligne, expose des couleurs opaques et élégantes aux échos profonds. De son versant méditerranéen la mode française reçoit la grâce de la tonalité qui resplendit, la silhouette agile, comme si d'une certaine manière perdurait la grâce des cours d'amour médiévales du Languedoc, la dame et le troubadour…

*

Barcelone serait-elle une capitale possible pour la Méditerranée – non pour la diriger mais comme plate-forme collective ? Le Caire ou Rome, métropoles emblématiques, chacune à la tête d'un espace propre, ont d'autres tâches en vue, et elles ne sont pas directement baignées par le *Mare nostrum.* Rome représente l'esprit et l'art ; repliée sur elle-même – sur son passé et son présent –, elle se donne au monde et le monde la désire. Le Caire est submergée par une dispersion problématique, se matérialisant peut-être dans le refus de l'islam à se moderniser.

Et Milan ou Marseille ? La seconde continue de n'être que le port méditerranéen de Paris et de la France septentrionale. Milan est et veut être une plate-forme continentale, s'intéressant surtout au développement de l'Europe centrale et à l'Italie en tant que simple structure. La France et l'Italie du Nord observent avec morgue ou aversion leur dimension méridionale…

Barcelone s'étend de la sierra de Collcerola jusqu'à la mer, d'un grand parc naturel à un grand port ; elle possède un vaste espace ludique – des cinémas, des restaurants, des promenades, un aquarium…, outre les installations qui en ont fait la porte du Sud de l'Europe, et en premier lieu de la Méditerranée : le trafic international représente 78 % de son activité, le reste correspondant à du cabotage, et elle se nourrit autant de ses relations avec le Sud-Est asiatique que des "ports secs" qu'elle a établis à l'intérieur des terres dans un rayon de six cents kilomètres, reliés par la route et le chemin de fer. Elle dispose de terminaux maritimes spécialisés, aussi bien pour le cacao que pour le papier, et le terminal destiné aux voitures occupe le deuxième rang européen après Hambourg.

Les avenues de Barcelone : la promenade du bord de mer avec ses hauts platanes dont l'ombre verte retentit des trilles de nombreux oiseaux, ses promeneurs de tous pays qui déambulent dans un sens puis dans l'autre… Le quartier gothique : la noblesse érigée d'édifices impressionnants et tranquilles, le palais de la Generalitat, l'église Santa María del Mar... Les musées Picasso et Miró, celui de l'art romantique : du passé le plus vibrant au présent le plus irisé. Puis la ville bourgeoise urbanistiquement quadrillée – avec le quartier de l'Ensanche, les boutiques et les restaurants –, dominée par les ouvrages insolites, mystérieux, pleins d'imagination et furieusement personnels de l'architecte Antonio Gaudí : la cathédrale de la Sagrada Familia, la Pedrera, le parc Güell... Gaudí a-t-il capté de lointaines influences du Mali et de Byzance ?

Capitale de la Catalogne, Barcelone est aussi la grande ville espagnole du littoral méditerranéen : elle compte une population réelle avoisinant les quatre millions d'habitants, possède une économie dynamique et diversifiée, une culture et une langue propres ; sa créativité est extraordinaire dans les domaines de la littérature, de la peinture, de l'architecture, du dessin, de la musique. Elle a en outre la volonté réelle de jouer un rôle dans la coopération méditerranéenne, et son leader politique depuis des lustres, Jordi Pujol, y consacre une bonne partie de ses efforts, aussi immergé dans l'Histoire que lancé dans la concurrence économique.

A Barcelone se trouve l'Institut Català de la Mediterrània, centre interdisciplinaire d'études et de rencontres. L'ICM a son siège dans l'immeuble le plus haut de la ville, au carrefour Diagonal-Balmes, d'où l'on contemple un vaste panorama de toits avec, à l'horizon, la grande mer calme. L'horizon des diversités historiques que Fernand Braudel essayait de trouver avec l'historiographie...

A la fin de l'année 1995, à Barcelone justement, cet Institut fut à l'origine de la plus grande concentration de société civile européenne et méditerranéenne de l'histoire : le forum civil Euromed, qui réunit plus de douze cents experts de plus de trente pays de la région, lesquels étudièrent et projetèrent de travailler ensemble dans une série de domaines – tourisme, santé, édition, télécommunication, migrations, patronat, formation professionnelle, universités, transports, écologie..., qui constituent les principaux boutoirs sociaux d'aujourd'hui.

Mais ce forum était concomitant à un événement tout aussi important sur le plan international : la Conférence euro-méditerranéenne, qui au même moment convoquait à Barcelone, sous la présidence espagnole, les nations de l'Union européenne et douze pays du reste de la Méditerranée. Jamais non plus une assemblée d'une telle ampleur ne s'était réunie dans de telles conditions. De nombreux sujets furent débattus, de l'aide que l'Union européenne destine aujourd'hui aux pays du Sud, 4 685 millions d'écus, plus de trente milliards de francs, jusqu'à la création d'un espace de libre-échange euro-méditerranéen pour l'an 2010.

La Catalogne, qui compte sept millions d'habitants, doit sa splendeur médiévale à son expansion méditerranéenne, politique et commerciale. Au cours des deux derniers siècles, grâce à l'impulsion exceptionnelle de sa société civile, elle est devenue la région peut-être la plus dynamique de la Méditerranée. En réalité, Barcelone a commencé à décliner au XVe siècle, en même temps que les cités-Etats – Grenade, la dernière Byzance – face aux nouveaux empires. Mais la situation s'est aujourd'hui inversée : les regroupements sont de façon générale si nombreux à travers les frontières, selon la logique du réseau – économique, informatique, technologique..., que les noyaux particuliers peuvent de nouveau se dresser chacun par lui-même, selon sa capacité et son ambition. Ce sont les modèles polyformes de la Grèce, de la Renaissance, mais avec la liaison superstructurelle qui manquait à ces dernières, et que fournissent autant cette logique du réseau que le potentiel diversifié de l'Union européenne.

Plus que les autres Etats européens, l'Espagne a peut-être commencé à concevoir la Méditerranée comme une superstructure commune à ses diverses parties. Un an et demi avant les deux événements que nous venons d'évoquer a eu lieu, également à Barcelone, la remise annuelle du prix international Catalogne à un grand penseur méditerranéen, par sa vocation et ses racines, le Français Edgar Morin, descendant de séfarades aragonais expulsés par les Rois Catholiques et établis à Salonique. A cette occasion, le roi d'Espagne Juan Carlos Ier, navigateur impénitent de la Méditerranée des Baléares, proclama, en considérant justement la Catalogne comme axe de son idée :

"L'Espagne doit participer de toutes ses forces à la formulation de ce que doit être l'Europe méditerrannéenne, avec ses problèmes et son énorme potentiel. L'Europe du Sud, l'Europe latine, bloc dans lequel se sont de tout temps parfaitement harmonisées homogénéité et diversité, constitue sans doute l'aire qui par sa logique géographique, par son implication culturelle, doit devenir le pont de l'Union européenne vers le Maghreb et la Méditerranée orientale."

Mais j'insiste : l'espace "capitale" que pourrait offrir Barcelone ne verra le jour que dans la mesure où d'autres régions et d'autres villes méditerranéennes participeront d'égale à égale au projet ébauché – qu'il vaut peut-être mieux définir comme une impulsion –, chacune avec ses caractéristiques, sa confiance dans l'environnement commun et ses contenus. En fait, il en est déjà ainsi : les actions méditerranéennes réalisées en divers endroits dessinent un réseau interactif et pluriactif, chaque centre étant essentiel en soi et pour l'ensemble. C'est le cachet qui marque leur authenticité. Car les "méditerranismes" purement folkloriques qui peuplent nos rives de festivités "méridionales" n'ont ici aucune utilité. La Méditerranée n'est pas seulement une caricature fondée sur le tempérament et la futilité. Tartarin de Tarascon, l'archétype provençal prétentieux et simplet dont Alphonse Daudet a fait la satire, est certes amusant, mais il ne représente rien de plus qu'un personnage appelé Tartarin.

Près de Tarascon, justement, se trouve Arles, exemple éloquent d'une réalité vigoureuse à la visée méditerranéenne. A propos de tempérament, nous en avons un exemple d'un autre ordre dans un autre pays : le napolitain, grande création vitaliste dans un paysage illustre. Deux pôles où jaillit aussi une impulsion de capitale méditerranéenne, la volonté qui accroît les possibilités de l'être.

Entourée aujourd'hui de terres fertiles – portant du blé, des arbres fruitiers, des oliviers –, Arles faisait hier partie d'un estuaire unissant le Rhône et la Méditerranée. Son nom vient du gaélique *arlath*, qui signifie "près des eaux dormantes". Mystère de la mer primordiale que l'on peut encore poursuivre en galopant dans la plaine camarguaise, avec sa brise marine et ses jonchaies, les rudes et nobles silhouettes du taureau et du Gitan ? Quelque chose flotte sur Arles en effet, qui sommeille peut-être dans l'espace, mais que nous pressentons également comme quelque chose qui nous concerne et qui nous enveloppe dans l'air aromatisé de plantes sylvestres, dans la lumière qui chante, dans les murs gris de l'urbanisme féodal secret.

Arles romaine : l'amphithéâtre rond, le vaste théâtre antique, la grâce abstraite de la Vénus arlésienne exilée au Louvre, le torse robuste d'Auguste, l'orgueilleux César dans ses bateaux de guerre, les demeures offertes de Constantin... Evocation envahissante que celle de ces fortes racines d'Arles. Parmi toutes, il en est une que je préfère : les pas résonnent dans le silence ténébreux des Cryptoportiques – arcades et galeries souterraines humides situées dans la ville latine avec son forum, son marché, ses temples –, silence seulement troublé par une ombre furtive.

De qui ? Une flaque d'eau s'étale, sombre. Oui, l'Arles cachée impressionne autant que celle qu'on voit.

Les Cryptoportiques se trouvent entre les deux places : elles sont ce qui me fascine dans l'Arles que l'on voit. Celle de la république, chaude et claire, directement ouverte à l'énergie solaire qui s'y déverse, entre le perfectionnisme académique néoclassique de l'hôtel de ville et l'humanité de pierre, miniaturisée et cérémonielle, de Saint-Trophime, l'église romane, son cloître, sa façade. Ici, charmé, Frédéric Mistral contempla un jour une belle jeune fille qui sortait de la messe, descendait les escaliers du porche, les yeux baissés. Porche que Van Gogh trouvait "cruel et monstrueux comme un cauchemar chinois", tandis qu'il se régalait de la lecture de *Tartarin de Tarascon*… Le monde est fait de contrastes.

C'est pourquoi, quand je me promène, je prête également attention aux chiens, nombreux : empressés et pacifiques, ils sortent des maisons et trottent, comme moi, de place en place. Il arrive alors que nous nous reconnaissions. Il y en a un qui porte un foulard autour du cou, un autre qui boite, une chienne appelée Poupée qui comprend l'allemand, un lévrier prétentieux… Avec l'un d'eux nous nous observons une seconde. Je salue et seul le lévrier me répond. Puis il pisse sur le monument dédié à Mistral.

La statue de bronze patiné d'un vert de mousse tendre montre un Mistral galant et patriarcal avec son chapeau mou à large bord : elle se dresse sur l'autre place que j'aime, celle du Forum, pénombre intime des platanes touffus, nuits d'été hors du temps, présence spectrale du café jaune du tableau de Van Gogh : Van Gogh le peignit ici d'après nature, mais la nature n'est plus aujourd'hui que le reflet du tableau.

Pourquoi la langue provençale et le félibrige qui la projetait ont-ils à peine survécu à la disparition de Mistral ? D'autres langues et d'autres cultures, de la catalane à la tchèque, renaquirent ou explosèrent au XIXe siècle. Mais la France est trop puissante dans ses dogmes pour permettre de telles diversités et, malgré sa grande musicalité, Mistral s'enferma dans un traditionalisme idéaliste qui tournait le dos à la modernité, à la société montante et à sa traduction politique : il poétisa les vignes dorées, rejetant les révoltes sociales des viticulteurs, brutalement réprimées. La gloire et l'évaporation de la vie.

La gloire et la tragédie de la vie : Van Gogh arriva en Arles par un après-midi de février 1888, et pendant les quinze mois qu'il y passa exprima toute la fougue expansive de son art, toute sa misanthropie et sa folie d'alcoolique. Sa dépression étouffa son âme, mais sa "méditerranéisation" sauva son pinceau. Le journal d'Arles publia cette nouvelle de la nuit de Noël de cette année fatale et géniale : "A onze heures trente du soir, le nommé Vincent Van Gogh, artiste peintre, originaire de Hollande, se présenta à la maison de tolérance n° 1, demanda la nommée Rachel et lui remit son oreille en lui disant : «Garde précieusement cet objet.» Puis il disparut. Informé de ce qui ne pouvait être que le fait d'un pauvre fou, la police comparut le lendemain matin chez cet individu, qu'elle trouva couché dans son lit, ne donnant presque aucun signe de vie." Vincent s'était tranché l'oreille d'un coup de couteau lors d'une dispute avec Gauguin...

Mais le même Van Gogh disait aussi à son frère Théo : "J'écris de Saintes-Maries, enfin au bord de la Méditerranée. La Méditerranée a une couleur semblable à celle du maquereau, c'est-à-dire changeante, on ne sait de source sûre si elle est verte ou violette, si elle est bleue, car après le reflet changeant celui-ci a pris une teinte rose ou grise... Je me suis promené une nuit au bord de la mer sur la plage déserte. Elle n'était pas gaie, mais pas triste non plus : elle était belle. Le ciel d'un bleu profond était parsemé de nuages d'un bleu plus dense que le bleu fondamental d'un cobalt intense, et d'autres nuages d'un bleu plus clair, comme la blancheur bleutée des voies lactées... Maintenant que j'ai vu la mer ici, je saisis toute l'importance d'être dans le Midi et de sentir qu'il faut encore plus forcer la couleur."

Forcer l'apparence, l'immédiat. C'est aussi de cette façon que travaillent des institutions roussillonnaises, languedociennes, provençales, telles la Fondation Sud et Arles, qui tissent les nœuds du réseau méditerranéen émergent. Sur la vieille route qui est la sienne, Arles cherche aussi un des chemins du futur. Elle a aujourd'hui soixante mille habitants, une modeste production industrielle et de nombreuses entreprises de services. Quels signes créateurs peut-on interpréter dans la mer provençale ? L'intuition et l'intelligence les cherchent, comme le Rhône large et songeur, implacable et lisse qui baigne les épais murs d'Arles sur son passage silencieux cherche les grandes eaux. Arles dans l'élément liquide...

Et Naples dans l'élément aérien, que pourrait nous conter un monsieur fort apprécié et portant redingote, du royaume bourbon du XVIIIe siècle, par exemple ce Giambattista Vico, déjà vieux et célèbre à l'époque, dont l'œuvre intéressa tant Goethe, en raison de ses "pressentiments sibyllins des concepts du bien et du droit, fondés sur des considérations sérieuses concernant la tradition et la vie". A Naples, Goethe admira les jardins potagers et les dames, il déplora la froideur des hôtels et fut fasciné par le Vésuve dont il fit plusieurs fois l'ascension afin d'en étudier la majestueuse monstruosité.

Mais revenons à l'élément aérien, à la ville et à la baie que j'admire aujourd'hui depuis le petit jardin méditerranéen symbolique de la terrasse de la Fundazione laboratorio mediterraneo, autre organisme actif qui part de l'idée d'une Italie plaque tournante du *Mare nostrum* central. D'une terrasse du quartier résidentiel de Margellina on a une vue exceptionnelle et dégagée : l'espace créé est si diaphanement tourné sur lui-même qu'on a l'impression qu'il se soutient dans les airs dans une lévitation illusoire.

Le bleu si limpide des eaux et l'horizon des îles d'Ischia et de Capri, leur puissance d'évocation, la longue côte peuplée de Sorrente jusqu'au cap Minerva : la ville agglutinée qui descend doucement vers le rivage incurvé et ses élégantes promenades qu'accentue l'abrupt Castel dell'Ovo, où fusionnent le tuf – cette pierre locale typique et malléable – et la forteresse ; le cône du Vésuve, parfait, suave, abstrait…

Naples extravertie, dit le cliché, *O sole mio*, *La Tarantella*, *Santa Lucia*. Une méditerranéité pittoresque, gestuelle, musicale. Sans doute. Mais la chose est plus compliquée, car à Naples se rencontrent les racines orientales et occidentales les plus savoureuses qui soient. Le caractère expansif et chaleureux de ses habitants peut paraître caricatural dans l'Europe viennoise, mais il n'a absolument rien d'insolite sur un marché du Levant, où un Britannique tiré à quatre épingles peut susciter le rire.

Naples fut fondée par des colons grecs à l'époque d'Homère, et plusieurs épisodes de *L'Odyssée* – la séduction lascive de Circé, les sirènes comme d'horribles d'oiseaux… se déroulent sur ses côtes, qui commençaient alors à dessiner la Grande Grèce : Néapolis, ou Ville nouvelle, récipiendaire et ferment de l'expansion de la Grèce péninsulaire, insulaire et ionienne, est alors féconde et orientalisée. Il n'est pas étonnant que la délirante Apocalypse de saint Jean en soit issue.

L'intensité de cette période fut telle que la langue grecque demeura celle de Naples sous le règne de Rome – aujourd'hui, malgré la pression de l'école et des médias, la langue populaire n'est pas l'italien mais le napolitain. Néron créa même ici une école qui formait des applaudisseurs de théâtre salariés chargés de faire la claque lors de ses prétendus récitals poétiques : beaucoup de marchands arrivaient en effet à Naples, venant d'Alexandrie, ville orientale où l'on applaudissait le mieux, et de diverses façons selon les genres représentés sur scène.

Comme le premier poète grec, le premier poète latin fut également séduit par Naples, où il vint à la recherche de la doctrine épicurienne qui s'y développait : le délicat et revêche Virgile, à qui Auguste lui-même offrit une villa dans cette région, la Campanie. C'est là que le poète découvrit vraiment la mer, qu'il rédigea les *Géorgiques* et une grande partie de l'*Enéide*. Il mourut à Brindisi et demanda à être enterré à Naples, où se trouve sa tombe supposée, pour laquelle, croit-on, il composa cette épitaphe : "Mantoue m'a engendré, la Calabre m'a ravi, Parthénope me garde maintenant : j'ai chanté les pâturages, la campagne et les chefs." Ce qui est l'exacte vérité.

La tombe, humide, rustique, certainement romaine, est toujours au cap Posilipo, transformé en 1930 en parc Virgilien – murmure de la brise dans les pins, les cyprès, les lauriers, traduction panthéiste de la voix du poète.

Les restes d'un autre poète, victime d'une épidémie de choléra en 1837, gisent dans le proche voisinage : l'amer et profond Giacomo Leopardi. Il avait en vain essayé de se lancer à Naples dans le commerce éditorial, mais c'est ici qu'il put imprimer l'édition complète de ses poèmes lyriques, les *Canti*. Un autre Napolitain illustre qui l'avait connu adolescent, le critique Francesco De Sanctis, s'en souviendrait avec une douloureuse admiration : "Tous les yeux se tournèrent vers lui. Au premier abord, ce colosse de notre imagination nous parut insignifiant. Il avait l'air d'un homme comme les autres, et même inférieur aux autres. Dans ce visage maigre et sans expression, toute la vie se concentrait dans la douceur de son sourire." Leopardi était bossu...

La Parthénope que nous avons évoquée fut un autre foyer de la Naples grecque : une sirène portant ce nom y aurait été enterrée. Ce nom servit plus tard à désigner une autre Naples tout aussi chimérique : la République parthénopéenne – autre enterrement au bout du compte, illusion idéaliste d'hommes éclairés exaltés par la Révolution française –, qui dura quelques mois en 1799 et que les Bourbons réprimèrent dans le sang. Son héroïne populaire fut la femme de lettres Eleanora Pimentel, mais les intellectuels parthénopéens ne percevaient pas l'existence du peuple.

Un autre épisode révolutionnaire, au XVIIe siècle, celui du poissonnier Masaniello – que l'avocat Genoino et le Dr Vitale poussèrent à se rebeller contre les impôts et gabelles de l'Administration espagnole –, bascula en sens inverse : ne connaissant pas la force du pouvoir, les sans chemise croyaient que le vice-roi Arcos était "bon" et ses subordonnés et la noblesse "méchants". Innocence bénie. Masaniello fut même nommé "capitaine général du très fidèle peuple napolitain" avant d'être assassiné. Mais il est resté le héros des humbles.

Pimentel et Masaniello auront tous deux apporté au Napolitain la dernière dose – le sang du juste – de son scepticisme vis-à-vis des superstructures de l'Etat. Car son expérience en matière de domination politique, toujours étrangère, avec la saignée économique qu'elle suppose pour le peuple, est longue, variée, dense. Au point que, saturé et appauvri, il ne croit plus en aucune. Il croit donc en lui-même pour avoir longtemps subsisté en absorbant et rejetant toutes ces formes de superstructure et de faim, amassant de la sorte un substrat ethnique qui tire son originalité de sa capacité vitale.

L'histoire donne les témoignages de ce processus. L'Empire romain lui-même mourut symboliquement à Naples, en 476, dans l'une des maisons aristocratiques où fut confiné son dernier et éphémère empereur, le maladroit Romulus, lorsqu'il fut déposé. Ensuite se succédèrent des siècles turbulents, obscurs, qui virent passer les Byzantins, les Lombards, les Maures. Jusqu'à ce qu'un beau jour les Napolitains s'aperçoivent qu'en Sicile, avec les Normands, s'est établi un pouvoir fort qui peut les menacer : pour le canaliser au lieu de le subir brutalement, ils lui remettent en 1140 les clés de la ville. Et voilà ce qu'il advint de ce royaume qui en 1266 tomba aux mains des Angevins et des Anjous, c'est-à-dire de la France, dans lesquelles il restera jusqu'à l'arrivée triomphante, en 1442, d'Alphonse V d'Aragon, également roi de Catalogne.

Mais avant cela avait régné à Naples une autre Catalane de la branche royale majorquine, épouse de Robert d'Anjou et fille de Jacques II de Majorque. La brève dynastie insulaire fut très liée au franciscanisme le plus rigoriste, qui alla même jusqu'à défier l'autorité papale. Le pontife Jean XXII dut avertir Sancha que son ascétisme ne l'exemptait pas de ses devoirs de reine et d'épouse. Selon un écrivain catalan de l'époque, Francesco Eiximenis, la souveraine rappela à l'ordre les hommes "aux mœurs très dissolus qui portaient des vêtements courts et ajustés", et les femmes "qui chantaient avec des roulades comme les femmes généreuses de France".

Sancha fonda des monastères, le plus beau étant celui de Santa Chiara au parfait dessin gothique, qui abrita jusqu'à six cents religieuses et dont une douzaine de moines ont aujourd'hui l'usufruit. Mais le cycle des modes fit passer son église à un style baroque. Les bombes de la Seconde Guerre mondiale l'abîmèrent beaucoup, faisant disparaître le baroque et laissant de nouveau place au svelte gothique primitif. Le monastère conserve cependant une autre merveille ajoutée au XVIIIe siècle : le vaste cloître, son petit jardin potager, avec des colonnes de joyeuse majolique et des plants de tomates et d'ail au milieu des vignes et des orangers.

Alphonse V d'Aragon, surnommé le Magnanime, y séjourna avec sa fastueuse cour de généraux et d'artistes, annonçant déjà la Renaissance que reflète de façon éblouissante l'arc de triomphe du Castel Nuovo, d'une romanité marmoréenne et dont la seule vue exalte l'esprit.

Poursuivons : ensuite débarquèrent les Espagnols, sous Ferdinand le Catholique, à qui l'on doit le déploiement sobre et ordonné du palais royal, le théâtre San Carlo, si emblématique, la manufacture de la délicate et magnifique porcelaine de Capodimonti, enfin la rue la plus populeuse de la ville, Toledo, en souvenir de l'autoritaire vice-roi ainsi nommé qui la traça ; les Autrichiens, qui restèrent peu de temps et relièrent Naples à l'Europe centrale ; les Bourbons espagnols – avec un intermède français napoléonien qui s'acheva par l'exécution, à Pizzo, de l'ambitieux Murat –, lesquels devinrent finalement Napolitains, avec leur royaume des Deux-Siciles immobiliste, clérical et triste, auquel nous devons les grossières copies architectoniques classicistes de la place du Plébiscite. Giuseppe Tomasi di Lampedusa évoque le déclin sans charme du royaume dans sa grande élégie, *Le Guépard*.

Mais il manque dans ce roman la vitalité citoyenne et individuelle qui a résisté aux siècles de domination et bouillonne entre Toledo et Spaccanapoli, le quartier populaire bigarré. D'après le cliché, le Napolitain est emphatique, extrêmement sensible, toujours en crise et toujours euphorique. Ce qui implique aussi, toujours d'après le cliché, une certaine fragilité psychologique. Mais ne s'agit-il pas également d'une incroyable capacité de régénération ?

Dans cet univers brûlant et déchiré coïncident la plaisanterie et le sentimentalisme, les films exubérants de Sophia Loren, l'épouvantable récit de Curzio Malaparte, *La Peau*, les crèches et le prodigieux réalisme de leurs innombrables personnages lilliputiens, l'opéra bouffe et sa drôlerie diabolique, la réglementation inexistante de la circulation routière, pour finir par la dégustation d'une pizza morbide avec la tomate douce, la très fine mozzarella et le basilic frais.

Les rues sales, souvent puantes, les rues étroites, souvent lugubres. En pente. Accidentées. Et le soir, obscures, dans la seule clarté d'un réverbère hâve et des balcons éclairés derrière le linge étendu, fantomatique. A chaque instant, une niche avec une vierge, le grésillement de sa veilleuse qui scintille. Sur les petites places les palmiers dansent au soleil, entre les clochers. Dans la journée, les voitures vont et viennent, croisant des motocyclistes dans toutes les directions. Les signaux de circulation ne sont naturellement que des indications, mais l'intuition de chacun, arrogante, avisée, sûre, met en place une autre forme de relation motorisée, réglée comme une horloge. Avec les ambulances qui passent dans le hurlement de deux sirènes : dans ces conditions, les malades n'arrivent-ils pas déjà morts à l'hôpital ?

Mais tout cela se traduit aussi par une création vigoureuse et de haut niveau : le baroque des lumières et des ombres accusées, maniéristes, avec les peintures intenses de Caravaggio, la musique mélodieuse de Scarlatti et de Rossini, les escaliers extérieurs théâtraux de l'architecte Sanfelice et... le *Christ voilé* !

"Il unissait aux arts diaboliques des caprices de tyran", dit Benedetto Croce à propos de Raimondo de Sangro, prince de San Severo, par ailleurs petit de taille, avec une grosse tête, et jovial, qui au XVIIIe siècle dialogua avec des philosophes, pétrifia les artères de personnes mortes avec un mélange d'or et de mercure, manipula de capricieux engins mécaniques et remodela dans la petite rue San Dominico la chapelle du même nom, dans laquelle se dressent les sculptures les plus merveilleuses du baroque : la *Désillusion*, de Queirolo, un homme prisonnier d'un réseau ; la *Pudeur*, de Corradini, une dame dont on aperçoit les chairs turgescentes à travers un voile transparent, et le saisissant *Christ voilé*.

Est-ce une sculpture de marbre, un sortilège, un véritable corps humain vêtu d'une matière minérale ? Il s'agit du Christ allongé, de la forme subtilement émaciée d'un cadavre qui n'a pas encore atteint la rigidité, naturel trompeur sous une tunique légère. Non seulement l'œuvre se voit, mais elle se sent, elle dégage une atmosphère tactile... Ce qui est plus étrange, c'est que tout ce que réalisa son auteur, Giuseppe Sanmartino, avant et après, est d'une incontestable médiocrité.

Mais la vitalité et l'historicité exacerbées expriment aussi une sensibilité corrompue, qu'elle soit cynique ou cruelle, une frustration sociale. La moitié des jeunes Napolitains sont au chômage, l'administration ne sait plus quoi faire. Bien qu'elle ait aujourd'hui détourné une partie de ses activités vers les anciens pays communistes, la Camorra s'infiltre dans tous les secteurs de l'activité publique et privée par l'extorsion, la corruption et l'assassinat : l'année dernière elle a peut-être commis un meurtre tous les deux jours. Et au XVIIe siècle, celui de Monteverdi et de l'explosion de l'opéra, une hypocrite exigence papale – les femmes n'avaient pas le droit de se consacrer au *bel canto* – donna naissance à l'abomination des castrats : traqués par la misère, les pères castraient leurs fils afin qu'ils gardent leur voix d'enfant et puissent interpréter sur scène des rôles féminins.

Le décor vésuvien ne représente pas seulement un paysage d'une grande beauté, il contient une menace latente qui elle aussi pèse sur le subconscient populaire, l'imprégnant d'une angoisse génétique. Les chiffres en témoignent : sous une forme ou sous une autre, le Vésuve vomit du feu depuis cinq cent mille ans, et au cours des vingt-cinq mille dernières années il a subi au moins huit éruptions d'une ampleur phénoménale, dont quatre depuis le début de notre ère – celle de Pompéi, que nous avons évoquée dans les premières pages de ce livre, une autre en 472, une troisième en 1631, la dernière en 1944. En même temps, depuis 1649 se sont produits dix-sept phases éruptives, qui ont provoqué d'énormes désastres.

San Sebastiano, village industrieux et verdoyant installé sur la pente du volcan face au long panorama napolitain, fut complètement enseveli par la lave lors de l'éruption de 1944, véritable enfer accidenté, obscur, sulfureux. Totalement ou partiellement, cela s'était déjà produit cent trente-cinq fois ! Mais, comme à chaque fois, San Sebastiano fut reconstruit. La nerveuse et vigoureuse énergie napolitaine est plus forte que tout...

Historiquement, la colossale aventure civilisatrice de la Méditerranée – l'aventure réelle et celle qu'a suivie ce livre – a consisté en un voyage effectif et conceptuel parti des côtes orientales de la vieille mer pour arriver aux côtes occidentales. Probablement nous trouvons-nous devant une nouvelle phase du voyage qui cette fois, au lieu de s'éloigner de son point de départ, y revient rapidement, achevant ainsi la formation d'un espace global, la conjonction de la variété comme somme définitive.

On ne peut s'étonner, à l'époque où l'homme connaît en Occident son plus haut niveau de liberté, de bien-être et de savoir technologique, que l'histoire de l'humanité retrouve une part substantielle de sa plénitude dans la Méditerranée. Dans son archéologie, unique parce qu'elle parle comme si elle était exactement vivante – comme le fait remarquer Georges Duby –, dans ses paysages ouverts, son soleil doré et ses espaces publics invitant au dialogue. Nous insistons : si la Méditerranée accueille le plus grand nombre de touristes au monde, c'est qu'elle possède la plus grande concentration artistique existante et l'écosystème le plus accueillant, un paysage historique harmonieux et sensuel. La Méditerranée et l'homme.

Il est certain que la Méditerranée va bien au-delà de la seule Méditerranée européenne : il y a son Levant convulsé et divisé, varié, et le Sud uniforme, tous deux méfiants vis-à-vis l'un de l'autre et chargés d'une tension explosive. Malgré leur évidente méditerranéité, nous ne pouvons comprendre ces deux régions dans la Méditerranée au sens historique, classique, opérant. L'islam est l'islam : sa Méditerranée n'en représente qu'une partie, même si elle est précise par sa dimension et son contenu. Le judaïsme, lui aussi tellement méditerranéen, s'est désintéressé de cette dimension communautaire pour s'élaborer à partir de lui-même. Il est même resté étranger à la navigation, comme l'islam contemporain. En revanche, la Méditerranée comme force constructrice séculaire constitue une indiscutable unité dont l'Europe et l'Occident sont une conséquence.

Au sein de laquelle, comme nous l'avons déjà constaté, la conjoncture dessine un nouvel horizon : les communications, la technologie, l'aspiration générale à la démocratie et au bien-être consolident les relations et les conditions à l'échelle planétaire, ce qui dans le cas méditerranéen conduit à une globalisation inéluctable. Un Nord riche et un Sud pauvre ne peuvent subsister côte à côte : l'Union européenne a besoin d'expansion et de sécurité, le Maghreb et le Proche-Orient souffrent de la surpopulation et de l'intégrisme, ce sont là des sociétés fermées, qui peuvent en outre exporter leur tension en Occident. La coopération est indispensable, que ce soit pour se préserver ou se réaliser pleinement. Et cette issue se produira nécessairement sur le modèle méditerranéen classique du dialogue et de la démocratie. L'islam du Sud sera de nouveau méditerranéen, selon le modèle médiéval d'al-Andalus.

On assiste en réalité à un début de mouvement méditerraniste dans les pays islamiques, faible en Tunisie, nuancé au Maroc, beaucoup plus évident en Turquie, naissant en Israël, mouvement dont la dimension économique s'étend déjà au domaine conceptuel, revendiquant aussi bien les aspects anthropologiques communs que l'illustre héritage gréco-romain.

Cela explique que l'une des premières mesures prises par l'Union européenne ait été d'accorder une aide de 4 685 millions d'écus aux pays méditerranéens tiers, et qu'on soit enfin parvenu à un pacte palestino-israélien. D'un point de vue historique, l'œuvre méditerranéenne la plus importante sera, au début du XXIe siècle, le tunnel qui reliera l'Europe à l'Afrique par le détroit de Gibraltar, projet hispano-marocain : liaison structurelle qui estompera encore les frontières.

Mais les métavisions ne peuvent effacer une réalité existante complexe. Le taux de mortalité infantile est par exemple de soixante-cinq à soixante-dix pour mille en Turquie, en Egypte, en Libye et au Maroc, tandis qu'en Espagne et en France il se maintient à sept pour mille ; le taux de fécondité établit quant à lui une différence de un à trois ou quatre en faveur du Sud. La population de l'Union européenne méditerranéenne totalise 164 888 millions d'habitants, celle du Maghreb 67 771 millions et celle du Proche-Orient 144 751 millions avec Israël ; celle des Balkans, 26 293 millions. Les nations les plus peuplées du *Mare nostrum* sont la France, l'Italie, l'Egypte et la Turquie, qui approchent toutes les soixante millions de personnes. Mais alors que dans l'Union européenne l'activité féminine représente 37,6 %, au Maghreb elle n'atteint que 6,7 %, et 32 % en Israël.

Grosso modo, l'économie du Nord est industrielle, celle du Sud, agraire, mais l'industrie du Nord a commencé à investir dans l'agriculture du Sud. Tout dépend, pour la prospérité de l'avenir, si cette tendance s'accentuera ou non. Actuellement, la balance du commerce extérieur ne penche en faveur d'aucun côté. Mais il y a 4,5 téléphones pour cent habitants au Maghreb, alors qu'il y en a 52 dans l'UE méditerranéenne, 20 en Turquie et 47 en Israël. Quant au PIB, il est de 7 495 dollars par habitant en Grèce, 13 683 en Espagne, 19 832 en Italie et 22 440 en France. De 5 871 en Slovénie, 1 165 en Albanie, 12 527 en Israël, 1 950 cn Turquie, 775 en Egypte et 1 809 en Tunisie.

Il est à craindre que l'explosion démographique ne devienne irrépressible dans les pays du Sud et qu'elle n'envahisse le Nord. La France compte déjà quatre millions d'immigrants maghrébins, principalement des Algériens, qui constituent probablement son plus grand problème, beaucoup étant installés dans des banlieues sauvages où ne prospèrent que l'intégrisme et le ressentiment. L'investissement économique et la coopération fixeraient les populations du Sud dans leurs pays d'origine, leur éviterait le traumatisme du déplacement et limiterait la surcharge européenne. Le bien-être est de surcroît la seule chose qui puisse désamorcer la bombe fondamentaliste. N'oublions pas non plus que sans démocratie, et sans une participation réelle et multiple des populations à la dynamique de leurs pays, ceux-ci ne démarreront jamais : les pays islamiques devront apprendre cette leçon.

Si ce processus ne s'accélère pas, les estimations qui prévoient que d'ici une cinquantaine d'années le quart seulement de la population méditerranéenne sera européenne pourraient s'avérer justes, avec une moyenne d'âge de cinquante ans, alors que les trois quarts restants habiteraient le Sud et l'Est méditerranéens, et auraient une moyenne d'âge de vingt ans. Mais la courbe démographique actuelle diminue aussi pour d'autres raisons : au Maroc, par exemple, la femme installée en ville et scolarisée met deux fois moins d'enfants au monde que la paysanne analphabète.

Mais la Méditerranée est-elle, ou sera-t-elle la "mer morte" que prédisent les devins ? Non, à condition d'appliquer des traitements dépuratifs. Le commandant Cousteau me disait qu'il suffirait d'interdire la pêche sur la grande plate-forme marine entre la Sicile et l'Afrique pendant dix ans pour repeupler pratiquement toute la Méditerranée en poissons. Mais qui pourra s'opposer aux pêcheurs siciliens ?

Les déversements. Le bassin occidental est le plus contaminé, mais l'Adriatique et les Dardanelles sont sur le point de l'être : 80 % des eaux sales des villes méditerranéennes se déversent dans la mer. Comme le font des fleuves vraiment pollués : le Pô, le Rhône, l'Ebre, le Nil… Et 15 % des pétroliers du monde entier traversent le *Mare nostrum*, dont la consommation propre s'élève à 480 millions de tonneaux sur le littoral septentrional et à 130 millions sur le méridional. En outre, plus de la moitié de nos nappes aquifères sont surexploitées et s'assèchent peu à peu…

Et si l'on ne réglemente pas le rythme actuel des constructions sur les rives du bassin méditerranéen, on en aura bâti 75 % dans un quart de siècle.

Une consigne aussi élémentaire qu'oubliée s'impose : si nous laissons la Méditerranée devenir un cloaque, quel sens cela aura-t-il de vouloir sauver politiquement et économiquement l'homme et les sociétés méditerranéennes ?

*

Ne laissons pas les chiffres effacer l'imaginaire qui enrichit de tant de force la culture, l'histoire, les monuments, le peuple et les paysages de la Méditerranée. Si le "voyage" méditerranéen s'achève en Occident, respectons la règle du jeu et faisons-le nous aussi, pour nous rendre dans le Sud, sur les traces d'une grande poésie épique, ondoyante et envoûtante, par exemple à Marrakech, dans ce Maroc à un jet de pierre de l'Espagne et de l'Europe… Puis, nous partirons vers le nord. Dans une île.

Marrakech, ville claire au milieu de jardins amoureusement entretenus et cultivés, quadrillages de toutes les couleurs. Les connaissances agraires du Maure ne persistent-elles pas parmi les souvenirs idéalisés d'al-Andalus ? Je suppose que c'est l'image réelle qu'offre la vieille cité impériale mythique, car mon impression est en vérité purement subjective : en l'apercevant depuis les airs, lorsque je sus que le petit avion qui me transportait descendait enfin pour se poser, ce fut comme si une étreinte angélique allait m'accueillir…

C'est que ce matin-là, depuis l'aube, je me trouvais enfermé dans un minuscule Piper de trois cents chevaux au vol agité de subites descentes et d'éprouvantes remontées, rasant les sommets arides du pré-Atlas, planant au-dessus de ses profondes vallées désertes, traversant des défilés sauvages plongés dans une nébulosité blafarde. La fragilité de l'appareil au milieu de la formidable âpreté des montagnes matérialisait une nouvelle fois ce dilemme jamais éclairci : l'homme est-il une insignifiance, ou art suprême ? Par contraste, Marrakech étalée au soleil représentait le bonheur, le concret étranger à la métaphysique.

Encore que sa munificente vallée fertile ait souvent été l'œuvre d'esclaves noirs… Le peuple arabe a été l'un des peuples esclavagistes les plus persistants de l'histoire. Pendant des siècles et des siècles, d'interminables files de pauvres diables enchaînés à la peau noire ont traversé les dunes hallucinantes du Sahara, cet empire du vide.

Esclavagisme qui à Marrakech et aux temps du sultan alaouite Mūlāy Ismā'īl – à cheval sur les XVIIe et XVIIIe siècles – atteint une efficacité paradoxale. Par ambition impériale, le monarque arma le corps militaire des *abids* (esclaves) et de leurs fils : de par leur condition, ces individus ne pouvaient aspirer au trône et, par conséquent, constituer une menace pour le souverain ; ils présentaient en revanche une solide protection compacte contre les sournoises et sanglantes intrigues familiales et la cupidité des seigneurs féodaux auxquelles il était constamment exposé. Le modèle des janissaires ottomans et des prétoriens de Rome… Car ils cernaient les sultans autant qu'ils les protégeaient. Les étranges vengeances de l'histoire ou, plutôt, ses aveugles compensations.

Le dernier des tout-puissants *abids* fut le grand vizir Ba Ahmed – rusé, court de jambes, fils d'une captive noire –, qui empoisonna des sultans pour en introniser d'autres. Il mourut en 1900. Même après avoir été saccagé, son palais de Bahia reste magnifique : *bahía* veut dire "brillant". Demeures cachées aux jardins enchantés, musique des jets d'eau dans une atmosphère épaissie par la poussière et la chaleur : les palais inhabités parsèment la ville. Splendeur perdue d'un empire qui un jour s'étendit du Tage, fleuve ibérique, au Sénégal. Vigueur berbère.

Je veux bien sûr parler des Almoravides qui fondèrent Marrakech. Et des Almohades. Et des Marīnides… L'ancien tronc commun berbère, déjà établi en Afrique du Nord et de l'Ouest dans la préhistoire la plus brumeuse. Légitimité territoriale infiniment supérieure à celle des Arabes et de l'islam, bien que ces derniers se soient finalement imposés.

Marrakech, axe de la plaine du Haouz, pôle d'attraction de toute cette zone du Haut Atlas, marché multiple, labyrinthique et grouillant, a toujours été le berceau des violentes familles berbères que nous avons déjà rencontrées dans les pages précédentes, qui se détruisirent mutuellement et se succédèrent, dans une sorte d'étau frénétique, tragiquement destructeur. Une singulière influence astrologique présida à la fondation de la ville. Celle de ses murailles spectaculaires et décrépies.

Violacées, imposantes. Leurs épaisses tours se détachent sur le firmament bleuté et propre, la superbe architecture de chaque *bâd* ou porte. Mais c'est une grandeur maladroite, fragile : les créneaux s'écroulent, les murs sont creusés par le vent, les pluies, les rats… Aussi loin que l'on remonte, le Maghreb a toujours construit selon cette technique consistant à mélanger argile et chaux, coffrés ensuite pour les durcir. Sa tendance à la détérioration est inévitable.

Mais les grosses murailles crevassées de Marrakech et le gravillon rougeâtre qui résulte de leur décomposition semblent receler une faiblesse très particulière. L'histoire, la légende proviennent de quelques hommes, de quelques journées, d'une distance héroïque : Yahyā Ibrāhīm, chef tourmenté de la tribu berbère des Lamtunas, dans le Sahara du XIe siècle, se rend en pèlerinage à La Mecque. Presque une vie… Là, il comprend que ses hommes sont "libertins et brutaux", et ramène avec lui un saint prédicateur, 'Abd Allāh ibn Yassīne, maghrébin lui aussi, de la célèbre et riche Sigilmasa. A eux deux, ils font entendre raison aux Lamtunas, les punissant durement à chaque faute. Ibn Yassīne est un rigoriste ardent… qui, à la mort de son chef, doit finalement fuir au trot irrégulier et puissant de son chameau, au-delà des étendues de sable : la tribu veut le lapider.

Dans un *ribāt* ("couvent militaire") mauritanien, le théologien harangue un groupe de fidèles qu'il convertit en moines-soldats. Almoravides vient de *al-murābitūn* ("ceux de *ribāt*"). Pénétrés de l'ardeur d'Allah, ils ne cessent d'affiler leur cimeterre, s'emparent d'abord de Sigilmasa, puis contrôlent le commerce de l'or en Afrique du Nord : la chevauchée conquérante qui les conduit au Ghāna après la traversée vertigineuse des hauts cols de l'Atlas sera désormais relativement douce. Mais à la mort du prophète lui succèdent ses deux capitaines, les cousins Abū Bakr ibn 'Umar et Yūssuf ibn Tāshfine.

Abū commande l'armée. Il se marie avec Zaynab, une belle femme originaire des tribus établies dans la fertile plaine du Haouz. C'est peut-être à elle que l'on doit l'ascension de l'empire… Un an à peine après son arrivée, Abū Bakr doit retourner – provisoirement – au désert, car les Lamtunas son assiégés par leurs voisins. Non seulement il laisse le commandement à Yūssuf mais, en accord avec la belle Zaynab, il la répudie afin qu'elle puisse se remarier s'il succombe au cours de l'opération.

Mais quelle notion de la raison d'Etat – qui exige légalité et fermeté – peut donc s'abriter chez un homme errant, une entéléchie ? Aiguillonné par la passion et les calculs mûrement soupesés de Zaynab, bientôt devenue son épouse, Yūssuf manœuvre… Nous sommes en 1071, à Marrakech. Deux ans plus tard, Abū revient, mais Yūssuf est désormais le chef incontesté. Conseillé par la belle intéressée, Abū Bakr s'en retourne tristement vers les étendues de sable sans fin, où il épousera la fille d'un roitelet soudanais et méditera sur l'arc et la flèche : la bonne décision au bon moment… Le mystère de l'opportunité et de la victoire, en définitive.

L'histoire de Yūssuf ibn Tāshfine est très instructive : Tanger, Ceuta, le Rif, une partie de l'Algérie, la Kabylie, Séville, Badajoz, Grenade, Málaga, Cordoue, Ronda, Almería, Valence cèdent devant lui… Il meurt en 1106, presque centenaire. Véritable guerrier, toute sa vie il porta des vêtements de laine et se nourrit exclusivement de viande, d'orge et de lait de chamelle.

Mais le guerrier prenait aussi du repos… Son fils et successeur, 'Ali ibn Yūssuf, était né d'une esclave chrétienne capturée en Espagne. Si son père avait fondé Marrakech et travaillé avec les tailleurs de pierre et les maçons, vêtu de sa grossière djellaba toute sale, 'Ali fut beaucoup plus présomptueux, cultivé et faible. Les Berbères subirent ce phénomène dont nous avons déjà parlé : al-Andalus les amollissait. Dans les villes andalouses fleurissait cette force sensuelle de l'islam, tout aussi authentique que son rigorisme, qui unit l'esprit et la chair : soixante-dix houris incroyablement tentatrices ne dansent-elles pas dans leur paradis ?

Alors, 'Ali décida de construire des murailles redoutables et invincibles, car il craignait les attaques almohades qui déjà avant sa mort commenceraient effectivement à lézarder son empire. Pour cela il réunit non seulement de nombreux architectes et des milliers d'ouvriers, mais aussi une foule d'astrologues sur lesquels pesait la décision suprême : le choix du moment le plus propice au commencement des travaux.

Il devait coïncider avec l'instant où la lune entrait dans un signe zodiacal stable. La nuit dite, après avoir installé une corde kilométrique autour de l'immense espace qui devait contenir les murailles, le roi, les maçons et toute la population attendaient. Personne ne pouvait bouger, pas même respirer, avant que le roi, au signal des astrologues, tirât le premier sur la corde. Peu à peu, la lune entre dans la constellation du Scorpion. Tout cela tient à un fil, car l'entéléchie attendue doit se produire aussitôt après quelques secondes de conjonction avec d'autres astres, qui constituent un intervalle terriblement funeste... Et voilà qu'en cet instant néfaste un corbeau se pose sur la corde, la faisant vibrer sur toute sa longueur. Sur-le-champ, commettant l'erreur fatale, tous se mettent à travailler, fébriles, incoercibles.

Les Almoravides tombèrent. Et, minée par le malheur sidéral, la muraille n'a jamais cessé de s'ébouler... Savourant un cornet de dattes mielleuses près de quelques chèvres, à l'ombre d'une grosse tour, je médite sur les impondérables de la vie. Et je pénètre dans la médina, la vieille ville, par un angle qui est à peine une fente, dans laquelle se pressent avec moi trois grosses femmes voilées de noir, un âne chargé de branches de laurier, un mendiant aveugle couvert de clochettes et de nombreux chiens efflanqués qui se grattent.

Une pénombre pleine d'odeurs, de bavardages, de plans, d'êtres et d'objets, de cloaques inondés. Le Marrakech des centuries et des souks couvre six cents hectares. Au début du siècle, alors qu'on n'avait pas encore éradiqué les épidémies et la peste, que la mortalité était très élevée, environ quatre-vingt mille personnes s'entassaient ici, si elles n'avaient pas été affaiblies par la catastrophe. Maintenant, avec les nouveaux médicaments, plus d'hygiène et une meilleure alimentation, il y en a deux cent cinquante mille... La fourmilière humaine sature les invraisemblables ruelles couvertes de vélums, remplies d'une kyrielle de boutiques.

Petit commerce aux formes multiples qui s'exerce entre imprécation et flatterie, véritable maquignonnage histrionique, un verre de thé à la menthe en main. J'avoue que j'aime le troc, il incarne une tendance séculaire qui tient autant du commerce que du théâtre. J'achète à un Berbère bougon une cornaline, pierre de la famille des agates, opaque et couleur de miel. Au XVIIIe siècle, les dames fortunées s'en faisaient des camées. Quelqu'un a porté ce rustique bijou touareg acheté dans une échoppe du Sahara. Je le suspendrai à mon cou avec une chaîne d'argent, et peut-être d'inexplicables échos d'épopées solitaires et sauvages me parviendront-ils.

Le marché aux grains, autrefois marché aux esclaves. Babouches de toutes tailles. Epices à l'odeur écœurante. Laine. Un chameau essaie de me mordre. Deux gamins me promettent des plantes aphrodisiaques. Dans le quartier des serruriers et des forgerons, j'admire l'habileté des artisans. Les serrures, surtout, sont extraordinaires : énormes, gravées en relief, elles révèlent une grande imagination. A la Kesaria, le souk des étoffes, dont chaque échoppe est une merveilleuse malle pleine de surprises, j'achète les pièces les plus voyantes et les plus brillantes. Jamais je ne les porterai, mais j'aurai beaucoup de succès quand je les offrirai à mes belles amies d'Europe.

Je passe Bâd ed-Debbagh, la porte des teinturiers. Une espèce de fête brutale semble éclater de toutes parts : des bruits étranges, une puanteur insupportable, d'énormes bannières. Les obscurs magasins de peaux, entassées et pestilentielles. Les taudis et les hangars – bas et sales, ressemblant à d'étranges tanières – avec les cuves de ciment où les hommes pataugent, la djellaba ou le pantalon retroussés jusqu'à l'aine. Je me souviens de Fès. Les cuirs sont plongés dans des liquides verts, rouges, blancs, bleus, teinture extraite de la grenade, du sumac, des noix de galle... Sur les terrasses cubiques, les peaux – les "bannières" – sont suspendues au soleil, tels des cris de couleur. Un homme apporte un panier d'osier plein d'excréments d'oiseaux : ils servent à peler les cuirs, à les assouplir.

J'entre pour acheter un tapis. Ils sont grossiers comparés aux tapis d'Orient. On me montre ceux de Chichaoua au dessin formé de lignes innombrables ; ceux de Glaoui aux franges de n'importe quelle couleur, où le noir domine toujours ; un d'Ouarzazate, aux tons chauds fait d'une laine aussi fine que les sables du désert battus par la lumière et la chaleur. Je l'achète.

Enfin, après avoir déambulé, ivre de sensations, heureux et fatigué, je sors par la porte de Bâd ed-Robb : en 1300, le sultan Abū Thalit exposa ici six cents têtes de rebelles qu'il avait ordonné de décapiter. L'ambition, essaims de mouches… Quelque part apparaît le minaret élancé de la Koutoubia.

Dans une sorte de trou j'achète un livre à la somptueuse calligraphie arabe, qui n'a plus de reliure et dont chaque lettre est pour moi une énigme. On me le traduit. Il s'appelle *Jardin parfumé* et fut écrit vers 1400 par le cheik Nefzawi. Je suis transporté par l'histoire ou la légende de ce prophète Moussaylama, contemporain et rival de Mahomet, qu'une prophétesse provoqua en un duel de sagesse et de science infuse. Moussaylama prépara une tente pleine de brocarts, de soies, de tapis, tout ce qu'il put trouver de plus précieux, et il la remplit de petits pots et de flacons contenant les parfums les plus variés : orange, jasmin, ambre gris… Il attend la femme dans la tente hermétiquement fermée. Elle arrive pour le combat théologique. Et ressort des heures plus tard, le sourire aux lèvres, les cheveux défaits, tenant la main du prophète et confessant, extasiée : "Il m'a dit la révélation d'Allah, il m'a enseigné la Vérité. Je me rends."

Monde de petits volumes, d'odeurs tenaces. Ici, tout est doux ou sec. J'entre dans la mosquée de la Casbah afin de jeter un coup d'œil aux tombes de la dynastie des Sa'diens, du XVe siècle, qui succéda aux Almohades. Le mihrab aux stalactites polychromes. Bois, céramique. Miroitement nu. Le marbre, la capitulation de chaque tombeau, à peine une élévation sur le sol. Celle de Zohra, "noble dame, Nouvelle Lune, merveille de vertus", ah, que de chagrin dans chaque inutile épitaphe… Celle de Mūlāy Ahmad al-Mansur, qui demande à la miséricorde divine d'"enduire le sol d'un parfum qui évoque son souvenir". Je sors dans le jardin planté d'orangers et de cyprès, où de délicats petits oiseaux pépient en sautant de branche en branche.

Un certain parfum, tout au moins spirituel je suppose, se dégage des sept tombeaux, les marabouts semi-circulaires qui, cachés à l'abri d'autant de mosquées, abritent les corps des religieux musulmans considérés comme les patrons de la ville : Sīdī Yūssuf ibn 'Ali, yéménite lépreux ; le cadi Ayad ibn Moussa, théologien et magistrat qui séjourna à Grenade ; Sīdī Abū al-'Abbās, qui prêchait à grands cris le Coran dans les rues et distribuait ses vêtements aux pauvres ; Sīdī Abb es-Salam ibn

M'chich, mystique soufi, instigateur de la guerre sainte contre les Portugais, qui mourut empoisonné ; Sīdī 'Abd al-'Azíz ibn 'Abd al-Haqq Teba, Sīdī 'Abdallah al-Ghezouani, Sīdī al-Sohelli, et... c'est tout, car nous voilà à sept.

Ces ascètes ou marabouts ne plaisaient pas du tout aux Almohades, qui après leur victoire sur les Almoravides devinrent les bâtisseurs d'une bonne partie du Marrakech que l'on voit aujourd'hui. Almohade, *al-muwabhidūm* en arabe, vient du mot *tawhíd* qui veut dire "unité divine" : Dieu est un, pur et étincelant, et les religieux qui prétendent être ses intercesseurs ne sont que des comédiens.

C'est Muhammad ibn Tūmart qui imposa cette doctrine. Ayant étudié les textes sacré à Bagdad et Cordoue, il prêchait au Maroc, sans que les Almoravides lui prêtent trop d'attention, sous-estimant son influence qui finit par être importante : l'agressivité rigoriste, illuministe, a toujours pris facilement chez le Maure. Il fut exilé, avec ses adeptes, dans les vallées profondes et sauvages de l'Atlas, où il acquit force et prestige. Son héritier et successeur, 'Abd-al-Mūmin, prit Tlemcen, Fès et Marrakech, il instaura son autorité en Espagne, conquit l'Afrique du Nord jusqu'à la Tripolitaine et s'attribua le titre de calife.

Non sans avoir auparavant vaincu le vicomte de Reverter, plus précisément, crucifié son cadavre. Fabuleux individu que celui-ci, Catalan de Barcelone. Il est probable que vers 1120, âgé d'une trentaine d'années, il fut fait prisonnier au cours d'une razzia almoravide en Catalogne. A Marrakech, à cette époque, une troupe de chrétiens composée de mercenaires et de captifs combattait aux côtés du sultan. Le vicomte en fut bientôt le chef, ce qui ne l'empêchait pas de s'occuper de ses biens en Catalogne par l'intermédiaire d'un notaire et de sa famille, faisant lui-même le voyage vers Barcelone en 1133. Jusqu'à ce qu'il fût vaincu par les Almohades dans un épouvantable précipice de l'Atlas.

Ces derniers s'emparèrent du plus jeune fils du vicomte, qui se convertit à l'islam et entra au service des nouveaux maîtres, combattant avec brio. Il prit le nom d'Abul Hasan Ali ibn Ruburtay (ou Reverter...). Je l'évoque avec un vieil érudit borgne qui parle en chantant, tandis que nous nous promenons tous deux dans la grande palmeraie : les treize mille hectares où poussent environ cent mille palmiers, en bordure de la ville. Ombre claire, émeraude, je me sens bercé par ses légères figurations végétales, faisant déjà la sourde oreille à la ritournelle pressante du conteur musulman.

Je me dirige bientôt vers la place Djemáa el-Fna, comme je le fais chaque jour à toute heure. Enorme espace où se succèdent, pittoresques et ténébreuses, la misère et l'imagination. Le matin affluent les vendeurs de fruits, de légumes, de grains. L'après-midi, les saltimbanques, les devins, les conteurs, les porteurs d'eau, les charmeurs de serpents… Le serpent, à jeun depuis des jours, bouge à peine au son du cornet. Un adulte à la peau variolée s'empare des pièces de monnaie gagnées par les enfants danseurs en les frappant à la tête. La loi du plus fort. Et les voleurs qui rôdent, avides. Mais la Djemáa el-Fna subjugue, cour des miracles pathétique qui la nuit, à la lueur spectrale de la lampe à acétylène, continue son travail endogame de subsistance déchirée, envahie à présent par les silences tandis que la pipe parfumée de kif passe de main en main…

Traverser les montagnes abruptes et sèches du Grand Atlas, avec leurs arêtes saillantes, qui s'élèvent de près de deux mille mètres au col de Tizi n'Tika, où je me trouve, à plus de quatre mille mètres, revient un peu à parcourir un paysage imaginé, aimanté et légendaire. Les cimes obscures semblent nettement incrustées dans la coupole céleste limpide. Avec des sommets et des recoins brillants de neige polie : on plonge le bras jusqu'à l'aisselle avant de toucher la roche.

La roche ressemble à un élancement sec, solidifié, qui se détacherait de la pierre proprement dite, des superbes monts nus seulement habités par l'ample vagissement du vent dans une longue dérive. Les veines minérales se succèdent, la prestigieuse améthyste, la troublante turquoise, le rayonnant amiante. Et les plus étranges fossiles : des vers au dessin vertébré parfaitement conservé dans le cœur d'une grosse pierre ferrugineuse, des coquillages pointus dont la spirale insolite s'incruste dans le puissant basalte…

Sur les cimes, en plein été, on ne trouve que quelques bergers dans des cabanes en pierre, recherchant les fragiles pâturages du bon temps. L'agneau, telle une créature mythologique. La douce rotondité des brebis. C'est aussi le monde des Berbères, qui en hiver vivent dans les villages fermés des défilés, au milieu de petits jardins – le magnolia décadent, le citronnier acide, la vigueur de l'olivier, toute l'allégresse ingénue du palmier – où ils cultivent leurs céréales. Y coule un ruisseau froid et rapide.

Ici, les hommes sont de plus en plus rares, ils émigrent à Marrakech pendant les mois d'hiver en quête de n'importe quel travail. Ou alors ils traversent le détroit en direction de l'Europe. La rude émigration marocaine, des jeunes ici vigoureux qui dans les énormes et hostiles capitales du Nord ont souvent le regard sombre du marginal.

De Marrakech à la vallée du Draa, gravissant la grande cordillère par la route dangereuse des anciennes caravanes, aujourd'hui soigneusement asphaltée sans avoir pour autant perdu son tracé vertigineux au-dessus de l'abîme, nous traversons les territoires sauvages de Glaoui, dont l'axe est, ou plutôt fut, la Telvet autrefois inaccessible.

Fier caïd des casbahs, les citadelles fortifiées de ce pays lointain, Al-Hadj al-Glaoui fut le dernier des seigneurs féodaux qui eut un véritable pouvoir. Sanguinaire, rusé, il collabora avec le colonialisme français jusqu'à l'indépendance. Un demi-million d'hommes : le turban de laine noire, la longue *akhnif* aux longues franges et le médaillon rouge sur l'épaule leur conféraient une hirsute majesté. Guerriers vétérans à la résistance fibreuse, le couteau effilé et le long mousqueton prêts à l'emploi, tantôt escortant les caravanes, tantôt les obligeant à payer un important tribut au Glaoui. Dans la casbah d'Ouarzazate, au milieu d'accablants tapis de texture rigide, quelques jeunes qui parlent tranquillement tout en surveillant les environs m'offrent des emblèmes de bronze sur lesquels est gravé un aigle : le symbole de l'ancien chef indomptable.

L'*agadir* d'Inghrem, image fantastique du grenier collectif, construit avec cette espèce de brique crue d'argile et de chaux. Ses étages intérieurs, la pénombre, les sacs donnent l'impression que l'histoire de l'homme en collectivité a commencé ici, tant tout est précaire, simple, viscéralement attaché au dur terroir... Il y a des fêtes, qui toutes débutent par la *djema'a*, l'assemblée qui dirige le village, et la récitation du Coran. L'une d'elles est un mariage, la mariée recouverte d'un voile blanc, le regard lourd de ses grands yeux sombres exprime une fierté et une soumission ancestrales. Mariage qu'on appelle aussi "rapt" : ce peut être le galop du cheval jais, le chameau au trot, enlevant la mariée...

La vallée du Draa : le fleuve coule, méandres placides, paisible courant opalin entre les terres ocre. Il vient des gorges inhospitalières de l'Atlas, il arrivera à l'Atlantique lointain. Mais auparavant, sur des centaines de kilomètres, il se sera caché sous les sables hallucinants du Sahara. Cette vallée du Draa semble retenir le fleuve comme l'unique et humble élément vivant. Tout semble ici être en marge, ou sous cloche. Le soleil diffuse une luminosité blessante qui renforce encore la sensation aiguë de cavité. Les oasis et les vallées fertiles semblent n'avoir jamais été foulées par l'homme et les animaux. Je me tiens un moment près d'un puits, captivé, reniflant des brins de menthe.

Le *kear* d'Aït Benhaddou, le plus spectaculaire village fortifié de la région, qui se dresse au milieu des ruines. Les hautes murailles rougeâtres et poudreuses. Un léger défi émane encore des créneaux. Il peut y avoir un millier de personnes dans ce dédale de ruelles, d'étables, de terrasses, de murs montés les uns sur les autres. Mais on y voit à peine s'ébattre quelques enfants ; un vieux monté sur un petit âne trottinant nous marmotte je ne sais quoi, des femmes s'affairent autour d'un foyer rébarbatif : ce sont les Harratines, négroïdes, qui descendent probablement des Ethiopiens. Il faut passer le fleuve à gué en sautant sur des galets instables. Sur une terrasse on prépare la semoule pour faire le couscous. Une jeune fille file à la quenouille. Tout cela porte la trace lointaine d'autres gens, d'autres mondes...

Zagora. C'est ici que se trouve l'amusante affiche fixée par les soldats français : "Tombouctou, 52 jours à dos de chameau." Je regarde au loin... Je suis triste que le nomadisme – la tente grossière et chaude, les chameaux, les colliers de pièces de monnaie au cou des femmes... rende son dernier soupir. La guerre du Sahara, ou sa tension endémique – le Maroc exige le territoire, les Sahraouis luttent pour leur indépendance –, met fin à cette vie errante, rude, réfléchie, à l'incomparable plaisir de tuer le temps assis sur les riches tapis. Seuls les plus vieux pratiquent un semi-nomadisme, et encore quand le temps est clément. De plus, les armes des Touareg ont été réquisitionnées par le gouvernement.

Celui-ci cède des terrains à bâtir et consent des prêts aux gens du désert pour construire des maisons dans des villages présahariens improvisés, à la périphérie des villes. Et il a accompli le miracle de sédentariser les nomades grâce au système le plus puéril et le plus vicieux qui soit : amener jusqu'ici la télévision. Quand les émissions commencent, toute la famille s'accroupit dans la pièce au plafond haut, sans fenêtre, avec une porte basse, quatre nattes sur le sol, pour regarder des séries américaines et indiennes, du folklore arabe... C'est ainsi que l'Etat marocain attire la population saharienne et élève des murs de soutènement humains.

Mais cette guerre coûte plus d'un million de dollars par jour au Maroc. Dans les casernes les troupes se succèdent, et il y a des policiers en civil. Les gens les regardent de travers. La seule chose qui les intéresse, c'est la télévision. Et les bandes de jeunes s'achètent quelques bouteilles de vin, se moquant des vieux qui les réprimandent au nom du Prophète, et font la noce entre les tombes en ruine du cimetière désolé où des chèvres mordillent des herbes sèches et des papiers sales.

A Amazaraou, l'existence est déjà rythmée par le souffle menaçant du désert : du sud le vent apporte de lourdes masses de sable, qui composent les cimes changeantes et massives des dunes. Le moindre ruisselet est sans cesse vidé de son sable, on plante de maigres tamariniers pour fixer le sol, on construit de précaires clôtures avec des branches de palmier. Un sourd-muet réalise pour quelques pièces de monnaie des exercices dangereux de saltimbanque en bondissant de dune en dune, pirouettes d'épouvantail de l'impuissance face au Sahara immense, dévoreur, qui avance d'année en année. Invasion de la chimère stérile.

Rêves et chimère... Diodore de Sicile situait approximativement par ici une mer intérieure qu'il appelait Tritonis. Dans le ténébreux *Livre des morts* égyptien, on lit que dans cette région est situé le lac de Kha, avec son île des Bienheureux. Platon cite tout près l'Atlantide submergée... Je roule en jeep, sondant le panorama et l'imagination. Le passé et même l'inexistence, les rêves, leurs appels... A Tamgroute on m'assure qu'existe, jalousement gardée, une extraordinaire bibliothèque contenant de très anciens Corans enluminés. Je n'arrive pas à la trouver.

De même que personne non plus n'a trouvé, entre les dunes et le vent, la ville d'El Moghiba, La Cachée, avec ses rivières de miel, ses oiseaux du paradis, le bonheur. Seul un Bédouin l'a vue, après avoir traversé une effrayante grotte, au temps du règne d''Umar ibn al-Khattāb. Elle contenait les livres les plus secrets de l'univers. Ou elle les garde encore, merveille enchanteresse, inaccessible.

Rendons-nous à présent vers l'autre extrémité occidentale, dans l'île. Mais pour un "voyage" lyrique. Ce livre, cette aventure, a commencé en dessinant l'espace des paysages méditerranéens, le grand espace géographique. A présent, après un si long parcours à travers les siècles et les peuples, ayant fait nos adieux à leurs fastes à Marrakech, le livre s'achève dans l'espace et le paysage intimes, personnels. Les miens. Dans l'île de Majorque, à San Telmo. Une personne et une vallée face à la mer, singularisées au long des saisons de l'année par leur humble et authentique frémissement. Au bout du compte, chacun ne peut sauver que soi...

Chaque jour de chaque été se lève et la lumière ne semble pas venir des cieux, mais s'élever, légère, fraîche, insolente, de la terre : les arbres et les talus s'amplifient lentement et se parent d'une délicate tonalité. Puis le soleil se renverse : les monts et les vallées se teignent d'un doré si intense, si clair qu'il stupéfie ; à l'image des couchers de soleil, qui eux provoquent une sensation d'indolence, de morbidité, par une intensité scénographique qui déconcerte et émerveille. Tandis qu'à son lever l'astre est souriant, telle une oriflamme de promesses.

Le monde, aujourd'hui, sera tien. Il appartient surtout aux oiseaux innombrables, du sémillant chardonneret à l'insipide moineau, qui s'agitent dans les aiguilles des pins, picorent dans la vigne, descendent boire dans les sillons du jardin potager, volettent dans la fraîcheur des massifs de roses.

Puis vient la mer, le grand bleu tendu de la Méditerranée, début d'une route infinie, aveuglante de lumière, conduisant peut-être à l'éternité. Le soleil soulève une exhalaison ignée sur les grandes falaises de l'île Dragonera, en face de la propriété où je vis et écris. La solitude est totale, bienveillante. Nager au milieu de l'après-midi dans une mer joueuse, au-dessus de l'abîme invisible des poissons, entraîne une débordante et incroyable communion avec l'écosystème. L'amour, le pouvoir, l'alcool provoquent des altérations indéfinissables, mais pas cette sérénité extatique qui vient d'une compénétration avec la nature. Tu n'es pas dans le tout parce que tu es mort, en raison d'une fusion par désintégration, mais parce que tu es arrivé, plein de cellules agissantes, à l'épicentre même de la vitalité. L'eau et le soleil, la vision des rochers escarpés dans leur absolue rotondité, le temps arrêté t'entourent, se fondent avec toi.

A mesure que s'installe le crépuscule, la mer perd de son agressivité, elle fait place à une clarté zénithale aiguë, aux couleurs très différenciées, tandis que l'astre plonge dans l'horizon marin, globe rouge, spectral, qui ressemble à une lanterne orientale. Aller à la mer le matin et revenir à midi épuise : le soleil pèse autant qu'une dalle, il punit les muscles, engourdit le cerveau, brûle la peau. A l'heure du jour qui meurt, la mer acquiert parfois un calme translucide, une dimension animique.

Mais un autre jour offre un autre souci. Très dur. Cruel. Le soleil brille avec une force rayonnante et irritante dans un ciel immaculé sur lequel s'élèvent très lentement, sales, des masses rougeâtres : de la fumée. Les Canadair au vol bas et lourd, aux moteurs bruyants, vomissent leur cargaison d'eau sur les flammes rugissantes qui grimpent à l'assaut des sommets. J'avance avec quelques hommes sur la montagne, nous portons des pioches et des petits bidons d'eau. Les ajoncs, les lentisques, les ramures basses forment une jungle difficile à traverser.

L'odeur de brûlé nous enveloppe. Nous arrivons à la crête de la petite cordillère : tout, devant nous, est calciné ou brûle sauvagement. Vallées et montagnes, le pic de Farineta, les monts de La Trapa offrent un triste spectacle de cendres fumantes, de noirs squelettes d'arbres. Et, à l'horizon, la mer, lointaine, souveraine. Quelques souches crépitent encore, nous les arrachons à coups de pioche, les arrosons d'eau : une rafale de vent pourrait raviver la flamme, la lancer sur le sol couvert de feuilles mortes et de graminées, et de nouveau se lèverait un front de feu.

La nuit, nous avons l'impression de nous trouver devant un tableau de Bosch, cauchemar infernal sur fond de foyers d'incendie. Il y a des gens qui luttent contre les flammes, des pompiers, des soldats, un hélicoptère qui déjà se retire... Mais le maquis impénétrable, plein de broussailles, et la force du vent empêchent une rapide extinction. Le bois ne rapporte pas d'argent, les règlements interdisent que chacun prenne et coupe comme il veut, sans oublier l'abstentionnisme des propriétaires et la disparition de la chèvre dont la dévoration ruminante ne trace plus de brèches, des contre-feux en réalité... Les incendies qui ravagent la Méditerranée.

Mais dans ma vallée s'est également produit un autre événement : une foule de chevreaux sauvages, de pigeons ramiers, de lièvres, d'oiseaux et de hérissons sont arrivés, qui bêlent, volent, rampent, faune turbulente qui fuit l'incendie dans les petites vallées voisines.

Au crépuscule, autre exaltation : celle de la fête, sur la grand-place. Lumières orangées, une illusion qui flotte et la jeune fille blonde, vêtue à la mode stricte d'autrefois, chante et danse encadrée par l'éclat étoilé, la douce nuit :

Ses ninetes quan són petitetes,
cuien floretes dins un jardí !
Ses ninetes quan són més grandetes,
no van de floretes sinò d'un fadrí !

Tambourins et pipeaux. Le refrain : les fillettes avec leurs petites fleurs, les jeunes filles cherchant déjà les garçons... Je rentre dans ma maison, agréablement plongée dans le noir.

Les chauves-souris dorment dans les grottes, dans des édifices abandonnés, et sortent la nuit à la recherche d'insectes. La piscine, l'étendue argentée de l'eau, surtout si elle est éclairée, les attire irrésistiblement : dans l'obscurité de la forêt, des champs, elle constitue un espace qui appelle toutes sortes de bestioles volantes. Les chauves-souris arrivent par dizaines, rasent l'eau dans un vol brisé, nerveux. Ce sont en majorité des bêtes petites, jeunes et grassouillettes, soyeuses au toucher, aux longues ailes pointues, souvent encore gauches, qui s'agitent avec frénésie.

Il reste peu d'animaux sauvages dans nos champs : on voit de rares lapins, quelques hérissons, une ou deux belettes, une genette, un couple de martres. J'ai l'habitude de laisser les oiseaux décimer les arbres fruitiers pour qu'ils restent ici et ne partent pas ; nous plantons aussi pour les moutons : les animaux ont besoin de la nourriture que le déboisement et le déclin de l'agriculture leur dérobent. Heureusement, les lézards sont toujours là ; nous appelons *dragons* les individus de l'espèce la plus squameuse et la plus foncée. Et les chats, si agréables parce que, bien que domestiques, ils restent indépendants, quand ils ne sont pas farouches. Il me semble que sans ce contact primitif avec l'animal la vie humaine manque du plus troublant des liens génésiaques...

Justement, il y a de nombreux petits oiseaux, cet été des colibris ou *ullets de bou.* Gris, ils ont commencé à proliférer il y a quelques années, et à présent ils affluent, sautent entre les pins touffus, dans le feuillage du caroubier ; je travaille et sans arrêt ils me frôlent presque, plusieurs d'entre eux se disputant dans un vol puéril et embrouillé. Mais la mort de la buse a été pathétique.

Elle habitait dans la vallée et planait, comme envoyée des cieux. Rayée, brune, sa cruelle petite tête alerte. Se tenant toujours à bonne distance des hommes, elle se précipitait soudain sur le moineau hébété, puis le dévorait. Mais un matin elle a volé bas et s'est posée sur le toit, nous la regardions et elle ne fuyait pas. Nous cherchait-elle ? Un après-midi, elle resta des heures immobile au sommet du poteau téléphonique, au milieu du champ d'amandiers, puis tomba à la verticale, morte, poignée de plumes.

Les chiens, ce n'est pas qu'ils ne succombent à rien, mais ces semaines-ci ils semblent vivre une période agitée, d'attaque : ils peuvent mordre avec une détermination inhabituelle. Un mâtin abrupt a mordu une amie poissonnière à la fesse et on a dû l'hospitaliser. Moi, deux épagneuls m'ont attaqué, les maudits : l'un m'a enfoncé ses crocs dans la cheville, l'autre a arraché la jambe de mon pantalon. Et tout cela parce que je défendais un chat tigré et crâneur qui, en plus, est voleur. Il y avait deux ans que je n'entendais plus dire que les chiens majorquins mordaient. Dans la Majorque d'autrefois, on les utilisa pour ces qualités, mais le progrès les avait déplacés. Est-ce le retour de la tradition, ou de la barbarie ? Les chiens ont parfois été les messagers de l'enfer...

Deux autres chiens minuscules, aux canines tordues, ont affolé et dispersé le troupeau de brebis ; l'une d'elles s'est perdue à tout jamais dans la montagne en bêlant aux nuages. La nuit, un énorme chien inconnu s'est approché de plusieurs personnes terrassées par la chaleur qui somnolaient sur une chaise de paille, au frais sous la treille, il leur a soigneusement léché une joue et s'en est allé. Mon cousin Anselme en a été tellement impressionné qu'il a souffert de tachycardie. Sa fille Rosette hasarde qu'il s'agit peut-être d'un prince ensorcelé que l'amour pourrait délivrer. Anselme n'est pas d'accord. Une chienne laineuse gâche les nuits du notaire, elle ne cesse d'aboyer ; un Allemand recommande qu'on lui administre une infusion de marihuana, il en a une petite plantation très luxuriante. Le notaire s'y refuse : la consommation de drogue est interdite. Si la chienne se drogue, qui est-ce qu'on mettra en prison, lui ou la chienne ?

La vallée solitaire, la tonte obstinée. Et quelque chose s'est passé dans le ciel : d'épaisses brumes blanches entourent la lune, diluent sa sphère hypnotique. Présage de mauvais temps ? Le temps contient un secret stimulant : sa fuite ensorcelée.

D'après les feuilles, il ne semble pas qu'on arrive à l'automne. Les pluies ont redonné de la vigueur aux arbres, avec la chaleur des journées, des plantes refleurissent. En revanche, la calme proximité de l'automne se devine sur la mer, qui est souvent presque immobile, incolore. Et on le sent dans le grand silence sans vent qui s'empare de la vallée, dans le vol tranquille des oiseaux .

Et le fruit est sorti cette année mangé aux vers de l'intérieur : les abricots, les jujubes, les prunes. Mais les melons ont été excellents. Les derniers sont très doux, nous les ramassons dans la boue des sillons, leur large feuille fanée, sous le maïs dressé, avec les épis déjà pleins. Nous les donnons aux cochons, qui les engloutissent avec gourmandise. Ce sont de jeunes bêtes agitées, avec une pointe d'éblouissement amusant.

Un autre tout jeune, un hibou, vient chaque nuit. Sur la longue terrasse, les liserons roses fleurissent dans le turbulent fatras de verdure. Les lumières électriques, au milieu, créent un chromatisme fantastique. Les lézards s'approchent du lampadaire et chassent, rapides, des papillons lourds et l'insecte perfide. Je suppose que le hibou aussi surveille ses proies. Il reste dans l'obscurité, sur la branche d'un épais caroubier. En me baissant, je l'aperçois à contre-jour de la clarté lunaire. Il m'est sympathique, ses yeux énormes brillent parfois. Enfant, chaque année je rendais visite à un nid de hibou dans le trou d'un figuier. Je les connais bien. Mais, si je m'approche, il s'envole dans la nuit sans émettre le moindre son, telle une ombre.

Les moutons sont plus tranquilles parce que des herbes tendres ont commencé à faire leur apparition. En pleine canicule, ils trottaient, faisant résonner leurs sonnailles, n'ayant rien à ruminer. Maintenant, avec l'automne, tombent en outre les dernières figues, amollies par les premières pluies. Et les caroubes sont très noires, bien que leur chair soit encore âpre. Mais il est dangereux de s'approcher des caroubiers : attirées par leur odeur douceâtre, écœurante, les guêpes et les abeilles se pressent dans une sourde trépidation autour de ses fruits pour les sucer, et elles peuvent piquer.

Dans la mer aussi, après quelques années de pénurie, il y a beaucoup de poissons. La ligne munie de plusieurs hameçons remonte les poissons de l'automne : *verderols*, *raons*, *caproigs*, *oblades* nagent entre la transparence de l'eau, dans la vaste plaine qui tremble. Le *raó* se pêche en profondeur, l'*oblada* dans l'écume… Leur chair blanche est tendre. Huile et sel. La large solitude lumineuse de la mer d'automne est joyeuse si ne soufflent d'humides vents du sud, si le nord ne s'obscurcit pas. Je voudrais que tout fût toujours ainsi.

C'est la Toussaint, on va rendre visite aux tombes familiales, déposer les épais bouquets de chrysanthèmes et les roses rouges. La grand-mère, les oncles, six petits-neveux, les enfants et les belles-filles, tous en paisible procession nous présentons au cimetière, sur la colline qui fait face à l'horizon marin dégagé. En général, c'est un jour ensoleillé, les papillons volettent au milieu des cyprès. Image méditerranéenne.

Mais cette année les choses se sont passées d'une manière très différente et, amers et stupéfaits, nous avons assisté à une étrange fête des morts. Il y a une semaine s'est enfin réglé un vieux procès entre l'oncle Mateo et l'oncle Norberto. De l'héritage de la grand-mère Brígida ils devaient tous deux se partager le versant fertile de la Font Verda, avec quinze ruches d'abeilles murmurantes et généreuses, et une tombe, avec six niches, du cimetière du village. L'oncle Mateo, qui raffole du miel, avait choisi le thalweg.

Mais avant qu'ils se fussent décidés à mettre à jour les écritures notariales, une épidémie décima les abeilles. L'oncle Mateo se ravisa et revint alors sur ce qui avait été conclu. Indigné, l'oncle Norberto le couvrit d'injures et pendant sept ans ils ne se sont même pas dit bonjour. Enfin, le printemps dernier, trois ruches firent leur apparition, bientôt bruyamment habitées par de nouveaux essaims, et l'on peut présumer qu'en mai d'autres s'en détacheront. L'oncle Mateo sourit, tapa sur l'épaule de l'oncle Norberto. Ils se rendirent chez le notaire.

Cependant, personne n'avait jamais regardé les papiers qui composent le titre de propriété de la tombe. Et lorsque nous l'avons fait nous sommes restés bouche bée : insouciants, nous pensions qu'elles contenaient, rêve d'éternité, les restes de deux ou trois douzaines d'êtres chers, défunts proches et concrets de cette famille méditerranéenne profondément et profusément entrelacée ; or il est apparu exactement dix-sept morts en plus.

Neuf, désignés sous l'épithète "inconnus", ce qui est naturellement très déconcertant, même s'il s'agit de morts fort anciens. Cinq appartenant à des parents éloignés que nous avons du mal à situer : une cousine qui habitait apparemment en Guinée-Equatoriale et qui, fervente phalangiste, mourut noyée dans un lac en 1942 ; deux autres correspondent inexplicablement à un couple de la Garde civile mort en 1927 et dont nous ne savons pas pourquoi ils sont venus atterrir dans notre caveau. Le dernier est un beau-frère de mon père qui fut une franche canaille de son vivant.

Les vérifications idoines ayant été faites, d'une partie de ces morts ne subsistent que quelques poignées d'os qui ont été rassemblées dans un sac en plastique, tandis que d'autres sont toujours en bonne condition squelettique et couchés dans leur cercueil abîmé. C'est pourquoi devant les tombes, nos fleurs à la main, nous nous sentons désappointés, irrités : que fait ici cette foule de spectres étrangers et même indésirables ? Par leur faute nos propres morts ne sont-ils pas dépossédés de leur place, de leur propriété ? S'il doit y avoir une équité outre-tombe, ne s'emparent-ils pas, étant plus nombreux, du parfum des fleurs de nos défunts ? Il faudra faire quelque chose, car si les intrus inhumés reposent en paix nous vivons, nous, dans l'indignation…

Majorque se blottit à présent dans la profonde désolation de l'hiver, le petit chat roux m'accompagne en ronronnant. Déjà, un amandier fleurit, les arbouses ont un jus acide, la flamme avide règne dans la cheminée tel un dieu vraiment puissant. Le jeune chat dort dans n'importe quelle position et, de temps en temps, essaie de voler un morceau de jambon, une madeleine. Il est né au printemps et son poil est d'un roux mouillé. Il a un caractère aimable, son regard est paisible, franc.

Curieusement, il est exactement comme son père et comme son grand-père : il s'agit du dernier d'une lignée de chats roux qui un jour, il y a des années, apparut à la maison et a continué à y venir. Ce sont des chats de complexion robuste, grosse tête et pattes courtes, que l'existence sauvage n'a pas rendus sauvages, comme ceux qui surgissent de la forêt, féroces et nerveux.

Je me souviens très bien du premier chat roux qui est venu : il avançait tranquillement au milieu des asphodèles du sentier dans les rochers, il observait avec un regard clair. "Regarde, un *roget*", s'exclama ma femme qui était en train d'élaguer un palmier. Mes fils, qui étaient plongés dans une horrible discussion sur une boîte d'allumettes chinoise vide, se turent brusquement. Tous s'approchèrent du chat : c'était un adulte tranquille, au corps brillant. Mais les années tuent : une bagarre, un jet de pierre lui estropièrent plus tard une patte, lui crevèrent un œil. La vie des animaux est dure à la campagne, souvent misérable.

Et ce fut attendrissant quand le vieil animal commença à venir accompagné d'un jeune chat, de la même couleur, ayant la même affabilité. Le plus vieux lui montrait le chemin, les recoins de la maison, les cachettes du jardin. Puis il disparut et son fils resta. Et ainsi de suite.

Es roig de mal pèl
festeja sa moixa,
i qual la tê coixa
festeja es mostel,

chante le refrain majorquin, une sorte de morale surréaliste : le rouquin est dangereux, il abîme ce qu'il touche. Et les *rondalles*, les contes populaires, avertissent : *"No te'n fiïs d'home roig, de pedra rodona i de ca que no lladre"*, le rouquin est faux, comme la pierre ronde et le chien taiseux. Bon, mais les rouquins que j'ai connus sont drôles et même étourdis.

Comme notre *roget*, le rouquin. Il m'accompagne quand je sors chercher du bois ou jeter un coup d'œil au troupeau de moutons dispersé, quand je monte sur la montagne contempler la mer houleuse, rayonnante. Le petit chat flâne de-ci de-là, surveille plein d'enthousiasme l'envol lourd d'une perdrix. Je me souviens aussi du jour où son père l'a amené, boule grassouillette et joueuse, et je ressens une certaine émotion à imaginer qu'un jour, à son tour, il arrivera avec un autre petit animal, qu'il le guidera pour lui faire connaître la maison… Le temps tue, oui, mais il donne aussi la vie.

D'autres présences ont également surgi dans le cours lent de l'hiver : un trésor, un vrai trésor comme ceux des *Mille et Une Nuits* ou des légendes populaires. Dans ma mémoire, la figure de mon grand-père reste dressée dans les nuits profondes de l'île, la flamme envoûtante et folle de la cheminée, les balayages de la pluie sur les toits, le bruit traînant et rugissant des vagues derrière la colline, tandis que l'homme parlait calmement de trésors cachés... J'en ai beaucoup cherché un, je sais où il est : au col de la Palomera, un col modeste. Je le regarde entre les pinèdes d'où j'écris maintenant. Et il y a là un morceau de bois fiché en terre qui indique l'endroit où il se trouve.

Dans les années trente on a même réalisé de sommaires fouilles à cet endroit. Ali de la Palomera et sa mère l'astrologue figurent dans la chronique de Bernat Desclot sur la conquête de l'île par Jacques Ier de Catalogne et d'Aragon. J'en ai déjà parlé. Le roi arriva à l'ancien port de la Palomera, l'actuel San Telmo. Il marcha sur le chemin de ma maison... Ali s'enfuit et, nous le savons tous, il enterra auparavant son trésor. Mais le maudit bâton a disparu, ou nous ne le voyons pas, et pendant ce temps passent les siècles.

Mais quelqu'un resté anonyme a trouvé un trésor almohade dans une grotte, caché dans une jarre. C'est ce que racontent les journaux. Un collier, des boucles d'oreilles, des bagues, des bracelets d'or, parfois d'argent ou de cuivre. Les Almohades, féroces et orgueilleux, avait enlevé l'archipel des Baléares aux Almoravides en 1203. Les tumultes de la houle méditerranéenne... Le jeune Jacques les expulsa impétueusement en décembre 1229. Une famille riche cacha ses bijoux en espérant revenir... Et peut-être ses descendants reviendront-ils, mais ils n'avaient pas compté avec le petit Maure.

Tous dans l'île savons que les trésors de la grotte sont gardés par des petits Maures aux aguets, les yeux brillants. Si vous les surprenez dans la montagne, ils vous sourient et vous guident dans les ténèbres jusqu'à l'endroit du miracle. Cette personne qui a trouvé le trésor a sûrement eu la chance d'apercevoir, par un incertain crépuscule, le petit Maure qui avançait, alerte au milieu du maquis et des gros rochers...

Un autre trésor se cache dans une maison en ruine de la Coma Freda. Ma grand-mère, la nuit aussi, sous le ciel étoilé infini, me montrait l'autre côté de la vallée : entre les murs écroulés scintillait une petite lumière, celle du vieux défunt qui surveillait ses doublons. Je me sentais très réconforté de me trouver devant les deux grandes merveilles de ce monde : l'au-delà, c'est-à-dire l'inexplicable, et la richesse, c'est-à-dire les plaisirs tangibles. Je bénissais mon sort du fond du cœur, bien que je ne sois jamais parvenu à constater rien de cela. Mais l'illusion est aussi forte que la réalité.

Ce n'est pas en vain que les Almohades professaient la doctrine des soufis, dont l'un des penseurs, au XIe siècle, était né à Majorque, al-Ghazālī : il prêchait que la raison est pauvre pour trouver Dieu, tandis que la contemplation méditative intérieure trouve le chemin. Est-ce ainsi qu'on découvre le plus souvent l'emplacement des trésors ?

Un jour gris de pluie fine, intermittente. Le printemps arrive déjà, le froid perd de son mordant. Je marche au milieu de l'herbe verte, masse souple, pleine de chardons tendres qui seront beaux et agressifs. Il y a des mois que la petite vallée s'est enfermée dans la saison hivernale, dans laquelle les cieux et les arbres semblent plus hauts. Il souffle un vent très léger et majestueux, qui apporte de vagues parfums de mer et de sève. Car la mer semble maintenant pourvue d'une vigueur interne très pure, très jeune. Les dernières fleurs de l'amandier, fermeté laiteuse, sentent le miel. Mais l'arbre fruitier le plus généreux est le citronnier, avec sa succession constante de citrons, la merveille jaune et son parfum enivrant.

J'ai la nostalgie de beaucoup de choses et, peut-être pour cette raison, paradoxalement, une sensation de bien-être. Je relis *Bearn*, le grand roman nostalgique et ironique de Llorenç Villalonga sur Majorque : "Il commençait à comprendre que l'éternité ne s'obtient pas en vendant son âme au diable, mais en arrêtant le temps, en le fixant. L'éternité qu'il désirait lui (éternité terrestre, car il était trop païen pour parler de l'autre), il lui fallait la créer lui-même. Il était trop tard pour recommencer, mais pas pour se souvenir", dit-il.

Les butors aux yeux dorés hallucinants qui glapissent comme des possédés dans la pinède, sur les sentiers de lentisques, me font sursauter. Je ne sais s'ils se battent ou s'adonnent au rite nuptial. Quand je m'approche de l'amandier, des bandes de ramiers d'une couleur de plomb, semblable à celle des nuages et de l'après-midi qui s'enfuit, s'envolent bruyamment en rase-mottes. Il y a des oliviers, leur ramure grise si délicate et minutieusement dessinée. Ils portent beaucoup d'olives, que personne ne ramassera parce que aujourd'hui ça ne rapporte plus.

Je charge plusieurs troncs, il me faut entretenir un feu vif car l'humidité imprègne les murs épais de la vieille maison. La danse nerveuse de la flamme m'accompagnera, chaude, craquante, dans la longue nuit. Je me prépare du thé, un thé de Chine parfumé à la bergamote, à l'orange et au citron. Je l'aime fort. Je l'accompagnerai de petites galettes du village d'Inca, dures, et de confiture de gingembre, très acide.

Tandis que déjà s'éteint le crépuscule, la folie des butors atteint son paroxysme. Soudain ils se taisent, et le monde se dilue dans l'obscurité et le repos abyssal de la nuit. Je sais que la mer est là, tout près, comme une attente, une voie sans fin. Mais c'est comme si tout le reste se couchait, une douce harmonie mythique : les oiseaux et les arbres, la lumière et la petite fleur blanche de l'amandier. Et moi aussi, part substantielle de la planète.

Cette année, le printemps est vraiment très précoce. L'amandier a fleuri en janvier et revêt à présent un vert pompeux ; le soleil a dominé le mois de mai, même si des nuages de plomb ont parfois couvert les sommets des hautes montagnes, les pitons de l'îlot de la Dragonera, halo menaçant qui semble regarder la mer et la terre rayonnantes…

Et voici qu'en jetant au feu un grand coffre pourri – toute la maison subitement dorée : les pins et les cyprès dégagent cette fine poudre jaunâtre de leur chiche et précoce floraison, qui couvre et salit les sols, les persiennes, les meubles – sont apparus une liasse de vieilles photos de mon grand-père paternel, don Esteban, quelques lettres et des certificats.

Ce fut un homme à la moustache fournie et au front large, dont la tradition familiale m'a transmis une image modérée et réfléchie. Il mourut alors que j'étais enfant, il avait eu une attaque d'apoplexie et parlait à peine : je me le rappelle alité dans la chambre qui donne sur la cuisine et que le passage de la cheminée chauffe bien. Vêtu d'une chemise blanche, il se redressa à moitié et balbutia : *"Es menut, es menut"*, le petit. C'était moi. On m'approcha de lui, il me caressa la tête, me regardant avec des yeux sombres, démesurés. Je le voyais souffrant, être étrange, dans un autre monde. Il mourut peu après. Et j'ai toujours vu en mon père, calme, discret, un portrait de mon grand-père.

Mais les papiers lointains découvrent d'autres dimensions… Mon grand-père avait envoyé un bateau sur la Méditerranée, le *Nuevo Corazón*, voilier à moteur à la proue très fine, bien qu'assez large, qui avait à son bord une paire de plongeurs et se consacrait au sauvetage des bateaux naufragés pour les compagnies de navigation. Dans une lettre, mon grand-père raconte : "… avec le petit coffret de bijoux qui se trouvait dans la cabine du voilier coulé, dans les mains d'un squelette, et que nous avons partagé avec les plongeurs, nous pourrons clôturer la propriété de San Telmo. Il suffit de gratter les bijoux pour les débarrasser des petites algues. Mais je n'en ai parlé à personne car sinon nous devrions les donner."

Puis mon grand-père commanda un autre navire, *La Découverte*, cargo de fer, sombre, lent, qui naviguait vers la Côte-d'Ivoire, où il achetait de la langouste qu'il transportait dans des citernes jusqu'à Sète, en France. Il y a une photo macabre, des corps morts étendus sous des cocotiers. Derrière on peut lire : "Ce sont les Noirs que nous avons dû tuer quand ils ont attaqué le bateau. Ils étaient nombreux."

De nombreuses missives sont envoyées de Batabanó, sur l'île de Cuba, avec le *Joven Matías*, goélette très plate, longue et effilée, qui coupait rapidement et proprement les vagues, également commandée par mon grand-père Esteban, qui sourit, photographié sur le pont. Tandis que les coupures jaunâtres de journaux relatent, en anglais, que la goélette "a coulé dans les récifs de la côte de Floride, consumée par un vorace et rapide incendie, car on suspecte fortement, mais il n'y a aucune preuve, qu'elle se consacrait à la contrebande de rhum et d'eau-de-vie, qui, en prenant feu accidentellement ont rapidement brûlé". Les Etats-Unis, la prohibition… Le feu de la cheminée aussi consume le grand coffre, mais je garde les papiers : tout cela concerne mon grand-père, pas moi.

En plus de la visite de mon grand-père en esprit, voilà que ce printemps nous apporte aussi celle d'un lapin, mais en chair et en os. Je l'ai aperçu le premier, il me surveillait, blotti dans un lentisque tandis que j'écrivais. Puis ma femme le trouva dans le jardin, il mordillait les petites fleurs tendres. L'animal ne s'effraya pas, ma femme resta immobile et il vint lui renifler les pieds. Mais lorsqu'elle bougea il s'enfuit en faisant des zigzags. Puis ce furent mes enfants qui le virent derrière l'olivier, sur l'échelle du four. Et nous devinâmes que le chat aussi le connaissait, car un jour nous les vîmes tous les deux se rencontrer au coin du bassin de la fontaine et le chat s'esquiva pour éviter de se compromettre.

La vie continuait à son rythme naturel dans la petite vallée, royaume des nuages. Jusqu'à ce que ma mère montât du potager, tout excitée : "Il y a un lapin, nous le mangerons aux oignons !" Elle aussi l'avait découvert. Et elle passa quelques jours à le guetter, disposant des accessoires pour mettre son plan à exécution : paniers dans des endroits stratégiques en guise de pièges, bâtons pour assommer l'animal et le chasser.

Mais un jour elle se lève préoccupée : "J'ai mal dormi en pensant à ce lapin. Comment se fait-il qu'il rôde par ici, qu'il n'ait pas peur ?" Et elle commença à s'informer à ce sujet.

Mon parrain, qui comme elle dépasse allègrement les quatre-vingt-cinq ans, affirma que tout lapin sauvage habitant la vallée, d'après son expérience et celle qu'il avait héritée de ses aïeux, soit deux siècles d'informations directes, avait fui précipitamment au moindre signe humain. Ma cousine n'a pas encore compris de quoi il retourne : ma mère lui parle avec réticence et elle, pragmatique, réfléchit pour savoir lequel de ses chiens elle peut nous prêter pour l'attraper. Un lapin veut seulement dire ceci : l'attraper et le faire cuire. Mais, subitement, ma mère retira paniers et bâtons en ronchonnant : "On ne mangera pas ce lapin, tout ça n'est pas normal..." Et l'animal continua à venir et disparaître, prudent, en faisant des petits bonds.

Et puis la semaine dernière, un soir, alors que le feu crépitait dans la cheminée, ma mère avoua enfin, après avoir passé deux jours abattue : "Il faut prendre des mesures. Ne touchez pas le lapin, si vous le voyez. Et, surtout, ne le regardez pas dans les yeux !" Nous nous étonnâmes. Et elle, prudente, ajouta : "Jamais un lapin ne s'était comporté comme celui-ci, ce qui prouve que l'animal nous a été envoyé... – Mais qu'est-ce que tu racontes ? – Oui, pousuivit-elle, il est évident que quelqu'un qui nous veut du mal a envoyé ce lapin, et ces choses de sorcellerie ont leurs lois et leur temps : si on ne le regarde pas dans les yeux, il ne pourra pas nous ensorceler ; c'est comme avec les serpents, si nous le laissons en paix il perdra son pouvoir, comme se volatisent les bulles des limonades quand tu laisses la bouteille ouverte."

Depuis, donc, lorsque nous voyons la petite boule grisâtre, nous passons en regardant ostensiblement ailleurs. Que va-t-il se passer ? Nous l'ignorons. Mais surpris par notre indifférence, le lapin s'approche de plus en plus pour nous renifler...

Le paysage a brusquement changé. Cela faisait des années que nous n'avions pas élagué les amandiers sur la propriété, et il en pendait toutes sortes de branchages emmêlés ou sarmenteux ; cet hiver, nous l'avons fait. Ce sont des arbres énormes au tronc épais et rugueux sur lesquels, enfant, je grimpais avec témérité. Complètement taillés, ils sont d'abord restés presque nus, gribouillages gigantesques et rébarbatifs. Mais tout de suite arriva, avec février, la floraison, et les petites branches nues qui restaient se sont couvertes de splendides boutons de fleurs blanches. Ce printemps, les champs ont l'air comme habités de sculptures noires robustes et bouclées, couronnées par la plus délicate des jardinières, la fantaisie.

Et je brûle les troncs de la taille dans la grande cheminée : il faut chauffer la maison car en hiver la campagne dégage une humidité sépulcrale. Le bois d'amandier est bon, son feu soutenu ne fait presque pas de fumée. En revanche, la combustion du caroubier exhale une odeur infecte. Quant à celle du pin, effervescente, elle fait beaucoup de fumée. Celle du chêne vert est calme, de pierre, mais ces vieux arbres tutélaires qui ont peuplé l'île dès la préhistoire ont pratiquement disparu sur la propriété, gagnée par la pinède vorace.

En me promenant aujourd'hui dans la forêt déserte parcourue par une brise rampante et mystérieuse, regardant entre le feuillage les pitons plombés et la mer lustrée, je me suis souvenu qu'en une autre saison des fleurs d'amandier, au début de ce livre, je me suis déjà laissé absorber par l'extase des arbres, la grâce des animaux, le souffle de mes ancêtres. Et je me suis demandé pourquoi la disparition des êtres qui m'ont légué ce monde et que j'ai dû accompagner, l'âme dévastée, au cimetière retiré me fait si peu de peine alors que j'avais imaginé en souffrir à chaque instant.

Je me répétais la question et je ne souffrais pas ; leur défilé dans ma mémoire s'avérait au contraire stimulant. Et la réponse jaillissait des lentisques, des collines, des vagues et du vide de la mer, de la lumière, du champ d'amandiers, du milan et de la tonte des moutons. Je le constate et cela m'ennoblit et me fortifie : les êtres qui m'ont précédé constituaient une globalité primordiale avec cette nature, je les aimais comme j'aime les champs et les vagues, parce je suis aussi l'un d'eux. Seule existe la vie, pleine d'un espoir que rien ne peut fléchir : les troncs et les fleurs, le bleu de la mer, moi et tous mes parents. Il n'y a pas de regret parce que nous avons été et sommes de la même matière, ensemble nous constituons son expression.

Et tout arrive, murmure, depuis si loin… Empédocle écrivait il y a vingt-cinq siècles les tumultes de la houle :

Car j'ai été autrefois fille et garçon,
et un arbuste et un oiseau
et un poisson couvert d'écailles dans la mer.

La mer Méditerranée : Empédocle était de Sicile, une autre île.

Justement, le pêcheur tranquille m'a apporté deux loubines. Je les prépare à la braise, dans la cheminée, avec du sel et de l'huile. Dans le petit jardin potager encore pauvre de l'hiver, je cueille les épinards qui déjà apparaissent et un oignon très tendre. J'ouvre une bouteille de vin blanc d'un corps classique. J'ai un pain croustillant. J'approche des moments heureux. Oui, je fais partie du tout qui est et sera. De la Méditerranée.

RÉFÉRENCES BIBLIOGRAPHIQUES

Toutes les citations de l'Ancien et du Nouveau Testament sont tirées de *La Bible de Jérusalem*, traduite en français sous la direction de l'Ecole biblique de Jérusalem, Desclée de Brouwer, 1975.

Page 3 : Fernand Braudel, "Ecrits sur le présent" in *Ecrits sur l'Histoire*, vol. II, Arthaud, Paris, 1990.

Page 4 : Joseph Conrad, *Le Miroir de la mer*, trad. Pierre et Yane Lefranc, "Bibliothèque de la Pléiade", Gallimard, 1985, vol. II. (Chap. XXXVIII.)

Page 5 : Paul Valéry, *Le Cimetière marin*, Tallone, 1972.

Pages 19-20 : Strabon, *Géographie*, livre III, trad. François Lasserre, Les Belles Lettres, 1966.

Pages 23-24, 43 : Constantin Cavafy, *Poèmes*, trad. du grec par Marguerite Yourcenar et Constantin Dimaras, "Poésie", Gallimard, 1987.

Pages 39-41 : *Livre des morts des Anciens Egyptiens*, trad. Grégoire Kolpaktchy, Dervy-Livres, 1991.

Pages 42, 49-51 : Homère, *L'Iliade*, et *L'Odyssée*, trad. Médéric Dufour et Jeanne Raison, Flammarion, 1965.

Pages 43-44 : Lawrence Durrell, "Justine" in *Le Quatuor d'Alexandrie*, trad. Roger Giroux, Buchet-Chastel, 1963.

Pages 47-48 : Eschyle, *Agamemnon*, *Les Choéphores*, trad. Paul Mauzon, Les Belles Lettres, 1993.

Page 52 : Hérodote, *L'Enquête*, trad. A. Barguet, "Bibliothèque de la Pléiade", Gallimard, 1964.

Page 53 : Aristote, *Métaphysique*, trad. du grec ancien J. Tricot, Vrin, 1991.

Page 55 : Horace, *Odes*, Gouast (trad.), in *La Poésie latine*, Seghers, 1972.

Pages 56-57 : Héraclite, *Fragments originaux*, trad. Battistini, Gallimard, 1955.

Page 63 : Thucydide, *La Guerre du Péloponnèse*, trad. par Denis Roussel, "Bibliothèque de la Pléiade", Gallimard, 1964.

Page 69 : Pindare, *Les Epinicies*, "Olympiques V".

Page 79 : Piranèse, *Les Antiquités romaines*,

Pages 81, 83 : Plutarque, *Vies des hommes illustres*, trad. d'Amyot, "Bibliothèque de la Pléiade", Gallimard, 1937.

Page 82 : Virgile, *Géorgiques*, trad. Alain Michel, Imprimerie nationale, 1995 (La Salamandre).

Page 84 : William Shakespeare, *Antoine et Cléopâtre*, trad. André Gide, in *Œuvres complètes*, vol. II, "Bibliothèque de la Pléiade", Gallimard, 1959.

Page 85 : Suétone, *Vies des douze Césars*, trad. Pierre Klossowski, Livre de Poche, 1973.

Page 87 : Tacite, *Annales.*

Page 88 : Sénèque, *Œuvres complètes*, trad. Panchouke, Garnier Frères, 1861.

Page 92 : Paul Orose, *Histoire contre les païens.*

Pages 92-93 : William Styron, *La Proie des flammes*, trad. M. G. Coindreau, Gallimard, 1962.

Page 97 : Hésiode, *Théogonie*, trad. Paul Mazon, Les Belles Lettres, 1979.

Pages 99, 106 : Diodore de Sicile, *Bibliothèque historique.*

Page 106 : Rafael Alberti, *Retour d'une île heureuse.*

Page 110 : Polybe, *Histoire*, texte traduit, présenté et annoté par Denis Roussel, "Bibliothèque de la Pléiade", Gallimard, 1970.

Pages 112-114 : Flavius Josèphe, *La Guerre des Juifs contre les Romains*, trad. Arnaud d'Andilly, adapté en français moderne par J. A. C. Buehon, Lidis, 1981.

Page 115 : René de Chateaubriand, *Itinéraire de Paris à Jérusalem*, Flammarion, 1968.

Pages 120-121 : Nikos Kazantzakis, *Du mont Athos au mont Sinaï.*

Page 126 : Adonis, *Singuliers*, trad. Jacques Berque, Sindbad-Actes-Sud, 1995.

Page 142 : Paladas, *Anthologie palatine.*

Page 143 : Procope, *Histoire secrète*, préf. Alain Nadaud, Ernest Renan, Les Belles Lettres, 1990.

Page 147 : Procope, *Traité des édifices.*

Page 148 : Eginhard, *Vie de Charlemagne.*

Page 155 : Bernard de Clairvaux, in *Encyclopédie de l'art*, "Haut Moyen Age et Moyen Age", Lidis, 1980.

Page 160 : Ibn Khaldūn, *Livre des considérations sur l'histoire des Arabes, des Persans et des Berbères.*

Pages 161-162 : Raimond Lulle, *Doctrine puérile.*

Page 162 : Paul Klee, *Journal*, trad. Pierre Klossowski, Grasset-Fasquelle, 1959.

Page 174 : Mririda n'Ait Attik, *Les Chants de la Tassaout*, trad. René Euloge, Maroc Editions, Casablanca, 1972.

Pages 175-176 : Albert Camus, *Noces*, "L'été à Alger", *in Essais*, "Bibliothèque de la Pléiade", Gallimard, 1972.

Page 176 : Miguel de Cervantes, *Don Quichotte*, traduction de César Oudin revue par Jean Cassou, Gallimard, 1988.

Pages 183-184 : Ramón Muntaner, *Chronique.*

Pages 191-192 : Foucher de Chartres, *Histoire de Jérusalem*,

Page 197 : Richard Cœur de Lion, "Rotrouenge du captif" ou "Chanson de captivité" in *Epopées, légendes et miracles*, Institut d'études médiévales, Montréal, Canada, 1974.

Page 197 : Bahâ ad-Dîn *in* Francesco Gabrieli, *Chroniques arabes des croisades*, trad. Viviana Pâques, Sindbad, 1977.

Pages 200-201 : Nicetos Akominates, *Corpus Scriptorum Historiae Byzantinae.*

Page 206 : Alexandre Dumas, *Le Comte de Monte-Cristo*, éd. Famot, Genève, 1987.

Pages 206-207 : Josep Sebastià Pons in Yves Rouquette, *Poètes d'aujourd'hui.*

Page 210 : Edward Gibbon, *Histoire du déclin et de la chute de l'empire romain*, trad. M. F. Guizot, vol. II, "Bouquins", Laffont, 1983.

Page 214 : Ibn Hazm, *Le Collier de la colombe*, trad. Léon Bercher, Papyrus, 1983. (Chap. XXIV.)

Pages 224-226 : Pío Baroja, *L'Escadron du brigand.*

Pages 232-233 : Washington Irving, *Contes de l'Alhambra*, trad. André Bélamich, Editorial Padre Suarez, 1960.

Pages 232-234 : Federico García Lorca, *Divan du Tamarit*, trad. Claude Couffon et Bernard Sesé in *Œuvres complètes*, "Bibliothèque de la Pléiade", Gallimard, 1961.

Page 240 : Nicolas Machiavel, *Le Prince*, trad. Raymond Naves, Garnier, 1960.

Page 254 : Yachar Kemal, *Entretiens avec Alain Bosquet*, Gallimard, Paris, 1992.

Pages 259-260 : Steven Runciman, *La Chute de Constantinople.* (Chap. XI.)

Page 267 : Yachar Kemal, *La Grotte*, trad. Munavver Andac, Gallimard, 1992.

Page 272 : Xénophon, *L'Anabase* (VI 6, 38), trad. Paul Masqueray, Les Belles Lettres, 1931.

Page 277 : Johanot Martorell, *Tirant le Blanc.*

Pages 288-289 : Dante Alighieri, *L'Enfer* (chant XXI), trad. André Pézard, "Bibliothèque de la Pléiade", Gallimard, 1965.

Pages 290-291 : Marco Polo, *Le Livre de Marco Polo ou le devisement du monde*, mis en français par t'Serstevens, Albin Michel, 1955.

Page 301 : Léonard de Vinci, *Traité de peinture.*

Page 303 : Giorgio Vasari, *Vies des plus excellents peintres, sculpteurs et architectes italiens de Cimabue à nos jours.*

Pages 324, 326 : Christophe Colomb, *Œuvres*, trad. Alexandre Cioranescu, Gallimard, 1961.

Pages 335-336 : *Journal des débats*, Paris, 6 et 20 mars 1815.

Page 337 : Philippe Giulle *in* Abbé Tuquet ou caporal de la Fontaine.

Page 343 : Gabriel Miró, *L'Evêque lépreux*, trad. Jean-Baptiste Grasset, Stock, 1994.

Page 344 : Miguel Hernández, *La Foudre perpétuelle.*

Pages 621-623 : Saint Jean de la Croix, *Œuvres spirituelles*, trad. R. P. Grégoire de Saint-Joseph, Le Seuil, 1954.

Pages 356-359 : Jorge Luis Borges, *Œuvres complètes*, trad. Jean-Pierre Bernès, Nestor Ibara, Claire Staub, "Bibliothèque de la Pléiade", Gallimard, 1993.

INDEX

OUVRAGE RÉALISÉ
PAR L'ATELIER GRAPHIQUE ACTES SUD
REPRODUIT ET ACHEVÉ D'IMPRIMER
EN AVRIL 1998
PAR L'IMPRIMERIE FLOCH
A MAYENNE
SUR PAPIER DES
PAPETERIES DE JEAND'HEURS
POUR LE COMPTE DES ÉDITIONS
ACTES SUD
LE MÉJAN
PLACE NINA-BERBEROVA
13200 ARLES

DÉPÔT LÉGAL
1re ÉDITION : MAI 1998
N° impr. : 43583
(Imprimé en France)